DEAR लड़कियों

रजत महेशकर

सभी महिलाओं के योगदान के लिए यह पुस्तक आपको लड़कियों के सभी सपनों को साकार करने के लिए समर्पित है।

सभी लड़कियों को

यह पुस्तक समर्पित है...

क्रम-सूची

क्रम-सूची

आमुख

लेखक भावनाओं से बंधा हुआ व्यक्ति होता है और वह मानवीय भावनाओं की उलझन को अपनी कलम से खोलना चाहता है। साहित्य के बीज उसके परिवेश में जड़ें जमाते हैं।

मेरी किताब का नाम 'डियर लड़कियों' है। वह परिवार की रीढ़ है। वह हमेशा परिवार की खुशी के लिए प्रयास करती है। हम उस महिला के मन की बात जानकर हैरान हैं। यह पुस्तक महिला सशक्तिकरण पर ध्यान केंद्रित करके बनाई गई है। इसका एक हिस्सा यह है कि ये किताबें एक श्रृंखला में हैं, जैसे पुरुष महिलाओं के बारे में क्या सोचते हैं, पुरुष प्रधान मानसिकता क्यों बनाई जाती है, इसे तोड़ने के लिए क्या करने की जरूरत है, महिलाओं को खुद को बेहतर बनाने के लिए क्या करना चाहिए, क्या किया जा सकता है। लेख में ऐसी बातों पर चर्चा की गई है कि एक दूसरे के सहयोग से बेहतर जीवन जीने के लिए क्या किया जा सकता है।

लेकिन इससे भी गंभीर हकीकत यह है कि महिलाएं इनमें से कुछ अहम मुद्दों पर बात करने को तैयार नहीं हैं. इसके लिए कई कारण हैं। लेकिन इन सब बातों को ध्यान में रखते हुए, लेखों को उन शिक्षित महिलाओं से अपेक्षित प्रतिक्रिया नहीं मिली, जिन्हें इसके बारे में अधिक प्रतिक्रिया की उम्मीद थी। इस पर जो चर्चा होने की उम्मीद थी, वह नहीं हुई। अगर वे इस पर चर्चा करने से बचते हैं क्योंकि मैं एक पुरुष हूं, तो इसका मतलब है कि लैंगिक समानता अभी भी हमारे अंदर नहीं है क्योंकि पुरुषों को इसके बारे में बात करने का अधिकार नहीं है।

अगर यही कारण है तो यह भी उतना ही दुर्भाग्यपूर्ण है। तीसरा कारण, जिसे मैं आंशिक रूप से मानता हूं, वह यह है कि कई महिलाएं इन विषयों पर चर्चा करने के लिए महत्वपूर्ण नहीं मानती हैं। वे करियर के बारे में बात करना पसंद करते हैं..वे कई लेखों या इस संगोष्ठी के माध्यम से इसका स्पष्ट उत्तर देते हैं। लेकिन कोई भी यौन समस्याओं, बलात्कार, यौन शोषण, घरेलू हिंसा के बारे में खुलकर बात करने को

तैयार नहीं है। अगर इस हिचकिचाहट के पीछे कोई कारण है, तो यह समझ में आता है। इसके बजाय, हम यह मानेंगे कि जिन चीज़ों की हमें ज़रूरत नहीं है, वे हमारे साथ नहीं होंगी। लेकिन अगर यह धारणा है कि हम ऐसी लड़कियां या महिला नहीं हैं, तो यह निश्चित रूप से एक गंभीर मामला है। हम कहते हैं कि महिलाएं ही महिलाओं की असली और पक्की दुश्मन हैं। जब मैं अपने चारों ओर देखता हूं तो मुझे यह सच लगता है, यह दो तरह का होता है.. औरत से नफरत और खुद से नफरत। क्या एक औरत दूसरी औरत को नहीं समझ सकती? यह इस बात का हिस्सा है कि क्या वह उसके सवालों को सुनने के लिए, उसकी मदद करने के लिए, उसकी ओर से लड़ने के लिए पीछे हटती है। दूसरा यह है कि महिला अपनी ही दुश्मन बन जाती है और खुद को बेहतर बनाने की कोशिश करती है? यहां मैं निश्चित रूप से जानना चाहूंगी कि महिलाएं इस बारे में क्या सोचती हैं और वे इस पर विचार करेंगी या नहीं। पुरुषों और महिलाओं के बीच समानता के बारे में बहुत से लोगों के गलत विचार हैं।

यह सबसे गलत विचार है कि पुरुषों और महिलाओं के बीच सच्ची समानता पैदा करने के लिए महिलाओं को वही करना चाहिए जो पुरुष करते हैं। हम यह महसूस करना भूल जाते हैं कि पुरुष और महिला स्वाभाविक रूप से, शारीरिक और मानसिक रूप से एक दूसरे से अलग हैं, इसलिए उनका व्यक्तित्व अलग है.. जब कोई महिला या पुरुष महिलाओं के बारे में लिखते हैं, तो हम उन्हें तुरंत नारीवादी कहते हैं। तब कुछ पुरुष अपने आप को बुरा समझते हैं और पुरुषों के बारे में लिखते हैं, जो मुझे लगता है कि दोनों गलत हैं। मैं खुद को एक व्यक्तिवादी मानता हूं, मैं महिलाओं और पुरुषों को व्यक्ति मानता हूं। इसलिए उनके गुण-दोषों पर चर्चा करना आसान हो जाता है। उन्हें मनुष्य के रूप में समझना आसान था।

उसका खुलापन बहुत कुछ बोलता है और उसके भीतर के स्व को प्रकट करता है.. वह एक विमान भी उड़ा सकती है और साथ ही एक घर भी चला सकती है.. समय की पुकार को ध्यान में रखते हुए, उसने अपनी गति बढ़ा दी और समय की कसौटी पर खरी उतरी लेकिन उसके अंदर की महिला वही रहती है। उसके अंतरंग। यानी भावनाओं का सात

रंगों का इंद्रधनुष.. यह जानना जरूरी है कि वह अपने जीवन में विभिन्न रिश्तों के बारे में कैसा महसूस करती है.. उसके दैनिक जीवन में बहुत कुछ छिपा है। जीवन की चीजें जीवन की चीजों की तरह लगने लगती हैं.. स्त्री और पुरुष एक दूसरे के पूरक हैं। वे एक-दूसरे की कमियों की भरपाई कर सकते हैं। मेरा मानना है कि वे एक दूसरे को बेहतर जीवन जीने के लिए प्रेरित कर सकते हैं। लेकिन ऐसा होने के लिए दोनों के बीच फ्री कम्युनिकेशन होना चाहिए। अगर हम एक-दूसरे को दोष दिए बिना, कम या ज्यादा किए बिना ऐसा कर सकते हैं, तो हम पुरुषों और महिलाओं के बीच समानता की ओर बढ़ सकते हैं। यह इसलिए जरूरी है क्योंकि अगर महिलाएं पीछे रह गईं तो पुरुष पीछे रह जाएंगे, पुरुष पीछे रह जाएंगे तो महिलाएं भी पीछे रह जाएंगी। जब दोनों की सोच और कर्म में समानता होती है, तब प्रगति होती है, खुलापन होता है, समझ होती है, दोनों की प्रगति की संभावना होती है।

इन्हीं विचारों को मैंने इस पुस्तक में प्रस्तुत करने का प्रयास किया है। मुझे लगता है कि पाठक जो कुछ मैं शब्दों में कह रहा हूं उससे वही या थोड़ा अलग महसूस करता हूं। इतना कि मैं इसे सबके मन में लिखने में सफल रहा। मानो मेरी बातें अपने पंख फैलाकर उन तक पहुंच गई हों.. उस समय मेरे शब्द मेरे लिए जीवन बन गए थे। प्यार भरे शब्दों में लिखना हमेशा से मेरा सम्मान करता आया है... इसलिए मैंने सोचा कि इन शब्दों से किताब को एक अच्छी रूपरेखा मिलनी चाहिए और पाठक एक साथ लेख को पढ़ सकते हैं।

वे सभी विषय हैं जो सामने आए हैं और यह पुस्तक उसी से बनी है.. मुझे आशा है कि मेरी पुस्तक पाठकों को पसंद आएगी...

भूमिका

मैं रजत महेशकर हूं, खुद एक दिव्यांग, एक मध्यम वर्ग का आम आदमी हूं। मुझे गर्व है और बचपन से ही मराठी पढ़ने का शौक है। एक बच्चे के रूप में, मैंने कई किताबें, कविताएँ और उपन्यास पढ़े। मुझे पुलम, कुसुमराज और वापुर्जा जैसे कई लेखकों के लेखन पसंद हैं। मेरे आदर्श लेखक कुसुमाराज हैं। ऐतिहासिक दृश्य के सामने कैसे खड़ा होना एक अच्छा अनुभव रहा है। मुझे अपने सीनियर कॉलेज से ही लघु कथाएँ लिखना बहुत पसंद है। मैंने अपना पहला उपन्यास संग्रह जनवरी में 'माज्य चेहरा' प्रकाशित किया था, निश्चित रूप से मेरी राय में बहुत से लोगों को यह कहानी पसंद नहीं आई। हालाँकि, तब मुझे एहसास हुआ कि हम भी कुछ लिख सकते हैं। लेकिन लेखन में कोई निरंतरता नहीं थी। फिर भी मैंने हार नहीं मानी मैं कुछ न कुछ लिखता रहा और अब..

मैं संपादन से लेकर प्रकाशन तक सब कुछ खुद करता हूं और कई किताबें ऑनलाइन प्रकाशित कर चुका हूं। दो मराठी उपन्यास 'मझ्या चेहरा' और 'मीरा एक संसारी घोष' प्रकाशित हो चुके हैं। एक ही अंग्रेजी से दो उपन्यास 'रोज स्टोरीज ऑफ मैरिड लाइफ' और 'लव एक्सपेट' अमेजन किंडल पर उपलब्ध हैं। वही हिन्दी में भी उपलब्ध है। साथ ही, नोशन प्रेस ने ई-बुक्स वेबसाइट पर 6 ई-बुक्स प्रकाशित की हैं।

अपने लेखन के लिए मेरा एक सपना यह है कि मैं कुछ ऐसा लिखना चाहता हूं जो हम जैसे आम आदमी के दिल को छू जाए। जिसे हम सभी ने अपने जीवन में अनुभव किया होगा और जिया होगा। क्योंकि अंततः मेरा संचार और विचार सबसे महत्वपूर्ण हैं।

मेरी तीसरी किताब 'डियर लड़कियों' प्रकाशित हो चुकी है।. अगर हमें पाठकों से अच्छी प्रतिक्रिया मिलती है, तो वही लेखन नए जोश के साथ जारी रहेगा।

प्रस्तावना

समाज में चलते समय कई तरह की समस्याओं का सामना करना पड़ता है, मुख्य रूप से महिलाओं के साथ हर कदम पर गलत व्यवहार किया जाता है। आजादी के पचहत्तर साल बाद क्या महिलाएं आजाद होंगी? यह कहने का एक तरीका है। तीन साल के बच्चों से लेकर सत्तर साल की महिलाओं तक पर अत्याचार का दंश झेलना पड़ता है. देश में महिलाओं के खिलाफ बलात्कार और दुर्व्यवहार की बढ़ती घटनाओं के कारण "डियर गर्ल्स" विषय पर अपनी पुस्तक आपके सामने प्रस्तुत करते हुए मुझे बहुत खुशी हो रही है। ऐसाहेब जिजाऊ, क्रांतिज्योति सावित्रीबाई फुले, पुण्यश्लोक अहिल्याबाई होल्कर जैसी कई महिलाओं ने दुनिया को अपनी उपलब्धियां दिखाई हैं। पहले मैंने उनके चरणों में प्रणाम किया। 21वीं सदी में महिलाओं के आधिकारिक इतिहास से प्रेरित अन्याय और उत्पीड़न के मुद्दे पर अपनी पुस्तक के माध्यम से आप तक पहुंचने का यह मेरा छोटा सा प्रयास है।

चूँकि यह मेरी पहली पुस्तक है, यदि कोई त्रुटि या चूक हुई हो तो मैं आभारी रहूँगा। यदि आपको पुस्तक में विचार और विचार पसंद हैं, तो कृपया प्रतिक्रिया दें और दूसरों को पढ़ने के लिए साझा करें...

पावती (स्वीकृति)

'डियर लड़कियों' पुस्तकें विशुद्ध रूप से सामाजिक लेखन हैं और विशेष रूप से महिलाओं के लिए लिखी गई हैं। मैं सभी से एक बात कहना चाहता हूं, सभी श्रृंखलाओं में, प्रत्येक भाग को तथ्यात्मक तरीके से व्यवस्थित किया गया है, अंक के कुछ हिस्सों में विचार और कविता आदि लिखने के इरादे से कुछ लेख प्रस्तुत किए गए हैं। , लोगों की राय के अनुसार। इसके लिए हम आपसे अनुरोध करते हैं कि आप इसे ठीक से पढ़ें और समझें। यह आपकी भाषा में सरल तरीके से सोचकर महिलाओं के लिए लिखा गया है। इस पुस्तक का उद्देश्य अंधविश्वास फैलाना या अंधविश्वास को बढ़ावा देना नहीं है। इस पुस्तक में विचार, लघु कथाएँ, सलाह, घटनाएँ या पात्र विशुद्ध रूप से सामाजिक हैं और इनका जीवित या मृत व्यक्तियों से कोई संबंध नहीं है। यदि ऐसी समानता पाई जाती है, तो इसे मात्र संयोग माना जाना चाहिए। इन पुस्तकों में कहानी लेखन, संवाद और विचारों की विविधता महिला सशक्तिकरण पर विशेष ध्यान देने के साथ बनाई गई है। निश्चित रूप से इसका मतलब किसी व्यक्ति, समूह, जाति, धर्म या क्षेत्र का अपमान करना नहीं है। न तो प्रकाशन और न ही हम किसी व्यक्ति, धर्म या क्षेत्र की भावनाओं को आहत करने का इरादा रखते हैं। पुरुषों और महिलाओं के समाज को ऐसे अंधविश्वासों, भ्रमों, गलतफहमियों और अटकलों से मुक्त करने का हमारा ईमानदार प्रयास है।

1

स्वतंत्र देश और महिला वर्ग

अंतर्राष्ट्रीय महिला दिवस के अवसर पर आज स्त्री, अबला, नारी, महिला, रमानी, कामिनी, कांता, सुंदरी, औरत, बनिता जैसे कई नामों से जानी जाने वाली भारतीय महिलाएं नारी स्वतंत्रता, अधिकार, व्यवस्था में समानता, परिवार विभाजन, समाज में सम्मान और राजनीतिक-सामाजिक क्षेत्र का अस्तित्व, आइए इसका थोड़ा विश्लेषण करें। क्रांतिज्योति सावित्रीबाई फुले ने 19वीं शताब्दी में महिलाओं की शिक्षा, महिलाओं के अधिकारों, गुलामी में रहने, उपभोग की वस्तुओं के रूप में महिलाओं के समाज के दृष्टिकोण, धार्मिक अंधकार और चूल्हा और बच्चे से परे दुनिया की तर्ज पर खड़े होने के लिए अपने अस्तित्व को दांव पर लगा दिया। अलग भारत में लड़कियों की शिक्षा के लिए पहले स्कूल बने, लेकिन आज हमारी महिलाएं उच्च शिक्षा प्राप्त कर रही हैं, खेल, राजनीति, शिक्षा और कई अन्य क्षेत्रों में शीर्ष स्थान हासिल कर रही हैं लेकिन इसका सारा श्रेय क्रांतिकारी फुले दंपत्ति को जाता है, आज की समाज काम नहीं करेगा।

अधिकारों और शिक्षा से वंचित महिलाओं को इस दुनिया में स्वतंत्र रूप से घूमने की आजादी दी गई, लेकिन बाद में विश्वरत्न बाबासाहेब अम्बेडकर ने इन महिलाओं के लिए "हिंदू कोड बिल" लिखने के लिए

अपने जीवन के 4 साल 1 महीने 26 दिन बिताए। बाबासाहेब अम्बेडकर ने इसके लिए कानून मंत्री के पद से इस्तीफा दे दिया था, लेकिन जान लें कि बाबासाहेब के प्रयास व्यर्थ नहीं गए थे। जिस कानून का विरोध किया गया वह 1955-56 में चार अलग-अलग कानूनों में विभाजित हो गया और हिंदू कोड बिल को जन्म दिया और यह कानून महिलाओं के अस्तित्व का वज्र है। बाबासाहेब अम्बेडकर ने महिलाओं पर होने वाले हर शोषणकारी दबाव पर विचार किया और महिलाओं की मुक्ति के लिए कानून बनाए। . कानून ने पुरुषों की स्थिति में समानता स्थापित की। इसे आज का महिला वर्ग भी नहीं भूलेगा। आज का वर्ग ऐसे महापुरुषों के गुणों को भूल रहा है। मां साहेब जिजाऊ, तरारानी अहिल्याबाई होल्कर, सावित्रीबाई फुले, रमई ने इतिहास में निस्वार्थ महिलाओं के अस्तित्व को दर्ज किया है। लेकिन दुर्भाग्य से महाराष्ट्र में अभी भी महिलाओं को नीची नज़र से देखा जाता है, इसलिए यदि आप पिछले कुछ वर्षों में कक्षा 10वीं, 12वीं और उच्च शिक्षा के स्नातक परिणामों को देखें, तो लड़कियां सबसे आगे हैं। गुणवत्तापूर्ण लड़कियों की कोई कमी नहीं है, लेकिन शिक्षा के दरवाजे जल्द ही बंद हो रहे हैं।

पंडित जवाहरलाल नेहरू की बेटी इंदिरा गांधी 19 जनवरी 1966 को भारत की पहली महिला प्रधान मंत्री के रूप में उभरीं। 2007 में, महाराष्ट्र की प्रतिभाभाताई पाटिल ने महिलाओं को भारत की राजनीतिक दृष्टि से परे पेश किया। सामाजिक जीवन में वह कितने स्वतंत्र हैं, इसका अंदाजा इसी से लगाया जा सकता है। महिलाओं के खिलाफ हिंसा और रेप ने पूरे देश को हिला कर रख दिया था. दिल्ली में निर्भया की घटना हो या कोपर्डी की घटना, देश में फूटा ज्वालामुखी, कई महिलाएं सड़कों पर उतरीं, मोमबत्तियां जलाईं, क्रांति मोर्चा जैसे ऐतिहासिक मार्च हुए, अब मुझे लगता है कि न्याय होगा, महिलाओं को न्याय मिलेगा. उनके अस्तित्व को सड़कों पर देखने के लिए, उनका स्वतंत्रता दिवस, अब देश की महिलाओं पर अत्याचार करने वाले पुरुषों को कड़ी सजा दी जाएगी ताकि वे अपनी मानसिकता न बदलें, उनके सभी वादे पूरे हों, ये पंक्तियाँ केवल बोलने के लिए बची हैं और लेखों से प्रदर्शित, रामायण में शेष महाभारत द्रौपदी और सीता ने इस परीक्षा को नहीं छोड़ा और इस स्वतंत्र

देश में महिलाओं के लिए इस समस्या का सामना करना गलत नहीं है। यहां तक कि तीन से सत्तर साल की उम्र के बीच की देश की महिलाएं भी इन मेहनती पुरुषों के हाथों से नहीं बची हैं।

2

स्त्री के अस्तित्व कितने?

एक समय था, पुरुष प्रधान संस्कृति में महिलाओं की स्थिति और समाज में कुछ मजबूत दिमाग वाली महिलाओं की उपस्थिति जिसमें जीजाबाई ने अपने बेटे शिवबा को स्वराज्य का विचार दिया और शिवाजी महाराज ने महिलाओं के अस्तित्व को मजबूत किया। हैं यह सच है कि हम महिलाओं को मां, बेटी, बहन, पत्नी, प्रेमी और दोस्त जैसे विभिन्न रूपों में जानते हैं; लेकिन, नारी का रूप यहीं तक सीमित नहीं है बल्कि नारीत्व की परिभाषा इससे कहीं बड़ी है।

यदि हम प्राचीन काल में देखें, तो हम पाते हैं कि उस समय की स्त्री वेद शास्त्र से संपन्न थी। उनकी शिक्षा शास्त्र में हुई थी। गार्गी, मैत्रेयी जैसी महिलाएं जो वेदों में पारंगत थीं, जैसे कैकेयी, जो मार्शल आर्ट में कुशल थीं, सभी प्रकार की शिक्षाओं में पारंगत थीं। यह सच है कि हम महिलाओं को मां, बेटी, बहन, पत्नी, प्रेमी और दोस्त जैसे विभिन्न रूपों में जानते हैं; लेकिन, नारी का रूप यहीं तक सीमित नहीं है बल्कि नारीत्व की परिभाषा इससे कहीं बड़ी है। लेकिन, मर्दानगी संस्कृति के प्रभाव के कारण, यह शायद हम में से कई पुरुषों और यहां तक कि महिलाओं के लिए अज्ञात है। उनके लुक को पहचानना इतना आसान नहीं है। आज मैं आपसे ऐसी ही स्त्रीत्व के बारे में बात करने जा रहा हूं। यह केवल

भावनाओं की अभिव्यक्ति नहीं है बल्कि इसके माध्यम से मैं अपने पुरुष प्रधान समाज से कुछ प्रश्न पूछना चाहता हूं। मुझे उम्मीद है कि इसमें मुझे अपने दोस्तों का सहयोग मिलेगा। क्योंकि मुझे विश्वास है कि वे निश्चित रूप से मेरी भावनाओं और मेरे सवालों से सहमत होंगे।

आज भारत में लड़कियों को मुफ्त शिक्षा दी जाती है। उनके लिए रिक्तियां आरक्षित कर दी गई हैं। उन्हें संपत्ति में विरासत का अधिकार भी दिया गया है। समान वेतन और समान नागरिकता का दर्जा प्रदान करके सामाजिक और आर्थिक समानता स्थापित की गई है। एक परिवार जिसमें स्त्री-पुरूष के बीच समानता की भावना का विकास होता है। ऐसे घरों में लड़कियों को भी अपने शौक, स्वास्थ्य, लक्ष्य आदि विकसित करने के लिए प्रोत्साहित किया जाता है और उनका सर्वांगीण विकास करने के प्रयास किए जा रहे हैं।

महिला मुक्ति आंदोलन महिलाओं की अपनी कार्य शक्ति, बुद्धि और रचनात्मकता को पूर्ण अवसर देने और समाज में महिलाओं को समान सामाजिक दर्जा देने के लिए बनाया गया था। विभिन्न महिला मुक्ति संगठनों के माध्यम से समाज और विशेष महिलाओं में जागरूकता पैदा की जा रही है। इसके लिए महिलाओं को उनके हित में कानूनों के बारे में जानकारी और मदद दी जा रही है। गरीब, परित्यक्त, विधवा और निराश्रित महिलाओं को आर्थिक सहायता दी जा रही है ताकि वे सम्मानजनक जीवन जी सकें। रोजगार दिया जा रहा है। यह सहायता सभी धर्मों के जीवन के सभी क्षेत्रों की महिलाओं के लिए खुली है।

प्राचीन काल में मनुष्य प्रकृति को देवता मानता था। कृषि का आविष्कार मानव जीवन का सबसे क्रांतिकारी आविष्कार है। कृषि ने मनुष्य के खानाबदोश जीवन को स्थिर किया और बांध स्थल पर सुजलम सुफलम के गुणों की पहचान की। प्राचीन काल में मनुष्य प्रकृति को देवता मानता था। कृषि का आविष्कार मानव जीवन का सबसे क्रांतिकारी आविष्कार है। कृषि ने मनुष्य के खानाबदोश जीवन को स्थिर किया और बांध स्थल पर सुजलम सुफलम के गुणों की पहचान की। तभी से देवी मां की पूजा का महत्व और बढ़ गया। चूँकि स्त्री में बीज

धारण करने का गुण भी होता है, इसलिए उसे आदिशक्ति भी माना जाता था और उसकी मूर्तियाँ बनाकर माखरा में रखकर उसकी पूजा की जाती थी। समय के साथ, पितृसत्तात्मक व्यवस्था बढ़ती गई और एक ओर महिलाओं की पूजा करने और दूसरी ओर उन्हें प्रताड़ित करने का द्वंद्व भी बढ़ता गया। एक महिला का कितना ही शोषण क्यों न हो, उसकी वजह से ही हमारी परिवार व्यवस्था जीवित रहती है।

परिवार व्यवस्था हमारे समाज में एक महत्वपूर्ण सामाजिक इकाई है और बहुत से लोग इसके बारे में गर्व से बात करते हैं। इस व्यवस्था के फायदे और नुकसान हैं; लेकिन इस बात से इंकार नहीं किया जा सकता कि इस व्यवस्था से समाज कांप रहा है। अंधराष्ट्रवादी संस्कृति के कारण यह व्यवस्था निश्चित रूप से त्रस्त है; लेकिन इसकी मजबूती के कारण इसमें दरारें नहीं पड़ती हैं। यह सत्य है कि स्त्री और पुरुष को संसार के रथ के दो पहिये कहा गया है। लेकिन दुनिया का संतुलन बहाल है, यह महिला की वजह से है। पुरुष शक्ति ने हमेशा महिलाओं को कमजोर रखने की कोशिश की है। हजारों साल से शिक्षा से वंचित

अब तक उसे कानून के तहत अधिकार मिलने लगे हैं। उसी के आधार पर वह आगे बढ़ रही है। आज वह साबित कर रही है कि हम बुद्धि के मामले में पुरुषों से कम नहीं हैं। नारी त्याग की मूर्ति है, भगवान का रूप है। नारी सहनशक्ति की प्रतिमूर्ति है। उसका अस्तित्व दुनिया में दृढ़ता से महसूस किया जाता है। उसके बिना परिवार मुरझा जाता है। वह दिन-रात मेहनत कर परिवार का पालन-पोषण करती है; लेकिन वह अपने बच्चों को अपने पास नहीं आने देता।

दुनिया कैसी भी हो, उसे हार की तरह स्वीकार करती है। आज वह चुल और बच्चे की देखभाल कर आगे बढ़ने की कोशिश कर रही हैं। कई पुरुष इस विचार से परेशान हैं कि उनके हाथ से सत्ता धीरे-धीरे फिसल रही है। गरीब महिला हर मोर्चे पर लड़ रही है। हालाँकि, पितृसत्तात्मक समाज की मानसिकता अभी भी नहीं बदली है। आज भी लड़कियों के जन्म का तहे दिल से स्वागत नहीं किया जाता है। हालांकि कानून ने कन्या भ्रूण हत्या पर रोक लगा दी है, लेकिन कुछ ऐसे भी हैं जो गर्भ में भ्रूण को काटने के लिए तकनीक का फायदा उठाते हैं। बढ़ती अंधश्रद्धा

के कारण महिलाओं को भी वस्तु के रूप में देखा जाने लगा है। फिल्मों को अक्सर उसी तरह चित्रित किया जाता है। रेप की बढ़ती घटनाएं इस बात को रेखांकित करती हैं। हालांकि, महिलाओं के अधिकारों के बारे में जागरूकता है। कई पुरुष घर पर काम बांट रहे हैं। बालिका शिक्षा को प्राथमिकता देना। उन्हें करियर बनाने के लिए प्रेरित किया।

यह महिला अधिकार आंदोलन, नारीवाद के स्वतंत्र अध्ययन और पिछली शताब्दी में इसके प्रति जागरूकता का व्यापक प्रभाव है। 8 मार्च को मनाया जाने वाला अंतर्राष्ट्रीय महिला दिवस भी इसी का परिणाम है। हाल के दिनों में महिला दिवस बहुत उत्साह के साथ मनाया जाता है। इस दिन महिलाओं के अधिकारों, उनकी उपलब्धियों, उनकी उपलब्धियों की सभी कहानियां सुनाई जाती हैं। महिला दिवस के मौके पर इसे करने में कोई हर्ज नहीं है. हालांकि महिला दिवस को प्रतीकात्मक महत्व नहीं दिया जाना चाहिए। महिलाओं को देवत्व देकर प्रताड़ित करने की पुरुष मानसिकता और महिला दिवस को प्रतीकात्मक महत्व देकर महिलाओं को ऑब्जेक्टिफाई करने के रवैये में कोई अंतर नहीं है। इसे पूरे समाज को समझने की जरूरत है।

नारी शक्ति, शुद्ध ऊर्जा का अवतार है। वैदिक काल में महिलाओं को बहुत सम्मान दिया जाता था क्योंकि हमारे प्राचीन लोग इसे मानते थे। एक समाज के रूप में यह हमारी जिम्मेदारी है कि एक महिला के रूप में धन्य इस शक्ति को अधिक से अधिक अच्छे के लिए लाभकारी तरीके से उपयोग करें। नारी शक्ति, शुद्ध ऊर्जा का अवतार है। सारी सृष्टि इसी शक्ति से अपनी क्षमता और प्रेरणा प्राप्त करती है। इस शक्ति का परिमाण माप से परे है। आदिशक्ति माता के गर्भ से ही समस्त सृष्टि का प्रादुर्भाव हुआ। पार्वती ने कलिज को शिव के पति के रूप में जीतकर दिखाया है कि एक महिला अपनी दृढ़ता से असीम को प्राप्त कर सकती है।

वैदिक काल में महिलाओं को बहुत सम्मान दिया जाता था क्योंकि हमारे प्राचीन लोग इसे मानते थे। एक वैदिक कहावत है, 'जहां नारी की पूजा होती है, वहां देवताओं का वास होता है। वास्तव में मनुस्मृति में विस्तार से बताया गया है, 'पिता, पति, भाई और दीर, भावोजी, जो

अपना कल्याण प्राप्त करना चाहते हैं, उन्हें महिला का सम्मान करना चाहिए और उसे विभूषित या सुशोभित करना चाहिए।

जहां नारी का सम्मान होता है वहां देवता प्रसन्न होते हैं। लेकिन जहां महिलाओं का अपमान होता है, वहां कोई भी धार्मिक अनुष्ठान फल नहीं देगा। जिस घर में स्त्री के साथ संबंध का ठीक से सम्मान नहीं किया जाता है, वह मंत्र की तरह शापित और नष्ट हो जाता है।

एक महिला को अपवित्र करने पर रावण की किस्मत पर मुहर लग गई। जब वेदवती भगवान विष्णु को पति के रूप में प्राप्त करने के लिए अपने आश्रम में तपस्या कर रही थीं, तब उनकी मुलाकात रावण से हुई। उसने शादी में उसका हाथ मांगा। जब उसने मना किया तो उसने बाल खींचकर उसके साथ दुष्कर्म किया।

अपमान से जलकर वेदवती ने अपने बाल काट लिए और अग्नि में प्रवेश करके शपथ ली कि वह रावण को नष्ट करने के लिए पुनर्जन्म लेगी। वह बाद में सीता के रूप में पैदा हुई थी और यद्यपि रावण की मृत्यु में राम की महत्वपूर्ण भूमिका थी, वह उसकी मृत्यु का कारण थी।

प्रसिद्ध कथन 'हर सफल पुरुष के पीछे एक महिला होती है' शिव शक्ति के संयोजन के माध्यम से विकास के वैदिक विचार पर जोर देती है। यीशु ने अपना ज्ञान अपनी माँ से प्राप्त किया। शिवाजी का लालन-पालन जीजाबाई ने सदाचार से लड़ने के लिए किया था। कालिदास को उनकी विद्वान पत्नी द्वारा अस्वीकार किए जाने के बाद, उन्होंने कालीमाता का अभ्यास किया और एक प्रसिद्ध पंडित बन गए।

हिलेरी के समर्थन के कारण ही बिल क्लिंटन लोकप्रिय वोट के बावजूद अपनी स्थिति बनाए रखने में सक्षम थे। समय-समय पर, महिलाओं ने मानवीय सीमाओं से परे जाकर महान उदाहरण स्थापित किए हैं। मीराबाई - प्रेम और वैराग्य, लक्ष्मीबाई - धीरज और दृढ़ संकल्प और सीता - शुद्धता और निष्ठा। सती के रूप में, उन्होंने सावित्री के रूप में अलौकिक बलिदानों और यहां तक कि मृत्यु को भी रौंद डाला।

हालाँकि, इतिहास गवाह है कि जब भी शिव और शक्ति का टकराव हुआ है, तो पतन हुआ है। जब सीता ने लक्ष्मण रेखा को पार किया तो रावण ने उनका अपहरण कर लिया था। चूंकि सती ने यज्ञ में न जाने की

शिवाजी की सलाह का पालन नहीं किया, इसलिए उन्हें आग में प्रवेश करना पड़ा।

गांधारी ने दुर्योधन को उससे मिलने के लिए नग्न होकर आने का निर्देश दिया था। उस निर्देश की अवहेलना करते हुए, उसकी हार का मार्ग प्रशस्त किया। फलते-फूलते नकारात्मकता के आज के युग में दोनों शक्तियों का भ्रम विकराल रूप धारण कर चुका है। यौन उत्पीड़न, भ्रूण हत्या, लिंग भेद, दहेज, उत्पीड़न, असमानता सभी ने आधुनिक समाज को उर्वर बना दिया है।

जैसा कि कहा जाता है, 'आप भुगतान करेंगे जैसा आप भुगतान करेंगे', प्रेम, दया और बलिदान की कमी है। आज की दुनिया कायरता, विश्वासघात और लालच से भ्रष्ट है। एक समाज के रूप में यह हमारी जिम्मेदारी है कि एक महिला के रूप में धन्य इस शक्ति को अधिक से अधिक अच्छे के लिए लाभकारी तरीके से उपयोग करें। तभी हम पी. टी। हम उषा और बिछादरी पाल के बीच प्राकृतिक ऊर्जा, या लता मंगेशकर और अमृता प्रीतम के बीच रचनात्मकता, और किरण बेदी और सरोजिनी नायडू के बीच तरलता और धैर्य का उपयोग कर सकते हैं।

एक समय था जब नारी का कार्यक्षेत्र घर के अंदर था। घर में पुरुषों का दबदबा था। सारे फैसले पति ने लिए। एक बार निर्णय हो जाने के बाद, यह एक ऐसी स्थिति थी जहाँ पत्नी एक शब्द भी नहीं बोलना चाहती थी। ऑफिस में महिलाएं कम ही नजर आती हैं।

पूरे कॉलेज में दो-चार लड़कियां ही थीं। चौक, चौक, गली, सार्वजनिक स्थान पर लड़कियां या महिलाएं खुलकर बात करती नहीं देखी गईं। उच्च शिक्षा पर पुरुषों का एकाधिकार था। इस पृष्ठभूमि में आज का दृश्य हैरान करने वाला है।

आज की नारी द्वारा की गई आत्म-प्रगति वास्तव में आश्चर्यजनक है। समाज सुधारक महात्मा ज्योतिराव फुले, आगरकर, महर्षि कर्वे ने भारतीय नारी को आत्म-विकास का यह मार्ग दिखाया और नारी सोचने लगी। उसने महसूस किया कि वह चूल्हा और बच्चे से परे क्षेत्रों में पुरुषों के साथ-साथ प्रभावी ढंग से काम कर सकती है। आज महिलाओं ने

उच्च शिक्षा के सभी रूपों में एक स्थान प्राप्त किया है। अब कोई भी क्षेत्र नहीं दिखाया जा सकता है जिसमें स्केरी शामिल नहीं है। ऐसी पढ़ाई एक महिला को शोभा नहीं देगी; ऐसा काम एक महिला पर नहीं पड़ेगा; पहले यह माना जाता था कि ऐसी-ऐसी बात स्त्री की पहुंच से बाहर होती है। पिछले कुछ सालों में महिलाओं ने इन सभी बक्सों को चुनौती देकर अपनी काबिलियत साबित की है।

आज की नारी के लिए कोई भी क्षेत्र दुर्गम नहीं है। उल्टे उसने कुछ इलाकों पर पूरी तरह कब्जा कर लिया है। वह एक अच्छी शासक बनती है। वह चिकित्सा के साथ-साथ अनुसंधान के क्षेत्र में भी शानदार प्रदर्शन करती हैं। इतना ही नहीं; तो वह भी योद्धा बन सकती है। दुनिया कितनी आगे बढ़ चुकी है, लेकिन दहेज के मामले में हमारा देश और पिछड़ा होता जा रहा है. लड़की जितनी ज्यादा सीखती है, दहेज उतना ही ज्यादा आता है। जब तक महिलाएं इस संबंध में विद्रोह नहीं करेंगी तब तक समाज में कोई बदलाव नहीं आएगा।

आज की नारी शक्ति काफ़ी बढ़ गई है। वह पढ़ाई करती है। तरह-तरह के काम करता है। लेकिन वह अभी भी जिम्मेदारी वहन करती है। साथ ही बच्चों की पढ़ाई और उनके भविष्य को संवारने का बोझ भी खुद पर है। आज की नारी ने यह सब हासिल करने की अपार क्षमता अर्जित की है और अपनी अनूठी स्थिति दिखाई है।

आज भारत में लड़कियों को मुफ्त शिक्षा दी जाती है। उनके लिए रिक्तियां आरक्षित की गई हैं। उन्हें संपत्ति में विरासत का अधिकार भी दिया गया है। समान वेतन और समान नागरिकता का दर्जा प्रदान करके सामाजिक और आर्थिक समानता स्थापित की गई है। एक परिवार जिसमें स्त्री-पुरूष के बीच समानता की भावना का विकास होता है। ऐसे घरों में लड़कियों को भी अपने शौक, स्वास्थ्य, लक्ष्य आदि को आगे बढ़ाने के लिए प्रोत्साहित किया जाता है और उनके सर्वांगीण विकास के लिए प्रयास किए जा रहे हैं।

महिला मुक्ति आंदोलन महिलाओं की अपनी कार्य शक्ति, बुद्धि और रचनात्मकता को पूर्ण अवसर देने और समाज में महिलाओं को समान सामाजिक दर्जा देने के लिए बनाया गया था। विभिन्न महिला

मुक्ति संगठनों के माध्यम से समाज और विशेष महिलाओं में जागरूकता पैदा की जा रही है। इसके लिए महिलाओं को उनके हित में कानूनों के बारे में जानकारी और मदद दी जा रही है। गरीब, परित्यक्त, विधवा और निराश्रित महिलाओं को आर्थिक सहायता दी जा रही है ताकि वे सम्मानजनक जीवन जी सकें। रोजगार दिया जा रहा है। यह सहायता सभी धर्मों की महिलाओं के लिए सभी क्षेत्रों की महिलाओं के लिए खुली है।

1. महिला की पिछली स्थिति
2. औरत ने तोड़े कई बंधन
3. महिलाओं द्वारा की गई प्रगति अद्भुत
4. कोई भी क्षेत्र महिला के लिए दुर्गम नहीं है
5. विभिन्न क्षेत्रों में प्रगति
6. महिलाओं की दुर्दशा को खत्म करने के लिए महिलाओं को संगठित होने की जरूरत

इस समाज में कई लड़कियां और महिलाएं होंगी जिनके मन में एक ही सवाल होगा कि आखिर महिला क्या है? उसका अस्तित्व क्या है? क्या यह जन्म तक सीमित है माँ, माँ, बहन, बेटी, दोस्त, बिलकुल नहीं! उससे कहीं ज्यादा महत्वपूर्ण है। इसीलिए कई कवि और लेखक उनकी तुलना 'नारी दुनिया का आईना है' से करते हैं, वे उनके त्याग और समर्पण की भावना को जानते हैं। लेकिन, आज भी महिलाओं को उप-स्त्री, कमजोर और अधीनस्थ माना जाता है, वे उनका उपयोग करने की कोशिश करते हैं, इस समाज में मां जगदम्बा को आदि माया, शक्ति की देवी के रूप में पूजा जाता है, और दूसरी ओर, एक महिला जो अवतार है एक ही देवी, एक वस्तु के रूप में माना जाता है और केवल एक वस्तु के रूप में प्रयोग किया जाता है। । हमें ऐसी प्रवृत्तियों को समझाना होगा कि अगर एक महिला प्यार और माया के लिए सब कुछ छोड़ सकती है, तो वह अपनी पहचान, अस्तित्व के लिए दुर्गा का अवतार भी मान सकती है। इसलिए हमें इस समाज में महिलाओं के बारे में लोगों की राय बदलने की

कोशिश करनी होगी। स्त्री का सम्मान करना प्रत्येक पुरुष का कर्तव्य है। महिलाएं हमेशा कर्तव्य के बोझ के साथ रहती हैं। फिर वही कर्तव्य पुरुषों को करना चाहिए। एक महिला भावनात्मक शोषण से पीड़ित एक गरीब महिला नहीं है, बल्कि एक जीवन मार्गदर्शक है जो पुरुषों को लड़ना और जीवन में आगे बढ़ना सिखाती है। वह हर परिस्थिति में पुरुषों का साथ देती है, बलिदान करती है, तो इस बलिदान का सम्मान करने के बजाय उसका अपमान क्यों किया जाता है? वह जननी जग की स्तंभ हैं। तो उस स्तंभ को ही गिराने का प्रयास क्यों किया जा रहा है?

एक दिन ऐसा नहीं आना चाहिए जब इस समाज में महिलाओं का अस्तित्व मिटने लगे और तब इस पुरुष प्रधान समाज के हाथों में केवल पछतावा ही बचेगा।

यदि आप इसे पछतावा नहीं करना चाहते हैं, तो आपको एक कदम आगे बढ़ाना होगा। महिलाओं को लेकर लोगों की भ्रांतियां दूर करनी होंगी। इसके लिए हर महिला को संघर्ष करना पड़ता है, किसी को नहीं। किसी के साथ अन्याय करना पाप है और अन्याय सहना भी उतना ही बड़ा पाप है। तो बोलो और आगे आओ और महिला को समाज में उसका सही स्थान दो। हमारी माताओं और बहनों को गर्व होना चाहिए कि हम महिलाएं हैं। एक बार कदम उठाने के बाद उसे रोकना नहीं चाहिए। तभी समाज नारी शब्द की महानता को समझ पाएगा।

नारी समाज की नींव है। कुचलने के लिए कुछ नहीं। झांसी की रानी भी कोई महिला नहीं है, लेकिन उनकी वीरता पुरुषों से कम नहीं है। इतिहास में उनका काम महिलाओं के लिए एक नई दिशा और प्रेरणा है।

आज भी लड़कियां सीखती हैं और अपने पैरों पर खड़ी होती हैं, लेकिन पुरुष उन्हें अपनी मर्जी से काम करते हुए नहीं देख सकते। उन्हें कैसा व्यवहार करना चाहिए, कैसे बोलना चाहिए, कैसे/किस तरह के कपड़े पहनने चाहिए, पढ़ाई करनी चाहिए या नहीं, अकेले बाहर घूमना चाहिए या नहीं, चाहे वे पैदा हों या न हों, फिर भी हमारे देश में पुरुष ही तय करते हैं। . अमिताभ बच्चन, मुकेश अंबानी, सचिन तेंदुलकर, शाहरुख खान जैसे दिग्गजों को हाल ही में एक टीवी चैनल पर 'ग्रेट अचीवर'

सम्मान समारोह में सम्मानित किया गया। उस समय उन्होंने अपने विचार व्यक्त किए। जब वे बात कर रहे थे तो उनकी पत्नी के पास एक कैमरा था। नीता अंबानी, अंजलि तेंदुलकर आदि। उन सभी के चेहरों पर पति की उपलब्धियों का गर्व था, उनके लिए प्यार उमड़ रहा था जैसे कि उन्होंने खुद कुछ बड़ा हासिल किया हो। इन सभी ने जीवन में हमेशा अच्छी और बुरी परिस्थितियों में अपने पतियों का साथ दिया। बहुत त्याग किया। इसलिए इस सफलता पर भी उसका उतना ही अधिकार है जितना कि उसके पति का!

अगर ऐसा ही होता तो क्या उनके पति के बैठे हुए चेहरों में भी वही खुशी, गर्व और प्यार होता? वास्तव में हमारे आसपास कितने पुरुष हैं, जिन्हें वास्तव में अपनी पत्नियों की उपलब्धियों पर गर्व है? यदि उसके पास बुद्धि है, प्रतिभा है, तो क्या आप उसे समय-समय पर त्याग या सहयोग करते हुए खुद से आगे बढ़ते हुए देखना पसंद करते हैं?

ऐसा नहीं है कि ऐसे पति नहीं होते हैं। लेकिन महिलाओं की तुलना में बहुत कम। आज भी लड़कियां सीखती हैं और अपने पैरों पर खड़ी होती हैं, लेकिन पुरुष उन्हें अपनी मर्जी से काम करते हुए नहीं देख सकते। उन्हें कैसा व्यवहार करना चाहिए, कैसे बोलना चाहिए, कैसे/किस तरह के कपड़े पहनने चाहिए, पढ़ाई करनी चाहिए या नहीं, अकेले बाहर घूमना चाहिए या नहीं, चाहे वे पैदा हों या नहीं, फिर भी हमारे देश में पुरुष ही तय करते हैं। . 200 साल बाद भी, जस्टिस रांडे जैसे पुरुष, जो रमाबाई जैसी अनपढ़ लड़की को अपने पैरों पर खड़े होने और उसे अपने से आगे जाते हुए देखने के लिए खुश थे, एक हाथ की उंगलियों पर पाए जा सकते हैं!

आजकल लड़कियों के लिए करियर के कई विकल्प उपलब्ध हैं। लड़कियों को भी विभिन्न क्षेत्रों में कड़ी मेहनत और विभिन्न बाधाओं को पार करके उच्च पदों पर पहुंचने के लिए देखा जाता है; लेकिन क्या उसे अपनी सफलता सिर्फ इसलिए छोड़ देनी चाहिए कि उसने शादी कर ली है या घर की देखभाल करने के लिए या अपने पति को यह पसंद नहीं है? इसके लिए कौन जिम्मेदार है?

क्या पति को वही नहीं करना चाहिए जो पत्नी हर चीज में पति का साथ देती है? घर में अभी भी कई शिक्षित (?) बुद्धिमान, उच्च कोटि की महिलाएं हैं जो घर की चार दीवारी के भीतर अपने पति के शारीरिक और मानसिक शोषण का शिकार हो रही हैं। वे जितना सह सकते हैं उतना सहन करते हैं ताकि बाहर किसी को पता न चले। अगर पत्नी को इस तरह की परेशानी देने की मर्दाना मानसिकता है तो दृढ़ता से सहयोग करने के लिए यह एक लंबा रास्ता तय करना है।

शादी के बाद समीर और सुनीता अपनी सास के साथ रहते हैं। समीर एक नौकरशाही का काम करता है, जबकि सुनीता एक बैंक में एक वरिष्ठ पद पर है। शादी के बाद समीर ने बिजनेस करने के लिए नौकरी छोड़ दी; लेकिन अब वह दिन भर घर पर टीवी देखते, सिगरेट पीते रहते हैं। इकलौता बच्चा बनकर मां-बाप भी कुछ नहीं कहते। सुनीता अपनी नौकरी मेंटेन करते हुए घर में खाना बनाने और बाहर का सारा काम करती है। महीने के अंत में सारा वेतन पति को सौंपना पड़ता है, भले ही वह खुद पैसा कमाता हो। नहीं तो लगातार शक होता है, पीठ थपथपाई जाती है, कभी मारपीट भी की जाती है (सास भी पीछे नहीं रहती)। वह चुप रहना पसंद करती है, सोचती है कि मैहर के लोगों को कैसे बताया जाए, लोग क्या कहेंगे।

सुनीता वही कर रही है; लेकिन चलिए इसके बारे में बात करते हैं, क्या होगा अगर पति में ईर्ष्या होने के बजाय थोड़ी समझ और प्यार और सहयोग हो? क्या वह अधिक जोश और जोश के साथ काम नहीं करती? पुरुष तब तक खुश रहते हैं जब तक पत्नी काम करती है और घर में योगदान देती है; लेकिन जब उसे लगता है कि वह उससे आगे बढ़ रही है, तो असली मुसीबत शुरू हो जाती है। फिल्म 'अभिमान' में अमिताभ बच्चन का किरदार एक अच्छा उदाहरण है। शादी के बाद संबंध बनाए रखने के लिए दोनों के प्रयासों की आवश्यकता होती है। प्यार, विश्वास, सहयोग, प्रोत्साहन होना भी बहुत जरूरी है।

राहुल और नमिता का उदाहरण लें। दोनों एक नामी कंपनी में कार्यरत हैं। नमिता के पास प्रमोशन का मौका आया। देश-विदेश में

लगातार घूमना जरूरी था। उस समय उनका बेटा महज 10 महीने का था। ऐसे समय में यह दुविधा पैदा होती थी कि उसे नौकरी स्वीकार करनी चाहिए या नहीं; लेकिन राहुल ने वर्क फ्रॉम होम और अपने बेटे पर फोकस करना पसंद किया। उनके माता-पिता ने भी उनका साथ दिया।

क्या आपको निम्न में से कोई लक्षण हैं? अगर ऐसा है तो निश्चित रूप से कुछ गलत है।

पत्नी को लगातार चिढ़ाना, आलोचना करना, उसकी राय का सम्मान न करना/स्वतंत्र निर्णय न लेने देना, उसकी सफलता, उपलब्धियों को नज़रअंदाज करना, लगातार उसे (अपनी असफलताओं के लिए भी) दोष देना, लगातार उसकी तुलना अन्य महिलाओं, दोस्तों, परिवार से नहीं करने देना। मिलने के लिए, उसे स्वतंत्र रूप से पैसे का लेन-देन न करने देना, ईर्ष्या या अधिकारपूर्वक काम करना, उस पर नज़र रखना...

महत्वपूर्ण बात यह है कि यदि अनजाने में आपके साथ उपरोक्त में से कोई भी हो रहा है, तो तुरंत किसी से बात करें या मदद मांगने में संकोच न करें। अपनी पत्नी की पसंद, काम, शिक्षा का सम्मान करें। बदले में आपको प्यार और सम्मान भी मिलेगा। अपनी पत्नी की सफलता और प्रसिद्धि की सराहना करने से आपका मूल्य कम नहीं होगा, बल्कि बढ़ेगा। एक पत्नी सिर्फ एक 'सेक्स ऑब्जेक्ट' नहीं बल्कि एक इंसान है। उसकी राय का सम्मान करें। कोई महंगा तोहफा देने की बजाय डटे रहें। किसी भी स्थिति पर निष्पक्ष रूप से विचार करें।

यह कहना अनुचित है कि घरेलू उपकरणों के विकास के कारण इन दिनों महिलाओं के पास घर में करने के लिए ज्यादा काम नहीं है। इसके विपरीत, इस खाली समय में, घरेलू सामान खरीदना, बच्चों का अध्ययन करना, उन्हें स्कूल से ले जाना और घर ले जाना, घर का हिसाब-किताब रखना आदि जैसे समय लेने वाले कार्य स्वतः ही उसके पास आ गए हैं। इसलिए उसका सिलसिला थमा नहीं है।

गृहस्थ को अन्य तत्वों के साथ-साथ स्त्री के साथ गृहकार्य की जिम्मेदारी लेनी चाहिए और उसकी मदद करनी चाहिए। उस संबंध में, उसे अपने व्यवसाय और नौकरी में आवश्यक समर्थन और प्रोत्साहन

दिया जाना चाहिए। अगर उसे सभी मामलों में स्वतंत्र रूप से निर्णय लेने की स्वतंत्रता दी जाती है, तो समाज में सही मायने में पुरुषों और महिलाओं के बीच समानता पैदा होगी और इस तरह आज की महिलाओं का जीवन वास्तव में सुखी और समृद्ध होगा।

क्या यह आश्चर्य की बात नहीं है कि महिलाओं की विशिष्टता का उल्लेख किया जाना चाहिए, उनके योगदान की सराहना की जानी चाहिए? लेकिन सच्चाई यह है कि कुछ असाधारण उन्नत सामाजिक तत्वों को छोड़कर अधिकांश समाजों में महिलाओं का महत्व, संवेदनशीलता और सम्मान न के बराबर है।

समाज में पुरुष और महिला दोनों तत्व हैं और इस समाज की महिलाओं से कुछ अपेक्षाएं हैं। ऐसी अपेक्षाएं पुरुषों से भी होती हैं, लेकिन एक अंतर यह प्रतीत होता है कि ज्यादातर महिलाएं उन उम्मीदों की बाड़ को अपने चारों ओर इतनी कसकर बांध लेती हैं कि वे बाड़ का दरवाजा खोलना भूल जाती हैं और बाहर आकर खुली हवा में सांस लेती हैं। ! परिणामस्वरूप उद्योग, व्यवसाय, समाज की प्रगति और निर्माण में महिलाओं की भागीदारी कम हो जाती है, उनके विभिन्न विचार और दृष्टिकोण समझ में नहीं आते (विविधता समावेश), संस्कृति की समृद्धि नहीं बढ़ती है। जिस उन्नत समाज के लिए स्त्री और पुरुष दोनों का योगदान समान रूप से महत्वपूर्ण है, ऐसा नहीं हो रहा है!

एक गरीब महिला जो मजदूरी करके अपना और अपने परिवार का भरण-पोषण करती है, एक कर्तव्यपरायण गृहिणी जो परिवार की जरूरतों को पूरा करती है, एक कर्मचारी जो घर-कार्यालय-व्यवसाय का काम संभालती है, एक पेशेवर, उच्च शिक्षित, एक सफल महिला एक बड़े पद या अंतरराष्ट्रीय ख्याति की अभिनेत्री, एक खिलाड़ी, एक कलाकार की जिम्मेदारी लेता है। ... हर किसी के हिस्से के लिए छोटे पैमाने पर संघर्ष अनिवार्य है - एक व्यक्ति के रूप में अपने अलग अस्तित्व को बनाए रखने और विकसित करने के लिए, उसका व्यक्तित्व।

एक महिला एक पारिवारिक गृहिणी, एक प्यारी और देखभाल करने वाली माँ, बहन, बेटी, पत्नी, बहू होनी चाहिए। उसके लिए वह कभी-कभी अपनी रुचि, स्वास्थ्य, स्वाभिमान को गौण मानता है। धीरे-धीरे

घर, दोस्त, रिश्ते को अपना ब्रह्मांड माना जाने लगा। अपने स्वयं के बौद्धिक, प्रतिभा की प्रगति को रोकता है। असफलता के डर से खुद को अलग करने का आत्मविश्वास खत्म हो जाता है। इन सबका अफसोस दिल में गहराई तक समाया हुआ है और अक्सर यही अफसोस पारिवारिक कलह, अवसाद और दुख का कारण बन जाता है।

पुरुष प्रधान समाज की एक और उम्मीद यह है कि एक महिला हमेशा सुंदर और सुडौल दिखे। इसके बाद सौंदर्य प्रसाधन, कपड़े, फैशन, अत्यधिक आहार, अप्राकृतिक उपचार, महंगी जीवन शैली, महिलाओं को दिखाने वाले विज्ञापन, फिल्में, अश्लील गाने... सूची आगे बढ़ती है। इस विश्वास और अपेक्षा का शिकार होकर कुछ लोग अपने स्वास्थ्य को नुकसान पहुंचाते हैं और वित्तीय अस्थिरता का शिकार होते हैं। स्त्री सुख और भोग की वस्तु होती है, यह गंदी समझ समाज में फैलने लगती है, जिससे महिलाओं का उत्पीड़न और यौन उत्पीड़न बढ़ता है।

कुछ लोग यह चरम स्थिति ले लेते हैं कि अपने अस्तित्व को बनाए रखने का अर्थ है दुनिया की उपेक्षा करना और नौकरी-व्यवसाय में सफल होना, यही एकमात्र लक्ष्य है और परिवार सुख में खो जाता है। कुछ लोग पारिवारिक जिम्मेदारियों और काम के साथ संघर्ष करते हैं, थक जाते हैं, अपने व्यक्तित्व, शौक को विकसित करना भूल जाते हैं और चिंतित रहते हैं।

यदि आप इस खुशी को संतुलित करना चाहते हैं, तो मुझे लगता है कि एक महिला के रूप में अपनी खुद की अपेक्षाओं, अपनी क्षमताओं, अपनी खुशी की परिभाषा को देखना सबसे महत्वपूर्ण है। मैं जो चाहता हूं, क्या वह मेरे शारीरिक, मानसिक और पारिवारिक स्वास्थ्य के लिए सही है? क्या मैं दूसरों की अपेक्षाओं को पूरा करने के लिए अभी जो कर रहा हूं उससे खुश हूं? मैं अपने पसंदीदा शौक, शिक्षा, नौकरी, व्यवसाय के लिए आवश्यक प्रयास, समय, पैसा कैसे दे सकता हूं? यदि यह विफल हो जाता है, तो इससे कैसे निपटा जाए, इससे क्या सीखा जा सकता है? अगर मैं सफल हो गया तो इससे मुझे अपने और दूसरों के लिए क्या लाभ होगा और मैं आगे क्या करूँगा? इन और कई अन्य सवालों के बारे में सोचकर, इसके बारे में दूसरों के साथ संवाद करके, जानने वालों से

मार्गदर्शन लेकर, छोटे सुधार बनाया जा सकता है।

प्रकृति ने महिलाओं में प्रेम और संवेदनशीलता, चौकस और तेज बुद्धि, गहरी नजर, जागरूकता, बुद्धि, तर्क, एक ही समय में कई काम करने की क्षमता, मेहनती जैसे कई अच्छे गुण पैदा किए हैं। आवश्यकता इस बात की है कि स्त्री स्वयं को प्रेरित करे, आत्मनिरीक्षण करे, सकारात्मक दृष्टिकोण और उन्नत सोच रखे, उसे साहसपूर्वक समाज के सामने पेश करे, अपने समय और गुणों का सही उपयोग अपने विकास के लिए करे, पुरुष कारक के साथ समान रूप से काम करे। , उन्नत समाज के निर्माण के लिए महिलाओं की शक्ति को जगाना

"भाग्यशाली होने पर, वह स्त्री जो जीवन के उतार-चढ़ाव से दृढ़ता, सहजता से, चाहे वह शिक्षित हो या अशिक्षित, निडर, लापरवाह, मुक्त-उत्साही होती है, अपनी दुनिया को फलती-फूलती है लेकिन ...

अगर अचानक एक दिन उसका पति उसे छोड़ देता है, तो वही निपुण, मजबूत, सर्वांगीण महिला तुरंत असहाय, दुर्भाग्यपूर्ण और अस्तित्वहीन हो जाती है।

लेकिन स्त्री को प्रभु के दिए हुए अनमोल जन्म को सार्थक बनाने के लिए भटकना नहीं चाहिए, कुछ फ़रिश्तों जैसे कुलीन लोगों की मदद से अपना वजूद साबित करना चाहिए और कहना चाहिए...

3

आजादी से महिलाओं की यात्रा तक

महाराष्ट्र में जहां राष्ट्रमाता जीजाऊ, सावित्रीबाई फुले, ताराबाई, झांसी की रानी लक्ष्मीबाई, अहिल्याबाई होल्कर, पंडित रमाबाई जैसी कुलीन महिलाओं ने स्थापित व्यवस्था में पुरुषत्व की वकालत की, वहीं महाराष्ट्र की महिलाएं हठपूर्वक आगे आईं और समाज में महिलाओं की आजादी के लिए संघर्ष किया। लेकिन अफसोस की बात है कि इस लोकतांत्रिक देश में जहां महिलाओं को आजादी मिली है वहां महिलाओं के साथ अन्याय और अत्याचार भी कम नहीं है. हाल ही में संपन्न हुई मिस वर्ल्ड 2022 में भारत की बेटी हरनाज़ संधू की सफलता ने देश को गौरवान्वित किया और क्या यह शर्म की बात नहीं है कि अभिनेत्री जायरा वसीम, जिन्हें दंगल गर्ल के नाम से जाना जाता है, के साथ उस दिन एक विमान में छेड़छाड़ की गई थी? एक तरफ महिलाएं आजाद हैं तो दूसरी तरफ देश का गौरव बढ़ाने वाली महिलाओं के साथ अन्याय और उत्पीड़न हो रहा है और देश का गौरव शर्म से झुक रहा है. क्या यह प्रश्न मानव जाति के सामने नहीं है? कितना सहोगे, आज़ादी से आज़ादी की ओर बढ़ रही नारी का अस्तित्व, क्यों? देश की आज़ादी को तबाह करना और फिर से गुलामी थोपना मुझे कुछ समझ नहीं आता..!

निर्भया कांड हो या दिल्ली में कोपर्डी की घटना, इस मामले के बाद देश में ज्वालामुखी की तरह विस्फोटक मार्च और आंदोलन शुरू हो गए, कई महिलाएं सड़कों पर उतरीं, मोमबत्तियां जलाईं, मराठा क्रांति मोर्चा जैसे ऐतिहासिक मार्च हुए, ऐसा लगा कि अब न्याय होगा। महिलाएं अपने अस्तित्व, स्वतंत्रता के दिनों को देखने के लिए सड़कों पर उतरीं। देश की महिलाओं पर अत्याचार करने वाले हत्यारों को कड़ी से कड़ी सजा मिलनी चाहिए ताकि वे विचार दोबारा न हों, महिलाओं के प्रति नजरिया बदलेगा, दिन-रात सड़कों से घर लौट रही मेरी मां-बहनों को इस भाई का सहयोग मिलेगा, हर महिला सुरक्षित घर लौट जाएगी लेकिन क्या हुआ, सारे वादे रह गए, लेख से लेकर बोलने तक और ये शो लाइनें सिर्फ कागजों पर ही रह गईं। इतना ही नहीं, महाभारत में द्रौपदी और रामायण में सीता इस परीक्षा में असफल नहीं हुईं और इस आजाद देश में महिलाएं इस समस्या का सामना करने से नहीं हिचकिचातीं। कला, खेल, वैज्ञानिक, यहां तक कि राजनीति में भी कई क्षेत्रों में महिलाओं का दबदबा रहा है।पंडित जवाहरलाल नेहरू की बेटी इंदिरा गांधी 19 जनवरी, 1966 को भारत की पहली महिला प्रधानमंत्री के रूप में दुनिया के सामने आईं। महाराष्ट्र की प्रतिभाभाताई पाटिल 2007 में भारत की पहली महिला राष्ट्रपति बनीं। उत्तर प्रदेश की पहली महिला राज्यपाल सरोजिनी नायडू, भारत की पहली महिला मेयर सुलोचना मोदी, उसके बाद तमिलनाडु, राजस्थान, पंजाब, दिल्ली, उत्तर प्रदेश, बिहार, मध्य प्रदेश और पश्चिम बंगाल का स्थान है। महिला मुख्यमंत्री। लेकिन महाराष्ट्र अभी भी भाग्यशाली नहीं है कि एक महिला मुख्यमंत्री है।

महाराष्ट्र में सामाजिक व्यवस्था ने हमेशा महिलाओं को राजनीति से दूर रखने की कोशिश की है। 50 प्रतिशत आरक्षण के बावजूद एक भी महिला मुख्यमंत्री पद के लिए आगे क्यों नहीं आई? ये है प्रश्न। स्थापित बीसवीं सदी की बात करें तो महिलाओं को राजनीति से आदेश मिलते दिखाई देते हैं, कई जगहों पर महिलाओं को आरक्षण के नाम पर ही चुनाव लड़ना पड़ता है और सारा मामला पुरुषों के हाथ में होता है, महिलाएं नाममात्र की शासक होती हैं, व्यवस्था चलती है सभी पुरुषों द्वारा, इसलिए महिलाओं को स्वतंत्रता नहीं मिलती है। कुछ दिनों

पहले, भूमाता ब्रिगेड ने सड़कों पर उतरकर इन महिलाओं को न्याय दिलाने के लिए कई सफल प्रयास किए और महिलाओं के अधिकारों के लिए कई आक्रामक भूमिकाएँ निभाईं, महाराष्ट्र के कुछ मंदिरों में पुरुषों और महिलाओं के बीच समानता की अनुमति नहीं है। लेकिन आज भी स्थिति विकट है। महिला सुरक्षा कानून को लेकर महिलाओं के लिए बने कानून से महिलाएं आज भी अनभिज्ञ हैं। उन्हें न्याय दिलाने के लिए कानून का उचित क्रियान्वयन नहीं हो रहा है। इसलिए, उन्नत महाराष्ट्र महिलाओं के शोषण में तीसरे और दहेज में दूसरे स्थान पर है। 2013 से 2014 के बीच महिलाओं के खिलाफ हिंसा की घटनाओं में 358 प्रतिशत की वृद्धि हुई है। इस दौरान रोजाना प्रताड़ना की 14 घटनाएं हो चुकी हैं।

वहीं, हत्या और अपहरण के मामले में उत्तर प्रदेश पहले स्थान पर है। प्रेम प्रसंग के चलते 300 से ज्यादा हत्याएं हो चुकी हैं। दिल्ली चोरी की घटनाओं की राजधानी बन गई है। एक और चौंकाने वाला तथ्य यह है कि पिछले पांच वर्षों में देश में ढाई लाख से अधिक अपहरण हो चुके हैं। अपहरण के 46 फीसदी मामले फिरौती के लिए नहीं बल्कि शादी के लिए होते हैं। निःसंतान दंपत्ति को बच्चा बेचने या गोद लेने के लिए 410 बच्चों का अपहरण किया गया। सामाजिक विश्लेषक यह राय व्यक्त कर रहे हैं कि पुरुषों और महिलाओं के बीच असमानता के कारण ऐसा हो रहा है, उपरोक्त आंकड़ों पर विचार करते हुए, प्राचीन परंपरा की निरंतरता की एक तस्वीर सामने आती है कि महिलाएं वस्तु हैं। समाज, उसे चूल्हा और बच्चे के आगे नहीं जाना चाहिए। इसका एक ठोस समाधान यह है कि दुर्व्यवहार करने वालों को न केवल कड़ी से कड़ी सजा मिलनी चाहिए, सजा बहुत सख्त होनी चाहिए, साथ ही इस समाज में पुरुषों को महिलाओं का सम्मान और सम्मान करना चाहिए और सड़कों पर काम करने वाली महिलाओं को देखना बंद कर देना चाहिए। राजनीति हो, अभिनेत्री हो या कोई अन्य क्षेत्र और समाज में गरिमा के साथ रहना जरूरी है, तभी देश को आजादी के साथ समृद्धि दिखाई देगी..!

4

स्त्री अस्तित्व की ज्वाला - सावित्रीबाई फुले

वह युद्ध जहाँ संघर्ष होता है, वह कण जो ब्रह्मांड की सूक्ष्मता का प्रतीक है, वह क्षण जो सब कुछ बदलने के लिए पर्याप्त है, वह जीवन जिसमें यह सब समाहित है! एक मजबूत दिमाग ही इस जीवन को सफल बनाता है। ऐसी मजबूत दिमाग वाली महिला का दिल क्रोध, ईर्ष्या और अपराधबोध को जन्म देता है। जुल्म की आग है, स्त्री जाति के सशक्तिकरण के लिए, स्त्री-पुरुष की समानता के लिए, आरक्षण के लिए, लेकिन परिणाम क्या है? कुछ नहीं नारी जाति का विरोध है, दहलीज से परे उसका क्या अस्तित्व है? महिलाओं पर इन सभी अत्याचारों का कारण शिक्षा की कमी है। संपूर्ण मानव जाति के विकास के लिए लड़कियों की शिक्षा के रूप में प्रभावी कोई अन्य उपकरण नहीं है। एक लड़की को पढ़ाना पूरे परिवार को पढ़ाने जैसा है।

महिलाओं के सामने गंभीर समस्याएं हैं, एक तरफ महिलाओं को मां के रूप में महिमामंडित किया जाता है और दूसरी तरफ वे पैदा होने से पहले ही महिलाओं और भ्रूणों को मार देती हैं। यह हमारी तथाकथित

पितृसत्तात्मक संस्कृति है, लेकिन एक भी समस्या ऐसी नहीं है जिसे शिक्षा के जादू की छड़ी से हल नहीं किया जा सकता है। उसके लिए महिलाओं के प्रति समाज का नजरिया बदलना चाहिए। नारी त्याग, नम्रता, विश्वास और ज्ञान की मूर्ति है। वह किसी भी तरह से पुरुषों से कम नहीं है। परंपरागत रूप से पुरुष माने जाने वाले क्षेत्रों पर अब महिलाओं का कब्जा है। रानी लक्ष्मीबाई के पदचिन्हों पर चलकर किरण बेदी, मीरा बोरवणकर, अंजू जॉर्ज, सानिया मिर्जा, झांसी की ताराबाई शिंदे, इंदिरा गांधी अपने-अपने क्षेत्र में उपलब्धियां हासिल कर रही हैं। पुलिस, सेना के अलावा महिलाओं ने रिक्शा चलाना, ट्रक चलाना, पेट्रोल पंप पर काम करना, पत्रकारिता करना शुरू कर दिया है। यह सब एक महिला के कारण संभव हुआ है। वह महिला एक क्रांति है। क्रांति ज्योति सावित्रीबाई फुले के जीवन कार्यों को उजागर करने का अर्थ है महिलाओं की स्वतंत्रता के अस्तित्व का एहसास। वास्तव में, आज के वैज्ञानिक युग में, यह समाज इतना शिक्षित हो गया है कि उनके पैर कभी जमीन को नहीं छूते हैं। लगता है एक बहुत बड़ी छलांग, लेकिन आज इस समाज में स्वतंत्र रूप से रहने वाली महिला आज हर क्षेत्र में अपनी भूमिका निभा रही है, इसका सारा श्रेय महात्मा फुले दंपति को जाता है, लेकिन मुझे दुख है कि इस समाज में क्रांति ज्योति के प्रति रवैया नहीं है। सावित्री बाई फुले, जो सच्ची शिक्षा की देवता हैं।उनतीसवीं सदी के लिए, पुणे जैसे सनातन के किले में लड़कियों, अतिशूद्रों और यहां तक कि एक महिला के लिए शिक्षक बनने का सपना भी संभव नहीं था। लेकिन महात्मा जोतिबा फुले और सावित्रीबाई ने सपने को हकीकत में बदल दिया। कन्या भ्रूण हत्या, विधवा विवाह, बाल प्रतिबंध के लिए नावों की हड़ताल आदि की रोकथाम के लिए गृह सामाजिक सुधारों द्वारा निर्मित युग नया युग बन गया। इसलिए महात्मा जोतिबा फुले युग पुरुष और सावित्रीबाई युग महिला बनीं।

महात्मा फुले के विचारों की ज्योति को प्रज्वलित रखने वाली दादी एक दूरदर्शी, मजबूत और कुशल लोक माता थीं, जिन्होंने समय के कदमों को सही मायने में पहचाना। ऐसी आद्यक्रांति का जन्म 3 जनवरी 1831 को सतारा जिले के खंडाला तालुक के नायगांव में हुआ

था। उस काल का अर्थ है पेशवाओं के काल में उन्नीसवीं शताब्दी जब महिलाओं और शूद्रों के साथ जानवरों से अधिक दयालु व्यवहार किया जाता था। नारी है नर्क का द्वार, इस भयानक समय में समाज को दिशा देने के लिए, माया को प्रेम देकर सही रास्ते पर चलने के लिए किसी का जन्म होना ही है। उसी के अंश के रूप में सावित्री का जन्म हुआ। वह सौदामिनी जैसी उज्ज्वल और सुंदर लड़की के रूप में पैदा हुई थी। चरित्र नायिकाएं युगास्त्री थीं..

सावित्रीबाई फुले बचपन से ही बहादुर और मेधावी थीं। सावित्रीबाई एक चतुर और बहादुर व्यक्ति थीं। बचपन से ही उनमें गरीबों की सेवा करने की बहुत इच्छा थी लेकिन उन्हें जल्द ही एहसास हो गया कि समाज सेवा के लिए हर व्यक्ति को शिक्षा की जरूरत होती है। साहस, वीरता, न्याय, नैतिकता आदि अलौकिक गुण सावित्री के स्वभाव में कम उम्र से ही चमकने लगे थे। सात साल की बच्ची सुंदर और सुडौल थी। खंडोजी पाताल ने सावित्री का विवाह वर्ष 1840 में जोतिबा फुले से बड़ी धूमधाम से किया, यह सोचकर कि उस समय सात वर्ष एक महिला की विवाह योग्य आयु मानी जाती थी।

जिस व्यवस्था में बहुजन समाज को शिक्षा का अधिकार नहीं था, जिस व्यवस्था में महिलाएं कुछ सख्त कानूनों से बंधी थीं, वहां महिलाएं केवल भोग की वस्तु थीं, महिलाएं चूल्हा और बच्चों के अलावा कोई भी अधिकार स्वीकार नहीं कर सकती थीं। शिक्षा, स्वतंत्रता का अधिकार, विधवाओं का उत्पीड़न, बाल विवाह, ऐसी कई चीजें बंधनों में फंसी महिलाओं का यह समाज, ऐसी अवस्था में, उन्नीसवीं सदी में, एक ऐसा चमकता सितारा पैदा हुआ, जिसने शिक्षा के लिए अपना अस्तित्व दांव पर लगा दिया पूरे बहुजन समाज के, यानी महात्मा ज्योतिबा फुले। उन्होंने इस सामाजिक स्थिति को सुधारने का फैसला किया, हम उनकी कविता की एक पंक्ति से देख सकते हैं कि यह गरीबी, गुलामी केवल अशिक्षा के कारण है।

सावित्रीबाई 29वीं सदी की नारी रत्न हैं और महिलाओं और दलितों के लिए उनका काम वास्तव में क्रांतिकारी है। उनके काम ने भारत के सांस्कृतिक इतिहास में एक नया प्रतिमान बनाया। उनका जीवन

भारत की पहली शिक्षिका, महिला प्रधानाध्यापिका, अनाथों की मां और महिला मुक्ति आंदोलन की पहली अग्रणी के रूप में अमर रही है। महात्मा जोतिबा फुले द्वारा अपनी दिव्य ज्योति से प्रज्ज्वलित दिव्य ज्योति सावित्रीबाई बन गई है। जोतिबा की तरह उन्होंने भीषण विरोध और उत्पीड़न का सामना करते हुए सत्य, समानता और मानवता के लिए संघर्ष किया। इसने दुनिया को दिखाया कि महिलाएं भी इंसान हैं और पुरुषों की तरह ही सक्षम हैं। पुरुषों और महिलाओं के बीच समानता का दावा करने वाली पहली महिला और महिलाओं की गरिमा को बढ़ाने वाली पहली भारतीय महिला के रूप में सावित्रीबाई का उल्लेख किया जाना चाहिए।

क्रांति ज्योति सावित्रीबाई फुले की जयंती के अवसर पर, महाराष्ट्र भारत को बाल दिवस के रूप में उत्साह के साथ मनाया जाता है, उसी के अनुसार, इस महाराष्ट्र में उनके काम और उनके विचारों का जागरण है, उन लोगों के विचारों का अस्तित्व जिन्होंने अपने विचारों को त्याग दिया। महिलाओं की आजादी के लिए खून, शिक्षा के लिए, क्या आज भी जल रही है महिलाओं की आजादी की लौ? मेरे जैसे आम आदमी के लिए ऐसा सवाल आसान है। क्रांति ज्योति सावित्रीबाई फुले के जीवन कार्य को उजागर करना नारी स्वतंत्रता के अस्तित्व को साकार करना है, वास्तव में, आज के वैज्ञानिक युग में, यह समाज इतना शिक्षित हो गया है कि इसके पैर कभी जमीन को नहीं छूते हैं, अगर हम महिला शिक्षा के बारे में सोचते हैं, तो यह ले लिया है शिक्षा, राजनीति, खेल जैसे कई क्षेत्रों में एक बड़ी छलांग लगता है, लेकिन आज इस समाज में स्वतंत्र रूप से चलने वाली महिला आज हर क्षेत्र में अपनी भूमिका निभा रही है, इसका सारा श्रेय महात्मा फुले दंपत्ति को जाता है, लेकिन मुझे लगता है खेद है कि इस समाज में सच्ची शिक्षा के देवता क्रांति ज्योति सावित्री बाई फुले के प्रति रवैया नहीं है।

औरत भी इंसान है। उसे स्पष्ट रूप से इस बात से इनकार किया गया था कि उसके पास बुद्धि, भावनाएँ, मन और स्वतंत्र व्यक्तित्व है। गुलामों की गुलाम औरत होती है। पूरे देश में दहशत का माहौल था। भयानक अज्ञानता, रंगभेद, जातिगत भेदभाव, बाल विवाह, बाल झड़ना,

सती प्रथा आदि। देश महामारी से त्रस्त था। महिलाओं की स्थिति दयनीय थी। स्त्री का जन्म अशुभ माना जाता था। उसकी गतिविधि का क्षेत्र, चूल्हा और बच्चा पुरुषों की वासना को संतुष्ट करने के उसके साधन थे, उसका एकमात्र अस्तित्व एक गरीब गाय, एक पैर की नौकरानी का था। बाल विवाह, विषम विवाह की प्रथा चल रही थी। एक विधवा का जीवन 'दे मेरी धरणी थाई' जैसा था।

सती का तरीका चौंकाने वाला था। 27 सितंबर, 1823 को कोकानास्त ब्राह्मण महिला राधाबाई सती के लिए रवाना हुईं। इसे सारण पर रखकर आग लगा दी गई। आग को सहन करने में असमर्थ, वह बाहर कूद गई। अंग्रेजों द्वारा उन्हें अस्पताल ले जाया गया लेकिन कोई फायदा नहीं हुआ। इससे भी बदतर, 1854 में, शंकराचार्य ने अपने पति के मामले में एक विधवा के मामले में फैसला किया कि वह अपने पिता को दक्षिणा देकर और अपने पैर तीर्थ और पंचगव्य देकर शुद्धि समारोह करेगी। कन्या की शुद्धि के लिए उसे अमृत वृक्ष के ड्रम में रखकर आग लगा देना चाहिए। पर्याप्त धुंआ निकलने के बाद उसे निकाल कर केशवपन करें और सहस्त्र ब्राह्मणों को खिलाएं, जिससे वह शुद्ध हो जाए। इससे पता चलता है कि फुले काल और उससे पहले महिलाओं का जीवन कितना हाशिए पर और अनुचित था।

उस समय महिलाओं को शिक्षा का अधिकार नहीं था। उन्हें अविश्वसनीय, दुष्ट, चंचल, विचारहीन माना जाता था। उसकी शिक्षा का अर्थ है भ्रष्टाचार, शिक्षा समय से पहले वैधता लाती है, पति से बात करने का अर्थ है अशिष्टता, स्त्री दोषों की खान, अज्ञानता। समुदाय का मानना था कि उसे पढ़ाना एक बंदर को कोलिट देना है शूद्रों और अतिशूद्रों की स्थिति भी भयानक थी। उनका जीवन पिछड़ा समाज का निरंतर उत्पीड़न, उपहास, अवमानना और उपेक्षा है। परछाई भी खराब न हो इसके लिए पेड़ की डालियों को कमर के चारों ओर बांधकर सड़क पर झाड़ू लगाना पड़ता था। थूकने के लिए गले में घड़ा बांधना पड़ता था। वे गांव के बाहर रहते थे। उन्होंने इस पाखंडी धर्म और धार्मिक कट्टरपंथियों के खिलाफ विद्रोह का झंडा बुलंद किया। उस समय विधवा महिलाओं के बाल काटकर विकृत कर दिया जाता था। इसलिए, नारायण

बंधु लोखंडे ने अपने समाचार पत्र दीनबंधु में 23 मार्च, 1890 को बुलाया और एक ऐतिहासिक परमाणु हमला किया। हजारों साल की गुलामी को खत्म करने के लिए फुले दंपत्ति ने जीवन भर संघर्ष किया।

इस कहावत को अर्थ देने वाले महात्मा फुले भारतीय इतिहास के पहले सामाजिक क्रांतिकारी हैं। वह एक विद्रोही व्यक्ति थे जिन्होंने अपने विचारों को व्यवहार में लाया। उन्होंने अपने वैचारिक ढांचे से कई मोर्चों पर लड़ाई लड़ी। जाति व्यवस्था, ब्राह्मणवाद का वर्चस्व, महिलाओं का शोषण, किसानों और मजदूरों का शोषण, सांस्कृतिक गुलामी सभी मोर्चों पर लड़ी गई। उनका संघर्ष सत्य की खोज पर आधारित था। महात्मा फुले को 'महिला शिक्षा का अग्रणी' कहा जाता है। उन्होंने पिछड़े समुदायों की लड़कियों और लड़कों के लिए स्कूल शुरू किए। उन्होंने जोर देकर कहा कि सभी पुरुषों और महिलाओं को शिक्षा मिलनी चाहिए। उनके अनुसार शिक्षा ही मुक्ति का मुख्य मार्ग है।

अगर यह समाज गुलामी से मुक्त होना चाहता है, तो पहला वास्तविक समाधान शिक्षा पर हमला है, और यह गुलामी पर हमला है। एक स्कूल शुरू करके, महिला शिक्षा का युग लगाया गया था, जब महिलाओं को चिंता थी कि शिक्षा का मतलब महिला शिक्षक है, पत्नी सावित्रीबाई फुले ने अपने पति के सामाजिक कार्यों में कंधे से कंधा मिलाकर काम करने का संकल्प दिखाया और वह पेड़ अनाज पैदा करता है और जो बीज बोया जाता है वह अपने अस्तित्व को मिटा देता है और कई अनाज पैदा करता है, ऐसे उदाहरण ने सावित्रीबाई को संघर्ष के लिए प्रेरित किया बिना किसी भेदभाव के समाज कार्य में महिला होने की स्थापित व्यवस्था का बन्या, इस सफल विद्यालय का सनातन उच्च जातियों ने स्वागत किया "धर्म डूब गया, दुनिया डूब गई, काली आई।" "ऐसा कहकर किया गया था। परंपरावादियों ने विरोध किया। उन्होंने शरीर पर गोबर फेंक दिया। कुछ कट्टरपंथियों ने शरीर पर हाथ रखने के लिए भी कहा। यह शैक्षिक गतिविधि कई संघर्षों के साथ जारी रही, सावित्रीबाई ऐसी धमकियों से नहीं हटीं, जब इतनी कठोर-मेहनतकशों ने स्कूल जाते समय शरीर पर फेंका गोबर का पत्थर, गंदा शरीर गंदा हो गया कपड़े बदलने के बाद इस समाज में शामिल हुए दासों

ने फिर से स्कूलों में गंदगी हटाने के लिए पढ़ाना शुरू कर दिया, उन्होंने शिक्षा में ही नहीं महिलाओं के लिए समानता की लड़ाई लड़ी बल्कि हर क्षेत्र में उन्होंने महिलाओं का मनोबल बढ़ाने का काम किया, बाल विवाह की व्यवस्था के कारण 11-12 साल की उम्र में लड़कियां विधवा होने लगीं, ऐसी विधवा लड़कियों को या तो सती के अधीन कर दिया जाता था। बाल कटवाकर कुरूप बना दिया, क्योंकि उसे स्वतंत्रता का अधिकार नहीं था, यह महिला एक हत्यारे की शिकार हो जाएगी, और समाज उसे एक गर्भवती विधवा के रूप में प्रताड़ित करेगा। और इसे सावित्रीबाई द्वारा निर्देशित किया गया था, माया की गर्माहट इसमें पैदा हुए सभी बच्चे दिली, सावित्रीबाई फुले ने काशीबाई नाम की एक ब्राह्मण विधवा के बच्चे को गोद लिया, उसका नाम यशवंत रखा, वही यशवंत डॉक्टर बन गया। उस दौरान काशीबाई नाम की एक ब्राह्मण विधवा को आत्महत्या करने से हतोत्साहित किया गया और उसने अपने बच्चे को गोद ले लिया। यह क्रांतिकारी कार्य है। महिलाओं को शिक्षा का अधिकार नहीं था। उन्हें अविश्वसनीय, दुष्ट, चंचल, विचारहीन माना जाता था। समाज का मानना था कि उसके सीखने का मतलब भ्रष्टाचार है, शिक्षा से समय से पहले शादी होती है, पति से बात करने का मतलब अशिष्टता है, उसे अपने दोषों को सिखाना और एक महिला की अज्ञानता एक बंदर को सौंपने के समान है। शूद्रों और अतिशूद्रों की स्थिति भी भयानक थी। उनका जीवन पिछड़ा समाज का निरंतर उत्पीड़न, उपहास, अवमानना और उपेक्षा है। परछाई भी खराब न हो इसके लिए पेड़ की डालियों को कमर के चारों ओर बांधकर सड़क पर झाड़ू लगाना पड़ता था। थूकने के लिए गले में घड़ा बांधना पड़ता था। वे गांव के बाहर रहते थे। उन्होंने इस पाखंडी धर्म और धार्मिक कट्टरपंथियों के खिलाफ विद्रोह का झंडा बुलंद किया। हजारों साल की गुलामी को खत्म करने के लिए फुले दंपत्ति ने जीवन भर संघर्ष किया।

फुले दंपत्ति ने बाद में नेटिव फीमेल स्कूल, सोसाइटी फॉर प्रोमोटिंग एजुकेशन की स्थापना की। पहाटा-पहाटा फुले ने पुणे शहर और आसपास के क्षेत्रों में 20 शैक्षणिक संस्थानों का नेटवर्क फैलाया। इतना ही नहीं उन्होंने स्कूल छोड़ने वालों को रोकने के लिए छात्रों को 'प्रोत्साहन

भत्ता' के साथ-साथ 'अनुकूल शिक्षा' देने पर जोर दिया। 19वीं शताब्दी में, महिला शिक्षा में उनकी उपलब्धियां अद्वितीय हो गईं।फुले के स्कूलों में स्वाद की खेती और चरित्र निर्माण पर ध्यान दिया गया। नतीजतन, फुले दंपति के स्कूलों में लड़कियों की संख्या सरकारी स्कूलों में लड़कों की संख्या से 10 गुना बढ़ गई। इतना ही नहीं फुले के स्कूल की लड़कियों ने भी परीक्षाओं में सरकारी स्कूलों के लड़कों से बेहतर प्रदर्शन किया. परिणामस्वरूप शिक्षा के क्षेत्र में फुले दंपत्ति के प्रदर्शन को व्यापक रूप से सराहा गया।

नारी शिक्षा का प्रथम प्रयोग महात्मा फुले ने एक आम के पेड़ के नीचे किया था। मिट्टी बोर्ड बन गई और छड़ी कलम बन गई। सावित्रीबाई और सगुनाबाई ज्योतिबा की नानी हैं। ये दो पहली महिला छात्र हैं। वे कहते थे कि अगर कोई महिला सीखती है जैसे दहलीज दीपक अंदर से बाहर तक रोशनी देता है, तो ससुराल वाले शिक्षित हो जाते हैं।

जोतिब ने सावित्रीबाई को शिक्षित किया और उन्हें एक शिक्षक बनाया। 1 जनवरी, 1848 को पुणे के बुधवरपेठ के भिडेवाड़ा में लड़कियों के लिए पहला स्कूल स्थापित किया गया था। लेकिन सावित्री बाई को बहुत कुछ सहना पड़ा। सामाजिक कार्यकर्ताओं ने बहिष्कार के अंगारे, पत्थर और गोबर की बारिश करना इसे एक गुण माना। कभी-कभी सावित्रीबाई हताशा में कहतीं। 'मैं इसे और नहीं ले सकता, मैं इसे सब छोड़ देता हूं'। जोतिबा धैर्यपूर्वक कहा करते थे, 'जोतिबा की ज्वाला बुझने का ठान लेगी, तो अन्धकार का नाश कैसे होगा'। कोई भी अच्छा काम पहले अवमानना, फिर जिज्ञासा और अंत में स्वीकृति से मिलता है।

सन् 1854 में सावित्री बाई का काव्यफुले नाम की कविताओं का संग्रह प्रकाशित हुआ। 41 में से 12 कविताएं मोदी लिपि में हैं। सावित्रीबाई एक महान लेखिका और कवयित्री थीं। उन्होंने 1854 में "काव्यफुले" और 1892 में "बावन काशी सुबोध रत्नाकर" और "गो, गेट एजुकेशन" नामक एक कविता भी प्रकाशित की। सावित्रीबाई ने अपना पूरा जीवन शिक्षक, लेखक, कवि, माँ, सामाजिक कार्यकर्ता जैसी विभिन्न भूमिकाओं में समाज के गरीब और कमजोर वर्गों की सेवा में बिताया। समाज में महिलाओं की दासता को समाप्त करने के लिए

महिलाओं को सीखना चाहिए और आत्मनिर्भर बनना चाहिए, ताकि उनके पास अपनी असली शक्ति का एहसास करने और पुरुष प्रधान समाज की गुलामी को सहन करने का समय न हो। उसके जीवन और कार्य अनुभव के लिए। उन्होंने महिलाओं के अधिकारों के बारे में जागरूकता फैलाने के लिए "महिला सेवा मंडल" की भी स्थापना की। उन्होंने महिलाओं के लिए एक सार्वजनिक स्थान की मांग की जहां सभी जातियों की महिलाएं एक साथ आ सकें। उन्होंने 'होम फॉर द प्रिवेंशन ऑफ इंफिडिसाइड' नाम से एक महिला आश्रय गृह खोला।

ज्योतिराव को 'ज्ञानसूर्य' मानने वाली महान कवयित्री अठारहवीं शताब्दी की प्रेरक और प्रेरक कवयित्री थीं। 1811 में जोतिराव के बाद सावित्रीबाई ने ज्योतिराव की काव्य जीवनी लिखी। उनका नाम 'बावनकाशी सुबोध रत्नाकर' है, जो दस्तूरखुद सावित्री द्वारा स्वयं लिखी गई एक काव्यात्मक जीवनी पुस्तक है। इसे फुले की जीवनी के संबंध में एक बहुत ही विश्वसनीय दस्तावेज माना जाना चाहिए।

उन्होंने महिलाओं को अंधविश्वास और पुरानी गुलामी से मुक्त करने के लिए कड़ी मेहनत की और महिला सेवा मंडल की स्थापना की। जिससे नारी जागरूकता के सर्वांगीण प्रयासों की परिणति नारी मुक्ति आंदोलन की स्थापना हुई। भीषण गर्मी में पानी के लिए दलितों की दुर्दशा देखकर उन्होंने अपने घर का हौज खोल दिया। ईसा पश्चात 1876-77 के सूखे के दौरान, फुले दंपत्ति ने जहां कहीं से भी भोजन प्राप्त किया, वहां से भोजन एकत्र करके 52 खाद्य आश्रयों को चलाया। इसमें बारह साल से कम उम्र के दो हजार बच्चों को खाना मिलने लगा। यह उनके मन, हृदय, उदारता और जनहित की तैयारी के महत्व को दर्शाता है। वह कहती थीं कि कमजोरों की सेवा ही ईश्वर की सच्ची सेवा है।

सारी मानव जाति एक ही भगवान की संतान है, तो ऊंच-नीच का भेद क्यों? जिस प्रकार व्यक्ति को उसके कर्मों और उपलब्धियों से पहचाना जाना चाहिए, इस जोड़े ने शूद्रियों और अतिशूद्रों के लिए घर की पानी की टंकी खोल दी। श्रद्धा ने सभी को बुलाया। यह एक अद्भुत चमत्कार था कि सूखे के दौरान भोजन की छतरी खुल गई। पुणे पाप में पड़ा, कलियुग

आया, धर्म गिरा, तो बहुत संघर्ष हुआ लेकिन वे डगमगाए नहीं। सिर्फ पढ़ाना ही नहीं बल्कि मां के स्नेह से गर्भ धारण करना भी जरूरी है। सेवा को अच्छी तरह से बनाए रखा जाना चाहिए। पेयजल की समस्या का समाधान किया जाए। सावित्रीबाई दार्शनिक महिला हैं जिन्होंने इन शैक्षिक सिद्धांतों का प्रचार किया।

ईसा पश्चात 1896-97 के दौरान पुणे क्षेत्र में प्लेग की महामारी फैली, इस घातक बीमारी ने कई लोगों की जान लेना शुरू कर दिया। जब ब्रिटिश सरकार ने इन रोगियों को बस्ती से दूर ले जाकर एहतियाती कदम उठाया, तो सावित्रीबाई ने इससे उत्पन्न स्थिति को पहचानते हुए पुणे के पास सासाने के खेत में प्लेग पीड़ितों के लिए एक अस्पताल शुरू किया। उसने मरीजों और उनके परिवारों का समर्थन करना शुरू कर दिया। प्लेग के रोगियों की सेवा करते हुए सावित्रीबाई को भी प्लेग हो गया था। मरीजों की सेवा करते हुए सावित्रीबाई भी संक्रमित हो गईं। 10 मार्च, ई. 1897 में उनका निधन हो गया। पेड़ की ऊंचाई तब तक क्यों नहीं जानते जब तक वह खड़ा न हो जाए? आज उन्हीं की वजह से महिलाओं के लिए तरक्की के सारे रास्ते खुल गए हैं। लेकिन अभी भी कई सवालों का सामना करना पड़ रहा है। इस दिव्य ज्योति ने नारी मुक्ति, नारी स्वतंत्रता, नारी समानता के लिए आंदोलन किया। सत्य, समानता के लिए जिया। क्या यह पूरी तरह सफल रहा? क्या भारत उम्मीद के मुताबिक निकला? क्या अन्याय रुक गया है? क्या अमीर-गरीब, ऊंच-नीच के सभी कुरूप भेद समाप्त हो गए हैं? महिलाएं भले ही नौकरियों के लिए उठ खड़ी हुई हों, लेकिन क्या दफ्तरों, कार्यस्थलों और यहां तक कि सार्वजनिक स्थानों पर गाली-गलौज, छेड़छाड़, गाली-गलौज बंद हो गई है? इन सबका उत्तर नकारात्मक में देना होगा।

वहीं महिला शिक्षा की जननी क्रांति ज्योति सावित्रीबाई फुले ने सामाजिक कार्यों के प्रति अपने जुनून को आखिरी सांस तक अपने कंधे पर लिए रखा। परंपरा की सच्ची देवी, ऐसी नारी शिक्षा का उत्सव मनाने वाली महिला क्रांति ज्योति सावित्रीबाई फुले के कार्यों और उपलब्धियों को सलाम।

5

एक महिला स्थापित व्यवस्था के खिलाफ- मां साहेब जिजाऊ

स्वराज्यजननी राजमाता राष्ट्रमाता जिजाऊ मासाहेब, सिंधखेड़ के राजा

सिंधखेड राजा महाराष्ट्र राज्य के बुलढाणा तालुक में एक ऐतिहासिक विरासत शहर है। यह स्वराज्य के निर्माता और महाराष्ट्र की मूर्ति छत्रपति शिवाजी महाराज मोसाहेब राजमाता जीजाऊ का जन्मस्थान है।

बच्चे की पहली पाठशाला होती है माँ
इसलिए स्कूल बच्चे की दूसरी मां है।

दरअसल, हर बच्चे के जीवन में दुनिया का सबसे पहला परिचय उनकी जन्म देने वाली मां ही होती है। पहली माँ की छाती में अक्षरों के बीज प्रत्यारोपित होते हैं, जबकि दूसरी माँ की छाती में इन बीजों की फसल खिलती है। पहली माँ की गोद में पढ़ते हुए बच्चे आकाश में उड़ने का सपना देखते हैं, जबकि दूसरी माँ उसी सपने को पूरा करने के लिए आवश्यक ज्ञान और अनुभव की शक्ति से पंख भरती है। यह बड़े

सौभाग्य की बात है कि छत्रपति शिवाजी महाराज के भाग्य में ये दोनों रूप जिजाऊ मोसाहेब के रूप में आए और वह अंत तक उनके साथ खड़ी रहीं।

हिंदवी स्वराज्य संकल्प, योद्धा योद्धा जिन्होंने अपने संस्कार से एक नहीं बल्कि दो छत्रपति बनाए, योद्धा योद्धा मां, राजमाता मां साहेब जिजाऊ, स्वतंत्र महिला और योद्धा योद्धा जिन्होंने महिलाओं के अस्तित्व का इतिहास बनाया।

जिजाऊ मोसाहेब की गोद में, शिवनेरी के किले के प्रांगण में, लाल महल के प्रांगण में और सह्याद्री के कंधों पर बालशिवबा बहुतायत में उग रहे थे। रामायण और महाभारत की कथा सुनते हुए, इतिहास से सबक लेते हुए, वह हिंदू स्वराज्य की व्यवस्था कर रहा था, जो कि जिजाऊ नामक गुरु पीठ में उगते सूरज के समान उज्ज्वल था। शिवाजी राजा इस गुरुपीठ में सीख रहे थे कि उन्हें अंधविश्वास, सदियों पुरानी परंपराओं, दमनकारी बंधनों जैसे सभी सामाजिक संबंधों पर स्थायी रूप से लगाम लगानी चाहिए जो मनुष्य को मनुष्य के रूप में जीने और उन्हें क्रांति में बदलने की अनुमति नहीं देते हैं। वे इस गुरु पीठ में मिट्टी के किलों का निर्माण और निर्माण करके भविष्य के स्वराज्य के हाथों को व्यवस्थित करना सीख रहे थे। साथ ही धर्मशास्त्र, अर्थशास्त्र, राजनीति विज्ञान, समाजशास्त्र का पाठ सीखते हुए तलवारबाजी, घुड़सवारी, भाला फेंक, तीरंदाजी जैसी विभिन्न कलाओं में निपुण हो गए। इस गुरुपीठ में पढ़ने वाली शिवबा अकेली नहीं थीं। और जिस 'नेतृत्व' ने इन सैकड़ों वर्षों की गुलामी, समाज में व्याप्त हजारों वर्षों के बुरे रीति-रिवाजों और दमनकारी बंधनों को तोड़ दिया, युवाओं को एक नई दिशा दी, समाज की दशा बदली और मशाल बनकर जलेगी हजारों वर्षों की क्रांति के लालमहल में सदर पर सभी को समान न्याय देने वाला पहला, चाहे वे आम रैयत हों या गांव के पाटिल-कुलकर्णी, बाहरी हों या परिवार के सदस्य हों। आगे बढ़ते हुए, शिव राय ने इन विचारों के धनुष को उठा लिया।

जिन्होंने अपने खून से इसी महाराष्ट्र का अभिषेक किया, कल का स्वराज्य किसी आदिलशाही या किसी मुग़लशाही का नहीं होगा, यह

स्वराज्य रैयत का होगा, कल्याणकारी लोगों का, महिलाओं की आज़ादी का, उनके दिलों में शिवशाही का, जिनकी संस्कृति में स्वराज्य का यह सपना है नायक छत्रपति शिवाजी और संस्कृत पंडित छत्रपति संभाजी, उनकी संस्कृति, उनके बहादुर नेतृत्व और स्वराज्य बोने की उनकी दृष्टि जैसे दो शक्तिशाली बाघों का निर्माण करके इस मिट्टी में विलय करने वाली मां साहेब राष्ट्रमाता जीजाऊ की वीरता को पूरा महाराष्ट्र जानता है।

जिजाऊ का जन्म 12 जनवरी, 1598 को सिंधखेड़ाराजा के लखूजी राजे जाधव की पत्नी म्हालसाबाई के घर हुआ था, जो एक शाही परिवार की बेटी थी। जिजाऊ को सब कुछ सिखाया गया था, जिजाऊ को जिजाऊ रखने में अपने पिता के कौशल की प्रशंसा सुनने को मिली थी, उसी पर जब उन्हें अपनी श्रेष्ठता का आभास हुआ, तो जीजाऊ को समय-समय पर गुलामी, रायता पर अन्याय, पर अजीब लगा, बाद में 1605 में भोसले परिवार के दौलताबाद में मालोजीराजे ने बहुत धूमधाम से चिरंजीव शाहजीराजे भोसले से शादी की। यह पूरा हुआ, लेकिन दो समूह कार्यक्रम में हाथी के शोर के कारण इसे रोकने के लिए बनाए गए थे और भोंसले और जाधव के बीच राजनीतिक दुश्मनी शुरू हो गई थी, जिजाऊ जो केवल 7 वर्ष का था, अपने पति के प्रति वफादार रहा और अपनी माँ के साथ चला गया, लेकिन दुश्मनी शांत नहीं हुई। आदिलशाही के करियर के दौरान कर्नाटक में दूर शाहजी राजे जिजाऊ भले ही अपने परिवार और अपने पति की शरण से बहुत दूर था, लेकिन जिजाऊ ने इस डर से कभी हार नहीं मानी कि एक महिला के रूप में इस समाज में अकेले कैसे रहना है, इसके विपरीत, वह हमेशा इस मिट्टी को जीने और उसकी रक्षा करने की इच्छा रखती थी, स्वतंत्रता पर विजय प्राप्त करने के लिए, और उनके मन में हमेशा स्वशासन की इच्छा थी। इस स्वराज्य की रक्षा के लिए अपना जीवन समर्पित करने का संकल्प इतिहास के पानी में पाया जा सकता है, दिन बीत रहे थे, शाहजी राजे कभी-कभी मिलने आते थे जीजाउ को जैसे ही पर्याप्त शहद मिला, फिर से सूर्यस्थ की तरह, जिजाऊ के जीवन में अंधेरा फैल गया।

उनके पहले पुत्र संभाजी कर्नाटक में शाहजी राजा के साथ रहते थे, कुछ समय के बाद, दिन 19 फरवरी 1630 को जिजाऊ पोटी में, एक बहादुर नायक, राजा शिव का जन्म हुआ, जो सभी राज्यों को अपनी माँ के गर्भ से ले आए, और जैसे नन्हा शिवाजी बड़ा हुआ, संस्कारणे, पराक्रमी योद्धाओं की कहानियां पैदा हुईं, पिताश्री शाहजीराज की वीर गाथा, और भोंसले-जाधव परिवारों के बीच प्रतिद्वंद्विता, साथ ही आत्मरक्षा के लिए और इस भूमि के उज्ज्वल भविष्य के लिए रैयतों के साथ हुए अन्याय के खिलाफ आवाज उठाने के लिए, गुलामी में रहते हुए रैयतों से आजादी पाने के लिए, जिजाऊ ने खुद जिजाऊ शीबा को सिखाया, राजा- रैयत, उच्च-इच्छा, जाति और जाति के बीच कोई अंतर नहीं है, और जिजाऊ की स्वशासन की अवधारणा में ऐसा नहीं था। तो शिवबा ने रैयतों के गरीब बच्चों से दोस्ती की और उनके घर की प्याज की रोटी खाई। वे संस्कार जिजाऊ देखते हैं। जिजाऊ द्वारा देखे गए स्वशासन के सपने के लिए, उन्होंने कभी होमहवन नहीं किया, कभी उपवास परीक्षण नहीं किया , जिजाऊ एक प्रयास करने वाला था, दिव्या नहीं। शाहजी राजा ने पुणे प्रांत शिवबा को दिया, बेबी शिवबा को जिजाऊ द्वारा पुणे की मिट्टी में ले जाया गया, सभी बस्तियों को जलाकर राख कर दिया गया, कहीं उसके ऊपर एक गार्ड था, टूटा हुआ झंडा था, एक रिबन उठाया गया था, जो इस प्रांत में बस जाएगा उसे निर्वासित कर दिया जाएगा, लेकिन जिजाऊ नहीं डगमगाया, वही पहरेदार उसने उसे मिट्टी से उठाया और उसी मिट्टी में हाथों में एक सुनहरा नगर लुढ़काया बाल शिवबा के और फिर इस जिजाऊ ने घाटी में छिपे रैयतों को पुकारा, "मेरे रैयत भाइयों, आओ और अपनी बस्ती का पुनर्निर्माण करो, शिवबा जो भी आए उसे नष्ट करने के लिए शिवबा आए हैं", और इस तरह के नेतृत्व के साथ मासाहेब जीजाऊ ने उनका मार्गदर्शन किया शिवबा समय-समय पर दुश्मन से लड़ने के लिए, कभी-कभी खुद दुश्मन पर चलते थे, पुरुषों से जुड़ते थे, मावले जोड़ में शामिल होते थे। ले, महिलाओं को भी पुरुषों के साथ कंधे से कंधा मिलाकर लड़ना चाहिए, एक स्वतंत्र महिला समूह बनाया, मावलों को खुद के प्रति वफादार होने के साथ-साथ अपनी मिट्टी की रक्षा के लिए भी संभव बनाया, संकट

के समय मासाहेब जिजाऊ खुद सवारी करते थे, प्रवेश करते थे युद्ध के मैदान में कभी भी महिला होने के साथ भेदभाव नहीं किया, कई जिस समय जिजाऊ ने तलवार हाथ में ली थी, उस समय मिर्जाराजा जय सिंह महाराष्ट्र में एक इंच भी भूमि पर विजय प्राप्त नहीं कर सके थे जब शिवाजी राजा आगरा में कैद थे।

शिवाजी राज को अपने पिता की कंपनी ज्यादा पसंद नहीं थी। लेकिन यह भी उतना ही सच है कि जिजाऊ ने उस जगह को पूरी तरह से भर दिया। जिजाऊ हिंदू राष्ट्रों के इतिहास को पूरी तरह से जानता था जैसे कि विजयनगर का राज्य, देवगिरी का साम्राज्य, लेकिन साथ ही इन हिंदू राष्ट्रों को क्यों और कैसे पराजित किया गया? यह कैसे क्षय हुआ? यह पूरी तरह से कल्पना की गई थी। निजामशाही-आदिलशाही-मुगलों के अत्याचारी शासन जिजौस की परिवार व्यवस्था के बहुत करीब थे। निजामशाह के दरबार में जीजाऊ के पिता और तीन भाइयों की हत्या कर दी गई थी। गोदावरी के तट पर जौबाई की लूट, जहांगीरी की उड़ती धूल को जिजाऊ कभी नहीं भूल सका। जिजाऊ दक्कन की बदलती राजनीति के रंगों को अच्छी तरह जानता था। इसलिए, शाहजीराज ने शिवाजीराज को पालने और शिक्षित करने की जिम्मेदारी जिजाऊ को सौंपी। शिवाजी राजा के साथ, जिजाऊ और पंत दादोजी ने पुणे-सुपे जहांगिरी के स्वतंत्र कामकाज की जिम्मेदारी भी कोंडदेव यांज को सौंपी। इसे देखते हुए पुणे-सुपे प्रांत मोगली और आदिलशाही के आक्रमणों से तबाह हो गया था। इस विजित भूमि पर नई बस्ती स्थापित करना बहुत कठिन कार्य था। गधे के हल को मोड़कर शापित भूमि पर एक बार फिर से बसावट स्थापित करना रैयत के मन में घर बनाना एक महान कार्य था। लेकिन जिजाऊ ने इस चुनौती का सामना किया। शिवाजी राज के आठ विवाहों में भी जीजाऊ की राजनीति का एक महत्वपूर्ण हिस्सा देखा जा सकता है।

क्योंकि उस समय स्वशासन के सिद्धांत जीजाउमात के हाथ में थे। यानी इससे स्पष्ट होता है कि जिजाउम्मत कैसे थे। शाहजीराज की मृत्यु के अवसर पर, जीजाऊ सती के पास नहीं गए, जिसका अर्थ है कि जाधव-भोंसले परिवार में न केवल सती प्रथा थी, बल्कि जीजाऊ की मां भी

सती प्रथा के खिलाफ थीं। आज 21वीं सदी में जीजाउमेट की प्रगतिशील सोच की जरूरत है। जिजाऊ के मार्गदर्शन में एक प्रतिनिधिमंडल की स्थापना हुई, शासन शुरू हुआ, रैयत खुश हुए, शिवबा रैयतों के राजा बने, किसानों, मजदूरों के राजा बने, लोगों का कल्याण किया, इस तरह से स्वशासन की स्थापना हुई जिजाऊ की अवधारणा राजमाता छत्रपति बनीं, जिसकी अवधारणा जिजाऊ ने अपने जीवन को तलवार की धार पर डाल दिया। राज्याभिषेक के 12 दिन बाद, छत्रपति के सिंहासन पर शिवबा को स्थापित करके अपनी अवधारणा को साकार करने के बाद, राष्ट्रमाता राजमाता मां साहेब जीजाऊ ने सांस ली बचपन में इस स्वराज्य को छोड़कर पचड़ में उनका अंतिम पड़ाव जीजाऊ के चरणों में प्रणाम...

'शिव भारत' बनाने के पीछे जिजाऊ की महत्वाकांक्षा शाहिर की कविताओं और इतिहासकारों के लेखन में कभी नहीं मिलती। नहीं, इसे खोजना बहुत कठिन है। जिजाऊ रानी साहेब, जो जाधवरावों के घर की मुखिया थीं और लक्ष्मी के रूप में भोसलाओं के घर में आईं, कवच पहने और हाथ में तलवार, भाला और धनुष और तीर लिए, एक बाघ पर सवार होकर लड़ाई लड़नी चाहिए और गडकोट जीतें जीजामाता जिन्होंने शिवई देवी से ऐसे बेटे को जन्म देने के लिए कहा, औसाहेब जिन्होंने शिवनेरी के आंगन में बाल शिव के लिए अंगाईगिट गाया, राजामाता जिन्होंने लालमहल, राजमाता में सदरा पर अनुबंध मुद्रा के साथ पुणे के रैयतों का न्याय किया। स्वराज्य का एक तोरण बनवाया और विजयश्री को अपनी पीठ पर बिठाकर प्रसन्न मुद्रा में ले गए, राजमाता जिन्होंने स्वराज्य के लिए तलवारें गाईं।राजमाता प्रशंसा की पीठ पर मावलों को थपथपाती थीं। शिवाजी राजा को 'जीवित और मृत' पकड़ने के लिए आए अफजल खान के शिविर में लापरवाही से गई रानी, अफजल खान से मिलने गए शिवाजी राजाओं से कहने वाली रानी, 'संभाजी राजनचे इशाया आओ!' फंसे हुए राजाओं को बचाओ महारानी साईबाई की मृत्यु के बाद, शाही माँ जो बाल शंभू राजा की माँ बनीं और जिन्होंने दूसरा शिवाजी राजा बनाने की जिम्मेदारी ली, ने पन्हालय पर सिद्दी की घेराबंदी में फंसे राजाओं को बचाने के लिए कवच पहने। रणचंडी की तरह दिखने वाली

रानी, तीर्थंकर महाराज शाहजीराज की आकस्मिक मृत्यु के बाद सती की वैन ले जाने वाली दृढ़ रानी, पुरंदर की संधि के दौरान भगवान कृष्ण जैसे राजाओं का मार्गदर्शन करने वाली रानी और उन्हें बिना लड़ने की ताकत दी। जब शिवाजी को आगरा में औरंगजेब द्वारा कैद किया गया था तब कोल्हापुर के पास रंगना किला को स्वराज में जोड़कर स्वराज को मजबूत करने वाली रानी ने राज्याभिषेक के दिन शिवबराज को खुशी के आंसू बहाकर आशीर्वाद दिया रानी इस हिंदू स्वराज्य के पहले छत्रपति के रूप में 32 मीटर स्वर्ण सिंहासन पर छत्रपति शिवाजी राजा की कृतज्ञता से, जिन रानियों ने अपने शरीर को पछाड़ में यह कहते हुए रखा था कि 'इस गौरवशाली हिंदू स्वराज्य का सूरज इसी तरह चमकता रहे' राजमाता जीजाउ मोसाहेब। यह सब देखकर जिजाऊ की स्वशासन की महत्वाकांक्षा समझ में आती है। जिस मां ने अपने बेटे के स्वराज्य का सूर्योदय देखा और 'हिंदवी स्वराज्य' की महिमा के डूबते सूरज को देखा, लेखक की कलम में राजमाता जीजाऊ का वर्णन लेखक का भाग्य है। लेकिन 'न भुतो और न ही भविष्यती' की मां का निधन महाराष्ट्र की मिट्टी में हुआ है।

6

स्त्री शिक्षा के लिए लड़ने वाले महापुरुषों को भूल!

प्राचीन काल से ही इस देश का बहुजन समुदाय शिक्षा से वंचित रहा है और अपने पूर्वजों पर गुलामी थोपकर इसके अस्तित्व को नष्ट कर दिया है। इन सभी मामलों में मध्यकालीन भारत के इतिहास ने एक महान क्रांतिकारी उथल-पुथल लाई और एक महान व्यक्ति बने जिन्होंने शिक्षा की दृष्टि से अपने बहुजनों के उत्पीड़न के खिलाफ आवाज उठाई, हम पिछले 100 वर्षों से इस धारा में आ रहे हैं। 150 साल। शिक्षा, हमारे समुदाय के सदस्य अभी भी उस धारा से नहीं जुड़े हैं। शिक्षा का यह अधिकार इतने सरल और सीधे तरीके से प्राप्त नहीं हुआ था, लेकिन महापुरुषों ने इस देश को अपने खून से पवित्र किया। 18वीं शताब्दी में महात्मा फुले और उनकी पत्नी ने महिलाओं की शिक्षा के लिए स्थापित व्यवस्था के खिलाफ लड़ाई लड़ी और चूल्हा और बच्चे से परे शिक्षा प्रदान करके महिलाओं को धार्मिक व्यवस्था से मुक्त कर दिया। जबकि धार्मिक व्यवस्था धीरे-धीरे टूट रही थी, लेकिन इस विरोध के बावजूद, फुले दंपत्ति नहीं थके, उन्होंने अंतिम सांस तक महिलाओं की आजादी

के लिए लड़ाई लड़ी और पूरे बहुजन समुदाय को एकजुट करने का काम किया. शिक्षा का प्रवाह ही आज के बहुजनों के अस्तित्व का आधार है।

इस पृष्ठभूमि में राष्ट्रसंत श्री टुकडोजी महाराज ने अपनी अटूट संरचना और व्यक्तिगत ज्ञान के माध्यम से पूरे बहुजन समुदाय को शिक्षा के महत्व के बारे में समझाने का काम किया। डॉ. समाज में मितव्ययिता लाने के उनके दृढ़ संकल्प से वाकिफ हैं। शिक्षा बाबासाहेब अम्बेडकर ने हजारों वर्षों से छुआछूत और गुलामी के गड्ढे में फंसे लाखों दलित-पीड़ितों को पुनर्जीवित किया, सीखो, संगठित करो, संघर्ष करो, बाबासाहेब ने भारतीय संविधान में शिक्षा को जन्मसिद्ध अधिकार घोषित किया, शिक्षा के द्वार खोले। आम आदमी, और ऊपर के महापुरुषों की वैचारिक दृष्टि का पालन किया। कड़ी मेहनत से देश का सर्वांगीण विकास शिक्षा के कारण हुआ है, मेरा देश शिक्षा के क्षेत्र में पिछड़ा हुआ है और देश के भविष्य के लिए बहुजन समाज के लिए शिक्षा को अनिवार्य कर दिया गया है और शिक्षा को बाघ के दूध की उपाधि दी गई है।

महाराष्ट्र की सर्वकालिक महान महिलाओं के नाम और उनके काम की जानकारी..

1)पंडित रमाबाई सरस्वती :

रमाबाई के पिता अनंतशास्त्री डोंगरे उस समय महिलाओं के संबंध में एक प्रगतिशील विचारक थे, उनका विचार था कि महिलाओं को शिक्षित किया जाना चाहिए। उन्होंने अपनी पत्नी लक्ष्मीबाई और बेटी रमाबाई को वैदिक विज्ञान पढ़ाया। हालाँकि रमाबाई नौ साल की थीं, लेकिन उनकी शादी नहीं हुई थी। जब रमाबाई 17-18 वर्ष की थीं, तब उनके माता-पिता की मृत्यु हो गई। अपने माता-पिता को खोने के बाद, वह अपने बड़े भाइयों के साथ यात्रा की और कोलकाता पहुंच गई। रमाबाई को उनके माता-पिता ने संस्कृत व्याकरण और साहित्य में शिक्षित किया था। संस्कृत में उनकी महारत के कारण उन्हें कोलकाता के सीनेट हॉल में 'पंडिता' और 'सरस्वती' की उपाधियों से सम्मानित किया गया।

ईसा पश्चात 1880 में, उन्होंने कोलकाता के एक वकील बिपिन बिहारीदास मेधावी से शादी की। पंडिता रमाबाई एक ब्राह्मण थीं और उनके पति शूद्र मानी जाने वाली जाति के थे। लेकिन रमाबाई गलत रूढ़ियों को धता बताने के लिए दृढ़ थीं। दुर्भाग्य से 1882 में मेधावी की मृत्यु हो गई। उसके बाद वह अपनी इकलौती बेटी मनोरमा के साथ पुणे आकर बस गईं।

पहले पुणे में और फिर महाराष्ट्र में अन्य स्थानों पर, उन्होंने समाज को हानिकारक रीति-रिवाजों और बाल विवाह, पुनर्विवाह पर प्रतिबंध जैसे बुरे रीति-रिवाजों से मुक्त करने के उद्देश्य से 'आर्य महिला समाज' की स्थापना की। उन्होंने अपने विचारों को प्रचारित करने के लिए 'स्त्रीधर्मनिति' पुस्तक लिखी। 1886 में वह अपने महिला शिक्षा कार्य के लिए समर्थन लेने के लिए अमेरिका गईं। वहां उन्होंने 'द हाईकास्ट हिंदू वुमन' किताब लिखी, जिसमें हिंदू बाल विधवाओं के मुद्दों पर चर्चा की गई। 11 मार्च, ई 1889 में, उन्होंने मुंबई में विधवाओं के लिए 'शारदा सदन' नाम से एक संस्था शुरू की। उन्होंने गंजेपन के खिलाफ भी अभियान चलाया और सहमति आंदोलन की उम्र का समर्थन किया। अंततः उन्होंने ईसाई धर्म अपना लिया।

पंडिता रमाबाई अपने समय से सैकड़ों वर्ष आगे थीं। ईस्वी सन् में इतनी महान विदुषी। 1919 में, उनके काम के लिए, उन्हें तत्कालीन ब्रिटिश सरकार के सर्वोच्च पुरस्कार कैसर-ए-हिंद से सम्मानित किया गया था।

2) अहिल्याबाई होल्कर:

अहिल्याबाई होल्कर सूबेदार श्रीमंत मल्हारराव होल्कर के दामाद और खंडेराव होल्कर की पत्नी थीं। वह मराठा साम्राज्य में एक महत्वपूर्ण व्यक्ति थे। उनका उल्लेख पुण्यश्लोक द्वारा किया गया है। ईसा पश्चात 1754 में, कुम्हेर की लड़ाई में खांडेराव होल्कर शहीद हो गए थे। उनकी मृत्यु के बाद, उनके ससुर मल्हार राव ने अहिल्याबाई को सती के पास नहीं जाने दिया। 18 साल बाद मल्हारराव होल्कर की भी मृत्यु हो गई। उसके बाद, अहिल्याबाई ने मराठा साम्राज्य के मालवा प्रांत के प्रशासन को देखना शुरू किया।

अहिल्याबाई होल्कर निष्पक्ष न्याय के लिए प्रसिद्ध थीं। रानी अहिल्या देवी ने पूरे भारत में कई हिंदू मंदिरों और नदी घाटों का निर्माण या जीर्णोद्धार किया; वह कई मंदिरों की संरक्षक थी। उन्होंने अनेक तीर्थों का निर्माण कराया। गजनी के मुहम्मद द्वारा नष्ट किए गए वेरावल में सोमनाथ के मंदिर को देखकर, अहिल्या देवी ने पास में शंकर का मंदिर बनवाया।

अहिल्या देवी ने प्रजा/राजवंश के कल्याण के लिए अनेक कार्य किए। उसने कई विधवाओं को अपने पति की आय अपने पास रखने में मदद की। अहिल्या देवी के राज्य में विधवा के बच्चे को कोई भी गोद ले सकता था। किसानों को दमनकारी कराधान से मुक्त कराया। कई जगहों पर तालाब और कुएं बनाए गए। अहिल्याबाई होल्कर के न्याय प्रेम की ख्याति दूर-दूर तक फैली हुई थी।

आशा पुण्यस्लोका अहिल्या देवी होल्कर की ई.एस. 1715 में 70 वर्ष की आयु में मृत्यु हो गई। उन्होंने इंदौर और महाराष्ट्र में संत का दर्जा हासिल किया है।

3) कमांडर-इन-चीफ उमाबाई दाभाडे:

उमाबाई दाभाडे छत्रपति शाहू महाराज के सेनापति-इन-चीफ, अमीर सरदार खांडेराव दाभाडे की पत्नी थीं। 1729 ई. में खंडेराव की मृत्यु के बाद उसके उत्तराधिकारी त्र्यंबकराव को सेनापति का पद मिला। लेकिन 1731 ई. में, बाजीराव पेशवा के खिलाफ दभाई की लड़ाई में त्र्यंबकराव की मृत्यु हो गई। रणरागिनी, अपने बेटे की मृत्यु से क्रोधित होकर, धनी बाजीराव साहब को हराने के लिए निकल पड़ी। लेकिन शाहू महाराज की मध्यस्थता के जरिए उन्हें खुद पर लगाम लगानी पड़ी. शाहू खुद बाजीराव के साथ तालेगांव आए और उमाबाई को आश्वस्त किया कि बाजीराव उनका बेटा है और उसे माया के प्यार से माफ कर देना चाहिए। पेशवा ने बाजीराव से उमाबाई से माफी मांगी।

ईसा पश्चात 1732 में अहमदाबाद में जोरावर खान के खिलाफ लड़ाई में अमीर उमाबैसाहेब सेनापति खुद सफेद कपड़े पहनकर मौजूद थे और उन्होंने न केवल जोरावर खान को हराया बल्कि उन्हें पकड़ लिया और सतारा ले आए। उसकी बहादुरी से खुश होकर, शाहू छत्रपति ने उसे

अपने पैरों में पहनने के लिए सोने के सिक्के दिए। केवल शाही महिलाओं को ही इन उल्लंघनों को करने का सम्मान प्राप्त था।

उमाबाई दाभाडे को मराठा इतिहास की पहली महिला सेनापति बनने का गौरव प्राप्त था। 1761 में तालेगांव दाभाडे में उनकी मृत्यु हो गई।

4) डॉ. आनंदीबाई जोशीः

9 साल की उम्र में यमुनाबाई (आनंदीबाई से शादी के बाद) ने गोपाल राव से शादी कर ली जो उनसे 20 साल बड़े थे। गोपाल राव एक प्रगतिशील विचारक थे। उन्होंने हमेशा महिला शिक्षा का समर्थन किया। उन्होंने महसूस किया कि उनकी पत्नी की शिक्षा में रुचि थी। उन्होंने उसकी शिक्षा शुरू की। उन्होंने जोर देकर कहा कि उनकी पत्नी मेडिकल की शिक्षा लें और डॉक्टर बनें। 14 साल की उम्र में आनंदीबाई ने एक बच्चे को जन्म दिया; लेकिन दुर्भाग्य से, पर्याप्त चिकित्सा सुविधाओं के अभाव में, वह केवल दस दिनों तक ही जीवित रह सका। इसी अफसोस ने आनंदीबाई को चिकित्सा शिक्षा की ओर आकर्षित किया।

गोपाल राव ने उन्हें मिशनरी स्कूलों में भर्ती कराने की कोशिश की, कलकत्ता जाने के बाद उन्होंने संस्कृत और अंग्रेजी पढ़ना और बोलना सीखा। चिकित्सा शिक्षा को लेकर गोपाल राव ने अमेरिका में कुछ पत्र-व्यवहार किया। लेकिन यह शिक्षा प्राप्त करना ईसाई धर्म स्वीकार करने की शर्त थी। आनंदीबाई की लालसा और गोपालराव की जिद के परिणामस्वरूप, आनंदीबाई को ईसाई धर्म स्वीकार किए बिना, उन्नीस वर्ष की आयु में, 1883 में "पेंसिल्वेनिया के महिला मेडिकल कॉलेज" में भर्ती कराया गया था। कड़ी मेहनत और लगन से कोर्स पूरा करने के बाद मार्च ई. 1886 में, आनंदीबाई ने अपनी एम.डी. की डिग्री प्राप्त की। उन्होंने एमडी के लिए जो थीसिस जमा की वह 'हिंदू आर्यों के बीच प्रसूति' पर थी। मोहम्मद महारानी विक्टोरिया ने भी उन्हें बधाई दी। इस कठिन यात्रा में गोपालराव ने उनका साथ दिया। गोपालराव खुद उनके स्नातक समारोह में शामिल हुए थे।

भारत की पहली महिला चिकित्सक डॉ. आनंदीबाई गोपालराव जोशी हां। लेकिन आनंदीबाई की 21 साल की उम्र में तपेदिक से मृत्यु हो गई।

जीवन के केवल 21 वर्षों में, आनंदीबाई ने भारतीय महिलाओं के लिए एक प्रेरक आदर्श स्थापित किया। दुर्भाग्य से जनता आनंदीबाई की बुद्धिमत्ता और ज्ञान का लाभ नहीं उठा सकी। लेकिन आनंदीबाई जोशी ने उन महिलाओं के लिए आदर्श और मानक स्थापित किए जो जीवन को 'चूल्हा और बच्चा' मानती थीं।

5) संत मुक्ताबाई:

संत मुक्ताबाई महाराष्ट्र के एक संत और कवि थे। उन्हें केवल महाराष्ट्र ही मुक्ताई के नाम से जानता है। वह संत निवृतिनाथ, संत ज्ञानेश्वर मौली, संत सोपानदेव की सबसे छोटी बहन थीं।

हालाँकि मुक्ताई अन्य सभी से छोटी थी, लेकिन वह बहुत ही मेधावी थी। योगी चंगदेव सिद्धपुरुष सत्य, लेकिन उनके अहंकार के घड़े को मुक्ताई ने अपनी बुद्धि से तोड़ा। छोटी मुक्ताबाई के अलौकिक ज्ञान को देखकर योगी चंगदेव का अहंकार टूट गया और उन्होंने मुक्ताइस को अपना गुरु बना लिया।

मात्र 20 वर्ष की अल्पायु वाली इस बालक की उपलब्धि इतनी महान है कि 900 वर्षों के अंधकार के बावजूद महाराष्ट्र आज भी उसकी पूजा करता है और उसकी पूजा करता रहेगा। मुक्ताबाई ने अपने 20 साल के जीवन में कल्याण-पत्रिका, मनन, हरिपथ, तातीचे अभंग की रचना की।

6) महारानी येसुबाई भोसले:

सुशिक्षित, सुसंस्कृत, कर्तव्यनिष्ठ, राजनीतिक रूप से कुशल महारानी येसुबाई साहब ने 1680-1730 की परीक्षा अवधि के दौरान बहुत महत्वपूर्ण योगदान दिया है। महारानी येसुबाई शिव राय की बड़ी बहू और छत्रपति संभाजी महाराज की धार्मिक पत्नी थीं। हालाँकि महारानी येसुबाई योद्धा नहीं थीं, लेकिन वे साहसी और दृढ़ इच्छाशक्ति वाली थीं। शिवराय की अनुपस्थिति में, मासाहेब स्वराज्य के मामलों की देखभाल करते थे, जैसे संभाजी राजाओं की अनुपस्थिति में, येसुबाई स्वराज्य के मामलों को देखती थीं। इसके लिए "श्री सखी रजनी जयति।" उनके नाम की मुहर ऐसी थी।

इसके अलावा, 1689 ई. में, शंभूराज की हत्या के बाद, उन्होंने अपने शारीरिक कष्टों को दूर करते हुए, बड़े दृढ़ संकल्प के साथ स्थिति का सामना किया। स्वराज्य के दोनों वारिस दीर राजाराम महाराज और उनके पुत्र शाहू को शत्रु के हाथ में नहीं पड़ना चाहिए। उन्होंने अपने जीवन के 27 वर्ष मुगलों की कैद में बिताए। कई मुश्किलों का सामना करना पड़ा। मराठों के उत्तराधिकारी की रक्षा भविष्य के सम्राट शाहू महाराज ने एक खट्टी हथेली की तरह की थी।

27 साल तक जेल में रहने के बाद अंततः ईस्वी सन् में उसकी मृत्यु हो गई। उन्हें 1719 में रिहा किया गया था। दक्षिण में स्वशासी बने सतारा, कोल्हापुर देखने को मिले। सतारा और कोल्हापुर गाडी के बीच सुलह कराने के लिए। 1730 में, वर्ना की संधि संपन्न हुई। कुछ दिनों बाद उनकी मृत्यु हो गई। महारानी येसुबाई को स्वराज्य, मराठा-मुगल संघर्ष और शिवजी महाराज के युग के दौरान अपनी आँखों से मराठों के उत्थान का अनुभव करने का सौभाग्य प्राप्त हुआ था।

7) महारानी ताराबाई भोसले छत्रपतिः

अखंडलक्ष्मी अलंकृता, वज्रचुदमंडी की महारानी ताराबाईसाहेब राजाराम महाराज की दूसरी पत्नी और शिव राय की कनिष्ठ बहू थीं। उनके पिता हम्बीर राव मोहिते स्वराज्य के कमांडर-इन-चीफ थे। वर्ष 1700 में राजाराम महाराज की मृत्यु के बाद, जब शासन की सारी बागडोर सौंप दी गई, ताराबाई रानी साहब ने कई कठिन परिस्थितियों का सामना किए बिना मुगल सेना को पीछे धकेलने के लिए एक आक्रामक रुख अपनाया। पूरे भारत पर राज करने का सपना देखने वाले मुगल बादशाह औरंगजेब को 25 साल की एक महिला योद्धा अपनी ओर आकर्षित कर रही थी। ताराबाई ने सेना का विश्वास बढ़ाया। मुगलों का सामना एक कुशल सिपहसालार से हुआ। इसने दिल्ली राज पर अपने आप में ऐसा डर पैदा कर दिया। मराठों की खराब आर्थिक स्थिति को ऊपर उठाने के लिए, उन्होंने मोगली क्षेत्र पर छापा मारा और क्वार्टर और सरदेशमुखी को इकट्ठा किया और वित्तीय ताकत बढ़ा दी। 1705 में, मराठी सेना ने नर्मदा को पार किया और मालवा क्षेत्र में प्रवेश किया और मुगल सेना को हराया। उन विजित प्रांतों से क्वार्टर और सरदेशमुखी की

वसूली करके स्वराज्य के खजाने को आर्थिक रूप से मजबूत किया गया था।

उन्होंने कोल्हापुर के सिंहासन, करवीर के राज्य की स्थापना की और 1761 ईस्वी में उनकी मृत्यु हो गई। ताराबाई मराठों के इतिहास में एक कुशल शाही महिला थीं। यह रणमार्टंड रागिनी, रणचंदिका महारानी ताराबाई, जो प्रमुख सेनापतियों संताजी और धनाजी को अपने साथ ले गई और मुगलों को भागते हुए छोड़ दिया, महाराष्ट्र की कुशल महिलाओं में एक सम्मानजनक पृष्ठ है।

8) सावित्रीबाई फुले:

1840 ई. में 13 वर्षीय ज्योतिबा का विवाह 9 वर्षीय सावित्रीबाई से हुआ। ज्योतिबा समझ गईं कि शिक्षा सभी का मूल अधिकार है और उन्होंने इसे स्वयं सीखकर सावित्रीबाई को पढ़ाया। मन में क्रांति की चिंगारी थी, लेकिन अब उसे जलाना बाकी था। फुले दंपति ने खुद को सामाजिक कार्यों के लिए समर्पित कर दिया। 1 जनवरी, AD 1848 में जोतिराव और सावित्री बाई ने "भिडेवाड़ा" में लड़कियों के लिए एक स्कूल शुरू किया। पूरे कर्मठ समुदाय के विरोध के बावजूद उन्होंने शादी के बाद पढ़ाई की और शिक्षक और प्रधानाध्यापक बने। महज चार साल में 17 स्कूल खुले और चल रहे हैं। इस प्रकार फुले दंपत्ति ने एशिया में पहला लड़कियों का स्कूल शुरू किया।

सावित्रीबाई के स्कूल में शुरू में छह लड़कियां थीं, लेकिन 1848 के अंत तक यह संख्या 40-45 हो गई थी। इस सफल विद्यालय का सनातन उच्च जातियों ने स्वागत करते हुए कहा "धर्म बुडाला... जग डूब जाएगा...काली आला..."। रूढ़िवादी ने विरोध किया। शरीर पर गोबर फेंका गया। कुछ कट्टरपंथियों ने तो शरीर पर हाथ रखने की भी बात कही। लेकिन सावित्रीबाई की शैक्षिक गतिविधियाँ कई संघर्षों के बावजूद जारी रहीं। सावित्रीबाई कई असफलताओं के बाद भी नहीं डगमगाईं।

सावित्रीबाई ने रचनात्मक रूप से कई कार्यों को अंजाम दिया जैसे कि परमाणु समाज के लोगों को जगाना और गंजेपन को रोकने के लिए उनकी हड़ताल का आयोजन, और पुनर्विवाह को कानून बनाने की कोशिश करना। उन्होंने अपने विचारों को साहित्य के माध्यम से

फैलाया। उन्होंने 'काव्यफुले' और 'बावनकाशी सुबोध रत्नाकर' काव्य संकलन लिखे।

बाद में, 1897 में, जब प्लेग का भयानक प्रकोप हुआ, उन्होंने अपने स्वयं के स्वास्थ्य की परवाह किए बिना प्लेग पीड़ितों के लिए काम किया। दुर्भाग्य से, वह खुद भयानक प्लेग का शिकार हो गई। प्लेग के कारण उनकी मृत्यु हो गई।

लगभग 150 साल पहले महात्मा ज्योतिबा और सावित्रीबाई ने महिलाओं के मुद्दों पर लड़ाई लड़ी थी। इसी का परिणाम है कि आज 'सावित्री की लेक्की' भारत का नाम विश्व में सार्थक कर रही है। नारीवाद का एक ज्वलंत उदाहरण फुले दमप्त्य है।

9) जीजाबाई भोंसले:

जीजामाता मराठा साम्राज्य के संस्थापक छत्रपति शिवजी महाराजा की माता थीं। जहां मराठों के घोड़े गिरे थे, आज वह स्वतंत्र भारत की सीमा बन गया है और जिन्होंने इन मराठों के दिल में स्वतंत्रता की लौ प्रज्वलित की, वे हमारी माता श्री राजमाता जीजौसाहेब भोसले देवगिरि के यादवराय के प्रत्यक्ष प्रजा थे। राजमाता जिजौनी ने अपने संस्कारों से बाल-शिव को सही मायने में 'शिवाजीराजा' बनाया। जीजाबाई शिवाजी महाराज की पीठ पीछे शासन, न्यायनिर्णय, राजस्व जैसे सभी कार्यों पर ध्यान केंद्रित करती थीं, जो हमेशा सुनने में व्यस्त रहते थे। वे बुनियादी प्रशासन में कुशल थीं, राजनीति में कुशल थीं। शिवराय ने समय-समय पर जीजाबाई का मार्गदर्शन लिया है। स्वराज्य-प्रेरक जिजौसाहेब शिवाजी महाराज की प्रेरणा थे। उरी के स्वाधीनता के सपने को पूरा होते और मराठों के सिंहासन की स्थापना को अंततः ए.डी. उन्होंने 1674 में अंतिम सांस ली।

इस मौली की भारत पर अनुपम कृपा है। लेकिन हम उन्हें और लेकुरों पर माई का आशीर्वाद कैसे धारण कर सकते हैं?

नारी.. मानव रूप में लेखक का सबसे सुंदर और प्यारा सपना..! नारी के अनेक रूप हैं। कभी वह जन्म पुत्री बनकर जीवन रचती है तो कभी बहन बनकर उसका साथ देती है। कभी दोस्त बनकर प्यार करती है, कभी बेटी बनकर प्यार करना सिखाती है, तो कभी सुख-दुख का आधा

हिस्सा सही से सौतेली बहन बनकर लेती है।

तो अगर वर्तमान सामाजिक स्थिति में उन्हें याद करने से कोई सामाजिक या राजनीतिक लाभ प्राप्त नहीं होगा ... लोग इस महान व्यक्ति को कैसे जानेंगे?

7

स्त्री छवि का वैचारिक और वास्तविकता रूप

इमेजिंग एक बहुत ही सूक्ष्म और जटिल प्रक्रिया है। यह कई मनोवैज्ञानिक, सांस्कृतिक और सामाजिक कारणों से होता है। संवेदी संवेदनाएँ, काल्पनिक भावनाएँ, वास्तविकता की धारणाएँ, मानसिक संस्कार और चित्र अनजाने में और हजारों पिछले अनुभवों से बड़े और छोटे बनते हैं। उन छवियों के पालन के कारण, वे सामाजिक और व्यक्तिगत भावनात्मक दुनिया में गहराई से निहित हैं। वे एक प्रकार से समाज की सामूहिक चेतना का परिणाम हैं। यद्यपि उनका अस्तित्व व्यक्तिपरक है, वे लगातार सूक्ष्म और स्थूल सामाजिक लेनदेन और आंदोलनों में दिखाई देते हैं। किसी विशेष छवि का कारण नष्ट होने पर भी वह छवि बनी रहती है। अक्सर पिछले अनुभवों को छवियों के माध्यम से दर्शाया जाता है। कुछ छवियां विशिष्ट इंद्रियों से जुड़ी होती हैं जैसे गंध, रंग, ध्वनियां। प्रासंगिक छवियां जैसे ही वे मिलती हैं, कभी भी, कहीं भी सक्रिय हो जाती हैं। कुछ तस्वीरें उम्मीदों और सपनों को छुपा रही हैं।

छवि निर्माण के बारे में ये सामान्य कथन हमारे समाज में महिलाओं की छवि के लिए भी सही हैं। प्रसिद्ध कहावत 'एक महिला कभी पैदा नहीं होती, वह बनी होती है' एक महिला की छवि के निर्माण को संदर्भित करती है। लिंग (लिंग) और लिंगभाव (लिंग) जैसे विभिन्न शब्दों का उपयोग करके समस्या को समझाया जा सकता है। जहाँ लिंग एक जैविक तथ्य है, वहीं लिंग भी एक सामाजिक घटना है। धर्म, रीति-रिवाज, शिक्षा, सामाजिक संस्थाएं और रीति-रिवाज, उत्पादन संबंधों की संरचनात्मक आवश्यकताएं और अन्य आर्थिक प्रक्रियाएं, रक्त संबंध आदि कई कारकों से आकार लेते हैं।

इस गठन को जेंडर समाजीकरण की प्रक्रिया कहा जाता है। पुरुष प्रधान समाज में, सामाजिक कारण लड़के और लड़कियों की अलग और विपरीत छवि बनाते हैं। वे चित्र पीढ़ी दर पीढ़ी प्रेषित होते हैं और उत्तरोत्तर स्थिर होते जाते हैं। यह स्वाभाविक और स्वाभाविक लगता है। बिना किसी शिकायत के स्वीकार कर लिया। यद्यपि इस वर्ष हम महिला सशक्तिकरण का वर्ष मना रहे हैं, लेकिन लोगों और विशेषकर महिलाओं के मन में महिलाओं की छवि को बहुत गंभीरता से नहीं लिया जाता है। उस छवि को बदलने की कोशिश करने के तरीके खोजने की बात तो दूर! भारतीय परंपरा ने नारी की छवि को बहुत ऊंचा किया है। धनदायिनी लक्ष्मी, विद्यादायिनी सरस्वती, दुर्गा संहारक, वर्दायिनी भवानी से संतोषीमाता तक, गार्गी-मैत्रेयी-लोपामुद्रा से विदुषी या झांसी की रानी से सोनिया-जयललिता प्रभुवती तक ऐतिहासिक नायिकाएं हैं, उन्हें महिला प्रतिनिधि नहीं कहा जा सकता। यह समाज। परंपरा द्वारा महिलाओं पर थोपी गई गुलामी, अधीनता और अज्ञानता के साथ-साथ सामाजिक मामलों में पुरुष प्रभुत्व और आर्थिक मामलों में पितृसत्तात्मक विरासत को कभी भी स्त्रीत्व के दैवीय उत्थान या असाधारण महिलाओं के प्रदर्शन से प्रभावित नहीं किया गया है। यद्यपि पुरुषों और महिलाओं के बीच लिंग-आधारित अंतर परंपरा और संस्कृति द्वारा निर्मित होते हैं, वे जैविक और प्राकृतिक प्रतीत होते हैं, एक धारणा जो लगातार कई धार्मिक अनुष्ठानों, अनुष्ठानों और प्रतिज्ञाओं के माध्यम से बनाई गई है। स्पष्ट है कि बीजक्षेत्र न्याय जैसे सिद्धांतों

से जो नारीत्व की छवि उभरती है वह आश्रित, निष्क्रिय, गौण और निःस्वार्थ है। इस सिद्धांत में निहित है सीड पार्टी के लिए सभी अधिकारों का असमान वितरण और सेक्टर पार्टी के लिए सभी असुरक्षा। परिवार के ढांचे के भीतर प्रसव पूर्व अवस्था से बालिकाओं का पालन-पोषण महिलाओं की पारंपरिक छवि की स्वाभाविकता को रेखांकित करता है। बड़े पैमाने पर कन्या भ्रूण हत्या, लड़कों की तुलना में लड़कियों का अधिक शोषण और कुपोषण; सरकारी स्कूलों में लड़कियों का उच्च नामांकन, भावी पत्नियों और माताओं की भूमिकाओं को पूरा करने के लिए शिक्षा पर जोर, गृह व्यवस्था, पत्नियों और ससुर का प्रभुत्व और सभी पुरुषों की शक्तिहीनता, उनसे जुड़ी सभी समस्याओं से पहले, 3 में स्पष्ट रूप से प्रकट होता है। रिश्ते और हिंसा। यह उस परवरिश का हिस्सा है। किशोरावस्था और यौवन के सभी बाद के चरणों के दौरान, परिवार में यौन अनुष्ठान महिलाओं के आत्मसम्मान को कम करते हैं और पुरुषों के लिए इसे अनावश्यक रूप से बढ़ाते हैं।

उन अनुष्ठानों के माध्यम से स्त्रीत्व और प्रजनन क्षमता के बारे में नकारात्मक मान्यताएं प्रचलित हैं। साथ ही महिला के स्थान पर हमेशा असुरक्षा की भावना पैदा होती है। वे और अन्य लोग पारिवारिक संबंधों में हिंसा को महसूस नहीं करते हैं। इसलिए उन्हें इसकी आदत हो जाती है। उन्हें नहीं लगता कि निर्णय लेने की प्रक्रिया में महिलाओं की गैर-भागीदारी में कुछ गलत है और उनके प्रयासों की सराहना नहीं की जा रही है। वे लिंग रेखाओं के मुद्दे के इतने अभ्यस्त हैं कि वे उचित हैं अनुभव करना इस पालन-पोषण के परिणामस्वरूप लड़कियों में आत्मविश्वास की कमी, अपूर्णता की घातक भावना, कम आत्म-सम्मान और तीव्र आत्म-असंतोष जैसी प्रतिक्रियाएं विकसित होती हैं। उन्हें सीखने की प्रक्रिया से हटाए जाने के बजाय पोषित किया जाता है। वास्तव में आठ साल की बुनियादी शिक्षा सभी बच्चों के लिए जरूरी है और बिना किसी अपवाद के सभी को समान अवसर दिए जाने चाहिए। वास्तव में, हमारे समाज में लड़कों और लड़कियों के बीच शैक्षिक भेदभाव आम है। स्कूल प्रवेश में भेदभाव का उल्लेख पहले ही किया जा चुका है। सह-शिक्षा विद्यालयों में कक्षाओं के बीच भेदभाव भी बहुत अधिक है। यद्यपि

यह सैद्धांतिक रूप से स्वीकार किया जाता है कि महिला शिक्षकों की नियुक्ति लड़कियों की शिक्षा के लिए फायदेमंद है, व्यवहार में हम उस मोर्चे पर ज्यादा कुछ नहीं कर पाए हैं। यदि हम मान लें कि 50% प्राथमिक विद्यालय एकल शिक्षक विद्यालय हैं और ऐसे विद्यालयों में कोई महिला शिक्षक नियुक्त नहीं हैं, तो इस संबंध में हमारी विफलता स्पष्ट है। वास्तव में नारी शिक्षा का वांछित परिणाम महिलाओं के साथ परम्परा द्वारा किये गये अन्याय को दूर कर उनकी स्थिति में मूलभूत परिवर्तन लाना है। (तत्कालीन) राजीव गांधी द्वारा घोषित नई शिक्षा नीति पर विश्वास था और उन्होंने इसे सार्वजनिक रूप से अपना लक्ष्य बना लिया। महिलाओं की पारंपरिक छवि के स्थान पर, शिक्षा को समाज के सभी क्षेत्रों में पुरुषों के समान स्वतंत्र, स्वतंत्र, सक्रिय, उद्यमी, महिलाओं की छवि बनाकर आमूल-चूल सामाजिक परिवर्तन के एक उपकरण के रूप में देखा गया। उसी के आधार पर नई शिक्षा नीति की ऑब्जेक्टिव शीट तैयार की गई।

बेशक यह कहना सुविधाजनक नहीं है कि यह उद्देश्य वास्तव में पुस्तकों को तैयार करते समय वस्तुनिष्ठ पेपर में ग्रहण किया गया था। जब एनसीईआरटी के विशेषज्ञों ने शिक्षा मंत्रालय द्वारा तैयार कक्षा 3, 5 और 8 की भाषा की किताबों की जांच की, तो उन्होंने देखा कि उन किताबों में संदेश लक्ष्य पत्र के मानदंडों के साथ बहुत असंगत थे। माध्यमिक भाषा की विषय पुस्तकों में महिला इमेजरी की यह उपस्थिति ऐसे समय में थी जब शिक्षा नीति पारंपरिक महिला इमेजरी भाषा की जगह ले रही थी। अब जबकि सरकार की नीति बात करके शिक्षा का भगवाकरण करने की है, तो सहज ही अंदाजा लगाया जा सकता है कि आने वाले धारावाहिकों में महिलाओं की छवि कैसी होगी। भाजपा के नेतृत्व वाली सरकार द्वारा राष्ट्रीय पाठ्यचर्या की रूपरेखा के रूप में जारी किया गया दस्तावेज़ इस संबंध में बहुत ही क्रियात्मक और चिंताजनक है। यह धारणा कि शिक्षा सामाजिक परिवर्तन के लिए एक शक्ति है या महिलाओं के लिए शिक्षा मुक्ति, सशक्तिकरण और सामाजिक रूप से समावेशी है, नए शासकों के लिए अस्वीकार्य प्रतीत होती है।

उन्हें शिक्षा की प्रक्रिया के माध्यम से समतामूलक समाज की स्थापना की अपेक्षा नहीं करनी चाहिए! वे शिक्षा को असंतुलित कारक के रूप में देखते हैं। उनका दृढ़ विश्वास है कि विशेष रूप से महिलाओं की शिक्षा से परिवार और सामाजिक व्यवस्था की स्थिरता को खतरा होगा। इस पाठ्यचर्या ढांचे के वास्तुकारों को परंपरा और संस्कृति की निरंतरता बनाए रखने के लिए महिलाओं की प्राथमिक जिम्मेदारी के बारे में सीधे तौर पर पता था और इस डर से कि उस जिम्मेदारी को पूरा करने में विफलता शिक्षा के लिए आपदा का कारण बनेगी। महिलाओं की शिक्षा के विरोधियों को डर होने लगा कि उन्नीसवीं शताब्दी में इस पाठ्यक्रम के वास्तुकारों को डर था कि परंपरा और संस्कृति की निरंतरता को बनाए रखने के लिए महिलाओं की प्राथमिक जिम्मेदारी थी, और उस जिम्मेदारी को पूरा करने में विफलता शिक्षा के लिए आपदा का कारण बनेगी।

उन दिनों शिक्षित पत्नियां उपहास का विषय थीं। जब एक महिला को पता चलता है कि वह फैशनेबल हो गई है, घर से बाहर निकलती है, अन्य पुरुषों के साथ घुलमिल जाती है, अपनी पारंपरिक पहचान खो देती है, पुरुष बन जाती है, सती के आदर्श को भूल जाती है, लेकिन स्वार्थी और व्यभिचारी भी हो जाती है। जब 21वीं सदी की 'पाठ्यचर्या डिजाइन' अच्छी माताओं, बहनों और बेटियों की पारंपरिक भूमिकाओं में महिलाओं को शिक्षित करने पर केंद्रित है, तो यह 19वीं सदी की उन्हीं गलत धारणाओं को प्रतिध्वनित करती है। यह कहना उचित है कि महिलाओं की शिक्षा का भारतीयकरण करने और महिला शिक्षा के माध्यम से भारतीय नारीत्व का आदर्श बनाने के नाम पर महिलाओं की पारंपरिक छवि को बढ़ाने की प्रवृत्ति है। • जेंडर रोल नेचुरल और एक्सेप्टिंग लेसन रेलसेल एनसीईआरटी किसी ज्योतिषी को यह बताने की जरूरत नहीं है कि आने वाली किताबों से ऐसा होगा। • साहित्य, कला और मीडिया में नारीत्व की जो हजारों विकृत छवियाँ हम देखते हैं, वे इस धारणा पर आधारित हैं कि महिलाओं का एक ही शरीर होता है और पुरुषों को आकर्षित करने के लिए उसे सजाना उनका पूर्णकालिक पेशा है। यहां तक कि खुद क्षेत्र की महिलाओं ने भी शायद ही कभी इस विचार को

नजरअंदाज किया हो। इतना ही नहीं तो आम महिलाएं भी आदर्शों और आदर्शों के समान छवियों को देखने लगती हैं। अपनी बुद्धि को मोहरा बनाकर हम उन छवियों के प्रति आकर्षित होते हैं। अपने मानकों से खुद को मापें और उन्हें पूरा करने के लिए तैयार रहें। उसके लिए, महिलाओं को उन चीज़ों को खरीदने की ज़रूरत महसूस होती है जो उन छवियों के समझदार निर्माता उपयोग करना चाहते हैं।

उत्पादक विज्ञापनदाताओं के इरादे सफल होते हैं। बहुराष्ट्रीय कंपनियाँ और देशी-विदेशी पूँजीपति मुनाफाखोरी कर रहे हैं। यह न केवल झूठी जरूरतें या अनावश्यक खर्च पैदा करता है, बल्कि समाज में महिलाओं और महिलाओं के बारे में विकृत दृष्टिकोण भी पैदा करता है। एक विपणन योग्य वस्तु के रूप में नारी की छवि धूमिल हुई है और उसके आंतरिक गुणों का अवमूल्यन किया गया है। इसके आकार, वजन, रंग और माप को मौद्रिक मूल्य दिया जाता है और अन्य सभी मूलभूत पहलू मूल्यवान हो जाते हैं। औरत एक बेजान गुड़िया की तरह होती है जिसके अंग बदले जा सकते हैं, उसका पूरा व्यक्तित्व नहीं होता। विज्ञापनदाता, निर्माता जो प्रभावी रूप से यह बताना चाहते हैं कि शरीर के कुछ हिस्सों को कुछ सौंदर्य प्रसाधनों का उपयोग करके मोटा, आकर्षक, मुलायम, आकर्षक, सेक्सी, प्यारा आदि बनाया जा सकता है, महिला की 'रोबोट छवि' पर विचार करें। उन्हें खिलौनों या प्रयुक्त वस्तुओं में स्टोर करें! एक अच्छी दिखने वाली लड़की सिर्फ पांच रुपये की फेस क्रीम से शादी के बाजार को जीत सकती है, एयर होस्टेस की नौकरी कर सकती है या असंभव को संभव करके दुनिया पर राज कर सकती है। तो वह विशेष टूथपेस्ट का उपयोग करके किसी के करीब आ सकती है, वह साबुन से चमक को नरम करके अपनी उम्र छुपा सकती है। दवा लेने या व्यायाम करने से कुछ ही दिनों में आपका मोटापा कम हो सकता है। उम्र के कारण शरीर में होने वाले परिवर्तनों को छुपाकर जवां रखना ही स्त्री के अस्तित्व का सार है! एक महिला के जीवन का अर्थ तभी है जब वह युवा, जंगली और सुंदर हो! एक समय की बात है, समाज ने रवि वर्मा के चित्रों में अच्छी तरह से तैयार महिलाओं को सुंदरता की मूर्तियों के रूप में देखा। लेकिन अब पतली, दुबली और हल्की

महिलाओं को खूबसूरत माना जाता है। यह सभी विज्ञापनों द्वारा बनाई गई महिलाओं की छवि का जादू है। नारी तो केवल शरीर है। उन्हें ठीक से बनाए रखा जाना चाहिए और घरेलू सामानों के रूप में सजाया जाना चाहिए या खाना पकाने, बर्तन धोने, घर की सफाई के लिए इस्तेमाल किया जाना चाहिए! विज्ञापन की दुनिया में अक्सर महिलाओं की जो तस्वीरें देखने को मिलती हैं, उन्हें लगता है कि इन दोनों के अलावा उन्हें कोई और भूमिका नहीं दी गई है. कुकर, वाशिंग मशीन, वैक्यूम क्लीनर, कपड़े धोने के साबुन के विज्ञापन शारीरिक गतिविधियों में लगी महिलाओं की तस्वीरें बनाते हैं। पेप्सी या कोका-कोला के विज्ञापन, शेविंग क्रीम, कपड़े और सौंदर्य प्रसाधन महिलाओं को कामुक, कामुक और सेक्सी छवियों में दिखाते हैं।

कुकर के विज्ञापन में महिला और कुकर की तस्वीरें इतनी आपस में जुड़ी हुई हैं कि कोई भी भ्रमित हो जाता है कि चंदन की आकृति, मुस्कान, निर्माण की गोलाई को कौन संदर्भित करता है। यहां हम एक महिला की वस्तु छवि की ऊंचाई देखते हैं। नारी तो केवल शरीर है। इसका अगला भाग स्त्री शरीर है जिसका अर्थ है शरीर के अतिरिक्त अंग। कभी सिर्फ उसकी छाती, कभी उसके कूल्हे, कभी उसका पेट और कभी उसके बाल - एक के बाद एक विज्ञापन में दिखाए जाते हैं। उनके कर्व्स या खूबसूरती का राज खास प्रोडक्ट में ही बखूबी बयां किया जाता है। विज्ञापनों में, सभी पुरुष साहसपूर्वक सीधे कैमरे की आंखों में देखते हैं जबकि सभी महिलाएं दूर देखती हैं। महिलाओं को ऐसे विज्ञापनों को क्यों गंभीरता से लेना चाहिए जो महिलाओं की ऐसी विकृत, नीरस और उथली छवियों को चित्रित करते हैं? इस स्पष्ट तथ्य के बावजूद कि विज्ञापन में केवल पांच प्रतिशत महिलाएं ही मॉडल की तरह हो सकती हैं, सामान्य महिलाएं कैसे इच्छाएं, आशाएं और सपने बनाती हैं कि हम आसानी से उनके जैसे बन सकें? महिलाओं को ऐसा क्यों नहीं महसूस होना चाहिए कि इस विज्ञापन ने कई लोगों की स्त्रीत्व का अपमान किया है और इसके खिलाफ आवाज उठाई है? इन सवालों के जवाब और तलाशने की जरूरत है। उनका मूल गहरा असंतोष है जो आमतौर पर महिलाएं अपने साथ महसूस करती हैं। हम उदार और विनम्र निर्माण के नहीं हैं, हमारे सफेद

बाल और रूसी हैं। हमारे चेहरे पर डैंड्रफ और मुंहासे होते हैं, हमारा शरीर गोलाई खोता जा रहा है और हमें अपने चेहरे पर उम्र का अहसास होने लगा है।

महिलाओं को असुरक्षा का सामना करना पड़ता है कि उन पर ध्यान नहीं दिया जाता है, वे विज्ञापनों के प्रति आकर्षित होती हैं और अपने झूठे वादों पर भरोसा करने लगती हैं। यह भेद्यता महिलाओं के समाजीकरण से जुड़ी है। एक महिला का समाजीकरण, जो उसके दिमाग में उदारतापूर्वक यह पैदा करता है कि यदि वह पुरुष की निगाहों को आकर्षित नहीं कर सकती तो उसका जीवन बेकार है, उसे विज्ञापन के पैमाने पर खुद का मूल्यांकन करने के लिए मजबूर करता है। वह डिप्रेशन से ग्रसित है। वह अपना आत्मविश्वास खो देती है। जब उसके सपनों को विज्ञापनों में कुचल दिया जाता है तो वह व्याकुल हो जाती है। वह असुरक्षित महसूस करती है। वह खुद को उन छवियों के फ्रेम में फिट करने की पूरी कोशिश करती है जो किसी और ने उसके लिए निर्धारित की हैं। दूसरी ओर, एक बच्चे के रूप में बड़ी होकर, उसे यह विश्वास दिलाया जाता है कि वह वैसी ही है जैसी वह है, कि जो भी दोष हैं, उन्हें दूर करने वाले पक्ष बहुत बड़े और अधिक मूल्यवान हैं, और यह कि अलगाव और विशिष्टता संरक्षित है . तब सख्त समानता से ज्यादा महत्वपूर्ण एक अलग तस्वीर उभरती है। उत्पादकों और विज्ञापनदाताओं को यह तय करने का अधिकार किसने दिया कि सुंदर क्या है, और मैं अपने वित्तीय लाभ के लिए उनके द्वारा लगाए गए बीजों पर क्यों भरोसा करूं? ऐसी छवि के बिना महिला सशक्तिकरण असंभव है।

8

महिलाओं की मानसिकता

महिलाओं के मनोविज्ञान का राज

अगर आप महिलाओं के मनोविज्ञान को ऑनलाइन पढ़ें तो दुनिया की आधी महिलाओं का सबसे प्रसिद्ध रहस्य यह है कि वे हर समय गपशप करना पसंद करती हैं। यह इस तथ्य के कारण है कि महिलाएं बहुत भावुक होती हैं, इसलिए उन्हें अन्य लोगों के साथ ऊर्जा का आदान-प्रदान करने की आवश्यकता होती है। उनके लिए अपने स्वयं के अनुभवों के बारे में बात करना, अपने विचार साझा करना महत्वपूर्ण है। इसलिए महिलाएं अपने प्रियजनों से अनुमोदन और समर्थन चाहती हैं। अपने लक्ष्यों को प्राप्त करने के लिए, महिलाएं अक्सर जोड़ तोड़ तकनीकों का उपयोग करती हैं। यह व्यवहार स्त्री रेखा से होकर गुजरता है। महिला प्रतिनिधि अपनी इच्छाओं को खुलकर व्यक्त नहीं करने की कोशिश करती हैं, वे घटनाओं की एक श्रृंखला इस तरह से बनाती हैं कि दूसरे कार्य करना चाहते हैं। खुद की इच्छा। विशेष रूप से अक्सर जोड़तोड़ रोजमर्रा की जिंदगी में उपयोग किए जाते हैं।

महिला मनोविज्ञान का एक और रहस्य यह है कि महिलाएं हमेशा खुश महसूस करती हैं जब अन्य लोग उनकी उपस्थिति को देखते हैं। वे चाहते हैं कि पुरुष ड्रेस और फिगर की सराहना करें। प्रशंसा के लिए, वे जटिल केशविन्यास बनाने और असहज जूते पहनने के लिए तैयार हैं।

मां, पत्नी जैसी कई भूमिकाओं में महिलाओं की जिम्मेदारी और समर्पण की जितनी कम हम कदर करते हैं। लेकिन इसके लिए महिला को बड़ी कीमत चुकानी पड़ती है। वह अक्षम्य रूप से अपने स्वास्थ्य का ख्याल रखती है। और उसके सामने शारीरिक और मानसिक व्याधियाँ आने लगती हैं।

यंत्र नारी पूज्यन्ते तत्र रमन्ते देवता। इसका उल्लेख हमारे वेदों और पुराणों में मिलता है। जहाँ नारी की पूजा होती है, वहाँ वही देवी-देवता निवास करते हैं। लेकिन आज यह बात सिर्फ नाम की रह गई है। जिस देश में महिलाओं को देवी का दर्जा दिया गया है, वहां महिलाओं को अब विलासिता की वस्तुओं के रूप में माना जाता है, जैसा कि महिलाओं के दैनिक बलात्कार से स्पष्ट होता है। मादाएं, यहां तक कि महिलाएं, यहां तक कि 1 साल के बच्चे और 2 साल के बच्चे भी घमंडी शिकारियों पर नजर रखते हैं। हाल ही में डॉ. प्रियंका रेड्डी का सामूहिक बलात्कार, फिर कपड़े में लपेटकर जिंदा जला दिया गया, ऐसा जघन्य अपराध है कि ऐसे व्यक्ति को मौत की सजा दी जानी चाहिए। यह समझना चाहिए कि इस तरह के बुरे काम कोई नहीं कर सकता। अब समय आ गया है कि हमारी न्यायपालिका को कठोर कदम उठाने में संकोच नहीं करना चाहिए। भारत में, जहां महिला सशक्तिकरण पर ध्यान केंद्रित किया जाता है, महिलाओं के खिलाफ दिन-प्रतिदिन दुर्व्यवहार भारत के कठोर और कठोर कानूनों को उजागर करता है। निर्भया कांड हो, कठूवा कांड हो या फिर डॉ. प्रियंका रेड्डी एक व्यक्ति की गिरी हुई मानसिकता को दर्शाती हैं। अगर देश में यही माहौल बना रहा तो महिलाएं, बच्चे घर से बाहर कदम रखने से भी डरेंगे, उन्हें हमेशा डर लगेगा, उन पर सभी का शक होगा और वे एक सम्मानजनक, स्वतंत्र और स्वाभिमानी जीवन जीने से वंचित रह जाएंगे। . और यह हमारे संविधान के मौलिक अधिकारों का उल्लंघन होगा। जिस देश में महिलाओं के सम्मान में

रामायण, महाभारत करने की प्रथा है, आज हम अपनी महिलाओं की रक्षा नहीं कर सकते। आज जहां महिलाएं पुरुषों के साथ कंधे से कंधा मिलाकर काम करने में प्रगतिशील हैं, वहीं उनके साथ ऐसा दुर्व्यवहार अनुचित है।

आज जहां लड़कियां सेना में भर्ती हो रही हैं और दुश्मनों को मार रही हैं, वहीं रसोई से लेकर संसद तक और मुख्यमंत्री से लेकर राष्ट्रपति पद तक जमीन पर उतर चुकी हैं। लोगों की यही सोच आज उनके लिए चिंताजनक है। उन्हें केवल यौन वस्तुओं के रूप में व्यवहार करना हमारी भ्रष्ट मानसिकता को दर्शाता है। आज हम इक्कीसवीं सदी में रहते हैं, हम खुद को आधुनिक कहते हैं, क्या यही हमारी आधुनिकता है, हम एक महिला का सम्मान नहीं कर सकते, अगर हम उसका सम्मान नहीं कर सकते, तो हमें उसका अपमान करने का अधिकार किसने दिया? उस आधुनिकता का क्या फायदा जो हमारे सोचने के तरीके को नहीं बदल सकती। एक महापुरुष ने कहा है कि सृष्टि की रचना और विनाश स्त्री के हाथ में है। तब आप उसके साथ दुर्व्यवहार करते हैं कैसे कर सकते हैं जब आप एक महिला को देखते हैं, तो क्या आपको अपनी माँ, बहन की याद नहीं आती, क्या आप अपनी माँ, बहन की तरह उसका सम्मान नहीं कर सकते? क्या हम गांधी जी के देश में रह रहे हैं? क्या हम गांधी जी के सपने को पूरा कर सकते हैं? उनका मानना था कि महिलाओं को वह सम्मान मिलना चाहिए जिसके वे हकदार हैं। कितना घिनौना है कि हम उस माँ के प्यार को कुचल रहे हैं जिसने हमें 9 महीने तक अपने गर्भ में रखा। अगर ऐसा ही माहौल बना रहा तो मां अपने गर्भ से बच्चे को जन्म देते हुए हजार बार सोचेगी।

हमें अपनी सोच बदलनी है, हमें अपनी आने वाली पीढ़ी को मूल्य प्रदान करना है, हमें उन्हें सभी महिलाओं का सम्मान करना सिखाना है, हमें उन्हें अपने अतीत के महापुरुषों की कहानियां सुनाना है, जिन्होंने अपनी ज़िंदगियाँ। एक महिला का सम्मान। सीता के सम्मान में राम द्वारा पूरी लंका को नष्ट करने की कहानी, कृष्ण ने सीता के सम्मान में द्रौपदी को दौड़कर और मारकर उसके सम्मान की रक्षा की और कृष्ण ने महाभारत बनाकर सभी कौरवों को दंडित किया। आपको खुद को

बदलना होगा, क्योंकि अगर आप बदलेंगे तो जमाना बदल जाएगा। आइए हम संकल्प लें कि हम जहां कहीं भी हैं, हम अपने आस-पास की सभी महिलाओं को अपनी बहनें मानेंगे और उनके सम्मान के लिए अपने प्राणों की आहुति देने और उनकी किसी भी तरह से रक्षा करने में संकोच नहीं करेंगे। यदि यह विचारधारा सभी लोगों तक पहुंचे तो उसी दिन हमें यह कहने का अधिकार मिल जाएगा कि हम महान भारत के वासी हैं, हम भारत माता के पुत्र हैं, हम भारत माता के लाल हैं।

स्त्री और पुरुष एक ही सिक्के के दो पहलू हैं, वे एक-दूसरे के पूरक हैं, मित्र हैं, विरोधी नहीं। प्रकृति ने दोनों को ब्रह्मांड की निरंतरता के लिए एक विशिष्ट उद्देश्य से बनाया है, दोनों एक दूसरे के लिए आवश्यक हैं, बेकार नहीं। दोनों एक दूसरे के दोस्त हैं दुश्मन नहीं। हाल ही में दिल्ली में सामूहिक बलात्कार की वीभत्स और घिनौनी घटना ने न केवल पूरे भारत को झकझोर कर रख दिया है, बल्कि हम सभी को हमारे समाज में अब तक बनाए गए लैंगिक समीकरण पर पुनर्विचार करने के लिए भी मजबूर कर दिया है। दिन भर अखबारों और समाचार चैनलों में वाद-विवाद, धरना और प्रदर्शन देखने के बाद निम्नलिखित दो प्रकार की राय सामने आती है।

एक राय अभी भी सामंतवाद और क्षुद्र मानसिकता से ग्रस्त लगती है, जो पुरुषों और महिलाओं के लिए अलग-अलग सजा चाहती है। यह दोहरी मानसिकता उस समय की उत्पत्ति है जब इस मत के लोग यह नहीं समझ सके कि हमारी आधी आबादी ज्यादातर महिलाएं अनपढ़ थीं। आज दुनिया बदल गई है, हम इक्कीसवीं सदी में शिक्षित हैं, एक लोकतांत्रिक समाज में रह रहे हैं और समानता की ओर बढ़ रहे हैं। इस दोहरेपन का इस आधुनिक समाज में कोई स्थान नहीं है।

आज हमारी आधी आबादी सड़कों पर है। पुरुष संस्कृति सिखाने, अपनी सीमा में रहने, लैंगिक भेदभाव को दूर करने और महिलाओं के उत्पीड़न से दूर रहने के लिए वे एक-दूसरे की आवाज में एक साथ आने की बात कर रहे हैं। वह यह सुनिश्चित करने के लिए सख्त कानूनों का आह्वान कर रही है कि सभी पुरुष हमेशा अपनी सीमा के भीतर रहें, सभी महिलाओं के साथ बिना किसी लैंगिक भेदभाव के समानता

और शिष्टाचार के साथ व्यवहार करें। यदि उनके साथ समानता और शालीनता के साथ व्यवहार नहीं किया जाता है, तो वे यातना, बलात्कार जैसे अपराधों में शामिल पुरुषों को अपने हाथों, लाठी, पत्थर, पीटने या काटने या नाखूनों को हटाने की सजा देते हैं। देने की बात करते हैं।

एक और मत, जो उपरोक्त से सहमत है, महिलाओं के प्रति सहानुभूति रखता है, यह सुनकर कि पुरुष और महिला दोनों एक दूसरे के सामने अपनी तलवारें बिना ढके खड़े हैं। यह दृष्टिकोण बहुत महत्वाकांक्षी लगता है, यह भूलकर कि वे एक नई तरह की असमानता का आह्वान कर रहे हैं, उस समानता से परे जा रहे हैं जिसके लिए ये लोग आज आगे बढ़ रहे हैं। यह दृष्टिकोण परिपक्व हो सकता है और असमानता को जन्म दे सकता है, जिसमें महिलाएं बाद में उन सभी अपराधों में शामिल होंगी जो आज कुछ पुरुष शामिल हैं। समानता के स्थान पर महिलाओं में अहंकार की भावना विकसित होगी और आज कुछ पुरुषों की तरह दमनकारी या अत्याचारी हो जाएगी, जो फिर से एक नई समस्या को जन्म देगी। आपका हमें यह नहीं भूलना चाहिए कि लड़ाई पुरुषों और महिलाओं के बीच समानता के लिए है। लेकिन जाने-अनजाने इस दूसरे तरीके को अपनाकर हम एक समस्या को हल करने की बजाय दूसरी तरह की समस्या में बदल देते हैं। हमें इससे सावधान रहना चाहिए।

मैं यहां स्पष्ट करना चाहूंगा कि मैं महिलाओं के खिलाफ नहीं हूं, मैं उनका सम्मान करता हूं और मैं उनके साथ समान व्यवहार करने के पक्ष में हूं। "यात्रा नार्यस्तु पूज्यन्ते, रमन्ते तत्र देवता" की विचारधारा में विश्वास रखने वाले इस देश में इस तरह की घटनाएं बहुत ही खेदजनक और शर्मनाक हैं, हम सभी को इसकी कड़ी निंदा करनी चाहिए और इस तरह की घटनाओं की पुनरावृत्ति को रोकने के लिए अपना सर्वश्रेष्ठ प्रयास करना चाहिए। इसके लिए भले ही कड़े कानून बनाने पड़ें, प्रयास किए जाने चाहिए।

गैंगरेप जैसी जघन्य घटनाएं आज भी थमने का नाम नहीं ले रही हैं। यह हमारी मां, बहन, बहू, बेटियों के साथ घोर अन्याय है और हमारे माथे पर एक धब्बा है। हम सब इसे कतई बर्दाश्त नहीं करते। हम सभी को

जागने की जरूरत है, अपने भीतर देखें। अब समय आ गया है कि हमारे राजनेता जो मजबूत प्रदर्शन करके देश की दशा और दिशा तय करते हैं, ऐसे अपराधों को रोकने के लिए न केवल सख्त कानून बनाएंगे बल्कि उन्हें पूरी गति से लागू भी करेंगे। ताकि ऐसी घटनाओं को रोका जा सके।

यद्यपि लैंगिक समानता के बारे में कुछ जागरूकता है और महिलाओं के लिए कानून पारित किए जा रहे हैं, असली मुद्दा मानसिकता है। हमें यह स्वीकार करना होगा कि स्त्री और पुरुष एक समान हैं। क्योंकि मानसिकता नहीं बदलेगी तो व्यवस्था नहीं बदलेगी। पिछले 25 वर्षों में महिलाओं के अधिकारों और सुरक्षा के लिए कई कानून पारित किए गए हैं। यह ज़रूरी था। इन कानूनों के बाद, पुरुष मुक्ति मंच, पत्नी पीड़ित पुरुष मंच आदि जैसे संगठन शुरू किए गए हैं। महिलाओं के संबंध में कानूनों का भी कुछ हद तक दुरुपयोग किया गया था, इस प्रकार कुछ पुरुषों के साथ गलत व्यवहार किया गया होगा। हालांकि, महिलाएं कभी झूठ नहीं बोलेंगी। हालांकि इसकी सही मात्रा और डंगोरा कितनी पीटा गया है, इसकी भी जांच होनी चाहिए। इस पर विचार किया जाना चाहिए। पुरुषों और महिलाओं के बीच वास्तविक समानता की अवधारणा को खारिज कर दिया गया है। हज़ारों सालों से। हालांकि, हमें इसकी जानकारी नहीं है।

लेकिन समानता के इस लक्ष्य में पूर्ण सफलता प्राप्त करने के लिए हमें खुद को भी बदलना होगा, अपने भीतर झांकना होगा, आत्मनिरीक्षण करना होगा। और सभी को, चाहे वह पुरुष हो या महिला, एक साथ यह तय करना चाहिए कि हम सभी अपने घर के सभी बच्चों को एक समान संस्कार दें, चाहे वह पुरुष हो या महिला, और यह देखना चाहिए कि लड़के और लड़कियां दोनों एक साथ दिखाई दें। एक आंख हमारे दिमाग और दिमाग दोनों के लिए एक ही मापदंड होना चाहिए। उन्हें अलग-अलग कोणों से न देखें। आइए हम सभी अपने आप को अपने बच्चों के लिए एक अच्छे उदाहरण के रूप में स्थापित करें और मानवीय गुणों और मूल्यों के साथ लैंगिक भेदभाव के बिना लड़कों और लड़कियों को समान रूप से शिक्षित और पोषित करें।

हम सभी जानते हैं कि अगर हमें किसी समस्या का समाधान करना है तो हमें उसकी जड़ पर प्रहार करना होगा। फांसी लगाने से यह भयानक समस्या जड़ से खत्म नहीं होगी। मैं पूछना चाहता हूं कि बलात्कार के जघन्य अपराध में शामिल लोग और जिनके लिए आज हम मौत की मांग कर रहे हैं, ऐसे क्यों हो गए हैं..? जन्म से ही उन्हें अन्य बच्चों की तरह होना चाहिए। मेरी समझ में यह हमारे टूटे परिवारों, टूटे रिश्तों और बिगड़ते मानवीय मूल्यों का दीर्घकालिक प्रभाव है, जिसने समाज में ऐसी मानसिकता पैदा की है। और अगर आज इस पर ध्यान नहीं दिया गया तो आने वाले समय में स्थिति और भी भयावह हो सकती है।

आज माता-पिता के पास बच्चों के लिए समय नहीं है, जो मूल्य हमें अपने पूर्वजों से मिले हैं, हम अपने बच्चों को नहीं दे सकते क्योंकि हम अपने जीवन की दौड़ में व्यस्त हैं। हमारे बच्चे मोबाइल, टीवी, इंटरनेट, फेसबुक आदि और अन्य सभी वांछित और अवांछित इंटरनेट साइटों से स्कोर करते हैं

कहा जाता है कि बच्चे की पहली शिक्षिका उसकी मां होती है। इन सभी बच्चों को एक महिला से पैदा होना चाहिए, एक परिवार में पुरुषों और महिलाओं दोनों द्वारा एक साथ लाया गया। बच्चे से लेकर जवानी तक इस प्रक्रिया में हमने उनमें मानवीय गुण और मूल्य क्यों नहीं पैदा किए...? या फिर हमने ये रास्ता छोड़ते हुए शुरू से ही उनके कान क्यों नहीं घुमाए....? जिस प्रकार का पालन-पोषण स्कूल, कॉलेज, समाज में परिवार और वातावरण में मिलता है, वही व्यक्ति को समाज मिलता है और अब वह व्यक्ति अपने द्वारा अर्जित किए गए गुण के अनुसार अच्छे कर्म या बुरे कर्म करेगा। आज हमारे स्कूल और कॉलेज अच्छे डॉक्टर, इंजीनियर, अभिनेता, गायक, नर्तक पैदा कर रहे हैं लेकिन वे अच्छे इंसान पैदा करने में असफल हो रहे हैं। हम भौतिकवाद में ऊँचे हैं लेकिन नैतिकता में गिर रहे हैं। शारीरिक विकास के साथ-साथ मनुष्य में नैतिक मूल्यों का होना भी बहुत जरूरी है। आज हमारी पाठ्यपुस्तकों से हमारे पूर्वज, नैतिक शिक्षा, मानवीय मूल्य और चरित्र निर्माण की किताबें कहां गायब हो गई हैं...?

सख्त कानून बनाओ और ऐसे बदमाशों को फांसी दो। गंदगी जरूर कम होगी, दूसरे भी अच्छा सबक सीखेंगे। लेकिन हुआ यूँ कि हमने एक सुंदर बगीचा लगाया और उसमें काँटे लगाना, खाद डालना और पानी देना जारी रखा। जब वही कांटे बड़े हो जाएं और आपको चुभने लगें, तो उन्हें नष्ट करने के उपाय खोजें। हमें यह क्यों नहीं याद रखना चाहिए कि बाग लगाते समय हमारा बगीचा कांटों से नहीं बल्कि सुंदर रंग-बिरंगे सुगंधित फूलों से भरा होना चाहिए। ज्ञान, प्रेम, मित्रता, भाईचारा, देशभक्ति, दया, प्रेम, करुणा, सत्य, ईमानदारी, बच्चों के प्रति प्रेम, बड़ों और महिलाओं के प्रति सम्मान, उन पौधों को अन्य सभी मानवीय गुणों को खाद और सींचना। बड़ा हो गया जाओ इस अवधि में यदि आपके बगीचे में खरपतवार जैसे खरपतवार दिखाई भी दें तो उन्हें समय पर निराई-गुड़ाई कर देनी चाहिए। जैसे-जैसे वे परिपक्व होते जाएंगे, ये पौधे न केवल भारत बल्कि पूरे विश्व को अपने गुणों के रूप में सुंदर सुगंधित फूलों की सुगंध से सुशोभित करेंगे। मुझे लगता है कि यह न केवल बलात्कार बल्कि आज हमारे समाज में व्याप्त कई अन्य सामाजिक बुराइयों को खत्म करने का एक अच्छा और स्थायी तरीका है।

यही कारण है कि समानता की अवधारणा अभी भी कई लोगों को पसंद नहीं आती है। इसलिए मैं कहता हूं कि मानसिकता बदलनी चाहिए। पुरुषों की मानसिकता बदलनी चाहिए; लेकिन साथ ही महिलाओं की मानसिकता भी बदलनी चाहिए। चूंकि सामाजिक व्यवस्था पितृसत्तात्मक है, इसलिए सोचने का तरीका भी आकार लेता है। महिलाओं में भी इस व्यवस्था को लेकर भ्रांतियां हैं। जब एक महिला बात करना शुरू करती है, शोषण के बारे में व्यक्त करना शुरू करती है, आलोचना करना शुरू करती है, तो समाज की क्या प्रतिक्रिया होती है? महिलाओं पर अत्याचार किया जा रहा है और उन्हें प्रताड़ित किया जा रहा है। इसलिए स्त्री-पुरूष के बीच समानता की बात करते हुए उनकी तरफ से सोचना जरूरी है।

गोपाल गणेश आगरकर ने बहुत अच्छा वाक्य लिखा है। सामाजिक परिवर्तन लाने के लिए परिवार समाज में सबसे महत्वपूर्ण कारक है। मैं अक्सर भाषणों में इस वाक्य का उल्लेख करता हूं। एक परिवार एक

पुरुष और एक महिला से बनता है। इसलिए परिवार में इन दोनों के बीच संबंध मजबूत होने चाहिए। इस रिश्ते पर एक परिवार का निर्माण होता है। इसलिए मानसिकता बदलने की शुरुआत परिवार से ही करनी चाहिए। हमारे पास कई नेता हैं जो सभाओं और समारोहों में लंबे भाषण देते हैं, महिला मुक्ति के बारे में बात करते हैं। हालांकि, वे अपने घरों में महिलाओं को दासता के जीवन में फंसा कर रखते हैं। इसलिए जो भी क्षेत्र हो, उसकी शुरुआत परिवार से ही करनी चाहिए। घर में महिलाओं का सम्मान करना चाहिए। उनके हौसले को बढ़ाने का प्रयास करना चाहिए। पुरुषों को इसके प्रति संवेदनशील होना चाहिए। अगर परिवार में लैंगिक समानता की नींव रखी जाए तो यह समाज के सभी स्तरों तक पहुंच सकती है।

आज ज्यादातर महिलाएं जो बहुत अच्छी तनख्वाह वाली नौकरी करती हैं, उन्हें बाहर सम्मान दिया जाता है। लेकिन ऐसा करते हुए घर, ऑफिस, बच्चों की देखभाल करते हुए उन्हें अंदर ही अंदर भारी मानसिक तनाव का सामना करना पड़ रहा है। ज्यादातर समय उन्होंने अपने लिए बहुत सी चीजें तय की हैं और अपनी खुद की बाधाओं में रहते हैं। महिलाओं के बीच एक बहुत बड़ी गलत धारणा है कि एक कामकाजी महिला बहुत सारे 'महान' काम करती है और एक गृहिणी घर पर ही होती है। अगर एक गृहिणी से पूछा जाए, 'तुम क्या करती हो?' बहुत जल्दी चला जाता है, 'कुछ नहीं.. मैं घर पर रहती हूँ।' गृहिणी होना इतना आसान कैसे माना जा सकता है..? घर पर भी वे बहुत कुछ करती हैं, शायद कामकाजी महिलाओं से भी ज्यादा। तब यह महिलाओं के मन में एक बहुत ही नकारात्मक रवैया है। उन्हें इसे बदलना चाहिए। ऐसे कई उदाहरण दिए जा सकते हैं। यह महिलाओं की सोच प्रक्रिया और उनके कार्यों के बीच एक बहुत बड़ा अंतर है। दरअसल इन सब में अपनी अहमियत जानते हुए महिलाओं को रिश्तों में अपनी सभी भूमिकाओं को खुशी-खुशी जीना चाहिए. अगर ऐसा होता है तो वह महिला अन्य महिलाओं को भी सशक्त कर सकती है। वह आसपास की अन्य महिलाओं के रवैये को भी बदल सकती है। सबसे पहले आपको यह तय करने में सक्षम होना चाहिए कि आप जो जिम्मेदारी स्वीकार करते

हैं वह 'संयोग से या पसंद से' है या नहीं। यदि यह निर्धारित किया जा सकता है, तो कई बाद की मानसिक प्रक्रियाएं आसान हो जाती हैं।

एक परिवार एक पुरुष और एक महिला से बनता है। इसलिए परिवार में इन दोनों के बीच संबंध मजबूत होने चाहिए। इस रिश्ते पर एक परिवार का निर्माण होता है। इसलिए मानसिकता बदलने की शुरुआत परिवार से ही करनी चाहिए। यदि हम महिलाओं की मानसिक क्षमता के संदर्भ में सशक्तिकरण के मुद्दे पर विचार करते हैं, तो एक बात जो हमें सचेत रूप से स्वीकार करनी चाहिए, वह यह है कि प्रकृति ने पुरुषों और महिलाओं को डिजाइन किया है, लेकिन उनकी मानसिक क्षमताएं अलग हैं। दोनों के अलग-अलग रूप और प्रकार हैं। भावनात्मक क्षमता के बारे में भी यही कहा जा सकता है, जो अलग भी है। एक महिला को एक नए जीवन को जन्म देने के लिए डिज़ाइन किया गया है। इसलिए, इसके लिए आवश्यक भावनात्मक, मानसिक और शारीरिक क्षमताएं पुरुषों की तुलना में उनमें अलग हैं। इसके प्रति जागरूक रहें और इसका सम्मान करें। यह मानते हुए कि सभी चीजों को किया जाना चाहिए या प्रदर्शित किया जाना चाहिए, व्यक्ति को इन चीजों के बारे में पता होना चाहिए और उसी के अनुसार खुद को तैयार करना चाहिए। यह सोचने से पहले कि मैं यह नहीं कर सकता ... मैं यह नहीं कर सकता ... मैं इसके लिए सक्षम नहीं हूं, हमें अपनी सीमाओं और प्राकृतिक श्रृंगार पर विचार करना चाहिए। एक और जरूरी चीज है शौक पैदा करना या पढ़ना, सुनना, सकारात्मक चीजें देखना। व्यायाम करते समय, आप ऑडियो क्लिप सुन और पढ़ सकते हैं जो आपको अपना दैनिक कार्य करने के लिए कुछ अच्छे सुझाव देते हैं। ताकि व्यक्ति लगातार सकारात्मक विचारों में रह सके और निराशा या ऐसे विचारों से खुद को दूर रख सके।

रिश्तों में महिलाओं का मनोविज्ञान

यदि आप मनोविज्ञान को ऑनलाइन पढ़ेंगे तो आप समझ जाएंगे कि महिलाओं के विचार और व्यवहार पुरुषों के सामने पूर्ण वैज्ञानिक ज्ञान के रूप में प्रस्तुत किए जाते हैं। समझ मानसिक पहलुओं के बीच

दीर्घकालिक सामंजस्य प्रदान करती है।

पुरुषों की तुलना में महिलाओं को अधिक ध्यान देने की जरूरत है। इसलिए, वे उपहार प्राप्त करना और अपने संबोधन में तारीफ सुनना पसंद करते हैं। लड़कियां मुख्य रूप से सुनने से प्यार करती हैं, उनके लिए पुरुष आवाज, उनके स्वर और प्रेमी के होठों से आने वाले शब्द महत्वपूर्ण हैं।

महिला प्रतिनिधियों के व्यवहार में, उन्हें अक्सर भावनात्मक कारक द्वारा निर्देशित किया जाता है। उनके कुछ कार्य तार्किक व्याख्या की अवहेलना कर सकते हैं। यहाँ रिश्ते में एक महीन रेखा है - पूरी तरह से महिला और उसकी इच्छाओं के आगे झुकना या अपनी इच्छा और चरित्र दिखाना। एक तरफ जहां लड़कियों को हठधर्मी लोग पसंद नहीं आते, वहीं दूसरी तरफ उनकी बात सुनने की भी होती है और वो ये भी मानती हैं कि वो हर परिस्थिति में सही हैं.

महिलाएं अक्सर अपने संरक्षकों में निम्नलिखित गुणों की सराहना करती हैं:

1. उच्च बौद्धिक स्तर;
2. उद्देश्यपूर्णता;
3. बड़प्पन और ईमानदारी;
4. सुंदर मुस्कान, सुखद उपस्थिति।

हाई इंटेलिजेंस पहली चीज है जो महिलाएं नोटिस करती हैं। अक्सर मानव आकृति पृष्ठभूमि में फीकी पड़ जाती है। हाल के एक अध्ययन के अनुसार, उच्च बौद्धिक क्षमताएं लड़कियों के लिए शारीरिक रूप से आकर्षक होती हैं।

मन की उपस्थिति एक पुरुष को एक महिला के प्रति अपनी भावनाओं को व्यक्त करने के लिए सही शब्दों का चयन करने में सक्षम बनाती है। सीमित शब्दावली महिलाओं को बाहर करती है।

अपने लक्ष्यों के लिए प्रयास करना और दृढ़ता वास्तविक मर्दाना गुणों के रूप में प्रकट होती है। अगर कोई पुरुष अपनी योजनाओं को लागू

करना जानता है, तो एक महिला का दिल जीतना मुश्किल नहीं होगा।

एक महिला के साथ सुनने और सहानुभूति रखने की क्षमता भी भविष्य के संबंध बनाने में सकारात्मक भूमिका निभाएगी। लड़कियां विशेष रूप से अपने प्रेमी में विश्वसनीयता और संघ के सदस्य का सम्मान करती हैं।

महिला संचार का मनोविज्ञान

भागीदारों की भविष्य की अंतरंगता भावनात्मक संबंध स्थापित करने पर निर्भर करती है। यदि कोई पुरुष किसी महिला का दिल जीतना चाहता है, तो आपको यह महसूस करने की आवश्यकता है कि वार्ताकार एक-दूसरे को एक दिन से अधिक समय से जानते हैं, उनमें बहुत कुछ है, एक-दूसरे की आदतों को जानें।

पहली कुछ बैठकों के बाद, कुछ समय के लिए संचार को बाधित करने और फिर इसे अधिक रुचि के साथ फिर से शुरू करने की सलाह दी जाती है। डेट्स पर सलाह दी जाती है कि किसी लड़की की तारीफ करें, उसके स्वभाव में सकारात्मक पक्ष खोजें, थोड़ा फ्लर्ट करें।

एक महिला प्रतिनिधि के लिए, यह समझना महत्वपूर्ण है कि एक पुरुष न केवल मैत्रीपूर्ण संचार जारी रखना चाहता है, बल्कि उसे भावी जीवन साथी भी मानता है। एक लड़की की आवाज़ में अलग-अलग वाक्यों को उजागर करने की सिफारिश की जाती है। लेकिन उनके आधार पर आप आगे की बातचीत बना सकते हैं। यह आध्यात्मिक निकटता, समझ और सम्मान की भावना पैदा करता है। मनुष्य जो कहा जाता है उसे सुनने और सुनने की क्षमता प्रदर्शित करता है। ऐसे क्षण महिला पक्ष द्वारा अत्यधिक मूल्यवान होते हैं। अपने पार्टनर को अपने बारे में बताने से ही भावनात्मक जुड़ाव मजबूत होगा।

महिला व्यवहार का मनोविज्ञान

अधिकांश भाग के लिए, महिला प्रतिनिधियों के कार्य भावनाओं द्वारा नियंत्रित होते हैं। लड़कियों के लिए खुद के बारे में सोचने का समय नहीं छोड़ते हुए अक्सर निर्णय तुरंत किए जाते हैं। यह खरीद प्रक्रिया में विशेष रूप से स्पष्ट रूप से देखा जा सकता है। आवेग में खरीदारी के लिए एक जगह है, निर्णय हमेशा तर्कसंगत नहीं होते हैं। महिलाएं योजना बनाने से बचती हैं, वे उस माप में नहीं रह सकतीं, जिसका उन्हें अक्सर पछतावा होता है।

साथ ही प्रतिनिधि महिला जगत अपनी भावनाओं को समाहित नहीं कर सकती हैं। अगर उन्हें कुछ पसंद नहीं है, तो वे निश्चित रूप से दूसरों के प्रति अपना रवैया दिखाएंगे। जब पैसे की बात आती है, तो व्यवहार फिजूलखर्ची में ही प्रकट होता है। एक तरफ महिलाएं परिवार के बजट को सोच समझकर प्लान करने की कोशिश करती हैं तो दूसरी तरफ जरा-सा मौका मिलने पर खुद को कमजोर कर लेती हैं।

चूँकि स्त्री की स्वाभाविक नियति उसकी मातृ क्षमता का एहसास करना है, इसलिए उसके व्यवहार में देखभाल की विशेषता है। वे न केवल अपने लिए बल्कि अन्य लोगों के लिए भी जीने की कोशिश करते हैं, खासकर अपने करीबी लोगों के लिए।

ऐसा होता है कि लड़कियां अपने निजी जीवन या शिक्षा को बच्चों या माता-पिता के कल्याण के लिए त्याग देती हैं। महिला प्रतिनिधि अपने उन पतियों को नहीं छोड़ सकतीं जो बहुत तनाव में हैं। जीवन की स्थिति। ये परोपकार के कार्य हैं, क्योंकि एक महिला अपना समय और ऊर्जा देती है और बदले में कुछ भी नहीं मांगती है। नर और मादा न केवल शरीर विज्ञान में, बल्कि उनके मनोविज्ञान में, दुनिया की उनकी धारणा में, एक ही उत्तेजना के प्रति उनकी प्रतिक्रियाओं में भिन्न होते हैं। यह महिलाओं के लिए उतना ही कठिन है जितना कि पुरुषों के लिए, क्योंकि एक-दूसरे की कुछ विशेषताओं की अज्ञानता के कारण संघर्ष और झगड़े होते हैं।

तो, पहले पुरुषों के लिए महिला मनोविज्ञान के बारे में थोड़ा, महिलाएं भावनात्मक पुरुषों को पसंद करती हैं। महिला लिंग पसंद करती है जब कोई पुरुष अपने दुखों, अनुभवों, भावनाओं को साझा करता

है। एक महिला के लिए पार्टनर का भावनात्मक पक्ष बहुत महत्वपूर्ण होता है। अगर कोई महिला देखती है कि पुरुष नाराज या दुखी है, तो वह इस व्यवहार को विश्वास के रूप में व्याख्या करती है। वह मानती है कि अगर कोई पुरुष उसके प्रति अपना रवैया दिखाता है, तो वह उसके साथ गंभीर इरादे से पेश आ रहा है। भले ही भावनाएं नकारात्मक हों, एक महिला खुश होती है जब पुरुष उन्हें दिखाता है।

तीसरा, महिला मनोविज्ञान में पुरुष मनोविज्ञान से एक और अंतर है - आत्म-देखभाल और सौंदर्य। सुंदरता एक महिला के लिए स्वास्थ्य का पर्याय है। एक महिला के जीवन में सुंदरता का एक महत्वपूर्ण, यहां तक कि केंद्रीय स्थान होता है। उन्हें अपना ख्याल रखना पसंद है और वे इसे पुरुषों की तुलना में अधिक सावधानी से करती हैं। सरलतम स्तर पर, यह अहसास होता है कि सौंदर्य और स्वास्थ्य एक आदमी को आकर्षित करने और संतान पैदा करने की संभावना को बढ़ा सकते हैं।

चौथा, महिला मनोविज्ञान को झगड़े और संघर्ष के बाद शांत होने में अधिक समय लगता है। इस तथ्य को इस तथ्य से समझाया गया है कि महिलाएं पुरुषों की तुलना में अधिक भावुक होती हैं। उसका तंत्रिका तंत्र उत्तेजना के प्रति सबसे संवेदनशील और अधिक प्रतिक्रियाशील है, इसलिए संघर्ष समाप्त होने के बाद भी, महिला का तंत्रिका तंत्र अभी भी उत्साहित है और मस्तिष्क को संकेत भेजता है कि संघर्ष चल रहा है। इस प्रकार, अभी तक शांत न होने के आधार पर, संघर्ष का अगला स्तर अक्सर उत्पन्न हो सकता है। संबंध बनाने में तंत्रिका तंत्र का बहुत महत्व है। अगर दोनों पार्टनर बिना किसी टकराव के मधुर संबंध बनाना चाहते हैं, एक-दूसरे पर स्पष्ट प्रभाव डालते हैं और लंबे समय तक साथ रहते हैं, तो दोनों को एक-दूसरे के मनोविज्ञान को जानने की जरूरत है। एक महिला का मनोविज्ञान हमेशा एक पुरुष के लिए रहस्यमय होता है, हालांकि वास्तव में बहुत कुछ अध्ययन किया जा चुका है और एक महिला को समझने और उसे खुश करने में कुछ भी मुश्किल नहीं है।

यही बात पुरुषों के संबंध में महिलाओं पर भी लागू होती है। व्यवहार और चरित्र के मूल लक्षणों को जानकर, आप आसानी से एक दूसरे के साथ संवाद कर सकते हैं और गंभीर संघर्षों से बच सकते हैं। नखरे मत

सुनो और घबराओ मत कि वह दुखी है। महिला मनोविज्ञान क्या है? लड़कियों के मनोविज्ञान को कैसे समझें?

महिलाएं अलग हैं, यह बिल्कुल अलग है। वे लगातार आपके प्यार का सबूत चाहते हैं। उसके मनोविज्ञान का पता लगाना और उसे बदलने की कोशिश न करना बेहतर है। अब मैं आपको महिलाओं के व्यवहार के बारे में बताऊंगा।

1. पुरुषों के लिए महिला मनोविज्ञान:
2. महिलाएं भावुक होती हैं।
3. महिलाओं को ध्यान देने की जरूरत है।

इसमें कभी भी बहुत कुछ नहीं होता है। आप कितना भी दें, वह पर्याप्त नहीं होगा। हर महिला का ध्यान आकर्षित करने का एक अलग अंदाज होता है। लेकिन तारीफ, शायद, सार्वभौमिक हैं। इससे कोई फर्क नहीं पड़ता कि आपकी महिला एक शीर्ष मॉडल या पकौड़ी की तरह दिखती है, फिर भी यह कहने की जरूरत है कि वह एक सुंदरता है! अगर कोई महिला होशियार है, तो कहो कि वह सुंदर है। अगर यह सुंदर है, तो यह स्मार्ट है। यदि आप नहीं जानते कि क्या कहना है, तो कहें कि महिला का वजन कम हो गया है।

1.महिलाओं को सेक्स पसंद होता है।

मुझे पता है कि उनमें से ज्यादातर चिल्लाते हैं कि उन्हें रिश्तों, भावनाओं और सद्भाव की जरूरत है। और सेक्स परिवार से सिर्फ एक साइड इफेक्ट है। कोई आश्चर्य नहीं कि आप अभी मुझ पर विश्वास नहीं करते हैं। लेकिन वे यह सब उस हिरण को बताते हैं जो ऐसी बातों का शिकार हो जाता है। महिलाएं अपनी प्रतिष्ठा को धूमिल करने से बचने के लिए भावुक सेक्स की इच्छा को छिपाती हैं, बस।

2.महिलाएं हमेशा कुछ न कुछ चाहती हैं।

एक महिला उस पुरुष को भगवान मानती है जिसे वह प्यार करती है - वह उसे मूर्तिमान करती है और लगातार कुछ मांगती है। शेल्फ को नेल करें, फर्नीचर को पुनर्व्यवस्थित करने में मदद करें, थाईलैंड जाएं। अगर

उसके पास कपड़े हैं - और कपड़े खरीदें। वह नए और नए लेकर आएगी, इस प्रकार आपसे आपकी भावनाओं का प्रमाण प्राप्त करेगी। इसलिए यदि आपके पास लक्ष्य नहीं हैं, तो एक महिला प्राप्त करें और आपके पास लक्ष्य होंगे।

3.महिलाओं के पास कोई तर्क नहीं है।

एक महिला को समझने की कोशिश मत करो। वह जो है उसके लिए उसे स्वीकार करें। वह सरल है। कारण-प्रभाव संबंधों का तर्क और समझ पूरी तरह से अनुपस्थित है। महिलाएं भावनात्मक प्राणी हैं। आप अपने पसंद के अनुसार तथ्यों के आधार पर उसे अपना निर्णय समझाएंगे, लेकिन वह भावनाओं और अंतर्ज्ञान का पालन करेगी।

4.एक महिला को प्यार की जरूरत होती है।

महिलाओं को समझने की जरूरत नहीं है। उन्हें प्यार किया जाना चाहिए। पुरुष यह नहीं समझते हैं कि एक महिला का वहां होना कितना महत्वपूर्ण है। लड़कियां अक्सर असुरक्षित, अकेली, अवांछित महसूस करती हैं। और अक्सर उन्हें सिर्फ किसी प्रियजन की जरूरत होती है, सुपरमैन या करोड़पति की नहीं। जब स्त्री प्रेम करती है तो वह खिलती है और सुगंधित हो जाती है।

5.एक महिला को एक पुरुष की जरूरत होती है।

यह सबसे महत्वपूर्ण है आधुनिक लड़कियों को ज्यादातर पुरुषों के व्यवहार के लिए कम से कम कहने में अजीब लगता है। वे अपने प्रेमी से अत्यधिक मांग कर रहे हैं: वे लगातार आश्चर्यचकित होना चाहते हैं और आकर्षक उपहार देना चाहते हैं। इस सब के साथ, लड़कियां घर के काम करने के लिए विशेष रूप से उत्सुक नहीं हैं: खाना बनाना, अपार्टमेंट की सफाई करना या कपड़े धोना। ऐसा क्यों होता है?

समझने वाली सबसे महत्वपूर्ण बात यह है कि लगभग सभी लड़कियां जानती हैं कि पुरुषों के साथ छेड़छाड़ कैसे की जाती है और उन्हें वह सब कुछ मिल जाता है जो वे चाहते हैं। वे ध्यान का केंद्र बनना पसंद करते हैं, तारीफ सुनना पसंद करते हैं, उनकी देखभाल करने और उनकी सभी इच्छाओं को पूरा करने के लिए उपयोग किया जाता है। खुद को एक नई कंपनी में पाकर, लड़कियां बिना किसी अपवाद के सभी पुरुषों

की आंखों को तुरंत आकर्षित करने की कोशिश करती हैं। ताकोवा की विशिष्ट विशेषता महिलाओं का मनोविज्ञान, यानी मोहकता है। उसका लक्ष्य सभी को दिलचस्पी देना है और उसके बाद ही "पीड़ितों" की कुल संख्या का चयन करें, उन्हें जांचें और अपने लिए बोनस नॉक आउट करें..

यदि आप वास्तव में एक लड़की को पसंद करते हैं, तो उसके चरणों में गिरने में जल्दबाजी न करें और उसकी मुस्कान के लिए पहाड़ों को हिलाने का वादा करें। तटस्थ होकर कार्य करने का प्रयास करें, मानो आपका जीवन अद्भुत हो और विपरीत लिंग के ध्यान में कोई कमी न हो। हालांकि, किसी को अज्ञानता से दूर नहीं किया जाना चाहिए, शांत और संवेदनशील लोगों को कोई भी पसंद नहीं करता है।

एक महिला की उपस्थिति और उसकी विशेषताएं

नर और मादा पात्र एक दूसरे से बहुत अलग हैं, इस प्रकार वे एक दूसरे के पूरक हैं। महिलाओं को कोमलता, धैर्य, सावधानी की विशेषता है, और दूसरों के प्रति आक्रामकता की अभिव्यक्ति तब संभव है जब वह उदास या किसी तरह वंचित, नाराज महसूस करती है। पुरुष, इसके विपरीत, जोखिम और प्रतिस्पर्धा से प्यार करते हैं, लगातार दूसरों पर अपनी श्रेष्ठता दिखाने की कोशिश करते हैं, अपनी बुद्धि, ज्ञान और ताकत का प्रदर्शन करते हैं। बाधाओं का सामना करते हुए, वे पीछे नहीं हटते हैं, लेकिन विशेष जोश और दबाव के साथ उन्हें दूर करने और अपने लक्ष्यों को प्राप्त करने का प्रयास करते हैं।

तनावपूर्ण स्थितियों के लिए पुरुष और महिलाएं अलग-अलग प्रतिक्रिया करते हैं। जब एक महिला चिंतित होती है, तो वह तुरंत खो जाती है और नहीं जानती कि आगे क्या करना है। लेकिन पुरुषों में, इस मामले में, इसके विपरीत, अवलोकन कई गुना बढ़ जाता है।

अभिव्यक्ति: एक महिला अपने कानों से प्यार करती है शुद्ध सत्य। वे आपकी बातों पर सबसे ज्यादा ध्यान देते हैं। लड़कों की तुलना में लड़कियों में सूचनाओं को समझने की गति अधिक होती है। वे अधिक याद करते हैं, और यहां तक कि सबसे छोटे विवरण में, और उन्हें जो

कुछ भी याद है, उसके बारे में सटीक जानकारी देते हैं। तो, और पढ़ें और दिलचस्प समाचार खोजने का प्रयास करें, यह आपको महिलाओं के लिए अधिक स्मार्ट और आकर्षक बना देगा। यदि आप उनके साथ उनके बारे में विशेष रूप से बात करेंगे, तो वे आपकी बात सुनेंगे। बेशक, लड़की भी रुचि रखती है कि चीजें आपके साथ कैसे हैं, यह महिला मनोविज्ञान की एक और विशेषता है। पहले उसके खाना पकाने के कौशल की तारीफ करने की कोशिश करें या बताएं कि आपकी प्रेमिका आज कितनी खूबसूरत दिखती है और उसके बाद ही अपने मामलों और भविष्य की योजनाओं के बारे में बात करें।

महिला अंतर्ज्ञान का रहस्य

प्रसिद्ध महिला अंतर्ज्ञान क्या है? सबसे पहले, किसी भी मामले में, लड़कियां trifles पर अधिक ध्यान देती हैं, जबकि लड़के trifles पर बिल्कुल भी ध्यान नहीं देते हैं, लेकिन सब कुछ एक सामान्यीकरण के रूप में देखते हैं। कभी-कभी यह लड़की को पर्याप्त रूप से यह आकलन करने से रोकता है कि क्या हो रहा है, लेकिन प्रसिद्ध महिला अंतर्ज्ञान इसी पर आधारित है। वह लड़की को बताएगी कि क्या हो रहा है, भले ही लड़का चुप हो या अपने प्रेमी को धोखा देने की कोशिश कर रहा हो, हर तरह के हास्यास्पद बहाने के साथ आ रहा है। हावभाव, हावभाव, आवाज का स्वर - यह सब किसी भी लड़की को आपके बेईमान इरादों या छिपे हुए इरादों को जल्दी से दे देगा। एक दुर्लभ लड़की आपको स्वीकार करती है कि वह आपके माध्यम से सही देखती है, आपको खोने या नष्ट करने से डरती है। एक मजबूत संबंध, जो अक्सर व्यक्ति को उसकी अभिनय प्रतिभा में एक भ्रमपूर्ण आत्मविश्वास देता है। खैर, नतीजतन, लड़कियां आमतौर पर धोखा देने का प्रबंधन करती हैं यदि उन्हें अचानक जरूरत महसूस होती है।

भावुकता

लड़कियों के अत्यधिक भावुक होने और मिजाज में बदलाव से ज्यादा लड़कों को कुछ भी परेशान नहीं करता है। आज लड़की कैसी

होगी: नरम या खुरदरी, विभिन्न स्थितियों और उसके आसपास के लोगों पर निर्भर करती है। काम, परिवार, घर, प्रियजनों के साथ संबंधों का सीधा असर लड़की के मूड पर पड़ता है। इसलिए बेहतर है कि गुस्से वाली लड़की के करीब न जाएं, लेकिन आप प्रेमी को गले लगाकर उसका ख्याल रख सकते हैं, क्योंकि ऐसे समय में वे पूरी तरह से हानिरहित होते हैं। अत्यधिक भावुकता महिलाओं को कल्पना, अटकलें, ईर्ष्या करने पर मजबूर कर देती है करता है और यह सब लगभग बिना किसी कारण के। इसके अलावा, वे पुरुष और महिलाएं जो अपने लिए ऐसी चीजें खोजने में सक्षम हैं, उन्हें बुरे सपने नहीं आते हैं। लेकिन इसके अपने फायदे भी हैं। पर्यावरण और स्थिति के आधार पर इस तरह की संवेदनशीलता और मूड में तेज बदलाव महिलाओं को जीवन में किसी भी बदलाव के लिए पूरी तरह से अनुकूल बनाने की अनुमति देते हैं।

दूसरों के साथ संबंध

लड़कियां दूसरों के साथ मैत्रीपूर्ण और सकारात्मक संबंध स्थापित करने पर बहुत ध्यान देती हैं। प्रतिष्ठा उनके लिए सबसे महत्वपूर्ण चीज है। वे अपने आस-पास के लोगों के प्रति जोश महसूस करते हैं और छोटे-मोटे बदलावों को भी नज़रअंदाज़ नहीं किया जा सकता है। पुरुष को छोड़ते समय स्त्रैण रूप। इसलिए लड़कियों के लिए यह इतना महत्वपूर्ण है कि दूसरों के साथ उसके संबंध अच्छी तरह से विकसित हों, कि उसे ठीक से समझा और सराहा जाए। अपने विचार व्यक्त करते हुए, वह हर चीज को ठीक-ठीक समझाने के लिए कई भावों और शब्दों का उपयोग करती है। खैर, एक लड़की के लिए यह बहुत महत्वपूर्ण है कि उसके बगल का लड़का कितना सफल और आकर्षक है।

सहजता

यह बच्चों के लिए बहुत आसान है। वे शायद ही कभी अपना असली चेहरा छुपाते हैं। वे हर चीज में पूरी तरह से स्वाभाविक रूप से व्यवहार करते हैं: भाषण का तरीका, हावभाव और भावनाएं। उन्हें नहीं लगता कि इस समय कोई उन्हें देख सकता है।

लड़कियों के लिए, यह विपरीत है। जब वे घर पर होते हैं, तब भी जब वे पूरी तरह से अकेले होते हैं, वे ऐसा अभिनय करते हैं जैसे वे रेड कार्पेट

पर हों और पूरी दुनिया देख रही हो। दूसरों को सर्वोत्तम संभव प्रकाश में दिखाना चाहते हैं, वे अपनी स्वाभाविकता को छिपाने की पूरी कोशिश करते हैं। तो लड़कियों का व्यवहार मूल रूप से एक सार्वजनिक खेल है, इसलिए वे थोड़ा झूठ बोलते हैं और थोड़ा पता लगाते हैं।

एक अच्छी प्रतिष्ठा के साथ, लड़की न केवल बार को कम करने की कोशिश करती है, बल्कि इसे पार करने की भी कोशिश करती है। अस्वाभाविकता की इस लालसा में ही कमजोर सेक्स के सारे रहस्य और रहस्य छिपे हैं। वे हमेशा खुश और हंसमुख दिखने के लिए अपने रहस्यों और असफलताओं को छुपाते हुए मेकअप के साथ अपना सर्वश्रेष्ठ दिखने की कोशिश करती हैं। केवल लड़कियों ने दूसरे लोगों के रहस्यों को छिपाना नहीं सीखा है, उनके लिए यह मुश्किल है, जो उन लड़कों के बारे में नहीं कहा जा सकता है जो दूसरे लोगों के रहस्यों को साझा करने में बहुत अनिच्छुक हैं।

जल्द नराज़ होना

बेशक, लड़कियां लड़कों की तुलना में अधिक बार परेशान होती हैं। और अगर अपराध मिट भी गया, तो लड़की शायद लंबे समय तक याद रखेगी कि वह दर्द में क्यों थी। इस तरह की विशेषताएं उन्हें महिला पात्रों के साथ तुलना करने का कारण देती हैं, जो शायद ही कभी अपने द्वारा दिए गए दर्द को भूल जाती हैं।

महिलाओं के लिए प्यार और उसका अर्थ

कई लड़कियां लड़कों से प्यार करती हैं क्योंकि वे बदला महसूस करती हैं। लड़कियां आध्यात्मिक संबंधों को विशेष महत्व देती हैं, यही वह कारक है जिसे वे अपने लिए साथी चुनते समय सबसे पहले रखती हैं। एक लड़की के लिए शारीरिक अंतरंगता के लिए, उसे यह समझने की जरूरत है कि वह इस लड़के से प्यार करती है या नहीं। लेकिन मजबूत सेक्स के लिए, विपरीत सच है, अंत में यह समझने के लिए कि क्या वह अपने चुने हुए के साथ प्यार में है, एक आदमी को आमतौर पर उसके साथ अंतरंग संबंध रखने की आवश्यकता होती है।

एक और विशिष्ट महिला चरित्र स्थिरता है। एक लड़की को पता होना चाहिए कि उसने क्या किया है सही विकल्प उसका प्रेमी अंत तक

उसके साथ रहेगा और आपको कभी निराश नहीं करेगा। अपने चुने हुए से, हर लड़की जीवन के लिए असीम प्यार और वफादारी की उम्मीद करती है। और आप इसके बारे में कुछ नहीं कर सकता, यह काम पर सिर्फ महिला मनोविज्ञान है। वे यह सुनिश्चित करना चाहते हैं कि उनका बेटा केवल उनका है और इसलिए वह स्वचालित रूप से अन्य लड़कियों का पीछा करने का अधिकार खो देता है।

यह, निश्चित रूप से, पुरुषत्व सिद्धांत का खंडन करता है, क्योंकि प्राचीन काल से ही, जीवित रहने के लिए पुरुषों को निषेचन करना पड़ता है। महिलाओं की सबसे बड़ी संख्या लेकिन महिलाएं अपने संयुक्त बच्चों की रक्षा, पोषण और पालन-पोषण के लिए एकमात्र सहायक की तलाश में हैं। इसलिए, एक विवाहित महिला होने के नाते और यह देखकर कि उसका पुरुष सुंदरियों को कैसे देखता है, एक महिला को तीव्र ईर्ष्या और डर लगने लगता है कि उसे किसी भी क्षण छोड़ दिया जाएगा। इसलिए, जब आप अपनी प्रेमिका से एक बार फिर से सुनते हैं तो आपको परेशान और क्रोधित नहीं होना चाहिए: "आप किस बारे में सोच रहे हैं?"। यह सवाल उतना मूर्खतापूर्ण नहीं है जितना आप सोचते हैं। लड़कियां स्वभाव से बहुत निर्भर होती हैं और उनके लिए यह जानना जरूरी है कि जिस व्यक्ति पर वह निर्भर है वह उससे बिना शर्त प्यार करता है और निश्चित रूप से उसे नहीं छोड़ेगा।

लड़कियां अलग हैं। वे केवल उनके साथ कोमल और स्नेही हो सकते हैं जिनके बारे में वे 100 प्रतिशत सुनिश्चित हैं। लेकिन अगर आपके रिश्ते में रूखापन और कठोरता है, तो यह इस बात का संकेत है कि लड़की अभी भी अपनी पसंद के बारे में पूरी तरह से आश्वस्त नहीं है, उसे आप पर पूरा भरोसा नहीं है और शायद अभी भी संदेह है। एक अच्छे रिश्ते को नकली बनाने के लिए, आपको लड़की को बार-बार बताना चाहिए कि वह क्या सुनना चाहती है: “आई लव यू! तुम ही मेरे एकमात्र हो!"

9

स्त्री-पुरुष समानता

भारत को प्राचीन काल से पुरुष प्रधान देश माना जाता है। हमारे देश में महिलाओं को देवी के रूप में पूजा जाता है, लेकिन चाहे कुछ भी हो जाए, यह नहीं कहा जा सकता कि उनके पास अधिकार हैं। लेकिन यह सच है कि पुरुष और महिला समान हैं। इसे समझने के लिए महिलाओं को आंदोलन करना पड़ता है।

आज की दुनिया में महिलाएं शिक्षा प्राप्त कर रही हैं, पुरुषों के साथ कंधे से कंधा मिलाकर घर से बाहर निकल रही हैं और कमा रही हैं। एक महिला एक पुरुष की तरह स्वतंत्र है।

आज नारी हर क्षेत्र में पाई जाती है। सेना हो या विज्ञान, महिलाएं हर क्षेत्र में पुरुषों के साथ काम कर रही हैं। समाज में इस सोच में एक छोटा सा प्रयास पाया जाता है, यह निश्चित रूप से पूरा होगा और समाज सही मायने में कह सकता है कि पुरुष और महिला समान हैं। महिलाओं के लिए जीवन के सभी क्षेत्रों में पुरुषों के समान व्यक्तित्व विकसित करने का समान अवसर पुरुषों और महिलाओं के बीच समानता है। पुरुषों और महिलाओं के बीच समानता इस जागरूकता को जगाने के लिए है कि पुरुषों और महिलाओं को पुरुषों के समान ही सुख मिलते हैं।

कुछ हज़ार वर्षों तक शैय्या मनुस्मृति के समय से ही स्त्रियों पर अनेक प्रतिबंध थे। मनुस्मृति लगातार महिलाओं के चेहरे पर फेंकी जाती थी, 'न स्त्री संथायाराम अहरती'। वह चार दीवारों के भीतर सीमित

थी, चूल्हा और बच्चों के साथ उसकी गतिविधि के क्षेत्र के रूप में। उन्हें डबली, अबला के रूप में देखा जाता था, जबकि कुछ जगहों पर उन्हें गृह देवता, स्वामीनी की बेड़ियों के नीचे रखा गया था। कोई तो रत्नों से सजी बांह की पट्टी को अपनी प्रतिष्ठा का प्रतीक मानता था। वह फिर से उसके पैरों की दासी की तरह महसूस करने लगी।

पिछली सदी में कई लोगों के प्रयासों से महिलाएं बंधन से थोड़ा बाहर निकल रही हैं। जैसे-जैसे शिक्षा के द्वार खुले, उसने अपनी प्रगति में तेजी लाई है। मानव जीवन का कौन सा क्षेत्र अब उसके लिए नया नहीं है। वह पुरुषों के साथ-साथ युद्ध के मैदान में भी हर क्षेत्र में अपना सर्वश्रेष्ठ प्रदर्शन कर रही हैं। क्या यह कहा जा सकता है कि महिलाएं आज भी आजाद हैं?

महिला मुक्ति के इस मुद्दे पर विचार करते समय दो अलग-अलग स्तरों पर विचार किया जाना चाहिए। शहरी महिला और ग्रामीण महिला। महिलाओं के ज्ञान प्राप्त करने के बाद, वे शिक्षक, प्रोफेसर, प्रधानाध्यापक, डॉक्टर, इंजीनियर, वकील, न्यायाधीश, शोधकर्ता, ड्राइवर, अधिकारी, मंत्री, प्रधान मंत्री, राज्यों की प्रमुख बन गईं, लेकिन कुछ ही महिलाओं ने ऐसा किया। क्या अन्य सामान्य महिलाओं की समस्याएं हल हो गई हैं? क्या वो सच में आज़ाद है?

समानता का अर्थ यह भी है कि जीवन के सभी क्षेत्रों में पुरुषों और महिलाओं के समान अधिकार और अधिकार, समान व्यवहार और समान अवसर हैं। समानता में सामाजिक, आर्थिक और शैक्षिक क्षेत्रों में पुरुषों के बराबर महिलाओं के लिए विकास के सभी अवसर शामिल हैं। पुरुषों और महिलाओं के बीच समानता के लिए, परिवार के दोनों सदस्यों को पहल करना आवश्यक है और इसकी शुरुआत घर से करनी होगी और केवल पुरुषों का विरोध करने से ही यह समानता नहीं आएगी, महिलाओं को भी इसकी जिम्मेदारी पहचाननी चाहिए। पुरुषों और महिलाओं के बीच समानता तभी सही होगी जब लड़के और लड़कियों के साथ बिना किसी भेदभाव के समान व्यवहार किया जाएगा।पिछली सदी में, महिलाएं कई लोगों के प्रयासों से बाधाओं से

थोड़ा बाहर निकल रही हैं। जैसे-जैसे शिक्षा के द्वार खुले, उसने अपनी प्रगति में तेजी लाई है। पुरुष-महिला संबंध और सहयोग को लेकर हमारे मन में कई भ्रांतियां हैं। उनसे और भी गलत बातें पैदा हुई हैं। इस लेख में, आइए हम तीन चीजों के बारे में सोचें: पुरुषों और महिलाओं के बीच समानता, नारीवाद और पुरुषों का शोषण। तीसरे बिंदु को पढ़कर कई लोग हंसेंगे, लेकिन यह है और कई पुरुष संगठन इस पर काम कर रहे हैं। उस पर और बाद में। पहले आइए कुछ बातों के बारे में स्पष्ट करें। असली सवाल यह है कि इन तीन प्रकार के विषयों के पीछे पुरुष और महिलाएं पुरुष और महिलाएं हैं, उन्हें मानव या व्यक्ति के रूप में लिंगहीन तरीके से नहीं माना जाता है।

ऐसा कहा जाता है कि "पुरुष और महिला दुनिया के दो पहिये हैं"। अगर इसका एक भी पहिया टूट जाए या टूट जाए तो दुनिया आगे नहीं बढ़ती। फिर भी हमारे समाज में महिलाओं को कम और पुरुषों को अधिक अधिकार या सम्मान दिया जाता है। क्या हमारे समाज में हर महिला और पुरुष को समान अधिकार, समान अधिकार और समान गरिमा है?

हमारे समाज में अनादि काल से यह एक आम बात रही है कि एक महिला को घर की देखभाल करनी चाहिए और एक पुरुष को धन अर्जित करना चाहिए। यह विभाजन पहले के समय में दुनिया को भगाने के लिए किया गया था। लेकिन इसका परिणाम यह हुआ कि एक पुरुष जो धन कमाता है और एक महिला जो चूल्हा और बच्चों की देखभाल करती है। और यह विचार जैसे-जैसे समय बदला, महिलाओं को गुलाम माना जाने लगा। फिर वह स्त्री पैरों की दासी बन गई जो पुरुषों की लात खाती है!

ज्ञान के कारण महिलाएं अब गुलाम नहीं हैं। यहां तक कि बंगलों और झोपड़ियों में भी महिला अपने ऊपर जो जुल्म करती है उसे सहन नहीं करती। लेकिन इसका मतलब यह नहीं है कि आज उसके साथ गलत व्यवहार नहीं किया जा रहा है। झोंपड़ियों में रहने वाली गरीब महिलाएं आज शहर में मजदूरी का काम करके चार से पांच हजार रुपये कमाती हैं। वे इसमें अपने बच्चों और परिवार का समर्थन करते हैं। मौके पर बच्चों का पेट भरकर अच्छे स्कूलों में भेज दिया जाता है। उसके पीछे मौली की

मंशा यही है कि उन बच्चों का भविष्य उज्जवल हो। लेकिन इन मेहनती महिलाओं के शराबी पतियों ने इन महिलाओं को उनके काम का भुगतान किए बिना ही पीटा और शराब के लिए पैसे वसूले। क्या औरत आज़ाद है?

ऐसा इसलिए क्योंकि आज भी हमारा समाज इसे थोड़ी शक की नजर से देखता है। हालाँकि आजकल समाज में तलाक की दर बढ़ गई है, फिर भी समाज उन तलाकशुदा महिलाओं को नीचा देखता है। समाज का यह नजरिया बदलना चाहिए। आज की महिला एक शिक्षित महिला है जो धोनी परिवार की देखभाल करती है। ज्ञान अर्जित करके इस प्रकार अपना क्षेत्र बनाया, आज यह क्षेत्र पर हावी है। अपने घर की देखभाल करने के साथ-साथ बच्चों के विकास के लिए संघर्ष करना; लेकिन यह मुफ़्त नहीं है। उसे भी अपना घर चलाने के लिए कई समझौते करने पड़ते हैं; शायद ही कभी किसी को अपनी राय और इच्छाओं को झुकाना पड़ता है।

ऐसे घर से दहेज के लिए अक्सर उसे जलाकर मार दिया जाता है। उसके साथ बहुत कम बलात्कार होता है। महिलाओं के साथ अन्याय करने वाले को सजा देने से महिलाओं के साथ अन्याय खत्म नहीं होगा। पुरुषों के श्रेष्ठ होने और महिलाओं के हीन होने का मौलिक रूप से अनुचित दृष्टिकोण गायब हो जाना चाहिए। वास्तव में सभी मनुष्य समान हैं, जब इस सिद्धांत को हमारे जीवन में सम्मान का स्थान मिलेगा, तो महिलाओं को भी समाज में सम्मान का स्थान मिलेगा। आत्मनिर्भर, स्वतंत्र महिला का निर्माण होगा और इससे स्वस्थ और निडर समाज का निर्माण होगा।

एक दूसरे के बारे में दोनों की राय और एक दूसरे के साथ उनका व्यवहार जेंडर पर आधारित है। इसका मतलब है कि एक महिला एक महिला के रूप में एक पुरुष को देखती है जैसे कि वह एक पुरुष है और निश्चित रूप से पुरुष उसी तरह से कार्य करते हैं। उन दोनों को आमतौर पर यह अहसास नहीं होता कि हम इंसान हैं, हम व्यक्ति हैं। इसलिए पारंपरिक तरीके से स्त्री-पुरुषों पर लगाए गए रीति-रिवाजों के मुताबिक

दोनों एक-दूसरे से बात कर रहे हैं. उन्हीं से उसी पद्धति की जेंडर क्रियाएँ भी हो रही हैं। जिसमें महिलाओं को वह करने के लिए बाध्य किया जाता है जो उन्हें नहीं करना चाहिए और पुरुषों को वह नहीं करना चाहिए। बेशक, यह सच है कि महिलाएं सबसे ज्यादा प्रभावित हुई हैं और अब भी हैं। लेकिन इसका मतलब यह नहीं है कि पुरुषों को नुकसान नहीं होता है। उनके साथ भी ऐसा हुआ है लेकिन उन्हें इसकी जानकारी नहीं है। जो हाल ही में होने लगा है। लैंगिक समानता के मुद्दे ने हाल के वर्षों में गति पकड़ी है।

मानव जीवन का कौन सा क्षेत्र अब उसके लिए नया नहीं है। वह पुरुषों के साथ-साथ युद्ध के मैदान में भी हर क्षेत्र में अपना सर्वश्रेष्ठ प्रदर्शन कर रही हैं। नारी ने अपनी काबिलियत साबित की है। लीला शहर के महिला कार्यालय में बौद्धिक कार्य करती हैं। यहां तक कि प्राधिकरण का एक प्रमुख स्थान रखता है। स्कूलों, कॉलेजों में अध्यापन कार्य।

उन्होंने चिकित्सा क्षेत्र के साथ-साथ वास्तु क्षेत्र में भी प्रसिद्धि प्राप्त की है। यह आज के युग में 'सूचना प्रौद्योगिकी' के क्षेत्र में भी अग्रणी है। वह कार, ट्रेन, प्लेन चलाती है। अंतरिक्ष में छलांग लगाती है और शोध के लिए समुद्र की तह तक भी जाती है। कोई भी क्षेत्र उसकी पहुंच से बाहर नहीं है।

लेकिन जैसे-जैसे आज का आधुनिक समय आगे बढ़ा है, महिलाओं की छवि भी बदली है। आज की नारी अपनी नींव पर बनी है। उन्होंने अपनी काबिलियत साबित कर दी है.आज हर क्षेत्र में पुरुषों की तरह महिलाओं को देखा जाता है.

ऐसा कोई क्षेत्र नहीं है जहां दृश्यमान कार्य नहीं देखा जा सकता है। वकील हो या मेडिकल फील्ड, एजुकेशन फील्ड, कॉलेज प्रिंसिपल, सिपाही, पुलिस, डॉक्टर, इंजीनियर, महिलाएं जीवन के हर क्षेत्र में अपनी भूमिका निभाती हैं। इस महिला का अभिनय वास्तव में असाधारण है। आज के विज्ञान युग में सूचना सुरक्षा प्रौद्योगिकी को एक अग्रणी क्षेत्र माना जाता है। यहां तक कि जो सबसे बड़ा सेक्टर माना जाता है उसमें भी महिलाएं गाड़ियों, कार, प्लेन आदि वाहनों को चलाती नजर आती हैं। इतना ही नहीं महिला ने डिस्टेंस में परफॉर्म भी किया है।

आज नारी के लिए कोई भी क्षेत्र दुर्गम नहीं है, वह हर क्षेत्र में अपनी अहम भूमिका निभा सकती है। पुरुषों के साथ-साथ ग्रामीण महिलाएं भी खेतों में कड़ी मेहनत करती हैं। मवेशियों की देखभाल करता है, मुर्गियों को पालता है। बस इतना ही कि आज ग्रामीण क्षेत्रों में महिलाएं भी सरपंच और उप सरपंच के पद पर नजर आती हैं।

इसलिए ऐसी स्थिति में भले ही सेना हमारे सभी क्षेत्रों में महत्वपूर्ण भूमिका निभाती हो, लेकिन क्या पुरुषों और महिलाओं के बीच भेदभाव करना सही है?

हालांकि आज की महिलाएं हर क्षेत्र में प्रदर्शन करती नजर आती हैं, लेकिन दुर्भाग्य से कुछ क्षेत्रों में आज की महिलाओं और पुरुषों के साथ भेदभाव किया जाता है। आज की नारी न केवल घर में पत्नी, गृहिणी, मां, बहन, बेटी की सभी भूमिकाएं निभाती है बल्कि कई बाहरी कार्य भी करती है। कहा जाता है कि मानसिक और शारीरिक रूप से दोनों एक जैसे हैं तो ऐसा क्यों करें। मुख्य रूप से इस बात पर जोर दिया जाता है कि महिलाओं को पुरुषों की तरह सभी काम करने चाहिए। यह मांग है कि महिलाओं को वह करने की अनुमति दी जानी चाहिए जो पुरुष करते हैं, अब तक उन पर जो प्रतिबंध लगाए गए हैं उन्हें दूर करें और उन्हें स्वतंत्रता दें। जाहिर तौर पर इसमें कुछ भी गलत नहीं है। लेकिन अगर हम थोड़ा और गहराई से सोचें तो यह देखा जाएगा कि इससे मुख्य समस्या का समाधान नहीं होगा बल्कि कुछ और नई समस्याएं पैदा होंगी। सबसे पहले, हमें यह महसूस करना चाहिए कि हम तथ्यों को स्वीकार करने में हमेशा पीछे रह जाते हैं। वास्तव में, शर्मिंदा होने की कोई बात नहीं है। इसके विपरीत, तथ्यों को नकार कर हम स्वयं को संकट में डालते हैं और अधिक प्रश्न उत्पन्न करते हैं।

पुरुषों और महिलाओं के बीच समानता सिद्धांत की बात होनी चाहिए लेकिन हमने इसे एक शारीरिक और मानसिक चीज बना दिया है। हमें सबसे पहले यह स्वीकार करना चाहिए कि मानसिक और शारीरिक रूप से पुरुष और महिला प्रकृति में समान या समान नहीं हैं। हमें यह स्वीकार करना होगा कि वे दोनों पूर्ण नहीं हैं। दोनों की अपनी

ताकत और कमजोरियां हैं हमें स्वीकार करना चाहिए कि कमियां हैं। सबसे महत्वपूर्ण बात यह है कि हमें इस तथ्य को स्वीकार करना चाहिए कि दोनों एक दूसरे के सहयोग से ही सिद्‌ध होते हैं। समानता के नाम पर पुरुषों और महिलाओं को अपनी व्यक्तिगत, स्वतंत्र और अनूठी पहचान को भूलने का खतरा है। कई मामलों में उन्हें बिना वजह खुद पर शर्मिंदगी महसूस होने लगी है या वे बहुत ज्यादा आत्मविश्वासी भी महसूस करने लगे हैं। यह ध्यान दिया जाना चाहिए कि पुरुष जो कुछ भी करता है उसे करने से महिला को लाभ नहीं होता है और पुरुषों के साथ भी ऐसा ही होता है। कुछ चीजें हैं जो उसके लिए खास हैं और उसे उन्हें करने की अनुमति दी जानी चाहिए। हम एक-दूसरे का काम मेहनत से कर सकते हैं, लेकिन हम उसमें नहीं पड़ेंगे। अब इस बात को कुछ उदाहरणों से समझते हैं।

पुरुषों की तरह महिलाओं पर भी उतनी ही जिम्मेदारी होती है और पूरे घर की देखभाल करती हैं। हालाँकि वह कुछ ज़िम्मेदारियाँ जैसे बच्चों की पढ़ाई, परिवार के हर सदस्य की देखभाल करना आदि करती हैं, लेकिन महिलाओं के दिमाग की कद्र नहीं होती है।

आजकल महिलाओं ने पुरुषों की तरह राजनीति के क्षेत्र में प्रवेश किया है।कुछ क्षेत्रों में महिलाएं सरपंच, जिला परिषद, अध्यक्ष मुख्यालय अधिकारी, कलेक्टर जैसे विभिन्न पदों पर पहुंच चुकी हैं। साथ ही आज के समय में महिलाओं ने शिक्षा पर ध्यान केंद्रित किया है। शिक्षा के बल पर महिलाएं हर क्षेत्र में अपनी भूमिका निभा रही हैं। आज ग्रामीण महिलाएं स्वयं सहायता समूह बनाकर आत्मनिर्भर हो रही हैं। महिलाओं की उपलब्धियों के सम्मान में आज बच्चों के हर प्रमाण पत्र में पिता के साथ माताओं का नाम जोड़ा जा रहा है।

हमारे देश में कई जगहों पर महिलाओं का मंदिर में जाना प्रतिबंधित है। उनके मासिक धर्म का हवाला देकर इस प्रतिबंध को जायज ठहराया गया है। इस मंदिर प्रतिबंध को हटाने के लिए आंदोलन हो रहे हैं, कहीं-कहीं ये सफल भी हुए हैं, कानून ने भी इन्हें मंजूरी दी है। लेकिन महिलाओं के उत्थान के लिए होने वाले फायदों के बारे में कोई नहीं सोचता। अब तक धर्म और उससे जुड़े कर्मकांडों में शामिल होकर

महिलाओं का शोषण किया जाता रहा है। फिर क्यों फिर से उसी शोषण में फंसने की ये ललक? धार्मिक कर्मकांडों के कारण महिलाओं पर गंभीर प्रतिबंध लगा दिया गया है, तो फिर इसमें प्रवेश करने के लिए संघर्ष क्यों किया जा रहा है? यह मंदिर प्रवेश उनके जीवन को बेहतर बनाने में क्या मदद करेगा? यह बचकाना जिद है और यहां तक कि बेवकूफी भी है कि हम चाहते हैं कि हम तक पहुंचें क्योंकि केवल पुरुषों की पहुंच है। खुद को फिर से उसी धार्मिक बंधन में फँसाने की यह जिद क्यों? मासिक धर्म शरीर का एक स्वाभाविक अंग है, जैसे पुरुष स्खलन करते हैं, इसके बारे में जागरूकता बढ़ाने के बजाय मंदिर में प्रवेश पर जोर देना प्रतिगामीता का संकेत है। समानता सिद्धांत की बात होनी चाहिए। वह वस्तुनिष्ठ बात उन दोनों के लिए अधिक समय तक नहीं रहेगी। नारीवाद इस समानता के ठीक विपरीत है और न तो महिलाओं के लिए उपयुक्त है और न ही पुरुषों के लिए। क्योंकि देखने में आया है कि इसमें महिलाएं काफी मेहनती भूमिका निभाकर अकेली हो जाती हैं। वे भी पुरुषों की तरह तिरस्कारपूर्ण, कट्टर, आधिपत्य बन जाते हैं जहां पुरुषों को प्रतिबंधित, उपहास, अपमानित, बहिष्कृत, दूसरा स्थान दिया जाता है, जैसे पुरुषों ने हमेशा उनके साथ किया है। इससे कुछ भी अच्छा हासिल नहीं होगा।

आज के युग ने महसूस किया है कि पुरुषों और महिलाओं के बीच भेदभाव को हटा दिया गया है और पुरुषों और महिलाओं के बीच समानता की गई है। तो आज का समय भी स्त्री-पुरुष संबंधों की ओर कदम बढ़ा रहा है।

इतना ही नहीं, आज की स्थिति ने हमें अन्याय और उत्पीड़न के खिलाफ लड़ने में भी सक्षम बनाया है। संविधान के अनुसार, भारत के प्रत्येक नागरिक को दिए गए अधिकार महिलाओं को नहीं दिए गए थे, लेकिन उन्होंने महिलाओं और उनके महत्व को समझकर अपने अधिकारों के लिए लड़ाई लड़ी, इसलिए आज हम अपने समाज के अधिकांश हिस्सों में पुरुषों और महिलाओं के बीच समानता देख सकते हैं। इसके बावजूद हमारे समाज के कुछ हिस्सों में आज भी महिलाओं को सीमित और प्रताड़ित किया जा रहा है।

एक तरफ महिलाओं ने हर क्षेत्र में ऊंची छलांग लगाई है, वहीं दूसरी तरफ कई ग्रामीण इलाकों या कई इलाकों में महिलाओं को बंधक बनाकर उनके साथ अन्याय किया जा रहा है.

पुरुषों की बराबरी करने के नाम पर वे अपना स्त्रीत्व खो रही हैं। एक खतरा यह है कि नारीवाद महिलाओं की स्वतंत्रता और प्रगति का मार्ग बनने के बजाय पुरुष-विरोधी और आत्म-गुलामी का विषय बन जाता है। नारीवाद जो महिलाओं को पुरुषों से अलग करता है वह गलत है। क्योंकि अक्सर इस बात पर ध्यान नहीं दिया जाता है कि सभी पुरुष उत्पीड़क नहीं होते हैं और महिलाओं में पुरुषों के प्रति भावनाएं नहीं होती हैं। क्योंकि दोनों ने एक-दूसरे के अस्तित्व को वैसे ही स्वीकार कर लिया है, एक-दूसरे का सम्मान करते हैं, एक-दूसरे की मदद करने से नहीं हिचकिचाते। पुरुष शोषण के रूपों का जन्म कट्टरपंथी नारीवाद से हुआ है। इनकी मात्रा बेशक कम होती है लेकिन होती है। वे पुरुषों से महिलाओं से नफरत करने की दर भी बढ़ा रहे हैं और इसके परिणामस्वरूप महिलाओं को अपने नारीवाद को फिर से आगे ले जाने का कारण मिल रहा है। यह एक ऐसा दुष्चक्र है जिससे दोनों का बचना मुश्किल होगा। स्त्री और पुरुष दोनों के लिए एक दूसरे को अस्वीकार करना और प्रगति करना असंभव नहीं तो बहुत कठिन है। एक दूसरे से प्रत्यक्ष और अप्रत्यक्ष संबंध बने रहेंगे। उन्हें अपनी शारीरिक, मानसिक, सामाजिक, आर्थिक और सांस्कृतिक जरूरतों को पूरा करने के लिए एक-दूसरे की जरूरत होती है। इनके रिश्ते में जितना खुलापन होगा, ये जरूरतें उतनी ही आसानी से पूरी होंगी।

आज भी कुछ हिस्सों में महिलाओं को गुलामी की तरह प्रताड़ित किया जाता है। इसलिए, यदि हम अपने देश में पुरुषों और महिलाओं के बीच वास्तविक समानता प्राप्त करना चाहते हैं, तो पूरे देश में महिलाओं का सम्मान करना और उन्हें देवी का स्थान देना आवश्यक है। अगर हमारे देश का हर हिस्सा महिलाओं का सम्मान करता है और उनके साथ पुरुषों जैसा व्यवहार करता है, तो हमारे देश में वास्तव में पुरुषों और महिलाओं के बीच समानता होगी। उसके लिए जरूरी है कि एक-दूसरे को व्यक्ति समझें, एक-दूसरे का सम्मान करें और बिना किसी शर्त के एक-

दूसरे का सहयोग करें।समाचारों और अखबारों में आए दिन महिलाओं के साथ अन्याय-यातना और घरेलू हिंसा के कई उदाहरण देखने को मिलते हैं। एक तरफ हम महिलाओं की आजादी और मुक्ति की मिठास गाते हैं, दूसरी तरफ कुछ महिलाएं आज भी गुलामी में बंद हैं। इसलिए, हालांकि देश को आजादी मिली है, लेकिन यह चिंता और अफसोस की बात है कि महिलाओं का पूरा जीवन पूरी तरह से स्वतंत्र नहीं है। इसलिए अगर हम महिलाओं को सम्मान, महिलाओं की गरिमा और महिलाओं को उनकी स्थिति और हर काम में भागीदारी दें, तो निश्चित रूप से पुरुषों और महिलाओं की समानता की तुलना करने का समय कभी नहीं होगा, आइए हम खुद से शुरू करें। आइए अभी के लिए इस संवाद को जारी रखें।

10

क्या महिलाएं पुरुषों की संपत्ति हैं?

जैसे-जैसे मातृसत्तात्मक व्यवस्था समाप्त हुई, महिलाओं की व्यक्तिगत और सामाजिक गरिमा और महत्व को कम करने की प्रक्रिया भी शुरू हुई। एक व्यक्ति के रूप में एक महिला की पहचान समाप्त हो गई और उसका परिवर्तन शुरू हो गया। जिस प्रकार किसी वस्तु का मूल्य उसके उपयोग, रूप, स्थायित्व से निर्धारित होता है, उसी प्रकार स्त्री का मूल्य भी निर्धारित होता है। एक महिला जो अधिक बच्चों को जन्म देती है उसे बहुविवाह वाली मां के रूप में मनाया जाता है। गृहकार्य या कृषि में कुशल इन महिलाओं की दासियों और दासियों के रूप में मांग थी। खूबसूरत महिलाएं राजनीतिक और सामाजिक संघर्ष के केंद्र में आईं। कुल मिलाकर, व्यक्तियों के रूप में उनकी स्थिति को खतरा था और पुरुष उन्हें वस्तुओं के रूप में देखते थे। इन बातों ने महिलाओं को पुरुषों की संपत्ति बना दिया। महिलाएं पुरुषों की प्रतिष्ठा, उनके राजनीतिक और सामाजिक प्रभुत्व, उनकी व्यक्तिगत मर्दानगी के मूल्यांकन का पैमाना बन गईं। जिनके पास अधिक महिलाएं थीं, अधिक सुंदर महिलाएं मजबूत हो गईं। वे कहते थे कि अगर आप अपने दुश्मन को मारना चाहते हैं, तो आप उसकी महिलाओं का अपहरण या बलात्कार करें। जो अपनी स्त्री की रक्षा नहीं कर सकता वह नपुंसक है।

रामायण इस मानसिकता का अच्छा उदाहरण है। रावण ने अपने प्रभुत्व के प्रतीक के रूप में अपने सभी शत्रुओं की पत्नियों का अपहरण कर लिया। अंत में उन्होंने राम के साथ भी ऐसा ही किया। राम ने सीता के लिए या रावण के साथ भी अपनी मर्दानगी साबित करने के लिए लड़ाई लड़ी।

यह मानसिकता न केवल पुरुषों बल्कि महिलाओं के मन में आज भी गहरी जड़ें जमा चुकी है। बदलते वक्त के साथ इसका लुक काफी बदल गया है। आइए उनमें से कुछ पर यहां विचार करें। एक महिला को अभी भी एक पुरुष के अधीनस्थ संपत्ति माना जाता है। उसके मन पर यह प्रभाव पड़ता है कि परिवार का मान उसी पर निर्भर है। अबू दखनी को कुछ भी हो जाए तो यही मिलता है। मुख्य बात यह है कि सभी बुरे परिणामों को महिला को ही वहन करना पड़ता है। आमतौर पर पुरुष इससे दूर हो जाते हैं.. इस शर्मनाक घटना के लिए एक महिला कितनी जिम्मेदार है यह जानने को कोई तैयार नहीं है. घर में केवल पुरुष ही नहीं बल्कि अन्य महिलाएं भी हैं। एक और मानसिकता यह है कि एक लड़की किसी और की संपत्ति है। बहुत छोटी उम्र से, वह लगातार इस धारणा में रहती है कि आप एक अजनबी हैं। उनका जन्म कर्ज की शुरुआत है। बच्चे के पिता को सिर में लगातार बुखार रहता है। तो ऐसी लड़कियों पर ख़र्चा क्यों करें, ख़ासकर तब जब आप देखेंगे कि वो बुनकर ही रहेंगी. यह मानसिकता इतनी हीन है कि वह शादी में अच्छा प्रदर्शन करना चाहती है, जोड़े को दहेज देना चाहती है और सामान खर्च करने के लिए कुछ भी करना चाहती है।

इसके पीछे यह भावना है कि स्त्री सिर्फ एक वस्तु है। एक महिला की उपस्थिति इस मानसिकता का एक और लक्षण है। घर में स्त्री को अजनबियों के सामने नहीं आना चाहिए, घूंघट नहीं पहनना चाहिए, ज्यादा बात नहीं करनी चाहिए, पति के सामने हमेशा चुप रहना चाहिए, उनके अनुरोध पर अपनी शारीरिक भूख को संतुष्ट करना चाहिए, ये चीजें हमारे बीच कीमती हैं . बाहरी लोगों के लिए एक घर। लोग जिस चीज पर जोर देते हैं या जो आपको पसंद है उसे मत दें। या उस पैसे का प्रदर्शन। इसमें लड़के का रूप कुछ भी हो, लड़का गोरा, सुंदर, चश्मा न

पहने, जवान, कुंवारी, शांत और शांत होना चाहिए। जो आज भी कम नहीं हुआ है। वहां लड़की का व्यक्तित्व महत्वपूर्ण नहीं है, उसकी शिक्षा महत्वपूर्ण नहीं है, उसका चरित्र महत्वपूर्ण नहीं है, उसका रूप महत्वपूर्ण है। यहां छिपा उद्देश्य यह है कि पत्नी नाम की चीज हर जगह सुंदर और प्रशंसनीय हो। हालांकि, पुरुष कभी भी इस नियम को अपने ऊपर थोपने के लिए तैयार नहीं होते हैं। इसके पीछे स्वामित्व की भावना है। स्त्री को हर मामले में हल्के में लेना, उसके पक्ष में सभी निर्णय लेना भी स्वामित्व का ही एक रूप है। एक महिला सरपंच एक कुख्यात उदाहरण है। घर की महिला की मर्जी के बिना चुनाव में खड़े होकर, निर्वाचित होने के बाद बिना अपना काम किए अपना काम करना और इस बार हर जगह आईना चल रहा है। अगर कोई महिला उसका विरोध करने की कोशिश करती है, तो उसे घर और बाहर विरोध का सामना करना पड़ता है। यह अपेक्षा व्यक्त करता है कि एक महिला के साथ एक महिला की तरह व्यवहार किया जाना चाहिए। एक महिला होने का मतलब यह नहीं है कि उसका एक स्वतंत्र अस्तित्व है, वह अपने पुरुष के साये में अपनी मर्जी से जी सकती है।

इस तस्वीर को बदलना है तो महिलाओं को ही नहीं पुरुषों को भी सशक्तिकरण का पाठ पढ़ाना होगा। दरअसल, पुरुषों को इसकी ज्यादा जरूरत होती है। पुरुषों और महिलाओं के साथ व्यक्तिगत रूप से व्यवहार करना इसका आधार होगा। एक महिला को यह तय करना होगा कि मेरे शरीर का अनादर नहीं होगा और पुरुषों को भी इसे स्वीकार करना चाहिए। यह भी स्वीकार किया जाना चाहिए कि एक महिला का शरीर एक महिला का होता है और उसे यह तय करने का अधिकार है कि उसे क्या करना है। इसका मतलब यह नहीं है कि वह अपने शरीर का उपयोग करने के लिए स्वतंत्र है जैसा वह चाहता है। क्योंकि आमतौर पर ऐसा कोई नहीं करता, यहां तक कि महिलाएं भी नहीं, यहां तक कि पुरुष भी नहीं। और अगर ऐसा कुछ होता भी है तो एक व्यक्ति के रूप में उसकी जिम्मेदारी भी उस महिला पर होगी। एक महिला को न केवल स्वतंत्र होने के लिए बल्कि अपने कार्यों की जिम्मेदारी लेने के लिए जागरूक करना एक महिला को एक व्यक्ति के रूप में देखने की दिशा में एक

महत्वपूर्ण कदम है।

जिम्मेदारी व्यक्ति को अंतर्मुखी, सतर्क, संवेदनशील बनाती है। उत्तरदायित्व की भावना शरीर में छिपी शक्तियों को जागृत करती है। उन्हीं से हमें अपनी असली पहचान मिलती है और समाज में अपना स्वतंत्र अस्तित्व बनाने की प्रेरणा मिलती है। नारी सशक्तिकरण का मार्ग उनकी अभिव्यक्ति से है। और पुरुषों को भी इस प्रक्रिया में भाग लेना होता है। केवल महिलाओं के लिए यह कहना उपयोगी नहीं है। पुरुषों को भी अपने सशक्तिकरण को व्यक्त करने की आवश्यकता है। यह सिर्फ दिमाग का सशक्तिकरण होना चाहिए। जो महिलाओं के मन में रोगग्रस्त, पुराने, रूढ़िबद्ध, अवैज्ञानिक, अमानवीय भावनाओं और विचारों को नष्ट करने में मदद करेगा। इस मानसिकता को बदलने के लिए वर्तमान समय बहुत उपयोगी है। स्त्री-पुरुष संबंधों में मित्रता की नींव बनाना लाभकारी रहेगा। दोस्ती सहज, खुली, गैर-प्रतिस्पर्धी है। उसमें आप एक दूसरे को पुरुष या महिला के रूप में नहीं, बल्कि केवल एक दोस्त के रूप में देखते हैं। अनजाने में एक दूसरे को मनुष्य के रूप में विकसित होने में मदद करें। दोस्ती में लैंगिक भेदभाव को खत्म करने की ताकत है। सवाल यह है कि क्या हम खून या शादी को इस रिश्ते पर हावी होने देंगे? अगर ऐसा हुआ तो हमारी यात्रा फिर से पलट जाएगी। दो दोस्तों की शादी के बाद अगर पति-पत्नी का रिश्ता असरदार होने लगे तो रिश्ते में दिक्कतें आने में देर नहीं लगती। लेकिन इस रिश्ते को बनाए रखने के बाद भी अगर हम पहले सोचते हैं कि हम दोस्त हैं और उसके अनुसार काम करें, तो शुरुआत में कई सवाल नहीं उठेंगे. अगर यह इस पीढ़ी में शुरू होता है, तो हम उम्मीद कर सकते हैं कि आने वाली पीढ़ियों में पुरुषों और महिलाओं को व्यक्तियों के रूप में पहचाना जाएगा। इसके लिए हम सभी को प्रयास करने की जरूरत है। यह वर्तमान तस्वीर भविष्य में निश्चित रूप से बदलेगी और उम्मीद है कि किसी के पास इस तरह के लेख लिखने का समय नहीं होगा।

11

21वीं सदी की महिला पीढ़ी

क्या सच में महिलाओं के पास अपने लिए समय होता है?

प्रश्न के लिए धन्यवाद। मूल रूप से, प्रश्न को पढ़ने के बाद, मुझे सोचना पड़ा, क्या आसपास की महिलाएं वास्तव में अपने लिए समय निकालती हैं? क्या महिलाएं जानती हैं कि अपने लिए समय निकालना अलग बात है? उससे निम्नलिखित विचार उत्पन्न हुए:

अपने लिए समय निकालने की अवधारणा इन दिनों बहुत आम लगती है। मुझे लगता है कि मैं खुद को समय दूंगा, अपने लिए चार काम करूंगा और ऐसा करूंगा। लेकिन मैंने यह कहाँ सीखा? क्या यह महिलाओं के लिए खुद को समय देने का तरीका था?

1. मेरी दादी की पीढ़ी में महिलाएं दिन-रात काम करती थीं। 70 और 80 के दशक में समाज यह मानने लगा था कि शिक्षा और नौकरी भी महिलाओं के लिए है। आपका अपना समय क्या था?

मां के पिता यानी मेरी दादी घर संभालने के अलावा मेरे दादाजी के अस्पताल में नर्स, कंपाउंडर, फार्मासिस्ट दवा बनाने का सारा काम करती थीं. क्या उसके पास कभी उसका पल है? युवावस्था से ही उसका मनोरंजन करने का विचार अच्छा खाना खाने या रेडियो पर गाने सुनने का था। इसके अलावा, जब से मैं एक बच्चा था, मैंने उसे फिल्में, टीवी धारावाहिक, या नई चीजों की कोशिश करते हुए देखा। यह उसका एकमात्र ख़ाली समय था।

दूसरी ओर, मेरे पिता की माँ एक शिक्षिका थीं। किसी कारण से घर में स्थिति गंभीर थी, उसने कई वर्षों तक बाबा को पालने के लिए बहुत मेहनत की। केवल एक चीज जो उसने पूरे दिल से की वह थी समाज सेवा और अध्यापन जब तक कि उसका स्वास्थ्य पूरी तरह से विफल नहीं हो गया। उन्होंने कई जगहों पर उनका साथ देकर और उनकी मुश्किलों में मदद कर कई लोगों को बचाया था। लोगों की मदद करना और छात्रों को पढ़ाना उनका शौक था।

ऐसी स्थिति में पत्नियां हमारे लिए इतना समय कैसे निकालेंगी? उसने अपनी पूरी दुनिया बनाई थी, जिसमें उसका शौक था कि वह अपने लिए एक छोटा सा काम करे, वह भी काम के रूप में।

2. मेरी मां की पीढ़ी की महिलाएं कुछ हद तक स्वतंत्र विचारक, शौक़ीन थीं। मेरी माँ भी सारा दिन काम करती है, लेकिन कभी-कभी जब उसका मन करता है तो वह एक सुकून देने वाली किताब पढ़ लेती है। मैंने देखा है कि इस पीढ़ी में महिलाओं ने यह स्वीकार किया है कि उन्हें खुद को समय देने की जरूरत है और इसके लिए उन्होंने कुछ प्रयास भी किए हैं। यह विचार मां की पीढ़ी में समाया हुआ है, लेकिन उनके लिए यह संभव नहीं है कि वे केवल अपने लिए ही पूरी बात करें। अगर हम किताबें पढ़ेंगे तो वे हमें पढ़ने के लिए जिद करेंगे, भले ही हम टहलने निकल जाएं, वे हमें (बच्चों) को याद करेंगे। देखिए घर में कितनी बार मां को बच्चों के शौक में ज्यादा दिलचस्पी होती है। उन्हें इसके लिए कड़ी मेहनत करने में कोई आपत्ति नहीं है, क्योंकि उन्हें लगता है कि यह उनका समय है।

3. मेरी पीढ़ी के बारे में क्या? मेरी पीढ़ी जहां आत्म-देखभाल एक बड़ा विज्ञान बन गया है, मानसिक तनाव और बीमारी पर खुलकर चर्चा की जाती है। स्कूल-कॉलेज में लड़कियां अपनी भावनाओं को प्राथमिकता देने, खुद को अच्छा महसूस कराने के लिए कुछ खास चीजें करने, अपने लिए 'मी टाइम' निकालने जैसे काम करती नजर आती हैं। इसके विपरीत, अपने लिए इतना समय निकालना इन दिनों आवश्यक और कुछ हद तक मजबूर माना जाता है यह समझा जाता है। फिर आप अपने लिए खरीदारी करें, अपनी त्वचा को निखारें, अपने दिमाग को ऊपर उठाएं, एकांत में अपनी अंतरात्मा की आवाज सुनें, मेरी सहस्राब्दी पीढ़ी अनुष्ठान जैसे कई काम करती है।

हम लड़कियां अपने लिए अलग समय तो निकालती हैं, लेकिन जो समय हमारे हाथ में होता है उसे हम अपने दिल के हिसाब से बिताने की कोशिश करते हैं। यह सच है कि कभी-कभी दूसरी पीढ़ियों के लोग सोचते हैं कि हमारी पीढ़ियां आत्मकेंद्रित, स्वार्थी हैं। लेकिन अपने दिल को हराकर जीने के बजाय, आप जो चाहते हैं उसे आजमाएं, यह आपको कम से कम संतुष्ट करेगा। उम्मीद है कि हमारी आने वाली पीढ़ी की बेटियां और पत्नियां भी ऐसा ही करेंगी।

भारत में महिलाओं की स्थिति के बारे में आप क्या सोचते हैं?

1) हम समानता का कितना भी ढोंग करें, आज भी गौण है।

2) सरकारी पद पर हो या निजी नौकरी में, घर पर मिलने वाला इलाज एक जैसा होता है।

3) हम कितने भी आधुनिक क्यों न हों, घर पर 7 . के भीतर

4) कोई भी व्यक्ति दिन भर कितनी भी मेहनत कर ले, पति उसकी इच्छा पर विचार किए बिना उसे बिस्तर पर पत्नी के रूप में चाहता है।

5) आज भी 90% से अधिक महिलाएं पहले पति पर और पति के जाने के बाद बच्चे पर निर्भर हैं।

6) कई महिलाओं को वित्तीय स्वतंत्रता नहीं होती है।

7) मन संसार के रथ को उसकी नियति सोचकर खींच रहा है।

8) एक पुरुष थकावट के कारण आत्महत्या कर लेता है लेकिन एक महिला धैर्यवान बनी रहती है और अपने पति के चले जाने पर भी अपनी जिम्मेदारी से नहीं चूकती।

9) भारतीय महिलाओं को घर में खुश रहने के लिए दिया जाता है।

10) कुछ किताबी नारीवादियों को छोड़कर, नारी में कोई विद्रोह नहीं है।

11) भारतीय महिलाएं अपने चरित्र को स्वच्छ रखने को बहुत महत्व देती हैं।

12) यह सब गुडी गुडी लिहल अब अगर आखिरी महिला ठान ले तो बहुत कुछ हो सकता है।

13) लोगों का कहना है कि अगर हिरण न होता तो रामायण नहीं होती।

14) अगर द्रौपदी ने और वह का बेटा नहीं बोला होता तो महाभारत नहीं होता।

15) यदि सुपर नखा ने लक्ष्मण का अनुसरण नहीं किया होता, तो नाक नहीं काटी जाती और सीता हिरण नहीं बनती।

16) तब यदि हमारी स्त्री अहंकार, ईर्ष्या और लोभ से दूर रहे तो बहुत सी चीजें आसान हो जाएंगी।

17) भाइयों के बीच अनबन के कारण एक घर में 2 घर नहीं होंगे।

18) यदि महिला को अच्छी तरह से समर्थन दिया जाता है, तो पुरुष कार्यभार संभालेगा।

19) हर सफल पुरुष के पीछे 1 महिला का हाथ होता है।

20) हर असफल पुरुष के पीछे 2 महिलाएं होती हैं।

क्या एक आधुनिक महिला के रूप में रहना आसान है?

एक महिला के रूप में जीना बिल्कुल भी आसान नहीं था और अब भी नहीं है। समय की परवाह किए बिना, महिलाओं को हमेशा संघर्ष करना

पड़ा है और संघर्ष करना जारी रखा है। फर्क सिर्फ इतना है कि आज उनके पास खुद को साबित करने के कई मौके हैं और पहले इतने नहीं थे। जीवन एक संघर्ष था और आज भी है।

क्या एक औरत को समझना वाकई मुश्किल है? या उसका दिल जीतना एक कला है?

ऐसा कहा जाता है कि लेकिन मुझे लगता है कि एक महिला जान सकती है कि उसके दिमाग में क्या है। क्योंकि वह क्रोधित हो जाती है, क्रोधित हो जाती है, चिल्लाती है, कोड़े मारती है, कोड़े मारती है, लड़ती है, रोती है। एक महिला फ़्लर्ट करती है, कपड़े पहनती है, कपड़े पहनती है, गाती है, नृत्य करती है, श्रृंगार करती है। एक महिला को ऐसी कई चीजों से जाना जाता है।

फिर भी कहते हैं कि औरतें नहीं समझतीं। मेरे हिसाब से पुरुषों को जानना मुश्किल है। और पुरुषों के मन को जानना अधिक कठिन है। पुरुष अपनी सारी चीजें अपने दिमाग में और अपने विशाल दिलों में जमा करते हैं। वे नहीं जानते कि एक महिला की तरह खुद को कैसे व्यक्त किया जाए।

बच्चे वास्तव में घर से भाग रहे हैं, शहर से नहीं। वे पितृसत्ता से दूर भाग रहे हैं... और इससे पहले कि आप भगोड़े बच्चे कितने अनैतिक होते हैं, इस बारे में निर्णय लें, अपने घर की महिलाओं को देखें... अक्सर वे केवल बाथरूम तक ही दौड़ सकती हैं... आज़ादी से रोने तक की आज़ादी नहीं!

बच्चे दौड़ने लगे। कितना भारी लगता है जब बच्चों को मेडल मिलने लगते हैं। बच्चों के पैरों के नीचे का रास्ता कठिन है... पत्थरों से भरा है... सभी बच्चे जूतों से नहीं दौड़ते... कई नंगे पैर दौड़ते हैं... दौड़ते बच्चों के गले में मेडल होना चाहिए, मंगलसूत्र नहीं तो. यह एक पदक है! नहीं तो दौड़ने का क्या फायदा? क्या कोई इस तरह अपने लिए दौड़ता है?

कहीं नहीं पहुंचेंगे तो दौड़ने का क्या फायदा? ...उपयोग! सब कुछ थम सा जाता है... तो चलिए आज बात करते हैं उन बच्चों की जो दौड़ते हैं... बस आज़ाद होने के लिए!

कहाँ भागती हैं ये लड़कियाँ? आप किससे भाग रहे हैं? आप कहां जाते हो उन्हें क्या हो रहा है?

क्या लड़कियां इतनी महत्वपूर्ण हैं कि उनके बारे में इतनी चर्चा होनी चाहिए? जैसे ही हुआ! अगर लड़की भाग जाती है... अगर लड़की घर में चल रही है, घर में लोगों की बात सुन रही है, सात बजे से पहले घर आ रही है, पूरे कपड़े पहन रही है, तो उसके बारे में बात करने के लिए कोई जगह नहीं है। वह वैसे ही रहना चाहती है; लेकिन अगर वह इनमें से कुछ भी नहीं करती है, तो वह बहस का विषय है। क्योंकि अंत में यही घर की शान होती है! एक लड़की जिसकी शिक्षा महत्वपूर्ण नहीं थी, मूल रूप से उसे जो कुछ भी पढ़ाया जाता था, वह अपने ससुराल वालों के साथ अपनी प्रतिष्ठा को बर्बाद न करने के एकमात्र उद्देश्य से किया गया था, वह लड़का अचानक से कभी-कभी इतना महत्वपूर्ण क्यों हो जाता है? उसके साथ अचानक हुई किसी घटना से ऐसा क्यों लगता है कि पूरा परिवार कट गया है?

इसका जवाब सभी को खुद तलाशना होगा। मैं हमेशा इन दौड़ते हुए लड़कों पर मोहित रहा हूं। इस प्यार के लिए कई लड़के दौड़ते हैं। वे इस विश्वास से दूर भागते हैं कि उनकी जाति, धर्म, आर्थिक स्थिति उन्हें साथ रहने नहीं देगी। मूल रूप से उन्हें प्यार करने का कोई अधिकार नहीं है। और जो लड़की भाग जाती है उसके बारे में हमेशा कहा जाता है कि उसे लड़के ने बहला-फुसलाकर जाल में फँसा दिया। वर्तमान में 'लव जिहाद' जैसा गैर-मौजूद शब्द प्रासंगिक हो गया है। मुझसे भी अक्सर पूछा जाता है कि उसने जाल कैसे खींचा? मूल रूप से, हर कोई क्यों सोचता है कि लड़कियां बेवकूफ हैं, वे अपने निर्णय खुद नहीं ले सकतीं? अठारह वर्ष की आयु में मतदान का अधिकार, विवाह करने का न्यायिक अधिकार; लेकिन एक साथी खोजने का अधिकार... नहीं, ऐसा नहीं है। कई शहरी पाठक कहेंगे कि प्रेम विवाहों की बढ़ती संख्या को देखते हुए बच्चों को अधिकार और स्वतंत्रता दी गई है! सबसे पहले, इसे ज़ोर से

पढ़िए, 'अधिकार देने के लिए कुछ नहीं हैं।' स्वतंत्रता की अनुमति नहीं दी जा सकती!' और अक्सर, देखो कि तुम क्यों हो; लेकिन अगर आप शादी करने जा रहे हैं, तो ठीक है अगर यह आपकी जाति के भीतर है, तो इस आजादी की एक धार है। मूल रूप से, विभिन्न जातियों, धर्मों, नस्लों, यौन वरीयताओं से एक साथी मिल सकता है, इतना जोखिम, ऐसा वातावरण कहां बनाया गया है?

तो इन बच्चों को उनकी आजादी मिल जाती है। भाग जाओ अक्सर उनके पार्टनर धोखा देते हैं। अक्सर वे फायदा उठाते हैं। अक्सर रोते हुए वापस आते हैं और अक्सर सुखी जीवन व्यतीत करते हैं। अरेंज मैरिज में भी होता है ये सब! कम से कम यहां तो लड़कियां जिम्मेदार हैं। दौड़ते हुए लड़के सिर्फ प्यार के लिए नहीं दौड़ते। अक्सर ये बच्चे काम के लिए घर से दूर भाग जाते हैं, काम का बहाना लेकर यहां तक कि पढ़ाई के लिए भी। एक लड़की एक दायित्व है, उसे कुछ समय के लिए पालना, जब तक कि उसे ससुराल वालों द्वारा त्याग नहीं दिया जाता और किसी और की जिम्मेदारी नहीं बना दी जाती, यह एक प्रथा है जो कई घरों में की जाती है। इसका कारण बाहर का असुरक्षित वातावरण है। रेप का मामला होने पर भी यह सवाल पूछा जाता है कि लड़की उस वक्त क्या कर रही थी, वहां, इस तरह की ड्रेस में। यह सवाल सिर्फ नागरिक ही नहीं, कई नेता भी पूछते हैं; लेकिन कोई नहीं पूछता कि बलात्कारी ऐसे समय में ऐसी स्थिति में क्यों था। जब यह नहीं पूछा जाता है, तो घर कहे जाने वाले पिंजरे के जाल और भी कड़े कर दिए जाते हैं।

चिंता की वजह से, लेकिन अक्सर लड़के पीछे रह जाते हैं... और फिर बेशक लड़के दौड़ते हैं... खुलकर सांस लेने के लिए... सपने देखने के लिए... अपने सपनों को पूरा करने के लिए..., कभी मानसिक रूप से, कभी शारीरिक रूप से, कभी-कभी आर्थिक जरूरतों के लिए दौड़ती हैं लड़कियां... कोई मेडल हर दौड़ते हुए लड़के या औरत के गले में नहीं पड़ता... क्या कभी दौड़ने में मजा आया...वो खुलापन, वो आज़ादी, वो आज़ादी... असल में बच्चे नहीं घर से भागो, शहर से। वे पितृसत्ता से दूर भाग रहे हैं... और कितने अनैतिक भगोड़े बच्चे हैं, अपने घर की औरतों को देख... खुलकर रोने के लिए!

खूबसूरत महिला किस तरह की महिला है?

मुझे लगता है कि कल्याण शहर दीर्घायु का आशीर्वाद प्राप्त है। इसका मतलब यह है कि शहर मराठों के ऐतिहासिक काल से ही हलचल और समृद्ध है। समय के साथ शहर में समृद्धि और जनसंख्या में जबरदस्त वृद्धि हुई। आज 21वीं सदी में मुंबई में पेट भरने के लिए आने वाले लोगों के लिए शहर ने सस्ते आवास उपलब्ध करा दिए हैं। इसके कारण, जनसंख्या में भारी वृद्धि शहर की नागरिक सुविधाओं पर दबाव डालती है।

प्यार में आपके प्यार में पूरी तरह से डूबी हुई महिला सबसे खूबसूरत होती है। फिर यह कोई भी हो सकता है और किसी भी रूप में हो सकता है। कभी वह जन्म पुत्री बनकर जीवन का निर्माण करती है तो कभी बहन बनकर सहारा देती है। कभी दोस्त बनकर प्यार करती है, कभी बेटी बनकर प्यार करना सिखाती है, तो कभी सुख-दुख का आधा हिस्सा सही से सौतेली बहन बनकर लेती है।

अतीत में महिलाओं के प्रति समाज का नजरिया और वर्तमान समय में समाज का नजरिया कितना और कितना अलग है?

पहले के समय में घर की महिलाएं गृहणी होती थीं और समाज की महिलाएं जो अपनी आजीविका के लिए गांव-गांव कला का प्रदर्शन कर चार पैक कमाती थीं, उन्हें बेसहारा समझा जाता था।

और अगर इसमें कोई महिला है तो सब कुछ खत्म हो गया है यह खानाबदोश जनजाति रात में अपने बच्चों, बूढ़ी मां और पिता के साथ भाग जाती थी इसका कारण यह है कि कुछ लोगों के जीवन में स्थिरता नहीं है। इसका सीधा सा उदाहरण लें। बच्चों के साथ दुर्व्यवहार हो रहा हो

तो हर कोई उस परिवार को सहानुभूति की नजर से नहीं देखता, लेकिन गंदी नजरों से बचते हुए उन्हें घर छोड़ना पड़ता है क्योंकि वह घर का आदमी नहीं बल्कि बाहरी लोगों से क्या कहेगा। जो अपनी पारिवारिक शक्ति का प्रयोग घर की महिलाओं को नीचा दिखाने के लिए करते हैं, उन्हें देखते हैं, उन पर थूकते हैं, चुटकी लेते हैं, घर के पुरुषों को कमजोर समझते हैं, शिकायत करते हैं तो पुलिस की तरह उनकी जेब में है, यह सब उज्ज्वल सिर के साथ किया जाता है, बहुत बेशर्म। इन लोगों को खुश कहना बेहतर है और अब अगर हम एक सुधारित समाज का विषय लेते हैं, तो न बोलना बेहतर है क्योंकि सच कड़वा होता है। मैंने केवल अपना अवलोकन और अनुभव बताया है क्योंकि यदि समाज में इन चीजों का खुली आंखों से अध्ययन नहीं करना है, तो ये चीजें अपने आप प्रकाश में आ जाएंगी जो न केवल अंधेरे में बल्कि समाज को जानने के प्रयास में आती हैं। प्रकाश में चमकना।

लड़कियां किस लड़के की ओर तुरंत आकर्षित हो जाती हैं?

1.लड़कियों की तरह घूमना।

2.हेयर डाईर

3.लड़के जो अपने सिर के ऊपर बाल उगाते हैं और किनारे को चींटी की तरह काटते हैं...संक्षेप में, जिस तरह से हम पेड़ काटते हैं।

4.गले में कुछ बंधा है, क्या है?

5.मचा मचा, टिक टॉक पर बकवास रैपर्स

6.एक बच्चा जो इंस्टा पर किसी हॉलीवुड स्टार को फॉलो करता है, जिसे वो जादू भी नहीं कर सकता।

7.पीठ और पेट एक दृश्यमान बच्चा, जिसे हवा से उड़ा दिया जा सकता है

8.एक लड़का जो पतली पैंट पहनता है जिसकी जांघें कभी-कभी बाहों की तरह दिखती हैं। जो टखनों को दिखाते हुए पैंट पहनता है..

9.एक रंगीन जो कलाई पर किसी प्रकार की रस्सी पहनता है

10.होटल ले जाकर पिज़्ज़ा बर्गर आइसक्रीम खा रहे हैं

11.नई फिल्म का इंतजार

12.स्कूल में बेंच पर बैठकर शिक्षकों को चिढ़ाना

13.जीवन सिर्फ आनंद लेने के लिए क्यों है, तनाव लेने के लिए क्यों नहीं देने के लिए?

14.किसी दीवार पर, सीट के पिछले हिस्से पर खुदी हुई कीलों की सीढी पर, रेलगाड़ी में कलम से खुजाते हुए, कभी किसी पेड़ के तने पर, एक मांगलिक बच्चा जो लिखता है कि मैं तुमसे कितना प्यार करता हूँ।

15.टूर टूर, ब्रैम ब्रैम, दुर दुर कार तेजी से चला रहा है एक बच्चा जो चुपके से तंबाकू, सिगरेट, मावा खाता है....महीने में एक बार नहीं बल्कि दिन में एक बार शराब पीता है

16.बस स्टॉप पर लड़कियों का इंतजार करने वाला एक लड़का अस्थायी रूप से अपने दोस्त की भारी बाइक को घंटों तक ले जाकर रखता है

17.एक बच्चा जो कूल दिखने के लिए लगातार हेडफोन लगाता है।

18.जो लड़के सज्जनों की तरह नहीं दिखते और व्यवहार करते हैं। शिक्षा तो बस टाइम पास है बेटा।

अपरिष्कृत, लक्ष्यहीन। यदि कोई धनी कुंवारा है जो सोचता है कि धन केवल भोग के लिए है, जिन बच्चों की जीभ किसी श्लोक या भजन का पाठ करते समय झुनझुनी हो जाती है, तो क्यों न पूछें?

लड़कियों को ऐसा बच्चा जरूर पसंद आता है। सभी Instagram, Facebook और Tiktik इस बकवास से काफी भरे हुए हैं।

महिलाओं को पुरुषों के कौन से अंग आकर्षक लगते हैं?

पैंतालीस वर्षों में, कम से कम पचास हजार महिलाओं के व्यवहार और भाषण को देखा गया है। यह भी देखा गया है कि कितनी लड़कियां और महिलाएं प्यार करती हैं। इस प्रश्न का उत्तर उस अनुभव में निहित

है। अगर आपको यह पसंद नहीं है, तो इसे छोड़ दें।

नारी दो प्रकार की होती है।

एक प्रकार है,

जी का व्यवहार और वाणी सरल, समझदार और अच्छे-बुरे का ध्यान रखने वाली होती है। अभिनय करते समय, वे इस बात का ध्यान रखते हैं कि उन्हें और उनके रिश्तेदारों को समाज में बदनाम न किया जाए। उन्हें फिजूलखर्ची पसंद नहीं है। वे पुरुषों के छह पंजे नहीं समझते हैं और वे छह पंजे भी नहीं कर सकते हैं। प्रकृति सरल और सीधी है। अगर वह किसी बात को पसंद नहीं करता या उससे सहमत नहीं होता है, तो यह उसके व्यवहार से तुरंत समझा जाता है। मन में विचार व्यवहार में तुरंत परिलक्षित होते हैं। छुपाना और झूठ बोलना स्वीकार्य नहीं है। ये महिलाएं जब भी झूठ बोलती हैं तो यह उनके चेहरे पर तुरंत नजर आता है।

इस प्रकार की महिलाओं को शुद्ध मन, पुरुष का अच्छा स्वभाव अपने सामने आकर्षक लगता है। और वे इस पर पागल हो जाते हैं।

एक और प्रकार है,

जो पैसे, ताकत और दिखावे की कदर करता है और जो सिर्फ अपने फायदे की सोचता है। छिपाने, झूठ बोलने और सच होने का नाटक करने में कौशल शामिल हैं। हैरानी की बात यह है कि उनके दिमाग में क्या चल रहा है, इस बारे में उन्हें कोई परवाह नहीं है। उनके झूठ इतने मजबूत होते हैं कि सामने वाले को लगता है कि वे सच हैं। अपने सामने वाले को अपने पीछे कैसे दौड़ाएं यह एक अच्छा विचार है। उनके सिर्फ लुक, बात और वॉक पर मर्द उनके दीवाने हो जाते हैं. आदमी को गुस्सा भी आता है तो वह दिखाता नहीं है। वे अच्छी तरह से जानते हैं कि पुरुषों को अपना काम करने के लिए मीठी-मीठी बातें कैसे करनी हैं।

इस प्रकार की महिलाओं को अपने सामने पुरुष का पैसा, सोना, कार, बंगला आकर्षक लगता है। और ये महिलाएं अपने शरीर और अपनी खूबसूरती से पुरुष को अपने सामने फंसाने के लिए कुछ भी कर सकती हैं।

इसके अलावा, पुरुष का कोई अन्य अंग महिलाओं के लिए आकर्षक नहीं है। विश्वास न हो तो आजमा कर देख लीजिए।

महिलाओं की सुंदरता क्या है? एक महिला क्या सोचती है कि उसकी सुंदरता क्या है?

महिलाओं की सुंदरता क्या है? श्री को लगता है कि उसकी सुंदरता क्या है?

मुझे एक पुरुष के रूप में एक महिला का शिष्टाचार कैसे होना चाहिए और इसमें क्या शामिल है? मैंने इसके बारे में सोचा था।

जब से मैंने समझना शुरू किया है तब से मैं अपनी मां और बहन को देख रहा हूं।

मेरी मां और बहन ने कभी भी अपने चेहरे पर महंगी क्रीम नहीं लगाई। होठों पर लिपस्टिक नहीं लगाई। वे नहीं जानते कि ब्यूटी पार्लर क्या होता है। भुवा को नहीं पता कि दूसरी महिलाएं क्या करती हैं। बालों को ढीला छोड़कर, कम कपड़े पहने और जानबूझकर अपने शरीर के अंगों को दिखाते हुए, उन्होंने कभी फोटो नहीं खींची और उन्हें मोबाइल ऐप पर पोस्ट कर दिया। फिर भी बचपन से ही मुझे अपनी मां और बहन बहुत खूबसूरत लगती हैं।

कितनी महिलाएं और लड़कियां इन दिनों मोबाइल पर अलग-अलग ऐप पर अपनी तस्वीरें डिलीट कर देती हैं और उन्हें कितने ब्यूटी कमेंट्स मिलते हैं। वह इसे देखता है। शहर में 99% महिलाओं और लड़कियों को ब्यूटी पार्लर की जरूरत है। लिपस्टिक, महंगी क्रीम, ढीले बाल, अपर्याप्त कपड़े पहनकर शरीर के अंगों का खुलासा करना एक आवश्यकता बन गई है।

क्या होठों पर लिपस्टिक लगाने का मतलब है कि महिला खूबसूरत दिखती है?

क्या चेहरे पर महंगी क्रीम का मतलब है कि महिला सुंदर दिखती है?

क्या कोई महिला हर महीने ब्यूटी पार्लर जाने पर खूबसूरत दिखती है?

क्या ढीले बालों का मतलब है कि एक महिला सुंदर दिखती है?

क्या कंजूसी और खुले कपड़े पहनने का मतलब है कि एक महिला सुंदर दिखती है?

दो बच्चों वाली श्रिया भी अपने फिगर को मेंटेन करती हैं। फिगर मेंटेन करने पर क्या महिला खूबसूरत दिखती है?

इस महिला को देखो।

यह महिला क्या है?

क्या वह कभी ब्यूटी पार्लर जाएगी?

होठों पर लिपस्टिक लगाना? क्या चेहरे पर महँगी क्रीम है?

क्या यह बालों को ढीला छोड़ रहा है?

क्या उसने कंजूसी और खुले कपड़े पहने हैं?

फिर भी यह महिला बेहद खूबसूरत दिखती है। उनकी सादगी और मासूम मुस्कान के कारण।

एक महिला या लड़की, चाहे वह कितनी भी गोरा क्यों न हो, उसके चरित्र, व्यवहार और भाषण पर निर्भर करती है। उसकी त्वचा भले ही गोरी ही क्यों न हो, यदि विपरीत व्यक्ति उसके स्वभाव, व्यवहार और वाणी से उसके दोषों को देख ले, तो क्या वह उस स्त्री को सुंदर कहेगा?

एक महिला की सुंदरता क्या है?

उसके गोरे शरीर पर या उसके स्वभाव में?

एक पुरुष जो एक महिला की बाहरी सुंदरता देखता है। वह उसे केवल उपयोग की वस्तु के रूप में देखता है। यह कब समझेंगे?

मान लीजिए कि कोई एक गोरी, सुंदर शरीर वाली लड़की से शादी करता है, और कुछ दिनों के बाद उसका चेहरा गलती से विकृत हो जाता है, तो क्या वह आदमी जीवन भर उसकी देखभाल करेगा? क्या वह उसे छोड़ देगा या अंत तक उसका साथ देगा? यानी अगर वह लड़की की शारीरिक सुंदरता को देखने के बजाय उसके चरित्र, व्यवहार और भाषण को देखकर उससे शादी करता है।

महिलाओं के बारे में ये मेरे अपने विचार हैं। कई महिलाएं और लड़कियां, साथ ही पुरुष भी मेरे विचारों से सहमत नहीं होंगे। लेकिन मुझे उनसे कोई लेना-देना नहीं है। मैं उनकी वजह से अपना मन नहीं बदल सकता।

महिलाओं की खूबसूरती है उनकी
विनय में,
यह उसकी विनम्रता में है
अपनी कोमल वाणी में,
यह नरम आवाज में है
यह उसकी आकर्षक मुस्कान में है
बालों में काले धब्बे भी मौजूद होते हैं
यह उनके व्यक्तित्व में है
यह विश्वास में है
रंगों में भी उपलब्ध है
नम आँखें
यह उसकी उपलब्धि में है

एक महिला की सबसे बड़ी कमजोरी क्या है?

मेरे विचार में स्त्री की सबसे बड़ी कमजोरी प्रेम है, मैं अपनी कमजोरी के बारे में ज्यादा नहीं सोचता, जब प्रकृति ने सभी को कुछ चीजों में मजबूत और दूसरों में कमजोर बनाया है। हमें केवल यह जानकर अपनी ताकत पर अधिक ध्यान देने की जरूरत है कि वे कमजोरियां क्या हैं क्योंकि जिन चीजों पर हम ध्यान केंद्रित करते हैं वे हमारे लिए बढ़ती हैं। एक महिला प्यार के लिए तरसती है, जबकि एक पुरुष सेक्स के लिए तरसता है। प्रकृति द्वारा बनाई गई यह अद्भुत रचना एक महिला है। एक महिला की विनम्र अपेक्षा है कि वह आपसे 2 शब्द मीठा बोलें। वह प्रसव के दौरान असहनीय दर्द सहकर एक बच्चे को जन्म देती है क्योंकि उस पेट बटन के लिए उसका प्यार उसे सहन करने की ताकत देता है सब।

इस उत्तर के साथ तर्कसंगत नहीं है लेकिन मैं यहां व्यभिचार का मुद्दा उठा रहा हूं। मुझे लगता है कि अगर किसी महिला को प्यार की कमी महसूस होती है, तो वह बाहर प्यार खोजने की कोशिश करेगी। कभी-कभी उसे अपनी शारीरिक वासना को संतुष्ट करने के लिए बाहरी समर्थन की आवश्यकता नहीं होती है।

अगर कोई महिला व्यस्तता में प्यार पाती है तो आधार उसका बहादुर है, जो नहीं है, अगर हम ऐतिहासिक हीराकानी का उदाहरण देखें, तो हमें पता नहीं चलेगा कि हीराकानी अपने बेटे के लिए असंभव किनारे से नीचे चली गई।

इसलिए मुझे लगता है कि एक महिला की सबसे बड़ी कमजोरी प्यार है और ताकत भी प्यार है।

लड़कियों के स्वभाव में इन 5 चीजों के कारण लड़कों का पारा चढ़ता है!

अक्सर लड़कियां ही अपने बॉयफ्रेंड या पति की शिकायत करती हैं। लेकिन क्या आप जानते हैं? लड़कियों में भी कुछ आदतें या चरित्र दोष होते हैं जो लड़कों को पीड़ित करते हैं। पता नहीं तुम्हारा क्या मतलब है..? तो जानिए ये बातें!

लड़का चाहे कितना भी सफल, बुद्धिमान, चतुर, चालाक या धोखेबाज क्यों न हो, कहा जाता है कि अपनी पत्नी या प्रेमिका के सामने आने पर वह गीली बिल्ली बन जाता है। हां, कारण भी वही सही है.. विषय कुछ भी हो, लड़कियां पीछे नहीं हटती हैं और लड़के यह जानते हैं इसलिए वे इन झगड़ों से बचते हैं और बस माफी मांगते हैं। क्योंकि लड़कियां उनके सामने पन्ने लेकर रुकती नहीं हैं, बल्कि अपने दोस्तों के सामने पति या प्रेमी के दोषों की सूची भी पढ़ती हैं। लेकिन दोस्तों क्या आप जानते हैं.. ये सारी शिकायतें सिर्फ लड़कियों की ही नहीं होती बल्कि लड़कों को भी अपनी पत्नियों या गर्लफ्रेंड को लेकर होती है. इसलिए वे अपने मन में सोच रहे हैं कि वे कहां गलत हो गए हैं। तो हम आपको लड़कियों की 5 बेहद आम आदतों के बारे में बताने जा रहे हैं जो लड़कों

को बहुत परेशान करती हैं। तो दोस्तों अब इसके बारे में जान लें और गलती से भी ये काम ना करें।

1)तैयार होने में घंटे लगते हैं

किसी भी कार्यक्रम में जाना है लेकिन लड़कियां कभी भी समय पर या समय से पहले तैयार नहीं होती हैं। समय पर तैयार नहीं होने वाली लड़कियों का दर्द आपने कई मर्दों के मुंह से सुना होगा..! दरअसल लड़कियों का समय पर तैयार न होना लड़कों की समस्या नहीं है। तो उनकी परेशानी इस बात में है कि अगर समारोह का समय, मुहूर्त छूट जाता है, तो भी ये लड़कियां तैयार नहीं होती हैं और तैयार होने के बाद भी उन्हें कई घंटों तक बैठकर इंतजार करना पड़ता है। अब आप मुझे कारण बताएं, लेकिन किसी को इंतजार करना पसंद नहीं है। बच्चे वहां कैसे पीछे रह सकते हैं?

2)खरीदारी के आसपास घूमना

लड़कों की तुलना में लड़कियों का खरीदारी का अंदाज बहुत अलग होता है। एक तरफ लड़के किसी वस्तु को पसंद करते हैं या नहीं, तो उसे तुरंत खरीद लेते हैं, वहीं दूसरी ओर एक वस्तु को पसंद करने के बाद भी लड़कियां घंटों बात कर बाजार में बिताती हैं। अक्सर लड़कियां अपने पति या बॉयफ्रेंड को शॉपिंग के लिए साथ ले जाती हैं चाहे वो चाहें या ना चाहें...! लड़कों को दिन भर लड़कियों के साथ घूमना उबाऊ और कष्टप्रद लगता है। इसलिए अपने पार्टनर को शॉपिंग के लिए ले जाते समय सौ बार सोचें।

3)सवाल पूछे जा रहे है

आपने फोन क्यों नहीं उठाया? आप वास्तव में कहाँ व्यस्त थे? आपने इतनी देर से उत्तर क्यों दिया? लड़कियों के ये सवाल लड़कों को बहुत परेशान करने वाले लगते हैं। बच्चे भी इस चिंता को कुछ हद तक प्यार करते हैं, लेकिन एक बार ऐसा हर दिन होने पर उन्हें अवांछित महसूस होने लगता है। तो लड़कियों आपका साथी बच्चा नहीं है और आप उसके माता-पिता नहीं हैं। इसलिए अपने जीवनसाथी के साथ बच्चों जैसा व्यवहार करना बंद करें।

4)पर्सनल स्पेस दें

लड़कियां हमेशा चाहती हैं कि हर कोई उनके पर्सनल स्पेस की इज्जत करे लेकिन वो खुद अपने पार्टनर के पर्सनल स्पेस की इज्जत करना भूल जाती हैं। फोन चेक करने से लेकर अचानक किसी ऐसे बॉयफ्रेंड के पास पहुंचने तक, जो दोस्तों के साथ पार्टी कर रहा हो, लड़कियां प्यार और हक का रंग देती हैं। लेकिन यही बात लड़के करते हैं कि लड़कियां उनसे शिकायत करती हैं कि जान-बूझकर उनकी निजी जिंदगी में दखल दे रहे हैं। इसलिए लड़कियों को भी लड़कों के पर्सनल टाइम का सम्मान करना चाहिए।

5)प्रश्नोत्तर दिखावे

मैं कैसा दिखता हूँ? क्या आप मुझमें कोई बदलाव देखते हैं? ये प्रश्न बच्चों को एक बड़ी परीक्षा में बैठने का अहसास कराते हैं। यह अलग बात है कि ऊपर से प्रतिक्रिया थोड़ी भी गलत हो और आपको लड़कियों के गुस्से का सामना करना पड़े! इन सब बातों को लेकर बच्चे काफी परेशान रहते हैं। जबरन प्रशंसा का क्या अर्थ है? लड़कों की तारीफ करने का तरीका लड़कियों से अलग होता है। इसे कभी भी चीख-पुकार या लड़कियों की तरह शब्दों से व्यक्त नहीं किया जाता है। ये लड़कियों को अपनी हरकतों या इशारों से ही संकेत देते हैं।

क्या लड़की 18 साल की हो गई है? जब वह बड़ी हो जाएगी तो आप उसे क्या कहेंगे?

कहा जाता है कि यह अठारहवें वारिस की रक्षा करता है। लेकिन बेटी 18 साल की होने पर और समझदार हो जाती है। उसे अपनी पसंद पता होने लगती है। पढ़ाई पूरी करने के बाद वह कॉलेज लाइफ में प्रवेश करती है। इस समय उसे अचानक कई चीजों का सामना करना पड़ता है। अपने करियर पर अधिक उनके पास महत्वपूर्ण समय होता है ध्यान दें। लेकिन आज के आधुनिक युग में नानी के लिए उसे सभी चुनौतियों का सामना करने के लिए तैयार करना बहुत जरूरी है। 18 साल के बाद लड़कियां बाहरी दुनिया में अधिक होती हैं। उस समय उन्हें कुछ चीजें जानने की जरूरत होती है। नानी को लड़कियों को इन चीजों के बारे में सूचित करना

चाहिए। ..

इन चार बातों की जानकारी दें

खुद की देखभाल

लड़कियां अपनी सुरक्षा के बारे में बहुत कुछ जानती हैं। लेकिन बड़े होने के बाद वही जानकारी उसे और सावधानी से देनी चाहिए। ट्रेन से यात्रा करते समय परेशानी होने पर उसे अपने साथ मसाला स्प्रे करना चाहिए। ताकि कोई दिक्कत होने पर उसकी जान ले सके।

मेकअप टिप्स

कॉलेज में भी लड़कियां लेटेस्ट मेकअप ट्रेंड के हिसाब से ड्रेस अप करना और लाइट मेकअप पहनना पसंद करती हैं। ऐसे में आपको लड़कियों को कुछ टिप्स देने चाहिए। यह महसूस करना जरूरी है कि वह बिना मेकअप के भी खूबसूरत दिख सकती है। लेकिन अगर मेकअप करना है, तो उसे यह भी पता होना चाहिए कि सस्ते मेकअप प्रोडक्ट्स न खरीदने पर, एक्सपायरी डेट का ध्यान रखते हुए, त्वचा पर क्या सूट करता है, मौके के हिसाब से बेस या अन्य चीजों का चुनाव कैसे करें।

शरीर की देखभाल

शरीर के लिए साफ-सफाई बहुत जरूरी है। 18 साल की उम्र में लड़कियां वैक्सिंग, थ्रेडिंग, शेविंग करना शुरू कर देती हैं। परंतु। लड़की को इस तरीके के बारे में बताते समय उसकी पूरी जानकारी दें। उदाहरण के लिए, उसे वैक्सिंग के कारण होने वाले मुंहासों, शेविंग ब्लेड की सफाई न करने के बाद बैक्टीरिया के संक्रमण आदि के बारे में बताकर उसे स्वच्छता के मुद्दों की व्याख्या करना आवश्यक है। इसलिए वे स्वास्थ्य के प्रति अधिक जागरूक होंगे।

बालों की देखभाल

कॉलेज में प्रवेश करने के बाद, लड़कियों को नए हेयर स्टाइल आज़माना पसंद होता है। वह स्टाइलिंग के लिए कई प्रोडक्ट्स का इस्तेमाल करती हैं। उन्हें छानना पसंद है। लेकिन ऐसा करने से बालों को काफी नुकसान होता है, जिससे बाल झड़ने लगते हैं। ऐसे मामलों में घर पर बने या प्राकृतिक बालों की देखभाल करने वाले उत्पादों का उपयोग करना बेहतर होता है।

12

क्या सच में महिला स्वतंत्र है?

हमने 10वीं और 12वीं कक्षा के नतीजे चंद महीनों से भी कम समय में देखे हैं, इससे स्पष्ट है कि पिछले चार सालों में लड़कियों ने जो परिणाम दिए हैं, उन्हें शिक्षा के क्षेत्र में महिलाओं की बढ़ती प्रगति को देखकर हर कोई अपनेपन का एहसास हो रहा है, महिलाओं के बढ़ते उच्च प्रदर्शन का हर क्षेत्र से स्वागत हो रहा है, लेकिन महिलाओं की विशाल छलांग कुछ है।ऐसा महसूस किया जाता है कि यह कुछ ही स्तरों तक पहुंच रहा है, कई महिला कर्मचारी उच्च स्तर पर काम कर रही हैं कई सरकारी कार्यालयों में, लेकिन समय-समय पर उनकी सुरक्षा का मुद्‌दा सामने आता है, कई कार्यालयों में महिलाओं के उत्पीड़न की तस्वीर देखी जाती है, लेकिन ऐसा होता नहीं दिख रहा है. हमारे देश को आजादी मिली, देश में लोकतंत्र आया। सबको समान अधिकार मिले। कई महिलाओं को अपने अधिकारों का एहसास हुआ और वे महान ऊंचाइयों तक पहुंचीं; लेकिन उनकी सुरक्षा के लिहाज से सिर्फ बोबमबॉम ही नजर आता है।

वह युद्‌ध जहाँ संघर्ष होता है, वह कण जो ब्रह्मांड की सूक्ष्मता का प्रतीक है, वह क्षण जो सब कुछ बदलने के लिए पर्याप्त है, वह जीवन जिसमें यह सब समाहित है! एक मजबूत दिमाग ही इस जीवन को सफल बनाता है। ऐसी मजबूत दिमाग वाली महिला का दिल क्रोध,

ईर्ष्या और अपराधबोध को जन्म देता है। जुल्म के लिए, जाति के सशक्तिकरण के लिए महिला सुरक्षा के लिए, पुरुषों और महिलाओं के बीच समानता के लिए, आरक्षण के लिए जल रहा है, लेकिन परिणाम क्या है? कुछ नहीं नारी जाति का विरोध है, दहलीज से परे उसका क्या अस्तित्व है?

एक ओर महिलाओं को मां के रूप में महिमामंडित किया जाता था और दूसरी ओर वे महिलाओं और भ्रूणों को पैदा होने से पहले ही मार देती थीं। ये है पितृसत्ता से पैदा हुई तथाकथित संस्कृति... अगर ऐसा ही चलता रहा तो हमारी मातृभूमि के 'महिलाओं के बिना राष्ट्र' बनने की काली संभावना है।

मां, बहन, पत्नी, प्रेमिका और बेटी के रिश्तों के अलावा, वह असीम, उदात्त, मुक्त-उत्साही, गहन, यानी शब्दहीन और... कहने का आशय यह है कि स्वयं के गर्भ में जन्म लेना, जीवन प्रारंभ करना, स्वयं के गर्भ में लीन होना और जीवन का अंत करना! दुर्भाग्य की बात है कि जब हम इस शाश्वत सत्य को स्वीकार कर जीते भी हैं तब भी नारी उत्पीड़न की समस्या उत्पन्न होती है और समय आ जाता है नारी स्वतंत्रता और नारी मुक्ति के मुद्दों को उठाने का! सात रंगों के इंद्रधनुष के सात रंग एक साथ आ गए, और सफेद रंगों की सादगी और सादगी बीते दिनों की बात हो गई! इस ब्रह्मांड के सात गुणों की दया, क्षमा, शांति, प्रेम, स्नेह, पवित्रता और सद्भाव एक साथ आए और एक महिला का जन्म हुआ। उसकी इस अनंत दुनिया की यात्रा शुरू हुई।

क्या यह सच है कि आज भी महिलाओं को आजादी नहीं मिली है? यह सवाल आज चिंता का विषय बन गया है। अब यह सोचा जाने लगा था कि महिलाएं अपने पैरों पर खड़ी होकर पुरुषों से कंधे से कंधा मिलाकर लड़ रही हैं, लेकिन साथ ही खबरें आने लगीं। दिल्ली में 'निर्भया' कांड, कोपर्डी में एक बच्ची के साथ रेप और अमानवीय हत्या और महिला डॉक्टर से रेप और उसे जलाना मानवता के लिए कलंक है. इस मामले में आरोपितों की गिरफ्तारी में ढिलाई, उनके परिवार सहित लोगों के विरोध, बाद में गिरफ्तारी, राजनीतिक दौरों, राजनीतिक प्रदर्शनों और विधानसभा में चर्चा के तमाम मामलों में 'वह' कहां थी?

कुछ दिन पहले दिल्ली में एक नाबालिग लड़की से सामूहिक दुष्कर्म की घटना को याद कर शरीर में कांटा चुभ जाता है. यह इतनी गंभीर घटना थी। उस घटना के बाद जब देश की महिलाएं सड़कों पर उतरीं तो सोचा गया कि अब देश में महिलाओं को सुरक्षा मिलेगी. कानून को सख्ती से लागू किया जाएगा; लेकिन इसको लेकर काफी निराशा हुई है।

महिलाओं पर हो रहे अत्याचारों का सिलसिला थमने का नाम नहीं ले रहा है। महिलाओं के खिलाफ हिंसा कई कारणों से होती है जैसे यौन शोषण करने वालों से लड़ाई, मारपीट, ससुराल वालों द्वारा शारीरिक और मानसिक प्रताड़ना, शादी की धमकी, अपहरण। बढ़ते अत्याचारों के लिए प्रशासन, पुलिस विभाग जिम्मेदार है। प्रशासन द्वारा बनाए गए महिला सुरक्षा कानून का पालन नहीं हो रहा है.

यातना के शिकार पुलिस के पास नहीं जाते और रिपोर्ट करते हैं कि उन्हें प्रताड़ित किया गया है। कारण दर्ज होने पर भी यह सुनिश्चित नहीं है कि पुलिस द्वारा जांच ठीक से की जाएगी, क्योंकि न्याय मिलने की प्रक्रिया बहुत विलंबित और जटिल है, शायद ही कोई इस ओर जाता है। तेलुगु में एक मजदूर ने एक कविता लिखी, जिसमें वह कहता है, "मैंने सुना है कि उसने अभी-अभी स्नातक किया है और बैरिस्टर बन गया है, उसे अभी तक कोई बुरी लत नहीं थी, वह अभी भी एक आदमी था, और जब वह अदालत की सीढ़ियाँ चढ़ रहा था, तो वह एक बूढ़ी औरत को सीढ़ियों से नीचे बैठे देखा वकील ने बुढ़िया से पूछा, "दादी, आप इतनी उम्र में अदालत में क्यों हैं?", तो बूढ़ी औरत ने कहा, "बेटा, 16 साल की उम्र में मेरा बलात्कार किया गया था।" आज 80 साल की उम्र में वही फैसला सुनाया जा रहा है, और रेप आज मुझे और दर्द हुआ क्योंकि जज ने कहा, 'मजबूत सबूतों के अभाव में बरी होना', 80 साल की उम्र में। "आज कोर्ट के अपने जज का कहना है कि 3.5 करोड़ मामले अभी भी लंबित हैं। अखबार में हमें महिलाओं पर अत्याचार के बारे में कम से कम एक खबर मिलती है, कुछ ऐसी खबरें पढ़ी जा रही हैं कि पढ़ते ही सुन्न हो जाना चाहिए, ऐसा भयानक दृश्य, चार साल की बच्ची का नियमित बलात्कार, वास्तव में, भले ही यह देश 75 साल से आजाद है, महिलाएं आज भी आजाद नहीं हैं।महिलाएं आज भी गुलामी में जी रही हैं, सरकार

द्वारा उन्हें कितना भी आरक्षण दिया जाए, सक्रिय कार्यान्वयन के बिना महिलाएं समाज में स्वतंत्र रूप से आगे नहीं बढ़ सकती हैं। दरअसल, महिलाओं के मुद्दों की कई परतें होती हैं। दरअसल, महिलाओं के सवाल का धागा परंपरा और वर्तमान के संघर्ष में फंसा हुआ नजर आ रहा है. इससे वर्तमान में महिलाओं के शोषण के विभिन्न रूपों को देखा जा सकता है।

खाड़ी देशों में अभी भी महिलाओं की गरिमा की रक्षा के लिए बहुत सख्त कानून हैं। महिलाओं के खिलाफ अपराध करने वालों के लिए कोड़े मारने जैसी कड़ी सजा का प्रावधान है। ये देश भारत को रेपिस्ट का देश कहते हैं। यह 'मोमबत्ती' है जो अंधेरे में रहकर ही दूसरों को रोशन करती है। यह 'वात' है जो दूसरों को दर्द सहकर स्वयं प्रकाश देता है। वह स्वयं अँधेरे में है और दूसरों को उजाला करती है। कौन जाने 'वो' की ऐसी कितनी मिसालें कितने दिनों तक जलानी पड़ेंगी? जैसे पुरुष, स्त्री, समान जीवन, समान भावनाएँ, फिर हम स्त्री-पुरुष में भेद क्यों करते हैं? हमारे समाज में आज भी एक ओर नारी को अमृत के समान श्रेष्ठ माना जाता है, वहीं दूसरी ओर बिहार, राजस्थान, पंजाब में उसी अमृत में डूब कर युवा जीवन की हत्या कर दी जाती है।

इस कारक के तहत, पुरुष शक्ति द्वारा रोजगार के स्थान पर मध्यम वर्ग की महिलाओं का उत्पीड़न, भारत के समृद्ध क्षेत्रों में पुरुषों की तुलना में महिलाओं के घटते अनुपात की बढ़ती तस्वीर सामने आ रही है। आधी दुनिया भले ही महिलाओं की है, लेकिन कुछ पुरुषों को इतना पक्का यकीन है कि उस दुनिया में उनका स्थान अधीनस्थ होना चाहिए, कि वे किसी भी मामले में पहल करने वाली महिला को बर्दाश्त नहीं कर सकते। स्त्री पुरूषों की निगाहों में सुख की वस्तु बन गई है, समाज स्त्री को पुरूषों के साथ कंधे से कंधा मिलाकर काम करने के लिए स्वीकार नहीं करता है, यदि कोई लड़की कॉलेज जाती है, तो गली के युवक उसे अजीब निगाहों से देखते हैं और कुछ में जहां उन्हें छेड़ा भी जाता है, लेकिन आसपास का समाज देखने की भूमिका में नजर आता है। पुरुष प्रधान देश में महिलाओं के प्रति पुरुषों की मानसिकता सीमित होने का अनुमान लगाया जा सकता है। महिलाओं के उत्पीड़न को रोकने

के लिए यह आवश्यक है राज्य की महिलाओं को पहल करने के लिए। महिलाओं के मंदिर में प्रवेश के लिए भूमाता ब्रिगेड की योद्धा तृप्ति देसाई का संघर्ष, इससे प्राप्त पुरुषों और महिलाओं की समानता, और एकतरफा लड़ाई होने पर जो विरोध पैदा होगा, वह फिर से महिलाओं की जाति में अंतर को देखते हुए, यह हो सकता है अंदाजा लगाया जा सकता है कि समाज के पुरुष वर्ग कितने संकीर्ण सोच वाले होंगे। महिलाओं के खिलाफ हिंसा को रोकने के लिए समाज की मानसिकता को बदलने की जरूरत है। समाज को उत्पीड़न को रोकने के लिए आगे आने की जरूरत है।

समाज के सभी लोगों को अपनी बेटी और बेटे को उचित संस्कार देना चाहिए। एक लड़की की शिक्षा एक परिवार की शिक्षा की तरह है, इसलिए लड़कियों को शिक्षा प्राप्त करने के लिए प्रोत्साहित किया जाना चाहिए, महिलाओं के खिलाफ हिंसा को रोकने के लिए पुरुषों को सशक्त बनाने का समय है, प्रशासनिक व्यवस्था, और भ्रष्ट अधिकारी कानून का दुरुपयोग करते हैं, इसे सख्ती से ठीक से लागू करना आवश्यक है .

आज की नारी को आज़ादी के असीम आकाश में आज़ाद घूमना सीखना चाहिए। हमारे व्यवहार, हमारे पहनावे के साथ-साथ खुद को भी सामाजिक परिवर्तन का एक तत्व माना जाना चाहिए और हमें सही तरीके से कार्य करना चाहिए, यानी पुरुषों द्वारा दुर्व्यवहार बंद हो जाएगा। एक महिला के पास उपलब्धि, नेतृत्व होता है। खुद की बेड़ियों को तोड़ने की भी ताकत है, लेकिन यह कब संभव होगा? जब तक महिलाएं अपने अनुभवों के साथ आगे नहीं आतीं, उन्हें पीड़ितों की तरह रहना होगा क्योंकि समाज एक बलात्कार पीड़िता को कैसे देखता है? पीड़िता को क्यों प्रताड़ित किया जा रहा है? इसका दूसरा पहलू यह है कि आप इसे नहीं करते हैं, या यह होता रहता है। निश्चय ही सहिष्णुता की भावना खो चुके समाज को उन्हें डराने-धमकाने का कार्य करते देखा जा सकता है, यह स्थिति नारी मुक्ति के लिए घातक है।

नारीवाद एक विचारधारा है जो लैंगिक भेदभाव को खारिज करती है और पुरुषों और महिलाओं के बीच समानता की ओर बढ़ती है उन्नीसवीं शताब्दी के बाद से महिलाओं की मुक्ति के लिए प्रयास किए गए हैं।

इसकी शुरुआत अठारहवीं शताब्दी में बालशास्त्री जम्भेकर ने 1834 में दर्पण नामक पहले समाचार पत्र से की थी। उन्होंने सुधारवादी साहित्य का प्रसार किया और नारीवादी विचारधारा के माध्यम से सामाजिक जागरूकता पैदा की। बाल विवाह, सती प्रथा, महिलाओं के साथ अन्याय, बाल झड़ना और दहेज आज की भयानक समस्याएं जैसे कन्या भ्रूण हत्या, बलात्कार इस बात के प्रमाण हैं कि महिलाएं सुरक्षित नहीं हैं। आज जब कोई महिला अपने घर से बाहर निकलती है, तो उसे चलते हुए देखने वाले जानवरों को देखकर, उस पर हंसते हुए, उसे एक उपभोक्ता वस्तु के रूप में देखते हुए, दुर्भाग्यपूर्ण सवाल 'हमने क्या कमाया और क्या खोया' और फिर वही गुलामी पैदा होती है। अत्याचार जारी है..

इसे कई प्रतिक्रियाएं मिलीं। उनकी कुछ प्रतिक्रियाएं यह थीं कि, हालांकि पहले ऐसा माना जाता था, लेकिन अब यह स्थिति बदल गई है। पुरुष भी अधिक मानवीय हो गए हैं और उन्होंने महिलाओं को अपनी संपत्ति समझना बंद कर दिया है। खासकर नई पीढ़ी के पुरुष। अगर ऐसा है तो निश्चय ही यह खुशी की बात है। लेकिन यहां हम कुछ खास लोगों की नहीं बल्कि बहुसंख्यकों की बात कर रहे हैं। ऐसा नहीं लगता कि ये तस्वीर वहां की ही है. दूसरी बात यह है कि समय के साथ पुरुषों की महिलाओं को उनकी संपत्ति के रूप में समझने की प्रकृति भी बदल गई है। तो मूल समस्या वही है लेकिन उसका चेहरा बदल गया है। हम इस परिवर्तन को एक अन्य प्रश्न के माध्यम से जांच सकते हैं। क्या आज की नारी वास्तव में स्वतंत्र है या यह महज एक भ्रम है जिसमें महिलाएं ही नहीं बल्कि पुरुष भी संतोष से जी रहे हैं? आइए इस लेख में इसके बारे में थोड़ी बात करते हैं। डॉ। बाबासाहेब अम्बेडकर की एक प्रसिद्ध कहावत है कि यदि आप किसी दास को यह एहसास दिलाते हैं कि वह गुलाम है, तो वह विद्रोह कर देगा। इस वाक्य में 'चेतना' शब्द बहुत महत्वपूर्ण है। बहुत से लोगों को इसकी जानकारी नहीं होती है, इसलिए वे यह नहीं मानते कि उनके साथ कुछ गलत है।

अब अगर हम इस परीक्षण को वर्तमान पीढ़ी की भारतीय महिलाओं के मामले में लागू करें और कुछ उदाहरण देखें, तो हमें एहसास होगा कि यह वास्तविक स्वतंत्रता है या छिपी हुई गुलामी। बहुत से लोग कहते

हैं कि आज हम स्त्री-पुरुष समानता का नारा देते हैं और हम वैसा ही व्यवहार करते हैं। अगर हम इस समानता को विवाह के दृष्टिकोण से भी देखें तो यह देखा जाएगा कि वर्चस्व पुरुषों का है। पत्नियां अभी भी अपने पति को गाली देती हैं, क्या उनके पति उन्हें गाली देते हैं? कुछ प्रगतिशील पति अपनी पत्नियों को घर पर यौन संबंध बनाने की अनुमति देते हैं (यहां अनुमति शब्द महत्वपूर्ण है) लेकिन उन्हें बाहर यह पसंद नहीं है। किस दोस्त से बात करनी है और किस दोस्त को घर लाना है, इस बारे में पति की राय का ध्यान रखा जाता है। पत्नी को गले में मंगलसूत्र धारण करना चाहिए, हाथों में कंगन धारण करना चाहिए, भले ही वह माथे पर हो, यह उसके सौभाग्य का संकेत है। महिलाएं सात जन्मों तक एक पति पाने के लिए पूजा करती थीं।

अगर कोई कहता है कि मुझे पूजा नहीं करनी है, मैं तुम्हें अगले जन्म में अपने पति के रूप में नहीं चाहती, तो कितने पति इसे पसंद करेंगे? कितनी महिलाओं को इस सब में कोई मतलब नहीं है? कुछ लोगों का कहना है कि शादी के बाजार में लड़कियों के लुक को ज्यादा अहमियत नहीं दी जाती, लेकिन यह नहीं भुलाया जा सकता कि वह अहमियत अब उनकी कमाई पर आ गई है। साथ ही, उसका वेतन हमसे कम है, क्या वह अपने पुरुष सहकर्मियों के साथ घुलने-मिलने के लिए बाध्य नहीं है जहां वह काम करती है? इन सब सवालों के पीछे एक पुरुष मानसिकता है कि आपकी पत्नी आपकी बात माने, लेकिन उस महिला को भी अपने पति के व्यवहार से कोई फर्क नहीं पड़ता, क्योंकि वह उसका पति है, ऐसी उम्मीदें रखने में कोई बुराई नहीं है, तो हमें समझौता कर लेना चाहिए, यह उस पर लगातार प्रभावित होता है। हाँ, और वह भी ऐसा ही महसूस करती है।

कम से कम वह विरोध तो नहीं करती। सहना जारी है। कभी अपनी दुनिया के लिए, कभी अपने बच्चों के लिए, कभी अपने पति के लिए तो कभी समाज के लिए। लेकिन क्या यह सिर्फ महिलाओं की जिम्मेदारी है? क्या दुनिया का घर सिर्फ औरत के लिए होता है? क्या आदमी की कोई जिम्मेदारी नहीं है? तो पहला मुद्दा यह है कि क्या उसे अपनी • गुलामी की जानकारी है। दूसरा मुद्दा यह है कि क्या वह जो सोचती है उसे उसकी

स्वतंत्रता वास्तविक स्वतंत्रता है। हमारे देश में मनुस्मृति के नाम पर करोड़ों लोगों को यातनाएं झेलनी पड़ती हैं। लेकिन दुख की बात यह है कि यहां के लोगों का दृढ़ मत है कि यह जाच नहीं बल्कि धर्म है। इसकी रस्में इतनी गहरी हैं कि ऐसा लगता है जैसे यह हमारे खून में है और किसी को इसमें कुछ भी गलत नहीं दिखता। मनु कहते हैं कि स्त्री को स्वतंत्रता नहीं है। अगर लड़की है, पिता है, बहन है, भाई है, पत्नी है, तो पति, अगर माँ या बेटा है, तो सभी पुरुष उसकी रक्षा करेंगे, उसके जीवन के लिए निर्णय लेंगे और उसे पालन करना होगा। उन्हें। इसके खिलाफ कार्रवाई न करें। क्योंकि उसका अपना कोई स्वतंत्र अस्तित्व नहीं है। यह कहानी हम आज भी हर घर में देख सकते हैं जहां पति पत्नी को डांटता है, बेटा मां पर चिल्लाता है, भाई अपनी बहन पर अपना अधिकार जताता है और पिता अपने बच्चे का जीवन तय करता है। उन सभी को यह पूछने की आवश्यकता नहीं है कि वह महिला क्या सोचती है। दुर्भाग्य से वे भी नहीं चाहते कि हम अपनी राय दें। अब निश्चित रूप से वह और वह महिला विश्व प्रकाशन परिदृश्य बदल रहा है लेकिन पूरी तरह से नहीं बदला है। क्योंकि कई बार जब परीक्षा का समय आता है तो इसमें सिर्फ पुरुष ही नहीं बल्कि महिलाएं भी फेल हो जाती हैं। पुरुष अपने अहंकार से मुक्त नहीं हो सकता और स्त्री विद्रोह नहीं कर सकती। स्त्री की स्वतंत्रता की ऐसी ही एक परीक्षा उसके विवाह के समय होती है। कई उन्नत लड़कियां शादी के समय अपनी जाति याद करती हैं। कई उन्नत माता-पिता अपने परिवार के प्यार से नाराज होते हैं यदि उनकी बेटी या बेटे को एक अलग जाति या धर्म के बेटे या बेटी से प्यार हो जाता है। कितनी बार संभोग करना है, हम बच्चा पैदा करना चाहते हैं या नहीं, कब बच्चा पैदा करना है, चाहे वह लड़का हो या लड़की में पत्नी कितनी शामिल होती है। कई जगहों पर ऐसा लगता है कि पति या पत्नी बाहर बहुत अच्छे काम करते हैं, लेकिन घर में उनका व्यवहार बिल्कुल उल्टा होता है। उनका नेतृत्व, उनकी प्रगतिशीलता चयनात्मक है। जहां उन्हें सुधारों की समस्या नहीं लगती है, वे किए जाते हैं, लेकिन जिन सुधारों से समस्या होती है, उन्हें किसी न किसी कारण से टाला जाता है। समानता का यह दोमुखी चेहरा समाज में कई जगह देखा जा सकता है।

यह इस बात से भी देखा जा सकता है कि हम पुरुष व्यसनों और स्त्री व्यसनों को कैसे देखते हैं। पुरुषों के व्यसन में गरिमा होती है, लेकिन महिलाओं की लत कलियुग की ज्वाला को प्रज्वलित करती है। धर्म की रक्षा और परंपरा को निभाने की जिम्मेदारी ज्यादातर महिलाओं पर होती है। पुरुष इस बात पर जोर देते हैं कि उनकी महिलाओं को अपनी पसंद वही रखनी चाहिए या अपनी इच्छा के अनुसार उन्हें बदलना चाहिए। अगर वह विपरीत इच्छा दिखाती है, तो वह अपमानित महसूस करता है या उससे प्यार नहीं करता है। कितने लोग सोचते हैं कि एक व्यक्ति के रूप में उसके अपने ऐसे स्वतंत्र हित हो सकते हैं? जो लोग सोचते हैं कि वे आज सुधर गए हैं, वे कल अपने बेटे और बेटियों के प्रति कितनी बार सुधरे हुए व्यवहार करते हैं? अगर पति अपनी नौकरी छोड़कर कुछ और करने का फैसला करता है, तो कई पत्नियां उसे ऐसा करने की अनुमति नहीं देती हैं। वह भी तब जब वे खुद कमा रहे हों। लोग कहेंगे कि उनका पति अपनी पत्नी के जीवन पर रहता है, (वे कहते हैं) और उन्हें इस पर शर्म आती है। पत्नी के लिए काम करना और पति के लिए घर संभालना संभव नहीं है क्योंकि यह हमारी मानसिकता नहीं है। इसमें पुरुष अपमानित महसूस करता है और महिला को शर्मिंदगी महसूस होती है।

यहां दोनों गलत हैं लेकिन आमतौर पर उन्हें इसकी जानकारी नहीं होती है। घर और स्कूलों में जबरदस्ती, छल-कपट और चोरी-छिपे महिलाओं की सुरक्षा का पाठ पढ़ाया जाना चाहिए। ऐसा कहा जाता है कि सिर में मस्तिष्क सभी शारीरिक गतिविधियों के लिए प्रेरणा का स्रोत है। तो ब्रेन वाशिंग महिलाओं के लिए विचार की स्वतंत्रता का ब्रेन टॉनिक है। केवल इसकी मात्रा, समय और मात्रा ही सही होनी चाहिए।

ऐसे सैकड़ों उदाहरण हैं जो बताते हैं कि न तो पुरुष और न ही महिला को पूरी तरह से स्वतंत्र कहा जा सकता है। दूसरे, यह स्वतंत्रता निरंतर होनी चाहिए। यह अधिक कठिन मामला है। हम अभी भी जाने के लिए एक लंबा रास्ता तय करना है। लेकिन आज हम जिस दिशा में सोच रहे हैं, वह भी उत्साहजनक है और इसके अच्छे परिणाम हमें जरूर देखने को मिलेंगे। पिछले लेख में मैंने कहा था कि पति-पत्नी के बीच दोस्ती हो

तो कई समस्याओं का समाधान हो सकता है। यहां मैं कहूंगा कि अगर यही हर रिश्ते में दोस्ती की नींव है, तो कई समस्याएं हल हो जाएंगी। मित्रता में हम अधिक खुले, अधिक स्पष्ट और अधिक समझदार हो जाते हैं। इसका मतलब यह नहीं है कि पुरुषों और महिलाओं के बीच सभी समस्याओं का समाधान हो जाएगा। क्योंकि इसके पीछे और भी कई ऐसे कारक हैं जिन्हें दूर करना बेहद मुश्किल है। लेकिन अगर हम कोशिश नहीं करेंगे तो कुछ नहीं होगा। अगर समाज, परिवार और महिलाएं ऐसे परिणामों के महत्व को समझते हैं, तो भविष्य में उनकी भूमिकाएं बदल जाएंगी और एक मजबूत, स्वस्थ समाज का निर्माण होगा और राष्ट्र प्रगति के शिखर की ओर बढ़ सकेगा। मैं निश्चित रूप से कहूंगा कि दोस्ती उन प्रयासों का एक अच्छा समाधान हो सकती है..

13

मर्द, मर्दानी वो मर्दानगी

साइमन डी बोवन ने अपनी पुस्तक 'द सेकेंड सेक्स' में कहा है कि एक महिला पैदा नहीं होती बल्कि बनाई जाती है। ठीक यही कथन पुरुषों के लिए भी उतना ही सत्य है। जन्म के समय कोई नहीं जानता कि वे नर और मादा हैं और कई सालों तक उन्हें पता भी नहीं चलता कि उनमें और उनके दोस्तों में कोई अंतर है। वह जागरूकता यौवन के दौरान शुरू होती है। लेकिन पूरी दुनिया में हम बहुत कम उम्र से ही बच्चों पर यह कुदरती प्रक्रिया डालकर बच्चों की मानसिकता बनाने का काम करते रहे हैं कि तुम लड़के हो और लड़कियों पर तुम लड़की हो। लिंग भेद घर से और बहुत छोटी उम्र से ही शुरू हो जाता है। इसलिए, बच्चों के माता-पिता, घर के अन्य रिश्तेदार, पड़ोसी सीधे तौर पर उन दोनों के मामले में महसूस होने वाले कई नकारात्मक परिणामों के लिए जिम्मेदार होते हैं। लेकिन उनमें से भी लैंगिक भेदभाव की यह अवधारणा उनके परिवार से आती है और यह एक ऐसी परंपरा है जिसका पता प्राचीन काल से लगाया जा सकता है। सामाजिक संस्कार, धार्मिक संस्कार, कोटबिक संस्कार या सर्वंतन सिंह

हम एक व्यक्ति के रूप में विकसित या विकसित नहीं होते हैं, लेकिन हम लिग भाडा की निरंतर धड़कन के माध्यम से एक पुरुष या महिला के

रूप में विकसित होते हैं। यह लिंग भेद हमारी सभी शारीरिक, मानसिक, शारीरिक, अभौतिक इंद्रियों पर इस हद तक थोपा जाता है कि इससे बाहर निकलना लगभग असंभव हो जाता है। अगर कोई ऐसा करने की कोशिश करता है, तो उसे कई कठिनाइयों और विरोधों का सामना करना पड़ता है। जिसकी शुरुआत घर से होती है।

इस लिंगवाद में पारित होने का एक महत्वपूर्ण संस्कार यह है कि पुरुष सख्त, मजबूत, या जैसा कि पुरुषों को कहा जाता है, और महिलाएं कमजोर, कमजोर होती हैं। इसके उदाहरण हमारे आस-पास के मामलों में इतने प्रचुर मात्रा में और आसानी से मिल जाते हैं कि न तो पुरुषों को और न ही महिलाओं को इस बात का अहसास होता है कि उनके साथ कुछ गलत है। बेशक, हाल ही में इसके बारे में कुछ जागरूकता आई है, लेकिन यह अभी तक प्रभावी रूप नहीं ले पाया है। ये उदाहरण क्या हैं? मर्द को दर्द नहीं होता, आदमी रोता नहीं है, जिसे कोई खतरा नहीं है, वह है बेल्या, एक आदमी से छुटकारा पाने के लिए एक आदमी को अपने हाथ में चूड़ियाँ रखने के लिए कहना, कई उदाहरण दिए जा सकते हैं। इसके विपरीत, यदि कोई महिला कुछ उपलब्धि दिखाती है, तो वह मर्दाना है, अगर वह अभिनय करने के लिए स्वतंत्र है, तो वह मर्दाना है (वह सक्रिय है और उपलब्ध भी है), आप मेरी बेटी नहीं हैं, बल्कि मेरा बेटा, आदि हैं। यह सच है कि इन दोनों ही प्रकारों में महिलाओं को कम करके आंका जाता है, लेकिन साथ ही यह देखा जा सकता है कि पुरुषों को भी उन पर अनावश्यक महानता डालकर मानसिक रूप से कमजोर किया जा रहा है। यह गलत और तर्कहीन धारणा इस बात पर जोर देकर बनाई गई है कि पुरुषों और महिलाओं को तथाकथित पुरुष और महिला कार्यों को व्यक्तियों के रूप में मानने के बजाय उन पर एक जेंडर चेतना थोपना चाहिए।

ऐसी मान्यता है कि पुरुषों को दर्द नहीं होता है। वे रोते भी नहीं हैं। पुरुष लोहे के नहीं होते हैं, इसलिए जब वे घायल होते हैं, तो वे खून बहते हैं, जब हड्डियों को चोट लगती है, तो उन्हें दर्द होता है, लेकिन सच्चा आदमी जो चुपचाप सहता है वह इस विश्वास के पीछे का कारण है। यह धीरज है और इसका लिंग से कोई लेना-देना नहीं है। सहनशक्ति की

परीक्षा में पुरुष नहीं महिलाएं हमेशा उनसे आगे रहती हैं। दुनिया में कोई भी पुरुष अपने बच्चे को जन्म देने वाली महिला का दर्द सहन नहीं कर सकता है। इसकी तुलना नहीं की जा सकती। न केवल शारीरिक श्रम के मामले में बल्कि मानसिक सहनशक्ति के मामले में भी महिलाएं हमेशा पुरुषों से श्रेष्ठ होती हैं। महिलाएं अक्सर रोती हैं

वे अपने प्राकृतिक संविधान के कारण रोते हैं। इसका उनकी कमजोरी से कोई लेना-देना नहीं है। यह अपघटन की एक प्राकृतिक प्रक्रिया है। यह दिमाग को हल्का करता है और शरीर पर तनाव को कम करता है।

महिलाओं को जिस शारीरिक और मानसिक तनाव से गुजरना पड़ता है, उससे निपटने के लिए यह एक प्राकृतिक रक्षा तंत्र है। पुरुषों के पास यह नहीं है, इसलिए आमतौर पर उनकी आंखों से आंसू नहीं निकलते हैं, लेकिन यह उनमें एक आंतरिक तनाव पैदा करता है जो उनके हिंसक व्यवहार को जन्म देता है। इसलिए रोना किसी की काबिलियत की परीक्षा नहीं है। सिर्फ इसलिए कि पुरुष रोते हैं, उन्हें महिला नहीं बनाते हैं। उन्हें ऐसा कहना न सिर्फ महिलाओं का अपमान है बल्कि उन पुरुषों पर बेवजह का दबाव बनाना भी है. इसके विपरीत, जितना अधिक तनावग्रस्त पुरुष रोने की कोशिश करते हैं, उतना ही वे महसूस करते हैं।

महिलाओं के प्रतीकों का अपमानजनक तरीके से उपयोग करके पुरुषों का अपमान करने की हमारी गंदी प्रथा है। किसी के हाथ में चूड़ियाँ भरना, या भरने के लिए कहना, उस आदमी की सिद्‌धि में कमी को सूचीबद्‌ध करता है। लेकिन लोग यह नहीं समझते कि दूसरा अर्थ यह है कि चूड़ियां पहनने वाली महिलाएं गुणी नहीं होती हैं। चूड़ी सौभाग्य का प्रतीक है, एक आभूषण जो एक महिला की सुंदरता को प्रकट करता है, लेकिन यह किसी अवांछित चीज से जुड़ा हुआ है। पुरुष बाहर का उतना काम नहीं करते जितना महिलाएं घर में करती हैं। महिलाओं को घर में बंद रखने के लिए पुरुष मानसिकता जिम्मेदार है। आज जो काम महिलाएं बाहर जाकर करती हैं, उससे साबित होता है कि वे किसी भी मामले में पुरुषों से कम नहीं हैं। फिर भी हम उस वर्चस्ववादी मानसिकता से बाहर नहीं निकले हैं।

महिलाओं के मामले में भी उनके प्रदर्शन को पुरुष प्रतीकों से मापा जाता है। मेरा मतलब है, एक महिला को यह कहने की क्या जरूरत है कि वह मर्दाना है, या कि वह एक पुरुष की तरह खतरनाक है? एक पुरुष के मुकाबले हमेशा एक महिला के प्रदर्शन को मापने की कोई आवश्यकता नहीं है। और महिलाओं की काबिलियत की वजह से पुरुषों का मजाक बनाना भी गलत है। दोनों ही शारीरिक और मानसिक रूप से प्रकृति में भिन्न हैं और इस अंतर को बिना किसी अहंकार के आसानी से स्वीकार कर लेना चाहिए। उन्हें व्यक्तियों के रूप में व्यवहार करना महत्वपूर्ण है। उन्हें एक दूसरे से तुलना करने के बजाय, उन्हें स्वतंत्र रूप से बढ़ने का मौका देना महत्वपूर्ण है। जहां उन्हें यह स्वतंत्रता बिना किसी बाधा के दी जाती है, वे समग्र रूप से विकसित होते हैं और जहां ऐसा नहीं होता है, वे पतित हो जाते हैं। जो आने वाली पीढ़ी को भी जाता है। इस दुष्चक्र को खत्म करने के लिए हमें खुद से शुरुआत करनी चाहिए। चूंकि पुरुष और महिला दोनों अपने-अपने तरीके से श्रेष्ठ हैं, इसलिए उनमें कुछ कमियां भी हैं। हर व्यक्ति भिन्न होता है। एक-दूसरे को जानने और एक-दूसरे का समर्थन करने से वे एक-दूसरे की बेहतर तरीके से मदद कर पाएंगे, जिससे उनका व्यक्तिगत विकास भी होगा। फिर उसे तय करना होगा कि हमें प्रगति के मार्ग पर चलना चाहिए या पतन का। परिणाम के लिए वह और वह जिम्मेदार होंगे।

14

दहेज एक गंभीर समस्या

दहेज प्रथा समाज में लालची लोगों के बुरे रवैये का आईना है। इसी तरह हम प्रतिदिन अखबार, टीवी और इंटरनेट के माध्यम से दहेज महिलाओं पर अत्याचार की खबरें देखते हैं। दहेज आज के समाज की घातक समस्याओं में से एक है। उत्तर से दक्षिण तक, अतीत से पश्चिम तक, प्राचीन काल से लेकर आज तक अमानवीय क्रूरता की यह प्रथा जारी है। दहेज का उल्लेख रामायण, महाभारत जैसी महान पुस्तकों में मिलता है। यह एक प्राचीन परंपरा है। दहेज, इस दो अक्षर के नाम के कारण समाज में दो लोगों के बीच अंतर को दर्शाता है, उन दो लोगों का मूल्य निर्धारित करता है, पुरुषों और महिलाओं के बीच समानता का यह देश लगभग सत्तर साल की उम्र में जी रहा है, नए शोध, नई जानकारी पुरानी पारंपरिक बातों को नकारते हुए देश में डिजिटल डेब्यू करने से लोग भी डिजिटल हो गए हैं, प्राचीन समय में शादी को बेटी का तोहफा माना जाता था, इसलिए जब बेटी को ससुराल भेजती है तो पैसा, अनाज, गाय आदि। उसके साथ दिया जाता है। लेकिन निश्चित रूप से दोनों पक्ष खुशी-खुशी यह सब करेंगे क्योंकि यह सब खुशी के बारे में था। कहीं कोई रुकावट नहीं आई। माता-पिता की संपत्ति बच्चे को विरासत में मिली थी। इसमें लड़की का कोई हक नहीं है। इस कमी को दूर करने के लिए शादी

के समय दहेज दिया जाएगा। यह एक तरह से माता-पिता की संपत्ति में बेटी का हिस्सा होगा।

हालाँकि, आज इस बात ने पूरी तरह से विकृत मोड़ ले लिया है। एक भ्रांति है कि बाल विवाह का अर्थ है अमीर बनना। आदमी में आदमी खो गया है। टूटने ही वाली है, उनका स्वार्थ भयानक हो गया है। फिर शादी के समय जो भी मांगा जाता है उसकी मांग की जाती है। पतित भाइयों और पिताओं ने इन बातों को स्वीकार किया। वे खुद को बेच देते हैं और दूल्हे की मांगों को पूरा करने के लिए कर्जदार बन जाते हैं। लेकिन उस बकासुर की भूख बढ़ जाती है। फिर शादी के बाद लड़की को प्रताड़ित किया जाता है, आत्महत्या के लिए धक्का दिया जाता है या मार दिया जाता है। जब कातिल का फिर से जन्म होता है तो वह खड़ा होने के लिए तैयार होता है, यही नया डर है!

जहां महा एक भयानक सत्य है और इसलिए दहेज एक भयानक समस्या है। दहेज लेना खुद को बेचना है, खुद को कीमत देना है। आजकल लड़कियों ने अपनी काबिलियत साबित कर दी है। हाल ही में, कई घरों में यह देखा गया है कि एक विवाहित लड़की घर पहुंचती है, घर की आय में वृद्धि करती है, कठिनाइयों का सामना करने में घर को सफलतापूर्वक बचाती है। अगर ऐसा है तो एक महिला को अजनबी क्यों माना जाए? हम उससे इसकी उम्मीद क्यों करें?

परिवार पुरुषों और महिलाओं के लिए समान हैं। पत्नी को अर्धांगिनी कहा जाता है। लेकिन वास्तव में पुरुषों को श्रेष्ठ माना जाता है और महिलाओं को हीन माना जाता है। यह हकीकत समाज के हर लेन-देन में साफ नजर आती है। दहेज इस वास्तविकता का एक रूप है। इस दहेज के कारण अक्सर परिवार तबाह हो जाते हैं। इसलिए कन्या का जन्म एक आपदा माना जाता है। उसे इस दुनिया में प्रवेश करने से रोका जाता है या दुनिया में आने वाली अपनी ही बेटी का गला घोंटकर दुनिया से भगा दिया जाता है। इसलिए प्रत्येक बुद्धिमान व्यक्ति को इस दहेज को त्याग देना चाहिए।

वैसे तो दहेज, जो हजारों सालों से चला आ रहा है, समाज में एक सड़ी-गली प्रथा है, लेकिन इस डिजिटल इंडिया में यह इस समाज की

पीठ नहीं छोड़ता है। समाज में अधिकांश शिक्षित युवा और हमारा देश महानता की ओर बढ़ रहा है, इस आंदोलन का भार इन युवाओं के कंधों पर है, इन युवाओं के हाथों देश का भविष्य लिखा है, लेकिन त्रासदी यह है कि कि आज यह युवक एक सड़ी-गली विचारधारा का दीमक बन गया है।इस देश में समाज के नारी तत्वों को दबाने के लिए एक बहुत ही संकीर्ण नीति लागू की गई है। वह है दहेज प्रथा, चाहे बेटा थोड़ा ज्यादा पढ़ा-लिखा हो, या शादी में लड़की के पिता से मिलने वाले दहेज पर परिवार की नजर हो, समाज में कानून कितना भी सख्त क्यों न हो, इस जंग की जंग समाज नहीं जाता।

एक समय था जब एक लड़की की शादी में उसके पिता उसे जितने उपहार दे सकते थे उतने उपहार देते थे और वरिष्ठ उसे सहर्ष स्वीकार कर लेते थे। दहेज को हमारी संस्कृति में एक आदर्श और शुभ पहलू माना जाता था।

लेकिन, आज दहेज दुल्हन पक्ष के शोषण का जरिया बन गया है। कहीं यह शोषण नकदी के रूप में था तो कहीं आभूषण के रूप में। कहीं दहेज को बच्चे की शिक्षा के रूप में लिया जाता है, तो कहीं जमीन, मोटरकार-स्कूटर या अन्य रूपों में दहेज लिया जाता है। कोई भी लड़की बिना दहेज के डोली में नहीं चढ़ सकती। हाल ही में आवश्यक दहेज न देने के कारण दुल्हन को कई तरह के तनाव और आलोचना भी सुननी पड़ती है। दुल्हन को कई तरह की शारीरिक और मानसिक प्रताड़नाओं को सहना पड़ता है। दहेज की इच्छा के कारण बेटे का पुनर्विवाह करने के लिए दुल्हन को जहर दे दिया जाता है या जला दिया जाता है। कई मामलों में परेशान दुल्हनों ने खुदकुशी कर ली है। ट्रेन की खूनी पटरियां, बाथरूम से उठ रहा मिट्टी के तेल का धुआं और पंखे से लटकी लाशें कई बार इस बात को साबित कर चुकी हैं. दहेज का दानव दुल्हन का जमकर शोषण करता है। दहेज नहीं देने पर दूल्हा वापस लौट जाता है। शादी के बाद भी दूल्हे को अपमान का कड़वा जहर पीना पड़ता है। दहेज की व्यवस्था नहीं होने पर कभी लड़की के पिता आत्महत्या कर लेते हैं तो कभी लड़की खुद आत्महत्या कर लेती है।

दहेज वास्तव में हमारे समाज में एक बुरी प्रथा है। इस प्रथा की जड़ों का पता प्राचीन काल से लगाया जा सकता है। आमतौर पर दहेज ऊपरी पक्ष द्वारा दूल्हे से अधिकार के रूप में लिया जाता है। बहुत कम जातियों में पुत्र द्वारा पुत्री को दहेज दिया जाता है। पहले इस दहेज को प्यारे नाम 'वरदक्षिणा' से महिमामंडित किया जाता था। हमारे पुरुष प्रधान समाज में महिलाओं को नीची दृष्टि से देखा जाता था और उन्हें दहेज के रूप में मुआवजा दिया जाता था। आज नारी ने साबित कर दिया है कि वह किसी भी मामले में पुरुष से कम नहीं है। आज लड़कियां बहुत कुछ सीखती हैं। कोई भी शिक्षित पुरुष एक शिक्षित महिला को अपनी पत्नी के रूप में चुनता है। इसका मतलब है कि शिक्षा की लागत दोनों द्वारा वहन की जाती है।

एनसीआरबी द्वारा पेश किए गए दहेज के आंकड़ों से चौंकाने वाला खुलासा हुआ है कि देश में हर घंटे एक दहेज पीड़ित की मौत हो जाती है। वर्ष 2012 में देश भर के विभिन्न राज्यों में दहेज पीड़ितों की संख्या 8 हजार 233 थी। इस पर आधारित आंकड़ों के मुताबिक एनसीआरबी की रिपोर्ट में खुलासा हुआ है कि दहेज के मामले में हर घंटे एक महिला की मौत होती है. 2011 में दहेज और इसी तरह के कारणों से मरने वाली महिलाओं की संख्या 8,618 थी। 2007 में यह आंकड़ा 8 हजार 93, 2008 में 8 हजार 172 और 2009 में दहेज पीड़ितों की संख्या 8 हजार 383 थी। उपरोक्त आंकड़ों को देखें तो वर्ष 2010 में 8 हजार 391 महिलाएं दहेज की शिकार हुईं। समाज एक तरह से आतंकवाद पैदा कर रहा है, लेकिन ये आतंकवादी समाज में गरिमा और सम्मान के साथ काम कर रहे हैं।

हम रोज अखबारों में पढ़ते हैं, गैस फटने से जली दुल्हनें, कुएं में गिरकर मौत, पंखे से लटककर खत्म हुई जीवन यात्रा, ये सब बातें नए साल की राह पर ही आई हैं, अगर हम सोचें इसके बारे में गंभीरता से, ये सभी मामले ससुराल वालों से दहेज के निशाने पर आते हैं। मैं समाज में कई जगहों पर अनुभव कर रहा हूं, दहेज निषेध कानून होने पर भी आप दहेज क्यों देते हैं?, अगर आप इस समाज से जवाब पूछते हैं लड़की के सुखी जीवन के लिए है, लड़के की पार्टी पूछो तो जवाब होगा मैंने अपनी

बेटी को दहेज दिया, तो मैं लड़के को ले जा रहा हूँ, इत्यादि। मैं जगह के अलावा और कुछ नहीं कर रहा हूँ, मैं' मैं वह सब कर रहा हूँ जो लेता है...! हम समाज में इस तरह की प्रतिक्रियाएं सुनते हैं। लेकिन सोचने वाली बात यह है कि इस देश में इस दहेज से कई जिंदगियां तबाह हो चुकी हैं, क्योंकि इस देश में लड़कियों के लिए दहेज के लिए पैसे नहीं हैं, कई किसान और पिता कर्जदार हैं जिन्होंने आत्महत्या कर ली है, सबसे महत्वपूर्ण बात यह है कि दहेज के कारण समाज में कन्या जन्म को पाप माना जाता है, कन्या जन्म के दरवाजे बंद हो जाते हैं।वैसे तो हमारे देश में भ्रूण हत्या जैसे कई मामले हो रहे हैं।

हमारे भारत में आर्थिक विषमता बहुत बड़ी है। एक तरफ दौलतमंद पूंजीपति हैं; दूसरी ओर, लाखों गरीब लोग हैं जो खाद्य असुरक्षित हैं। एक तरफ ऊंची-ऊंची आलीशान इमारतें हैं तो दूसरी तरफ मलिन बस्तियां। इन दो विपरीत समाजों में एक बात समान है और वह है 'दहेज बलिदान'।

हमने सोचा था कि जैसे-जैसे दुनिया आगे बढ़ेगी, जैसे-जैसे शिक्षा का प्रसार होगा, दहेज का यह फंदा कम होता जाएगा; लेकिन हमारी ये उम्मीद नाकाम होती दिख रही है. आज शहरों में भी शिक्षा का बहुत प्रसार हुआ है। लड़कियों ने स्नातक किया है। उन्होंने खुद काम करके पैसा कमाना शुरू कर दिया है। हालांकि, लोगों की दहेज की इच्छा कम नहीं हुई। इसके विपरीत, वर्तमान में दहेज विभिन्न रूपों में आता है। यह दहेज रूप भस्मासुर वरदक्षिणा, आभूषण, मनपान, रहने की जगह, वाहन, टीवी, फ्रिज जैसे विभिन्न रूपों में अवतरित होता है। जो लोग इससे संक्रमित होते हैं वे अपनी इंसानियत खो देते हैं और अंततः इसमें नवविवाहित लड़की की मौत हो जाती है।

जिस तरह अमीर दहेज के शिकार होते हैं, उसी तरह गरीब भी दहेज के कारण मारे जाते हैं। दहेज का यह जहर हमारे समाज में पीढ़ियों से फैला हुआ है। इसलिए, जब एक लड़की पैदा होती है, तो माता-पिता की देखभाल खो जाती है। कन्या को जन्म देने वाली स्त्री को नीची दृष्टि से देखा जाता है। दहेज की इस प्रथा के कारण गरीब परिवारों की कई

लड़कियां अविवाहित रहती हैं।

उदाहरण के लिए लातूर जिले के एक किसान की बेटी शीतल अपने पिता के दहेज के कर्ज के बोझ तले दबी हुई थी और उसके पास खुद की शादी के लिए पैसे नहीं थे। कि, यह प्रशासन और यह समाज कितनी शांति को खत्म कर देगा..? कोई सख्त कार्यान्वयन क्यों नहीं है कानून का?. इसके लिए कौन जिम्मेदार है? समाज क्यों प्रशासन.?. लेकिन यह सवाल हमेशा उठता है। इस दहेज प्रथा को कैसे रोकें? दरअसल 1961 से हमारे पास दहेज रोकथाम कानून है। लेकिन यह कानून नाकाफी है। इससे कई खामियां सामने आती हैं। जो दहेज लेने का अपराध करते हैं। बहुत हल्का शासन है। कानून में संशोधन के लिए कई प्रयास चल रहे हैं। लेकिन यहां एक बड़ा सवाल यह उठता है कि क्या इन चीजों को कानूनी रूप से लागू किया जाएगा?

वास्तव में, इसके लिए बहुत अधिक सामाजिक जागरूकता की आवश्यकता है। सामाजिक परिवर्तन होना चाहिए, लेकिन कौन करेगा? कुछ महिला संगठन पूरी कोशिश कर रहे हैं। लेकिन इस सवाल में एक कड़वा सच यह है कि दहेज के ज्यादातर मामलों में सास और नंदा जैसी महिलाएं ही जिम्मेदार लगती हैं। तो बताओ अब क्या करना है?

एक महिला भी लड़कियों के जन्म को क्यों ठुकराती है? स्त्री और पुरुष समाज के दो पहिये हैं। ऐसे में क्यों न स्त्री को जन्म दिया जाए? एक तरफ 'लड़का और लड़की बराबर होते हैं', वे ऐसी घोषणाएं करते थे और दूसरी तरफ उन्होंने एक लड़की के जन्म से इनकार किया था। समाज इस बात को क्यों नकार रहा है कि स्त्री के बिना पुरुष का जन्म नहीं हो सकता? 'यात्रा नार्यस्तु पूजंते, रमन्ते तत्र देवता।' एक पुरुष का यह रवैया क्यों है कि वह ऐसा कहता है और एक महिला का अपमान करता है, उसे एक अधीनस्थ स्थिति देता है? इन सबके पीछे एक सामाजिक कुरीति है। यानी दहेज।

लड़की का पालन-पोषण, पालन-पोषण, शिक्षित होना चाहिए और जब वह बड़ी हो जाए, तो उसकी मार्केटिंग करें। एक महान स्थल की आवश्यकता है? दहेज दो, खर्च करो। गरीब माता-पिता दहेज नहीं दे सकते। न दहेज, न विवाह। शादी के बाद ससुराल पक्ष के प्रताड़ना,

लालच और हवस के कारण दहेज पैदा हुआ।

'महेरा से पैसे लाओ। यदि आप इसे नहीं लाते हैं, तो हम आपके जीने के अधिकार से वंचित कर देंगे।' फिर दहेज, जिंदा जलाना या आत्महत्या को बढ़ावा देना। इस महिला का शोषण कब रुकेगा? यह सोचा गया था कि शिक्षा के साथ-साथ समाज की प्रगति होगी और एक वैचारिक क्रांति होगी।

दहेज देना और लेना कानूनन अपराध है। लेकिन कानून का पालन कौन करता है? कानून में खामियां हैं, है ना? दहेज नहीं चाहिए? फिर इसे सर्कल करें। कन्या का सलंकृत कन्यादान करें। सम्माननीय होना। लड़की को फ्लैट दो। कार को दामाद के पास ले जाओ। ऐसी कई मांगें थीं।

इसके अलावा दूल्हा शादी के दोनों पक्षों का खर्च वहन करता था। तेरी बेटी खुश रहे, उसे ससुर के ससुराल वालों की बात न सुननी पड़े; तो कुछ दुल्हन के माता-पिता बहुत पैसा खर्च करते हैं। फिर आपस में मारपीट हो जाती है। 'अम्क्य के बेटे ने इतना कुछ नहीं सीखा है।

वेतन भी पागल है; लेकिन देखो सास के पास कितना है!' इससे केवल चेवा ही दूसरों पर चढ़ता है। ऐसे समय लगता है, कानून का नहीं; सामाजिक-ज्ञान की आवश्यकता अधिक है। उसके लिए बच्चे को वादा करना चाहिए कि 'मैं दहेज नहीं लूंगा।' लड़कियों को 'दहेज लड़के से शादी नहीं करने' की प्रतिज्ञा करनी चाहिए। इस प्रकार के दहेज से महिलाएं जुड़ी हुई हैं।

दहेज के मामले में सास नानंद, जौ नामजद हैं। दहेज निवारण अधिनियम' 1961 में पारित किया गया था; लेकिन इसका कोई फायदा नहीं हुआ। इस अपराध की सजा भी उदार है। इसमें सुधार का प्रयास किया जा रहा है। ऐसे मामलों को कानून के बजाय मानवता, आपसी सहयोग और समझ से सुलझाया जाना चाहिए।

आज लड़कियां भी उच्च शिक्षित हैं, अच्छी तनख्वाह वाली नौकरी कर रही हैं, फिर भी उन्हें दहेज देना पड़ता है। लेकिन जो लड़की शादी से पहले काम नहीं करती है, उसे दहेज के लिए पैसे कहां से मिलेंगे? दुनिया

का रथ खींचते हुए हर महिला अपना अमूल्य योगदान दे रही है। फिर भी क्यों बहू मुसीबत के समय ससुर से पैसे लाने की उम्मीद करती है? सवाल बहुत हैं; लेकिन कोई जवाब नहीं हैं। आप जो करेंगे वो करें, चाहे आप इसे वहन कर सकें या नहीं;

लेकिन अगर लड़की सही है तो दहेज दो, समाज की आंखें कब खुलेगी? दहेज की यह अवांछनीय प्रथा कब समाप्त होगी? यह समाज प्रबुद्ध होगा। कुछ अनावश्यक और बुरे रीति-रिवाजों को समाप्त किया जाना चाहिए। तभी नवप्रवर्तन का सूर्य उदय होगा। दहेज एक जीवन-धमकी प्रथा है महात्मा फुले, राजाराम मोहनराय, महर्षि कर्वे ने अवांछनीय प्रथा को नष्ट करने की कोशिश की।

दहेज की पुकार अमीर और गरीब दोनों के घरों में सुनाई देती है। दहेज निवारण अधिनियम 1961 से लागू है लेकिन इसका शासन कई खामियों के साथ बहुत उदार है। इसलिए यह कानून कम पड़ रहा है। 'नो मालगी' की भावना पैदा हो रही है। गर्भपात दर, भ्रूण लिंग निदान में वृद्धि हुई है, यदि माली की गर्भावस्था मौजूद है, तो इसे दुनिया में आने से पहले ही समाप्त किया जा रहा है। दहेज की समस्या कई लड़कियां अविवाहित हैं। कई लड़कियां शिकार हो चुकी हैं।

इस समस्या के समाधान के लिए सामाजिक जागरूकता की जरूरत है, यह काम सिर्फ कानून में संशोधन करने से नहीं हो सकता। सामाजिक परिवर्तन सभी की सामाजिक आवश्यकता है। तभी इस परंपरा को नष्ट किया जा सकता है और नए विचार सामने आ सकते हैं। शिक्षा के साथ दहेज कम होने की उम्मीद झूठी हो गई है। लड़कियों ने ग्रेजुएशन किया, नौकरी मिली, लेकिन दहेज है मनपन, गहने, टीवी। दहेज ने कार के रूप में भयंकर रूप धारण कर लिया है। दहेज की खबरें रोज अखबारों में पढ़ी जा सकती हैं। दहेज के कारण हत्या और आत्महत्या जैसी बातें होती हैं।

"चलो अब परंपरा को तोड़ते हैं और सीमा मृत धर्म के अभिमान के पुराने युग, अहंकार की सीमा का उल्लंघन" कविवर्या गोविंदगराज ने संकेत दिया है कि हानिकारक मानदंडों का उल्लंघन वास्तविक अपराध है। मनुष्य को एक विशिष्ट ढाँचे में बाँधने वाली इस परंपरा के कारण संस्कृति और समाज के बीच तनाव शुरू हो गया। समाज में एकता

आ गई है, प्यार और भावनाओं को कुचला जा रहा है। दहेज के कारण 'मुझे भी' खो देने वाला व्यक्ति विलाप करता नजर आता है। हर युवा को इस अमानवीय संस्कृति के खिलाफ विद्रोह करना चाहिए। इस रूढ़िवादिता को खारिज करने की ताकत हर युवा में होनी चाहिए। आर्थिक असमानता ने अमीर और गरीब के वर्ग बनाए। इन दोनों वर्गों में आर्थिक असमानता है लेकिन 'दहेज' की दृष्टि से ये बराबर हैं।

दहेज प्रथा इतनी प्रचलित हो गई है कि लोगों के पास अब इसके खिलाफ आवाज उठाने की ताकत नहीं है। दहेज के खिलाफ बोलने वाली महिला को मूर्ख या पागल माना जाता है। सबसे दुखद बात यह है कि हमारे समाज के प्रगतिशील, शिक्षित वर्ग भी परोक्ष रूप से दहेज का समर्थन कर रहे हैं। दहेज-निषेधकारी सरकारी कानूनों का समाज पर कोई खास प्रभाव नहीं पड़ता है। कानून के अनुपालन को विशेष महत्व नहीं दिया जाता है।

यह समाज सरकारी कानूनों से बिल्कुल भी नहीं डरता है, दहेज रोकथाम अधिनियम 1961 के अधिनियम 3 में दहेज लेने और भुगतान करने पर कम से कम 3 साल की कैद और कम से कम रुपये के जुर्माने का प्रावधान है। दहेज रोकथाम अधिनियम, 1961 के अधिनियम 4 के तहत, कोई भी व्यक्ति जो प्रत्यक्ष या अप्रत्यक्ष रूप से दहेज मांगता है, उसे एक अवधि के लिए कारावास की सजा हो सकती है जिसे 6 महीने से 2 साल तक बढ़ाया जा सकता है और 10,000 रुपये के जुर्माने के लिए उत्तरदायी होगा।

आज ज्यादातर महिलाएं पैसा कमाती हैं। इसका मतलब है कि वे हमारी दुनिया की वित्तीय जिम्मेदारी भी ले रहे हैं। इसके अलावा घर की महिला घर, परिवार और बच्चों के लिए लगातार मेहनत कर रही है। ऐसी स्थिति में अपने जन्म माता-पिता से धन या अन्य उपहार की अपेक्षा करना बड़ी दुष्टता का संकेत है।

आज हम कभी-कभी 'दहेज' की कुप्रथा के अनेक दुष्परिणाम देखते हैं। ससुराल पक्ष की बार-बार मांग के कारण कई विवाहित लड़कियां आत्महत्या कर लेती हैं। कई बार तो ससुराल वाले दहेज के लिए बहू को जलाने तक की हद तक चले जाते हैं।

उच्च वर्ग से दहेज की मांग के कारण गरीब परिवारों की कई लड़कियों की शादी नहीं होती है। इसलिए लड़की का जन्म माता-पिता के लिए संकट बन जाता है। कुछ समाजों में, लड़कियों को जन्म के समय मार दिया जाता है, जबकि कुछ जगहों पर, लड़की के जन्म से ही इनकार कर दिया जाता है। यह वाकई दुखद है। वास्तव में स्त्री और पुरुष समाज के दो स्तम्भ हैं, दो पैर। अगर हम एक पैर कमजोर रखेंगे तो क्या लुलपंगला समाज आगे बढ़ सकता है?

दहेज के खिलाफ सरकार ने कानून बनाया है। लेकिन कोई भी इस कानून का उल्लंघन नहीं करता है। आज भी बड़े पैमाने पर शोषण जारी है। कुछ सामाजिक संगठन अभी भी इस घातक समस्या के खिलाफ काम कर रहे हैं; लेकिन वे प्रयास पर्याप्त नहीं हैं। इसके लिए एक बड़ी क्रांति होनी चाहिए। समाज के सभी तत्वों को एक साथ आना चाहिए। प्रबोधन का कार्य समाज की जमीनी जड़ों तक पहुंचना चाहिए।

दहेज प्रथा को खत्म करने के लिए समाज में स्त्री और पुरुष के बीच समानता की दृष्टि पैदा की जानी चाहिए। अकेले दहेज पर विचार नहीं किया जा सकता है। हमें समाज की विचारधारा के बच्चे के पास जाना है। पुरुष एक ही व्यक्ति है। उसके पास अगले की तरह सुखद भावनाएं हैं। इच्छाएं और आकांक्षाएं हैं। क्या उसे अपना जीवन खुद बनाने का अधिकार है? यह सोच समाज में पैदा की जानी चाहिए। प्रत्येक व्यक्ति की स्वतंत्रता का सम्मान किया जाना चाहिए। दरअसल, जब समाज में जाति-जाति-धर्म के आधार पर भेदभाव बंद हो जाएगा, तभी दहेज की प्रथा अपने आप गायब हो जाएगी।

सृष्टि की अवधारणा स्त्री के कारण है। उसे प्यार दें, विश्वास करें, उसकी भावनाओं को समझें। वह सब है, शक्ति, जन्म। उसकी कदर करो अगर वह पैसे की लोभी है, दहेज के लिए उच्च विचार है, बुद्धिमान है, दुनिया का रथ क्या है, वह समाज और देश के कल्याण के प्रयासों के रथ का सबसे अच्छा रथ साबित होगा। दहेज की शिकार एक महिला भी अपने बच्चों का जीवन बर्बाद कर देती है। इस सांस्कृतिक कलंक को दूर करने के लिए कार्रवाई की जरूरत है। दहेज-समस्याग्रस्त फिल्मों और नाटकों, युवा मंचों, महिला हिंसा के खिलाफ मंचों के साथ, हर युवा का

यह दृढ़ संकल्प कि 'मैं दहेज नहीं लूंगा' महत्वपूर्ण है।

दहेज की गणना करके दूल्हे को शादी के हॉल में अपनी प्रतिष्ठा क्यों मापनी चाहिए? दुल्हन के गले में बांधा जा रहा है मंगलसूत्र या गल्फा? ये बातें मामूली नहीं हैं। जब एक महिला दहेज की शिकार हो जाती है, तो दो परिवार, दो परिवार, सभी रिश्तेदार, उसके बच्चे बहुत पीड़ित होते हैं। एक दुष्चक्र शुरू होता है। अदालतों के चक्रव्यूह में, कचरा, सजा, मानहानि, फिर दूसरे भी फंस जाते हैं। अंत में, हमें लोगों के लिए नियम चाहिए, नियमों के लिए लोग नहीं। ऐसे कार्य जिन्हें प्रकाश में करने में शर्म आती है, उन्हें अंधेरे में नहीं करना चाहिए। समाज के उत्थान के लिए हानिकारक रीति-रिवाजों को मिटाना होगा। नहीं तो एक 'मंजुश्री शारदा' हर दिन मारे जाते रहेंगे। दहेज इंसान को निगल जाएगा।

ऐसे शब्द मेरे भीतर से आते हैं। मन बहुत परेशान है, दरअसल, एक अच्छा साथी होना बहुत ही भाग्यशाली बात है। संयोग से मिल जाए तो दुनिया खिल उठती है और खुल जाती है। पैसा आज है, कल नहीं। नहीं तो कमाया जा सकता है। अगर शिक्षा आपके दिमाग को गहरा नहीं करती है, तो अशिक्षित रहना बेहतर है। इन सभी बातों पर हर युवा को दिल से सोचना चाहिए। आपको एक अच्छा साथी पाने की कोशिश करनी चाहिए जो जीवन भर आपका साथ दे।

आपका स्वागत है लक्ष्मी, जो बीस साल से रखी हुई परवाह से सब कुछ देने के लिए आपके दरवाजे पर आती है, उसे प्यार से जीतो, फिर देखो द्वार कैसे खुशियों से भर जाता है! धन और दहेज की लालसा को छोड़ कर सुख से जीवन व्यतीत करें। सिर्फ कसम मत खाओ, कार्रवाई करो।

तो, दोस्तों, दहेज समाज के धन-प्रेमी लोगों को धोखा देकर अपने सपनों को साकार करने के लिए चीजों को करने का एक तरीका है, जो पैसे के लालची हैं, अपने पैरों पर खड़े हैं, अपनी खुद की कमाई पर एक मजबूत जीवन जीते हैं, और सफल होते हैं इसलिए खुद को साबित करना जरूरी है कि आप गरीब हैं या अमीर। वर्तमान में महाराष्ट्र में दहेज रोकथाम अधिनियम के अनुसार सरकारी कर्मचारियों को दहेज न मिलने का प्रमाण पत्र देना अनिवार्य है।यदि आप इंजीनियर, डॉक्टर बन

जाते हैं, तो भी शादी के समय दहेज देने का एक समय होता है। . ऐसी लड़कियों को सवर्ण पक्ष की दहेज की मांग को ठुकरा देना चाहिए। दामाद के त्योहार, पहले जन्म, यात्रा खर्च के नाम पर दुल्हन की पार्टी की लूट को रोकने के लिए हर लड़की को दहेज विरोधी क्रांति शुरू करनी चाहिए। अभी समय है, अन्यथा दहेज का यह दुष्ट चक्र दुनिया को अपनी चपेट में ले लेगा। दहेज के खिलाफ युवक-युवतियों का दृढ़ संकल्प ही एकमात्र कारगर उपाय है।

हालाँकि, हमारा समाज इस कानून के दायरे में नहीं रहता है, इसलिए कभी-कभी हम यह सवाल पूछते हैं कि यह कानून क्यों पारित किया गया था, यह कानून किसी भी तरह से लागू नहीं होता है, और यदि है, तो यह एक हजार में से एक है। फिर इतनी बड़ी प्रशासनिक मशीनरी होते हुए भी प्रशासन कानूनों को ठीक से लागू नहीं करता है, इस समस्या के लिए पुलिस विभाग भी जिम्मेदार होगा, और यह समाज कभी भी इस सड़ी हुई विचारधारा से मुक्त नहीं होगा...!तो क्या अस्तित्व का अस्तित्व होगा? महिलाएं जीवित रहती हैं। ऐसा सवाल उठता है। लातूर के शीतल जैसे और कितने शीतलों को इस समाज के लिए कुर्बान करना पड़ेगा? ऐसे तमाम सवालों से परेशान यह महाराष्ट्र शांत हो गया है, यहां हमें विचारों को जगाना है, हमें खबर उठानी है, समाज में बदलाव लाना है, वह काम इन युवाओं के लिए है, आज मैं कसम खाता हूँ और अगर ये युवा आज शपथ लें कि मैं शादी में दहेज नहीं लूंगा, लेकिन समाज में सुधार जरूर होगा... और यह शपथ शीतल की आत्मा को शांति देगी। दरअसल, कानून में दहेज की मनाही है, लेकिन कानून को छुपाकर हमारे समाज में कई खामियां पैदा की जाती हैं। तब यह कुप्रथा कानून द्वारा नहीं रुकेगी। इसके लिए सामाजिक जागरूकता होनी चाहिए। हर लड़के और हर लड़की को 'दहेज नहीं लूंगा' या 'दहेज नहीं दूंगा' का संकल्प लेना चाहिए और उसके अनुसार कार्य करना चाहिए। तभी यह अवांछित प्रथा हमेशा के लिए बंद हो जाएगी। काश वो सुनहरा दिन जल्दी आए।

दहेज प्रथा को मिटाने के उपाय-

दहेज उन्मूलन के लिए हमारे नेताओं को आगे आना चाहिए। हमारे नौजवानों को बिना दहेज के शादी करने का संकल्प लेना चाहिए। दहेज

और भुगतान का सामाजिक बहिष्कार किया जाना चाहिए। यह देखना सरकार का कर्तव्य है कि दहेज विरोधी कानून का पालन किया जा रहा है।

15

लड़की की शादी, उम्र और स्थिति

लड़कियों की शादी की उम्र 18 से बढ़ाकर 21 करने से उन्हें अपनी शिक्षा पूरी करने और अपने पैरों पर खड़े होने के लिए कुछ समय मिल सकेगा। अतः इस प्रस्ताव से सहमत समूह की ओर से कहा गया है कि स्वास्थ्य के साथ-साथ कई अन्य पहलुओं में बालिकाओं के सशक्तिकरण के लिए विवाह की आयु 21 वर्ष करना आवश्यक है। अगर यह मान भी लिया जाए कि 21 साल के बाद शादी करने वाली लड़कियां शिक्षा, आर्थिक आजादी के मामले में पहले शादी करने वाली लड़कियों से बेहतर होती हैं, तो भी मुझे लगता है कि इस आधार पर शादी की उम्र बढ़ाना उचित नहीं हो सकता। क्योंकि यह सब शादी की उम्र से नहीं बल्कि समाज में कई तरह की असमानताओं से जुड़ा हुआ है।

भारत में शादी की कानूनी उम्र लड़कियों के लिए 18 साल और लड़कों के लिए 21 साल है। लेकिन अब सरकार लड़कियों की शादी की उम्र को 21 साल करने पर विचार कर रही है. जया जेटली की अध्यक्षता वाली समिति कई विशेषज्ञों को एक रिपोर्ट प्रस्तुत करने के लिए इकट्ठा करेगी जो उन कारणों की खोज करेगी जो उम्र बढ़ाने के लिए उपयोगी होंगे। सरकार लड़कियों के अच्छे स्वास्थ्य, बच्चे पैदा करने में कोई कठिनाई न होने, स्वस्थ बच्चों का जन्म और बाल मृत्यु दर में कमी के

कारणों के लिए लड़कियों की शादी और गर्भावस्था की उम्र 18 से बढ़ाकर 21 साल करने का प्रस्ताव कर रही है।

देखने में, यह एक ऐसा निर्णय प्रतीत हो सकता है जो हमें प्रसन्न करता है और महिला सशक्तिकरण के लिए चल रहे प्रयासों में योगदान देता है, लेकिन यह मुद्‌दा बहुत जटिल है। हम इस लेख में इस जटिलता को समझने की कोशिश करेंगे।

लड़कियों के लिए यह फैसला सही है या गलत यह तय करने से पहले इस मुकाम तक की यात्रा और इस यात्रा में समय के साथ हुए बदलावों को देखना होगा। 1891 में, ब्रिटिश सरकार ने भारत में बाल विवाह की बढ़ती समस्या से निपटने के लिए सहमति आयु अधिनियम पारित किया। इस कानून के तहत संभोग के लिए सहमति की उम्र 12 साल तय की गई थी। उसके तुरंत बाद, राष्ट्रीय बाल अधिकार आयोग की रिपोर्ट के अनुसार, 1894 में, मैसूर राज्य ने भी ब्रिटिश अधिनियम के आधार पर इस अधिनियम को अधिनियमित किया। और इस अधिनियम ने आठ वर्ष से कम उम्र की लड़कियों के विवाह पर प्रतिबंध लगा दिया, जिससे विवाह अधिनियम के तहत इसे अवैध बना दिया गया। फिर 1918 में, इंदौर राज्य ने लड़कों के लिए विवाह की न्यूनतम कानूनी आयु 14 वर्ष और लड़कियों के लिए 12 वर्ष कर दी। लेकिन तब भी कानून सार्वभौमिक नहीं था और ठोस कानून के लिए अभियान जारी रहा। फिर 1927 में राय साहब हरबिलास सारदा ने बाल विवाह को रोकने के लिए एक विधेयक पेश किया। जिसमें उन्होंने लड़कों के लिए शादी की न्यूनतम उम्र 18 साल और लड़कियों के लिए 14 साल करने का प्रस्ताव पेश किया और साल 1929 में इस बिल से कानून का जन्म हुआ. इस अधिनियम को 'सारदा अधिनियम' भी कहा जाता है।

1978 में अधिनियम में और संशोधन किया गया और इस संशोधन के अनुसार विवाह के लिए न्यूनतम कानूनी आयु लड़कों के लिए 21 वर्ष और लड़कियों के लिए 18 वर्ष निर्धारित की गई। हालांकि, युवा लड़कियों की शादी की दर में कमी नहीं आई है। 1978 में अधिनियम में और संशोधन किया गया क्योंकि बाल विवाह नहीं रुका। लेकिन फिर भी इससे कुछ खास मदद नहीं मिली, इसलिए बाल विवाह को रोकने के

लिए 2006 में बाल विवाह रोकथाम अधिनियम बनाया गया और इस अधिनियम ने बाल विवाह यानी 21 साल से कम उम्र के लड़के या 18 साल से कम उम्र की लड़की की शादी को मान्यता दी। कानूनी रूप से संज्ञेय अपराध। अलग-अलग धर्मों में भी शादी के लिए उम्र और मानदंड पर अलग-अलग नियम हैं। हिंदू विवाह अधिनियम की धारा 5 के तहत, शादी की न्यूनतम आयु लड़कियों के लिए 18 वर्ष और लड़कों के लिए 21 वर्ष है। इसके अनुसार, बाल विवाह अवैध नहीं है, लेकिन नाबालिग के अनुरोध पर विवाह को रद्द किया जा सकता है। मुस्लिम पर्सनल लॉ के अनुसार कौमार्य की अवस्था तक पहुंच चुके लड़कियों और लड़कों के बीच विवाह को वैध माना जाता है। लेकिन इसके बावजूद भी भारत में बाल विवाह अभी भी बंद नहीं हुआ है।

ग्रामीण या अविकसित क्षेत्रों में, लड़कियों की शादी आमतौर पर 18 वर्ष की आयु से पहले कर दी जाती है। यूनिसेफ की एक रिपोर्ट के मुताबिक भारत में हर साल 15 लाख लड़कियों की शादी 18 साल की उम्र से पहले कर दी जाती है। 2016 के परिवार कल्याण सर्वेक्षण के अनुसार, भारत में 27 प्रतिशत लड़कियां बाल विवाह से गुजरती हैं, और कुल 31 प्रतिशत विवाहित लड़कियां 18 वर्ष की आयु तक बच्चे को जन्म भी देती हैं। और यूएनएफपीए के शोध के अनुसार, भारत में लगभग 50 प्रतिशत महिलाएं 20 साल की उम्र से पहले बच्चे को जन्म देती हैं। और फिर, चूंकि लड़कियों के शरीर गर्भावस्था के लिए तैयार नहीं होते हैं, इसलिए मातृ मृत्यु दर और शिशु मृत्यु दर भी बढ़ जाती है। सरकार ने समान दर को कम करने और महिलाओं और उनके द्वारा जन्म देने वाले बच्चों के लिए स्वस्थ जीवन जीने के उद्देश्य से लड़कियों की विवाह योग्य आयु को बढ़ाकर 21 करने का प्रस्ताव किया है।

इस प्रस्ताव को लेकर विभिन्न स्तरों पर कई मतभेद हैं। लड़कियों के लिए विवाह योग्य 21 वर्ष की आयु उन्हें अपनी शिक्षा पूरी करने और अपने पैरों पर खड़े होने का प्रयास करने के लिए कुछ समय देगी। अतः इस प्रस्ताव से सहमत समूह की ओर से कहा गया है कि स्वास्थ्य के साथ-साथ कई अन्य पहलुओं में बालिकाओं के सशक्तिकरण के लिए विवाह की आयु 21 वर्ष करना आवश्यक है। अगर यह मान भी लिया

जाए कि 21 साल के बाद शादी करने वाली लड़कियां शिक्षा, आर्थिक आजादी के मामले में पहले शादी करने वाली लड़कियों से बेहतर होती हैं, तो भी मुझे लगता है कि इस आधार पर शादी की उम्र बढ़ाना उचित नहीं हो सकता। क्योंकि यह सब शादी की उम्र से नहीं बल्कि समाज में कई तरह की असमानताओं से जुड़ा हुआ है।

हालांकि वरकरन केवल कानून बनाने के लिए इस कानून को पारित करके शादी की उम्र बढ़ाने का स्वागत करते हैं, भारत जैसे देश में जहां लड़कियों के लिए शादी की कानूनी उम्र 18 साल है और इसे लागू करना बहुत मुश्किल है, एक को भी करना चाहिए सोचिए अगर इस उम्र को बढ़ाकर 21 साल कर दिया जाए तो स्थिति कितनी खराब होगी। यानी जिस देश में लड़की पैदा होने से लेकर बड़ी होने तक यानी बड़ी हो जाती है, वहां पहले पिता की जिम्मेदारी होती है और फिर पति की, जहां लड़की की पूर्णकालिक शादी माता-पिता के लिए एक भारी बोझ है और यह मुश्किल है। किसी और पर इस बोझ को जल्द से जल्द हल्का करने के लिए 18 साल की उम्र सीमा को पूरा करने के लिए ऐसे देश में 21 साल की उम्र के बाद यह उलझाव बढ़ेगा और कम उम्र में शादी की दर और बढ़ेगी।

यद्यपि 21 वर्ष से कम आयु के विवाहों की संख्या में वृद्धि हुई है, यह कानून उन सभी विवाहों को अवैध बना देगा और बाल विवाह को रोकने के बजाय, कानून अधिकांश विवाहों को अपराध घोषित कर देगा। और इससे भी महत्वपूर्ण बात यह है कि 21 से पहले शादी करने वाली सभी महिलाओं को शादी के बाद के बुनियादी अधिकार खो देंगे। जब आर्थिक स्थिति और घर की सुरक्षा जैसे कई कारणों से शादी जल्दी में होती है, तो कई लड़कियां शादी को इससे बाहर निकलने का रास्ता मानती हैं। लेकिन अगर ऐसा होता है तो माता-पिता के दबाव के कारण लड़कियों के पास शादी करने के अलावा कोई चारा नहीं होगा, लेकिन शादी के कानून के दायरे में नहीं आने से लड़कियों को शादी के बाद सुरक्षा नहीं मिलेगी और लड़कियों की स्थिति भी खराब हो जाएगी.' घर का ना घाट का'।

एक और महत्वपूर्ण बात यह है कि शादी की उम्र को 18 से बढ़ाकर 21 साल करने से न केवल इसका समाधान होगा, बल्कि इसके लिए हमें कई अन्य स्तरों पर एक पूरक प्रणाली स्थापित करनी होगी, और एक देश के रूप में हमारे पास इसके लिए कोई योजना नहीं है। अभी तक। शिक्षा का अधिकार अधिनियम की तरह, हमें लड़कियों के लिए भी उच्च शिक्षा की गारंटी के लिए कुछ प्रावधान करने होंगे। ग्रामीण इलाकों में अभी भी गिने-चुने लड़कियां ही 10वीं और ज्यादा से ज्यादा 12वीं के बाद पढ़ रही हैं। केवल शिक्षा ही नहीं, बल्कि रोजगार के लिए लड़कियों को कार्यबल में शामिल करने के लिए भी विशेष प्रयास किए जाने चाहिए। ग्रामीण क्षेत्रों में शिक्षित और अशिक्षित लड़कियों दोनों के लिए रोजगार के बहुत कम अवसर हैं। और वे पितृसत्ता द्वारा लगाए गए अन्य नियमों और ढांचों से और विवश हैं। फिर कई लड़कियों को अवसरों की कमी के कारण मजदूरी का सहारा लेना पड़ता है। जिससे उन्हें न केवल आर्थिक सुरक्षा मिलती है, बल्कि कोई अन्य सुरक्षा भी नहीं मिलती है।

इसलिए हमें 18 और 21 के बीच तीन साल के अंतर को छोड़ने के बजाय लड़कियों के जीवन की गुणवत्ता में सुधार के लिए कुछ स्थायी उपाय करने होंगे। और ऐसा करने से पहले यह निर्णय लेना उचित नहीं है। अगर आपको लगता है कि इस फैसले से लैंगिक समानता आएगी, तो यह एक भ्रम है। इससे यह लैंगिक भेदभाव और बढ़ेगा और लड़कियां कई तरह से असुरक्षित हो जाएंगी।

भारत में कई लड़कियों के माता-पिता को लगता है कि शादी ही उनके जीवन का एकमात्र लक्ष्य है। और तब तक के पूरे समय को उनके जीवन में विवाह के लिए प्रतीक्षा अवधि के रूप में माना जाता है। इसलिए, अधिकांश लड़कियों का जीवन घर के काम करने, अदृश्य, अवैतनिक या कम वेतन वाले काम करने और हमेशा किसी और पर निर्भर रहने में व्यतीत होता है। द सेकेंड सेक्स किताब की लेखिका सिमोन डी ब्यूवोइर के अनुसार, लड़कियों पर आरोप लगाया जाता है कि उनके पंख काट दिए गए और वे फिर से उड़ने में असमर्थ थीं। इस शादी की उम्र 21 कर देने पर भी 3 साल के बीच का आरोप लड़कियों पर पड़ेगा और उन्हें हमेशा प्रत्यक्ष या परोक्ष रूप से आरोपी के पिंजरे में रखा जाएगा क्योंकि

लड़कियां बिना कुछ कमाए अपने माता-पिता पर कैसे बोझ बनी रहती हैं। हम इस बात से आंख नहीं मूंद सकते कि यह निर्णय ग्रामीण क्षेत्रों में रहने वाली लड़कियों, दलितों, आदिवासियों, गरीब और वंचितों के जीवन में कई अन्य तरीकों से भारी नकारात्मक बदलाव लाने वाला है।

इसे लागू करने को लेकर सवाल बना हुआ है, इतने सालों के बाद भी अगर कई स्तरों पर 18 साल की उम्र सीमा का पालन करना हमारे लिए संभव नहीं है तो 21 साल तक जाना कार्यान्वयन की दृष्टि से बहुत मुश्किल काम लगता है. .

कई जगहों पर हम सुन रहे हैं और देख रहे हैं कि कोरोना काल में लड़कियों के बाल विवाह की दर में इजाफा हुआ है. हमारे पास संकट या आपदा के समय होने वाली ऐसी घटनाओं के उदाहरण भी हैं। और यह थोड़ा विरोधाभासी है कि इसी अवधि के दौरान देश में शादी की उम्र 21 साल करने के प्रस्ताव पर चर्चा हो रही है। अब कोरोना काल में हो रही घटनाओं और शीघ्र विवाह कर लड़कियों के मुक्त होने के उदाहरणों से अंदाजा लगाया जा सकता है कि इस फैसले को लागू करना कितना मुश्किल है.

इस फैसले से एक अच्छी बात यह होगी कि लड़के और लड़कियों दोनों की शादी की उम्र 21 साल होगी, जिससे लड़के और लड़कियों दोनों की शादी की उम्र को लेकर कई सालों से चल रही चर्चाओं और बहसों पर विराम लग जाएगा। लड़कों की शादी की उम्र लड़कियों की तुलना में अधिक क्यों होती है, इसका कारण हमेशा लड़कियों को लड़कों की तुलना में तेजी से और समझदार बताया जाता है, लेकिन मुझे नहीं लगता कि इसमें कोई सच्चाई है। कानूनी तौर पर लड़के और लड़की के बीच शादी की अलग-अलग उम्र होना भारतीय संविधान के अनुच्छेद 14 और अनुच्छेद 21 का उल्लंघन है जो हर इंसान को समानता और सम्मान के साथ अपना जीवन जीने का अधिकार देता है। मैं एक ग्रामीण क्षेत्र में काम करता हूं, और एक बार गांव में माता-पिता की बैठक में जब शादी की उम्र का विषय आया, तो माता-पिता ने कहा कि अगर लड़की लड़के से बड़ी है, तो वह लड़के यानी उसके पति के नियंत्रण में नहीं होगी। . शादी के समय लड़की की उम्र लड़के से छोटी होनी चाहिए ताकि पत्नी हमेशा

पति के वश में रहे। और बच्चे के बड़े होने का एक और कारण यह है कि उसे अपनी शिक्षा पूरी करने और आर्थिक रूप से अपने पैरों पर खड़े होने के लिए समय दिया जाना चाहिए।

यह आयु विभाजन, जिसके अनुसार लड़कियों को बच्चे पैदा करने के लिए शारीरिक रूप से तैयार होना चाहिए और लड़कों को घर और पत्नी की जिम्मेदारी लेने के लिए आर्थिक रूप से सक्षम होना चाहिए, लिंग भेद और इसके द्वारा बनाई गई रूढ़िवादिता उन्हें कितना मजबूत और आगे बढ़ाती है। उनके जीवन के बाकी हिस्सों के लिए एक ही सांचे। 18 साल पूरे होने के बाद अगर भारत में कोई व्यक्ति जागरूक हो जाता है। भारतीय बहुमत अधिनियम, 1875, 18 को बहुमत की आयु के रूप में परिभाषित करता है। यदि अठारह वर्ष की आयु में चुनने का अधिकार दिया जाता है कि कौन सी सरकार लानी है, तो लड़के और लड़कियों दोनों को भी अपना जीवन साथी चुनने का अधिकार मिलना चाहिए। इसलिए यह सोचना बहुत सतही है कि लड़के और लड़कियों दोनों की शादी की उम्र बढ़ाकर 21 करने से लड़कियों को सशक्त बनाने, लैंगिक समानता हासिल करने, महिलाओं और लड़कियों के अधिकारों की रक्षा करने में मदद मिलेगी। इसलिए मांग है कि लड़के और लड़कियों दोनों के लिए शादी की कानूनी उम्र 18 साल होनी चाहिए और ऐसी स्थिति कई स्तरों पर प्रस्तुत की जा रही है।

इस सब में एक और चौंकाने वाली और विचारोत्तेजक बात यह है कि लड़कियों और महिलाओं के संबंध में किसी भी निर्णय को हमेशा उपयोगितावादी दृष्टिकोण से देखा जाता है। 'बेटी बचाव, बेटी पढ़ाओ', क्यों? तो लड़की को पता चलता है कि वह एक नहीं बल्कि कई परिवारों का नेतृत्व करती है। जैसे-जैसे लड़की सीखती है, प्रगति होती है क्योंकि वह अपने बच्चों के परिवार की देखभाल करती है। साथ ही लड़कियों को 21 साल तक शादी नहीं करनी चाहिए ताकि वे अच्छे और स्वस्थ बच्चों को जन्म दें। इस सब में, हम कब सोचेंगे कि अगर हमारी लड़कियां शिक्षित होंगी, नौकरी पाएं और पैसा कमाएं, अगर उनका स्वास्थ्य अच्छा है, तो यह उनके लिए एक इंसान के रूप में अच्छा होगा और यह देश को शिक्षित, स्वस्थ नागरिक देगा? इसलिए मुझे लगता है कि शादी

की उम्र बढ़ाने का यह फैसला भी उसी उपयोगितावादी नजरिए से लिया गया फैसला है। लेकिन पितृसत्ता द्वारा निर्धारित और सौंपे गए पैटर्न को देखकर, आप कैसे अनुमान लगा सकते हैं कि वहां पहुंचने में कितना समय लगेगा?

16

अरेंज्ड मैरिज बनाम लव मैरिज

"विवाह" दो व्यक्तियों, एक पुरुष और एक महिला के बीच एक सामाजिक बंधन है। हिंदुओं में यह एक संस्कार है, जबकि अन्य धर्मों में यह एक कानूनी अनुबंध है। विवाह संतान या वंश को आगे बढ़ाने का एक कानूनी और सामाजिक तरीका है। विवाह की संस्था संस्कृति और उपसंस्कृति के आधार पर पति और पत्नी के बीच अंतरंग और यौन संबंधों को विभिन्न तरीकों से पहचानती है। शादी दो व्यक्तियों को नहीं बल्कि दो परिवारों और उनके रिश्तेदारों को बांधती है। इस रिश्ते को शादी कहा जाता है। विवाह एक पवित्र बंधन है।

व्यक्तिगत दृष्टिकोण से, विवाह पति-पत्नी के बीच दोस्ती और साझेदारी है। दाम्पत्य जीवन सेवा, सहयोग, प्रेम, निस्वार्थ त्याग और दोनों के सुख, विकास और पूर्ति के लिए आवश्यक कई अन्य गुण सिखाता है। स्त्री-पुरुष की अनेक मनोकामनाएं विवाह और संतानोत्पत्ति से पूरी होती हैं। हालाँकि वे अब दुनिया में नहीं हैं, लेकिन उन्हें यकीन है कि उनके वंशज अपना नाम और कबीले की परंपरा बरकरार रखेंगे। उन्हें विश्वास है कि उनकी संतान को उनकी संपत्ति विरासत में मिलेगी और उनके बुढ़ापे में उनका समर्थन करेंगे। यह मान्यता कि एक पत्नी एक पुरुष की आधी होती है, वैदिक युग से हिंदू धर्म में प्रचलित है। मनुष्य तब

तक अधूरा है जब तक कि वह पत्नी प्राप्त नहीं कर लेता और संतान पैदा नहीं करता (शतपथ ब्राह्मण, 5. 2. 1. 10) वैदिक साहित्य में कहा गया है कि पुरुष प्रकृति के बिना अधूरा है और शिव पार्वती के बिना अधूरा है।

मूल रूप से विवाह एक नाजुक विषय है। प्रेम विवाह हो या औपचारिक कांडे पोहे समारोह, दोनों में कोई अंतर नहीं है।

मेरी लव मैरिज है। 7 साल का परिचय और फिर परिवार की मनाही के कारण भाग गया और शादी कर ली। आज हम 13 साल से साथ हैं। हम बहुत खुश और संतुष्ट हैं। और हमारा पिल्ला इस सुखी दुनिया की बेल पर सुंदर फूल है।

यह झूठ नहीं है कि कहा जाता है कि यह मन से नहीं जाता। विवाह की अवधारणा से सभी की सामान्य अपेक्षा क्या है पति-पत्नी का सुखी जीवन। अच्छे समय में एक-दूसरे का साथ देना..कठिनाई में एक-दूसरे के घरों में रहना...जब तक सभी त्योहारों, अन्य घरेलू गतिविधियों में खुशी-खुशी भाग लेते हैं। मुझे अभी भी नहीं पता कि इस सब में जाति का सवाल कहाँ आता है।

असल में शादी और शादी अलग-अलग हैं। वहां, इससे कोई फर्क नहीं पड़ता कि यह अरेंज मैरिज थी या अरेंज मैरिज। पत्नियों को संगत होना चाहिए, समान नहीं। मेरा मतलब है, अगर आप नींबू के रस में चीनी मिलाते हैं, तो आपको एक सुंदर चाशनी मिलती है, लेकिन अगर आप चीनी के साथ चीनी और नींबू के साथ नींबू का रस मिलाते हैं, तो क्या इससे कोई फर्क पड़ता है? प्रेम विवाह होने पर भी बहस और लड़ाई होती है। लेकिन शायद यहां साथी बेहतर तरीके से बता सकता है कि हमारा क्या मतलब है।

लव मैरिज होती है और घरवाले नहीं मानते तो थोड़ा भारी पड़ जाता है लेकिन यहां जो प्यार है वह सब कुछ संभालने के लिए काफी है। मैंने परिवार के बाकी लोगों की शादियां और उसके बाद होने वाली मानसिक पीड़ा को भी देखा है। इसका मतलब है कि कभी-कभी ऐसी शादी में पति-पत्नी किसी भी तरह का भावनात्मक बंधन नहीं बनाते हैं और फिर परिवार के दबाव में सब कुछ सहन कर लेते हैं और जब सहनशक्ति समाप्त हो जाती है, तो वे तलाक ले लेते हैं।

रिश्तों के बंधन में एक धागा है मेरा एक तुम्हारा...कितनी सुंदर रेखा है...अंत में बंधन हो तो भी चाहना जरूरी है...और यह भी उतना ही सच है कि खिंचा तो टूटेगा और छूटेगा तो। छूट जाएगा। तो चाहे वह प्रेम विवाह हो या प्रेम विवाह ... आपको यह जानना होगा कि कब खिंचाव करना है और कब जाने देना है। ....बाकी का जीवन सुंदर है!

शादी हर किसी के जीवन में एक महत्वपूर्ण मील का पत्थर है। हालांकि, यह नहीं कहा जा सकता कि हर कोई इस पर तुरंत राजी हो जाएगा। साथ ही कई लोगों का कहना है कि लड़कियां लड़कों की तुलना में शादी के मुद्दे को टालने पर ज्यादा जोर देती हैं। लड़कों की तरह लड़कियों के भी शादी के सपने होते हैं। किसी को भी आप पर शादी के लिए दबाव नहीं डालना चाहिए। साथ ही हर लड़की की ख्वाहिश होती है कि वह अपने पसंदीदा लड़के से शादी करे। आजकल लड़कियों की जल्दी शादी नहीं होती है। इसके लिए वे शादी के मुद्दे से बचने की कोशिश करते हैं। तो जानिए लड़कियां शादी के मुद्दे से बचने के लिए क्या-क्या बहाने बनाती हैं।

1.मेरी पढ़ाई चल रही है।

लड़कियों के लिए शादी के मुद्दे से बचने का एक पसंदीदा कारण यह है कि मैं अभी भी पढ़ रहा हूं। मैं अपना करियर करना चाहता हूं। इसलिए मेरा जल्द शादी करने का कोई इरादा नहीं है। पढ़ाई पूरी करने के बाद मैं शादी के बारे में जरूर सोचूंगी।

2.मम्मी पापा कहीं नहीं जाएंगे।

नहीं। मैं अपनी माँ, पिताजी के बिना कहीं नहीं जाऊँगा। मैं उन्हें बहुत प्यार करता हूँ। इसलिए मैं उनके बिना कहीं नहीं जाऊंगा। अगर शादी होनी है तो मैं और मेरे पति अपनी मम्मी पापा के साथ रहेंगे।

3.छे..मेरी अभी शादी की उम्र नहीं है।

कई लड़कियां सोचती हैं कि मेरी अभी शादी की उम्र नहीं हुई है। जब मैं विवाह योग्य आयु का हो जाऊँगा तो विवाह के बारे में अवश्य सोचूँगा। बेशक, यह खास बात है कि लड़कियां किसी भी उम्र में खुद को छोटा समझती हैं। यह कथन सभी लड़कियों पर लागू नहीं होता है।

4.मुझे नहीं पता कि कैसे खाना बनाना है।

मैं अभी भी खाना नहीं बना सकता। तो, आप कैसे जाते हैं और किसी और के घर खाना बनाते हैं? इसलिए मैं पहले कुकिंग सीखूंगी और फिर शादी करूंगी।

प्रेम विवाह:

इसमें एक लड़का और एक लड़की शादी से पहले मिलते हैं। फिर एक-दूसरे को समझने की प्रवृत्ति होती है, एक-दूसरे को देने के लिए बहुत समय होता है। चूंकि उम्र अपेक्षाकृत कम है, कई जिम्मेदारियों का बोझ नहीं है या तो हम पढ़ रहे हैं या अभी नौकरी शुरू की है। अगर आप एक दूसरे को समय दे सकते हैं और अगर आपके पास पैसा है तो सब कुछ अच्छा लगता है जब आप एक दूसरे की इच्छाओं को पूरा कर सकते हैं। वे परिवार को बताते हैं। वे स्वेच्छा से या थोड़ा सा होमवर्क करके शादी कर लेते हैं।

दांपत्य जीवन शुरू होते ही पैसों की जरूरत बढ़ जाती है, माता-पिता बच्चे से कहते हैं, अब जब तुम शादी करो तो घर की जिम्मेदारी ले लो परिवार की बहू से घर के कुछ काम, मदद, सफाई की उम्मीद की जाती है। रीति भाटी का पालन करना होगा। जल्दी उठना, पेड़ काटना, भगवान की पूजा करना, त्योहारों की तैयारी करना।

एक-दूसरे को देने के लिए समय और पैसा नहीं है। बात करना, प्यार का इजहार करना कम हो रहा है। उसे लगता है कि वह समझ नहीं पा रही है। वह सोचती है कि उसे समझना चाहिए।तुम ऐसा करते थे, तुम वह करते थे। ऐसा करने से पहले आप ऐसा करते थे। बड़बड़ाना शुरू हो जाता है।

शादी से पहले और बाद में चीजें अलग थीं। तब मैं था/अब एक परिवार था। तब अब जिम्मेदारी कम थी और अधिक। इस तथ्य को समझना अगर दो लोग मजबूती से एक साथ खड़े हों तो निश्चित रूप से दुनिया सुचारू रूप से चलेगी। शादी के कुछ साल बाद प्यार की भावना, शारीरिक आकर्षण कम हो सकता है लेकिन यह कुछ बुरा है। जब लक्षणों को खत्म करने की बात आती है, तो आपका लक्ष्य अलग होता है। लेकिन

यह सब जानते हुए भी अगर हम इसे न लें तो यह मुश्किल हो जाता है।

माता पिता द्वारा तय किया गया विवाह:

इसमें घरवालों के डर से लड़के-लड़कियों के बीच ज्यादा बात नहीं होती है. वे एक-दूसरे के स्वभाव, पसंद-नापसंद को समझने लगते हैं। जब वे मिल जाते हैं, तो माता-पिता बहुत अधिक स्वतंत्रता दिए बिना शादी करने की कोशिश करते हैं। शादी के बाद, आम का फूल धीरे-धीरे खिलता है, उनकी पोती खिलती है। एक-एक करके वे एक-दूसरे को जानते हैं और इसमें एक कोर है। इसमें ये झुर्रियां सूज जाती हैं, लेकिन सब कुछ एक साथ वापस आ जाता है। यह कहना मुश्किल है कि किस प्रकार का विवाह उपयुक्त है क्योंकि कुछ लोगों के स्वभाव ऐसे होते हैं जिन्हें समायोजित किया जा सकता है या नहीं। थोड़ा बलिदान चाहिए।

एक नोक:

अगर शादी को बचाना है तो हर जोड़े को रात को सोने से पहले एक दूसरे के बारे में पूछना चाहिए, क्या सोचते हैं उनका दिन कैसा रहा, कल का क्या प्लान है, क्या किसी ने कुछ कहा 10 से 15 मिनट लगते हैं . लेकिन यह महत्वपूर्ण है क्योंकि मोबाइल फोन के कारण परिवारों और जोड़ों के बीच संचार समाप्त हो रहा है अकेलापन आ गया है लेकिन हमारे मोबाइल फोन कुछ भी हल नहीं करते हैं।

मूल रूप से मनुष्यों में यह भावना होती है कि हमें अपने आप को एक व्यक्ति से बांधना चाहिए और दूसरे व्यक्ति को भी मुझसे बांधना चाहिए। इसलिए, मैं मूल रूप से इस निर्माण और जबरदस्ती की भावना के खिलाफ हूं।

प्रकृति में लगभग सभी जानवर अपने जीवनकाल में अलग-अलग भागीदारों के साथ रहते हैं। और इंसानों में भी वह प्रवृत्ति होती है, इसलिए विवाहेतर संबंध बड़े पैमाने पर होते हैं। यह अलग बात है कि डर या शर्म के कारण पुणे का विवाहेतर संबंध नहीं होता। क्योंकि पार्टनर के लिए प्यार जीवन भर के लिए और साथ ही उसके लिए भी संभव नहीं है।

अगर आपको पूरनपोली खाना पसंद है और मैं आपको दिन रात पूरनपोली खिलाता हूं तो एक महीने के अंदर आप पूरनपोली खाना बंद कर देंगे। इसी तरह, एक ही व्यक्ति के साथ वर्षों तक रहने के बाद, प्यार

या कुछ और मिट जाता है, लेकिन हमें उस व्यक्ति की आदत हो जाती है और हम साथ रह सकते हैं। बेशक, बहुत से लोग मेरे विचारों से सहमत नहीं होंगे, लेकिन उन्हें वास्तव में अपने अंदर झांकना चाहिए।

जब आप शादीशुदा होते हैं और किसी दूसरी लड़की या किसी और पुरुष को देखते हैं, तो क्या आपने कभी सोचा है कि अगर हम उस व्यक्ति के साथ रहे तो कितना मज़ा आएगा? इसलिए हम शारीरिक रूप से किसी अन्य व्यक्ति के साथ रहे हों या नहीं, जब हम इस बारे में अपने मन में सोचते हैं, उसी समय विवाह मन के स्तर पर होता है।

क्योंकि कोई भी बंधन ज्यादा दिन तक नहीं बंध सकता। इसलिए कोई सवाल नहीं है कि आप प्रेम विवाह करते हैं या पारंपरिक विवाह जो भी आप चाहते हैं।

क्या प्रेम विवाह अच्छा है? इस पर मतभेद होंगे लेकिन मेरी राय में नहीं, प्रेम विवाह शायद अच्छा नहीं है। क्योंकि अधिकांश प्रेम विवाह सफल नहीं होते हैं, जिसका अर्थ है कि वे अंत तक नहीं चलते हैं।

लव न लज्जा उकती और प्यार में कुछ कर खा जोश, सिर पर बैठे प्यार का भूत, यानी लव मैरिज हो जाती है, जैसे कई कारणों से प्रेमी प्यार को सफल बनाने की कोशिश करते हैं। जब तक युगल सिर्फ एक प्रेमी है, कोई भविष्य नहीं है, कोई परिवार नहीं है, कोई जिम्मेदारी नहीं है, कोई कर्तव्य नहीं है। केवल उत्साह है। उत्साह में "वह" उसे बनाती है और "वह" उसे बहुत ही भयानक और आकर्षक बनाती है। एक दूसरे के लिए और एक दूसरे की खुशी के लिए कुछ भी कर सकते हैं यह दिखाने की इच्छा है। यह थोड़े समय के लिए रहता है।

जब प्यार की शादी हो जाती है, तो धीरे-धीरे नया खिलना फीका पड़ जाता है, फिर जिम्मेदारी कम होने लगती है। जैसे-जैसे पत्तों की मात्रा बढ़ती है, "तुम बदल गए", "तुम पहले ऐसे नहीं थे", "यह वादा शादी से पहले किया गया था", "मैंने तुम्हारे लिए कितना बलिदान किया" और दिल टूटने लगते हैं।

लव मैरिज की वजह से दोनों के बीच बढ़ती दूरी को पाने के लिए कोई भी आसानी से बीच-बचाव नहीं करता।

यदि समाज के अनुसार 'अरेंज मैरिज' होती है, तो एक-दूसरे के चरित्र, आदतों, गुणों, दोषों और व्यवहार के बारे में पहले से ज्यादा जानकारी नहीं होती है। इसलिए शादी के बाद जोड़े कुछ दिनों तक एक-दूसरे के साथ विनम्रता और सम्मान से पेश आते हैं, और जब तक वे एक-दूसरे के आदी नहीं हो जाते, तब तक उनमें एक-दूसरे के लिए प्यार की भावना विकसित हो जाती है, जब तक कि झगड़े शुरू न हो जाएं।वे दुनिया के अगले चरण में पहुंच गए हैं। साथ ही मुझे यह भी लगता है कि अगर अरेंज मैरिज में कोई विवाद होता है तो मेरे व्यवहार से मेरे माता-पिता को तकलीफ नहीं होनी चाहिए।

लव मैरिज में शादी से पहले सारी इज्जत, सारा उत्साह, नयापन और कौतूहल खत्म हो जाता है तो आज भी सैंकड़ों 60 से 70 फीसदी लव मैरिज आधी अधूरी हैं और वो भी कोर्ट में।

बेशक, यह पूरी तरह से प्रेम विवाह की प्रकृति पर निर्भर करता है। किसी भी शादी को सफल बनाना उसके हाथ में होता है अगर वह ठान ले।

लेकिन अरेंज मैरिज हमेशा लव मैरिज से बेहतर होती है

आजकल प्रेम विवाह काफी आम हो गया है .. हालांकि शहरी क्षेत्रों में अधिक लेकिन छोटे गांवों में इन्हें ज्यादातर प्रेम विवाह के रूप में देखा जाता है .. यह 2022 नहीं 1980-90 है। लेकिन हमारा सवाल स्वाभाविक है.. मेरा मानना है कि इसके लिए आपके या आपके साथी के परिवार की सोच और जीवनशैली जिम्मेदार है:

सबसे पहले यह सोचना आवश्यक है कि जिस व्यक्ति से हम शादी करना चाहते हैं वह वास्तव में विचार, उम्र और आर्थिक रूप से गहरा है या नहीं। यदि है, तो आपका कोई साथी नहीं है, बहुत कम उम्र (21-22 भी) तो शादी के चांस बहुत कम होते हैं और इसी वजह से आपका परिवार या समाज आपको लव मैरिज ना करने की सलाह देता है। परिवार ने हमसे ज्यादा चार ग्रीष्मकाल और मानसून देखे हैं। अगर लव मैरिज करने वाली लड़की अपने पैरों पर खड़ी नहीं होती है और भविष्य में उसके साथी को कुछ हो जाता है (अप्रत्याशित) या लड़का उसे छोड़ देता है तो समाज उसे स्वीकार नहीं करता है। इसके विपरीत, यदि कोई धनी

व्यक्ति प्रेम विवाह करता है, तो समाज उसमें भाग लेता है और उसकी प्रशंसा करता है।

अब वापस मुख्य बिंदु पर:

आपको पहले परिवार को समझाना होगा कि आप लंबे समय से इस रिश्ते में हैं, आपने एक-एक करके प्रेम विवाह करने का फैसला नहीं किया है.. आप आर्थिक रूप से कैसे सक्षम हैं या शादी के बाद आपकी क्या योजनाएं हैं.. और आपकी शादी के कारण परिवार के साथ संपर्क और समाज के लोगों को कुछ भी गलत नहीं लगेगा..

हो सके तो पहले लड़के को अपने पिता को और लड़की को अपनी माँ को समझाना चाहिए.. क्योंकि आमतौर पर माँ ही लड़की की पहली दोस्त होती है और पिता लड़के का शिक्षक होता है। (मेरी राय)

एक पिता कितना भी सख्त क्यों न हो, वह देखेगा कि उसकी बेटी के सर्वोत्तम हित में क्या है और देर-सबेर उसे देना ही होगा (बेशक अगर सब कुछ जैसा ऊपर बताया गया है)।

अपने परिवार को और खुद को भरपूर समय दें, जल्दबाजी में कोई फैसला न लें.. भागें नहीं और शादी कर लें.. समय जैसी कोई दवा नहीं है...

लव मैरिज हो या अरेंज मैरिज, तलाक की दर क्यों बढ़ रही है? एक महत्वपूर्ण सामाजिक मुद्दा या समस्या?

इन दिनों यह एक गंभीर प्रश्न प्रतीत होता है और समाज में इसकी बढ़ती दर ध्यान देने योग्य होती जा रही है। भारत में हालांकि यह दर अन्य देशों की तुलना में कम है लेकिन यह दर दिन-ब-दिन बढ़ती ही जा रही है।

हमें इस बात पर ध्यान देना चाहिए कि तलाक की ये दरें क्यों बढ़ रही हैं। आजकल लोग किसी न किसी वजह से तलाक लेने को तैयार हैं। इसमें बढ़ती उम्र के साथ ढलने की बजाय मतभेद बढ़ते ही जा रहे हैं।

मूल रूप से लोग खुद उस जिम्मेदारी को नहीं चाहते हैं। लेकिन यह सामाजिक रूप से खतरनाक है। इसलिए तलाक के पीछे के मुख्य कारणों को जानना जरूरी है।

1) जिद :

विश्वास और ईमानदारी किसी भी रिश्ते की नींव होती है। अगर रिश्ते में भरोसा नहीं बचा तो रिश्ता टिक नहीं पाता। बेईमानी तलाक के सबसे आम कारणों में से एक है।

2) कम्युनिकेशन गैप :

संचार उपकरण बहुत महत्वपूर्ण हैं, यदि आप एक दूसरे के विचारों और भावनाओं को समझना चाहते हैं, तो आपको नियमित संचार की आवश्यकता है। कभी-कभी कम्युनिकेशन की कमी के कारण रिश्ता टूट जाता है और फिर यही तलाक का कारण बन जाता है।

3) महिलाओं की वित्तीय स्वतंत्रता:

हमारी संस्कृति पुरुष प्रधान संस्कृति है, जहां पुरुष कर्ता हैं। लेकिन आजकल यह स्थिति बदल रही है और अब सिर्फ पुरुष ही नहीं बल्कि महिलाएं भी कमाने लगी हैं। वे आर्थिक रूप से मजबूत होने लगे हैं। लेकिन अगर आपकी पत्नी आपसे ज्यादा कमाती है, तो आज भी हमारे देश में पुरुष संतुष्ट नहीं हैं।

हां, कुछ पुरुष इसके अपवाद जरूर होंगे, लेकिन महिलाओं की आर्थिक आजादी भी तलाक का एक अहम कारण है।

4) जिम्मेदारी स्वीकार करने में विफलता:

शादी एक जिम्मेदारी है, इसके साथ ही कई जिम्मेदारियां भी आती हैं जिन्हें आपको स्वीकार करना होता है। आपको अपने साथी के जीवन में हर संकट का एक साथ सामना करने के लिए तैयार रहना चाहिए। यह समझना और स्वीकार करना महत्वपूर्ण है कि आप हर चीज के लिए जिम्मेदार हैं, अच्छा या बुरा।

5) सहमति के बिना विवाह :

शादी दो लोगों के जीवन में सबसे खूबसूरत और महत्वपूर्ण चीज होती है, यह दोनों की जिंदगी को किसी न किसी रूप में बदल देती है। जो लोग उनके साथ अपना जीवन साझा करना चाहते हैं, उनकी सहमति होना बहुत जरूरी है। अगर उनकी रजामंदी नहीं होगी तो रिश्ता ज्यादा दिन तक नहीं चल पाएगा। क्योंकि रिश्ता मजबूर था।

ऐसी शादियां बहुत जल्दी टूट जाती हैं और अगर बच भी जाती हैं तो दुनिया में समाज और परिवार के दबाव में ही होती हैं।

6) सेक्स:

सुखी वैवाहिक जीवन में सेक्स बहुत महत्वपूर्ण भूमिका निभाता है। अगर आप संतोषजनक सेक्स करते हैं, तो आपका रिश्ता लंबे समय तक चलता है, इसलिए रिश्ता हमेशा तरोताजा रहता है। लेकिन अगर आपका पार्टनर आपको संतोषजनक यौन सुख नहीं दे पा रहा है, तो रिश्ता ज्यादा समय तक नहीं टिक पाएगा।

7) अपेक्षित संख्या:

हमारी अपेक्षाएं हमेशा पूरी नहीं होती हैं। लेकिन यह हमेशा देखा गया है कि शादी के बाद चीजें उम्मीद के मुताबिक नहीं होती हैं और इसलिए रिश्ता टूट जाता है। यदि अपेक्षाएं पूरी नहीं होती हैं, तो उस व्यक्ति के मन में असंतोष बना रहता है और इससे क्रोध और जलन होती है। लेकिन इसका एक आसान सा उपाय है, वो है उम्मीद न करना...!

जब आप किसी चीज की अपेक्षा नहीं करते हैं, तो ऐसा न होने पर आप परेशान नहीं होंगे।

8) सास का झगड़ा:

भारत में भले ही शादी दो लोगों के बीच हो, लेकिन यह दो परिवारों को जोड़ती है। इसलिए ससुर के जाने के बाद लड़की को भी ससुराल वालों से एडजस्ट करना पड़ता है। सास-ससुर का झगड़ा हमारे लिए कोई नई बात नहीं है। लेकिन कभी-कभी अगर ये झगड़े बढ़ जाएं तो यह तलाक का कारण भी बन सकता है।

9) लड़कियों के जीवन में विशेषज्ञों का हस्तक्षेप:

अक्सर ऐसा होता है कि जब कोई लड़की अपने ससुराल जाती है तो उसके ससुराल वाले उससे हर छोटी-छोटी बात पूछते हैं और ससुराल वालों के साथ कैसा व्यवहार करते हैं, बताते हैं। माहेर के इस तरह के बार-बार दखल देने से भी लड़की की जिंदगी गलत रास्ते पर चली जाती है और आखिर में वह कोर्ट की सीढ़ियां पार कर जाती है।

10) विभेदन :

यह मुख्य रूप से प्रेम विवाह में देखा जाता है। जिसमें धर्म, जाति, संस्कृति, जीवन शैली आदि में अंतर पाया जाता है। इस समय समझ दिखाकर इसे अपनाना जरूरी है। हो सके तो दुनिया की ट्रेन खुशी से

पटरी पर दौड़ती है, नहीं तो रिश्ते जीवित रहने की बहुत संभावना नहीं है।

लव मैरिज करना बेहतर है या अरेंज मैरिज?

ये सभी आम आदमी की बातें हैं, सभी लागू नहीं होंगी, लेकिन ये बिंदु शादी के बारे में आपकी सोच का मार्गदर्शन करेंगे।

लव मैरिज के फायदे

1. किसी को अपना जीवनसाथी मिल सकता है या वह जो अपनी उम्मीदों से बेहतर हो।
2. शादी की उम्र बीतने से पहले ही शादी जल्दी हो जाती है।
3. शादी में उपहार, सोना, पैसा आदि देने की जरूरत नहीं है।
4. इस शादी का समर्थन करने वाले सभी खुश हैं।
5. हर कोई गर्व के साथ कह सकता है कि "हमने प्रेम विवाह किया है" जीवन भर।
6. चूंकि संयुक्त परिवार में रहने की संभावना कम होती है, इसलिए व्यक्ति अपनी पसंद के अनुसार रह सकता है
7. गृहकार्य साझा किया जा सकता है।

लव मैरिज के नुकसान

1. पार्टनर जाति से न हो, घरवालों से विरोध हो, झगड़े हों, शादी में परिवार नहीं आता।
2. रिश्तेदारों को हटाओ।
3. किसी को भाग जाना है या बस शादी करनी है।
4. सास से उपहार, धन, धन नहीं मिलता है।
5. बाद में बच्चे पैदा होते हैं तो उन्हें अपने दादा-दादी की संपत्ति का हिस्सा भी नहीं मिलता है, अगर वे जाति के भीतर शादी नहीं करते हैं, तो उन्हें परिवार और पारिवारिक व्यवसाय से हटा दिया जाता है।

6. बच्चे होने के बाद उन्हें दादा-दादी नहीं मिलते, बच्चों की देखभाल के लिए कोई आगे नहीं आता, फिर लड़कियों का करियर बर्बाद हो जाता है, लड़कों का करियर क्यों? यह यक्ष प्रश्न सामने आता है।
7. शादी के बाद भी सास बहुत परेशान करती है, ताने मारती है, बच्चों को दूर रखती है।
8. यदि प्रतिरोध जारी रहा, तो जीवन खतरे में है।
9. धमकी भरे फोन कॉल जीवन भर चल सकते हैं।
10. जान भी जा सकती है।

अब देखा जाए तो इन नफा-नुकसान में एक बात कॉमन है कि लव मैरिज होने पर घर में अप्रसन्नता आती है और उपहार, सोना, पैसा, धन मिलने की संभावना कम हो जाती है।

अरेंज मैरिज के फायदे

1. सब सुखी हैं, प्रसन्न हैं।
2. खूब पैसे खर्च कर शादी की जाती है, मौज मस्ती होती है, सारे रिश्तेदार साथ आते हैं.
3. पति-बच्चे मौज-मस्ती करते हैं, उन्हें ढेर सारा पैसा, उपहार मिलता है।
4. यह दुनिया की शुरुआत करते समय सभी की मदद करता है।
5. दादा-दादी बच्चों की देखभाल कर सकते हैं, करियर पर ध्यान दें।

अरेंज मैरिज के नुकसान

1. अपनी पसंद का साथी मिलना हमेशा संभव नहीं होता, अगर घर के लोगों ने साथी चुना है तो आपकी उम्मीदें निराश हो सकती हैं।
2. अरेंज मैरिज की प्रक्रिया सिरदर्द हो सकती है, अरेंज मैरिज होने के लिए एक महीना भी काफी नहीं होता, दस साल बाद भी शादी नहीं होती, उम्र बीत जाने पर भी शादी नहीं होती।
3. यदि कोई पूर्व ज्ञान नहीं है, तो यह भ्रामक हो सकता है।

4. कई बार परिवार में एक साथ रहना पड़ता है, फिर घर के बहुत सारे काम होते हैं, सबकी मेहरबानी बनाए रखनी होती है।
5. अगर सास ईर्ष्या करती है, जांच करती है, हिटलर की तरह व्यवहार करती है, लड़ती है, खुश नहीं हो सकती।
6. निर्णय लेने की स्वतंत्रता की गारंटी नहीं है।

क्या लव मैरिज करनी चाहिए? यह कभी न खत्म होने वाला विषय है। लेकिन भावुक होने की बजाय अपने दिमाग को शांत रखें और सोचें और सही फैसला लें।

शादी की व्यवस्था करते समय लड़की के परिवार द्वारा लड़के को कैसे धोखा दिया जा सकता है? धोखे से बचने के लिए बच्चे को क्या सावधानियां बरतनी चाहिए?

शादी तय करते समय लड़की जैसा लड़का बहुत धोखा खा सकता है, लेकिन आपको इस समय अधिक सावधान रहना चाहिए।

1)फिल्टर में फ्रॉड:- आज के वीवो ओप्पो के जमाने में कोई भी शैडो या सिंपल नहीं दिखता है सभी लड़कियां गोरी, खूबसूरत और नटखट शर्मीली दिखती हैं। बेशक कई बार यह फिल्टर या कैमरा का सबसे अच्छा होता है। ऐसे में वीडियो कॉल करें उसे देखने जाने से पहले लड़की ऐसा करें ताकि आपको चक्कर न आए और आपका दिल न टूटे।

2)मेकअप में धांधली:- आज के मेकअप के दौर में मेकअप की 2/3 परतें लगाने से कोई भी खूबसूरत लगने लगता है और 1-2 घंटे के अपॉइंटमेंट में बेवकूफ बनाना आसान हो जाता है। हमारे परिचित की एक लड़की 8000 रुपये में मेकअप ट्रायल के लिए आई थी और अपनी माँ के बगल में खड़ी थी उसकी माँ भी उस लड़की को अपनी बेटी के रूप में नहीं पहचान सकी लेकिन फिर खेल समझ गई, बाकी लोग क्या घंटी जानेंगे ??

3)पास्ट (या Old Lafda):- कई लड़कियां शादी से पहले किसी के साथ रिलेशनशिप में रहती हैं और इस जानकारी को छुपाती हैं और फिर अपने पुराने बॉयफ्रेंड के संपर्क में रहती हैं।

फिर ऐसी लड़की किसी पुराने बॉयफ्रेंड से आपकी तुलना कर आपके जीवन को हराम कर सकती है। या फिर कई बार लड़की आपको पति के रूप में कभी स्वीकार नहीं करेगी चाहे आप कुछ भी कर लें। यदि आप किसी पुराने बीएफ के साथ शारीरिक संबंध रखते हैं तो आपको यौन संचारित रोग (एचआईवी एड्स कीवा हेपेटाइटिस बी) हो सकते हैं।

4)नौकरी के साथ धोखा:- आप अक्सर सोचते हैं कि नौकरी वाली पत्नी होने का मतलब है कि हम दोनों को तनख्वाह मिलेगी और हम थोड़ा आराम से रह सकते हैं। लेकिन नौकरी वाली कुछ लड़कियां आपको एक रुपया नहीं देती हैं बल्कि वे आपके पैसे उड़ा देती हैं और आपसे पैसे निकालती हैं, उसका सारा पैसा बच जाता है लेकिन आप गरीब हो जाते हैं। (आपका पैसा हमारा पैसा है और मेरा पैसा मेरा पैसा है)।

(इसके लिए शादी से पहले पैसे की बात करें और स्पष्ट करें कि यह क्या है) और कई बार लड़कियां सिर्फ यह दिखाने के लिए काम करती हैं कि वे शुरुआत में एक कामकाजी लड़की हैं और कुछ समय बाद नौकरी छोड़ देती हैं। गृहकार्य:- लेकिन ऐसे समय में कई नौकरी वाली पत्नी के साथ शादी कर लेते हैं लेकिन कुछ लड़कियां बहुत चालाक होती हैं, वे कहते हैं कि मैं नौकरी कर रहा हूं मैं घर पर कुछ काम और काम नहीं कर सकता। वे खाना बनाने वाले रसोइए और बाकी काम के लिए नौकरानी रखते हैं और फिर कुछ समय बाद नौकरी छोड़ देते हैं और फिर कहते हैं कि मुझे कुछ घर का काम नहीं मिलता है तो वे न तो नौकरी करते हैं और न ही घर का काम जैसे खेलते हैं। यह। अगर कोई नौकरी कर रहा है, तो कहानी अलग है।

5)चालु लफड़े:- कुछ लड़कियों की शादी सिर्फ इसलिए होती है क्योंकि उनका बॉयफ्रेंड शादी के लिए तैयार नहीं होता है, तो उस समय बॉयफ्रेंड उन्हें कहते हैं कि तुम शादी कर लो, मैं तुम्हारे साथ हूं, फिर वे शादी कर लेते हैं और शादी के बाद चुपके से शादी कर लेते हैं। प्रेमी के साथ रहते हैं और पति के साथ रिश्ते में रहते हैं। वे धोखा देते हैं। फिर वे

अक्सर सही समय पर पैसे और गहने लेकर भाग जाते हैं और कभी-कभी अपने प्रेमी को अपने साथ ले जाते हैं और उन पर हमला करते हैं। और इस बात के बहुत कम चांस होते हैं कि ऐसी लड़की आपको प्यार करे या आपको पति के रूप में स्वीकार करे।

एक दोस्त की शादी हो रही थी, लड़की ने छुपाया अफेयर अंत में हमारे सभी दोस्तों ने पैसे जमा करके उसे बाहर निकाल दिया। दहेज हत्या का मामला अभी भी चल रहा है। उसकी एक ही गलती है कि उसने लफ्डा वाली लड़की से शादी कर ली।

6)एक और लड़की:- लातूर के पास एक गांव में एक बार ऐसी ही घटना घटी एक लड़के को एक लड़की दिखाई गई, उसने उससे बात करना शुरू कर दिया, लेकिन फोन पर बात करने वाली लड़की उसकी छोटी बहन थी, उसने हमेशा वीडियो कॉल पर बात करने से इनकार कर दिया। शादी के दिन उन्होंने उसकी छोटी बहन को शादी में शामिल किया। वह पागल थी और जल्दी में शादी करने का फैसला किया, पति को शक हुआ लेकिन उसे धमकी दी गई। आखिरकार, शादी के बाद, कार में घर जाते समय उसे सच्चाई का पता चला उसने सड़क पर कार रोक दी और भाग गया। वह 3/4 दिनों से किसी के संपर्क में नहीं था। लड़की के परिवार के सदस्य भी ठीक हैं। आपकी समस्या यह है कि हम अभी क्या नहीं कर सकते इसलिए उसे वापस लेने से मना कर दें। अंत में, लड़का बाद में पुनर्विवाह करता है और उसकी पत्नी उसके साथ रहती है और घर की सफाई करती है।

7)बीमारी (स्वास्थ्य की स्थिति):- लड़की के परिवार के कुछ लोग लड़की की शारीरिक बीमारियों और बीमारियों को छुपाते हैं, लेकिन आधे घंटे की यात्रा में क्या पता चलेगा?.

जैसे:- एक बार एक दोस्त का फोन आया कि वह अपनी बहन के घर दवाई पहुंचाना चाहता है। हमने तलेगांव (लोनावला) के लिए 40-50 KM की यात्रा की और दोस्त ने कहा कि घर पर कोई नहीं है। जब मैंने अपने दोस्त से इसके बारे में पूछा यह, उसने कहा कि शादी से पहले हमारे परिवार ने उसके फिट होने की जानकारी छिपाई थी, शादी के बाद, पति को पता चला, उसने तलाक मांगना शुरू कर दिया, फिर हम हर

महीने उसके इलाज और दवा के लिए भुगतान कर रहे हैं। कई लड़कियां मानसिक बीमारी छुपाती हैं, ऑपरेशन छुपाती हैं।

8)क्रैश डाइट:- मेरे परिवार में एक लड़की थी जिसका वजन 110 किलो था, वह बहुत मोटी थी, उसकी शादी को लेकर घर में बहुत तनाव था, फिर उसने डायटशियन की मदद ली और क्रैश डाइट शुरू कर दी। गाजर मूली कद्दू फाइबर डाइट) उसने 3/4 महीने में 40-50 किलो वजन कम किया और पतली हो गई। सोशल मीडिया पर अपनी सभी पुरानी तस्वीरों को तुरंत हटा दिया और नई तस्वीरें लीं और जल्दी से एक दूर के लड़के को बुलाकर शादी कर ली..(शादी लड़की का घर कह रहा था कि उसके बाद हमारी टेंशन खत्म हो गई)

वही सामान्य खाना खाकर शादी कर ली और 100 किलो+ वजन पर वापस चली गई। ऐसा इसलिए है क्योंकि सभी कानून महिलाओं के पक्ष में हैं और पुरुषों के पक्ष में कुछ भी नहीं है, इसलिए सोचें और निर्णय लें।

हमें किस प्रकार से अपना बचाव करना चाहिए:-

1. सबसे पहले तो सोचिए कि शादी एक लेन-देन है क्योंकि आपके पास नौकरी, व्यवसाय, संपत्ति है, इसलिए ज्यादा गुस्सा न करें क्योंकि दूसरा व्यक्ति शादी के लिए कह रहा है या इसलिए कि वह आपसे प्यार करता है।
2.
3. तस्वीरें देखकर प्यार में न पड़ें, वीडियो कॉल करें या व्यक्तिगत रूप से मिलें, फिर प्यार में पड़ें।
4.
5. यह देखने की कोशिश करें कि बिना मेकअप के लड़की कैसी दिखती है मेकअप और बिना मेकअप में बहुत बड़ा अंतर है।
6.
7. उसके पुराने इतिहास को देखें और पता करें कि वह किसी को डेट कर रही है या नहीं, या उससे सीधे सबके सामने पूछें, यदि हां, तो हमें अभी बताएं।
8.

9. अगर आप नौकरी करने जा रहे हैं तो पहले से स्पष्ट कर लें कि आप कितने साल करेंगे और वेतन क्या है।
10.
11. घर के कामों को पहले से बांट लें और पहले ही साफ कर लें कि आप खाना बना सकते हैं या नहीं।
12.
13. यदि आपके पास उसकी बीमारियों और अन्य स्वास्थ्य स्थितियों के बारे में सोचने का समय है, तो स्वास्थ्य प्रमाणपत्र मांगें और इसे स्वयं जमा करें।
14.
15. एचआईवी एड्स और अन्य यौन संचारित रोगों के लिए यह परीक्षण लें।
16.
17. शादी में जल्दबाजी न करें, मिलने के ज्यादा से ज्यादा मौके का इस्तेमाल करें और जब भी मौका मिले मिलें।
18.
19. अगर वे लड़की की ओर भाग रहे हैं, तो समझ लें कि किसी तरह का घोटाला है और वे लड़की को जल्दी से काटना चाहते हैं।
20.
21. साथ ही यह भी पहले से स्पष्ट कर लें कि आप परिवार के साथ रहना चाहते हैं या शादी से पहले अलग होना चाहते हैं।

कई बार

1)हमलोग जल्दी में हैं।

2)पिता-दादी की तबीयत ठीक नहीं, जल्द शादी करना चाहते हैं।

3)हमारे पास अभी भी कई जगह हैं।

4)नहीं तो समय नहीं है।

5)क्यों इंतजार करना?

इतने सारे बिन्दुओं का प्रयोग करने से लड़की का विवाह जल्दी समाप्त हो जाता है, एक बार विवाह हो जाने पर वह समाप्त हो जाता है।

तो कहते हैं जागो ग्राहक जागो...

जब आपकी शादी होती है तो कहा जाता है लक्ष्मी आती है और लड़के गरीब हो जाते हैं।वास्तव में यह कहना चाहिए कि लक्ष्मी आपके खाते से निकली। , वे अक्सर "धनपरया" होते हैं। वे ऐसा करते हैं।

मैं इस मानसिकता से लिख रहा हूं कि शादी एक व्यवसाय है, इसलिए पैसा, संपत्ति और सुंदरता से शादी होती है, लेकिन अगर आप इसमें सच्चा प्यार करते हैं, तो भगवान आपका भला करे। आप मेरी राय से असहमत हो सकते हैं। यह उत्तर केवल हिमशैल का सिरा है और भी कई मुद्दे हैं जो बच्चों को भ्रमित करने के काम आते हैं...

सभी लोग ऐसे नहीं होते लेकिन कुछ लोगों को दूसरों पर शक होता है।

क्या शादी के लिए लड़के के पास पैसा और लड़की का खूबसूरत होना जरूरी है?

पैसा हमारे जीवन को जीने के लिए सबसे महत्वपूर्ण चीज है। यह एक सच्चाई है कि हर कोई एक सफल और अमीर व्यक्ति से शादी करना चाहता है। यहाँ हम लड़कियों के दृष्टिकोण से "सुंदर लड़कियों को एक अमीर आदमी से शादी क्यों करनी चाहिए" का जवाब देने का प्रयास करते हैं। कृपया गलत हो तो सुधारें।

देखिए लड़कियां एक अच्छे लड़के से शादी करना चाहती हैं जो उन्हें प्यार करता है और परिवार की जरूरतों को पूरा करने के लिए पर्याप्त पैसा कमाता है, अब शादी करने के फैसले में "ज़रूरत" एक महत्वपूर्ण भूमिका निभाती है। एक लड़के के लिए, जब उसकी तलाश चल रही हो, कोई सुंदर और समझदार हो, जो आसानी से अपने परिवार में मिल जाए और अपने बच्चों की देखभाल करे। (यह एक सामान्य विचार है, मैं किसी कामकाजी या स्वतंत्र महिला के खिलाफ नहीं हूं)। मुझे ऐसी लड़की चाहिए। जब कोई लड़का अमीर होता है तो उसकी पहली पसंद सुंदरता होती है। क्योंकि उसके पास बाकी सब कुछ है। बाकी नेचर की बात करें तो वह शादी से पहले नहीं समझते।

लड़कियों के लिए, यदि आप एक अमीर आदमी से शादी करते हैं, तो आपके दैनिक जीवन के आधे संघर्ष लगभग समाप्त हो जाते हैं। इसके अलावा आपको बस या ऑटो से यात्रा करने की आवश्यकता नहीं है (अमीर का अर्थ है अपनी कार होना), आपको मोलभाव करने के लिए बाजार जाने की आवश्यकता नहीं है (आपके पास एक सहायक है) और ऐसी कई समस्याएं हैं जिनकी आपको आवश्यकता नहीं है चेहरा। कोई भी आपको काम करने के लिए मजबूर नहीं करता है, यह आपकी अपनी पसंद है कि आप काम करना चाहते हैं या आपका पति आपकी देखभाल करने के लिए पर्याप्त है।

अमीर लोग, उनकी आवश्यकताएं सरल हैं, क्योंकि वे अमीर हैं, उन्हें समझौता करने की आवश्यकता नहीं है। वे एक सुंदर, शिक्षित, सभ्य दुल्हन चाहते हैं। ज्यादातर मामलों में उन्हें कामकाजी पत्नी की जरूरत नहीं होती है, इसलिए उनकी प्राथमिकताएं चेहरे की सुंदरता के इर्द-गिर्द घूमती हैं।

इसलिए सिर्फ खूबसूरत लड़कियां ही नहीं, हर लड़की एक अमीर लड़के से शादी करना चाहती है, बल्कि उनमें अनुकूलता, समझ, वफादारी आदि गुण भी शामिल होते हैं। वे भविष्य की सुरक्षा के लिए एक समृद्ध जीवनसाथी चाहते हैं क्योंकि उन्हें शादी के बाद बच्चे के साथ रहना पड़ता है। एक अच्छी तरह से स्थापित, विनम्र और अमीर आदमी हमेशा चुनने का एक अच्छा विकल्प होता है।

संक्षेप में, शादी एक सौदा है और हर कोई बेहतर सौदेबाजी के लिए प्रयास करता है। मानो या न मानो, यही हकीकत है।

शादी के लिए लड़का/लड़की की तलाश करते समय आपको क्या देखना चाहिए? उनका चरित्र, रूप या पैसा?

आज के बच्चे चाहे कितने भी आधुनिक हो जाएं और उनके विचार आसमान को हिला दें, फिर भी वे अपनी पत्नियों में कुछ चीजें पसंद करते हैं।

आपकी अपनी अपेक्षाएं क्या हैं?

तुम क्या चाहते हो खाना बनाने वाली पत्नी चाहिए? आप काम क्यों करते है? एक अमीर बेटा चाहते हैं? आपको किराए पर क्यों लें? ऐसी

उम्मीदों को अपने दिमाग में पहले से साफ कर लें। अगर हम रणवीर सिंह की तरह बनना चाहते हैं तो क्या हम दीपिका हैं? इसकी जांच करें।

एक लड़की की सुंदरता, पतला फ्रेम, क्या चार तिमाहियों में आईना ठीक रहेगा?

चार-पांच दोस्तों को उसकी फोटो भेजकर उसकी स्वीकृति मिलने पर सभी रिश्तेदार उसकी तारीफ करते हुए कहते हैं कि मम्मी-पापा ही करें, लड़कियां क्या करें? सरकारी नौकरी है? क्या कोई बंगला है? क्या यह पुणे मुंबई का घर है? घर में खेत है? क्या कोई सुख हैं? क्या कोई चौपहिया वाहन है? बैंक बैलेंस क्या है? क्या घर में सब खुश हैं?

मंज़िल को लेकर माँ कितनी उत्साहित हैं? क्या रिश्तेदारों को यह पसंद आया? क्या मैं एक प्रेमिका में अमीर दिखूंगा?

अन्य सभी प्रकृति अंधविश्वास हैं।

"कैसे" एक लड़की या लड़का क्रोध व्यक्त करता है?

खुशी व्यक्त करने का तरीका लगभग सभी के समान होता है, लेकिन क्रोध व्यक्त करते समय हम यह भूल जाते हैं कि इससे हमारे करीबी लोगों को दुख होगा। तो क्या लड़का दुर्घटनाग्रस्त हो जाता है? क्या यह हिंसक हो जाता है? क्या लड़की आवेगपूर्ण ढंग से कार्य करती है और अत्यधिक निर्णय लेती है? यह देखा जाना चाहिए।

क्या यह शरीर की देखभाल करता है?

यदि शरीर की देखभाल नहीं की जाती है, तो जीवन के प्रति उनका समग्र दृष्टिकोण नकारात्मक होता है, है न? यह देखा जाना चाहिए। एक खुश व्यक्ति से निपटना आसान है, एक दुखी व्यक्ति एक पंचिंग बैग है।

बीती बातों को भूलकर खुशी-खुशी नए रिश्ते के लिए तैयार हैं?

हर किसी का अतीत अच्छा और बुरा होता है, लेकिन क्या वह व्यक्ति अभी भी अपने प्रेमी के बारे में बात करता है? क्या अतीत अभी भी आपको सताता है? यह जान लें वरना अतीत में रहने वाला व्यक्ति वर्तमान में नए रिश्ते को नजरअंदाज कर देता है।

क्या यह नशे की लत है?

इसे "पार्टी में थोड़ा लंबा रास्ता तय करना" के रूप में खारिज न करें, एक लड़का या लड़की एक दिन में कितनी बोली लगाते हैं? यह कितनी

बीयर पीता है? ये जान लें.. जब आपका बच्चा सिगरेट पी रहा होता है तो कई समस्याएं पैदा होती हैं।

आप एक या दो मीटिंग में फैसला नहीं कर सकते हैं, इसलिए अपना समय लें, पहले थोड़ा मिलें, व्हाट्सएप से कॉल कुछ लोगों को नहीं पता, इसलिए आमने-सामने मिलें और चैट करें, सच बताएं, अगर आपको एक गोरी लड़की चाहिए या एक छह अंक वेतन वाला लड़का, इसे स्पष्ट रूप से कहें।

आप जितना स्पष्ट, सीधा, शांत बोलेंगे, रिश्ता शुरू करना उतना ही आसान होगा।

आमतौर पर एक लड़की अपने होने वाले पति से क्या उम्मीद करती है?

होशियार होना चाहिए (प्राप्त करना)। उच्च शिक्षित, स्वतंत्र, सहायक, समझदार, समझदार, क्रोधी नहीं, अच्छी कमाई करने वाला, नौकरीपेशा या व्यवसाय में होना चाहिए, एक साथ परिवार होना चाहिए, सबसे महत्वपूर्ण बात यह है कि कंजूस नहीं, परवाह करने वाला, मेरी राय का सम्मान करने वाला, सबके सामने सराहना करने वाला, लेकिन जो बताता हो अकेले में गलतियां, गुस्सा आ सकता है, सैर के लिए निकाल सकते हैं,

मेरे और मेरे परिवार का सम्मान होना चाहिए। जीवन को प्रकृति से नापा जाना है, सौंदर्य से नहीं, क्योंकि सौंदर्य अस्थायी है और प्रकृति शाश्वत है।

नवविवाहित लड़कियों को आप क्या संदेश देना चाहेंगे?

1. निराशा का दुख हमारे सामान्य दुख से बहुत बड़ा होता है, इसलिए बहुत ज्यादा उम्मीद न करें।
2.
3. रसोई की टैगलाइन हमेशा याद रखें "रुको, मैं करता हूँ"।
4.
5. "यह कैसे करना है?" या "क्या हम?" ऐसा कहकर आप सास-ससुर में बातचीत शुरू करें।
6.
7. "ऐसे ही हमारे साथ करते हैं" मन या महेरी में ही कहना चाहिए।
8.
9. अगर आपको "सास सुबह जल्दी उठकर चाय बना रही है" जैसा कुछ दिखाई दे तो यह एक मीठा सपना या दृष्टि हो सकती है।
10.
11. यहां तक कि अगर कोई कुछ ताना मारता है, तो उसे "हो हो राइट ए ..." के रूप में शर्म आनी चाहिए। इसके विपरीत, केवल पति ही बोल सकता है, पति वह है जो सुनता है।
12.
13. जब सास टीवी देख रही थी, ''तुम्हें कुछ चाहिए?'' उनसे बहुत विनम्रता से पूछो, क्योंकि तब उन्हें कुछ नहीं चाहिए।
14.
15. हमेशा विश्वास करें कि "सास आधुनिक है"। "क्या सास आधुनिक हैं?" इसे जांचने के लिए शॉर्ट्स पहनकर घर के आसपास न घूमें।
16.
17. जब सास बाहर जाती है तो उसे अपने दोस्तों को बुलाना चाहिए, ताकि वह कम से कम आधे घंटे तक बात कर सके।
18.
19. दो या तीन बड़े मेमोरी फोम तकिए पास में रखें, अगर कुछ हो जाता है, तो आप चीखने या रोने के लिए अपना सिर उसी तकिए में दबा सकते हैं।
20.

21. पहले हफ्ते में आपको पता चल जाएगा कि आपके पति "कबीर सिंह का ही नई" हैं, इसलिए चुपचाप प्यार में न पड़ें।
22.
23. कभी हंसने में सक्षम होना चाहिए, यदि आप ऐसा नहीं कर सकते हैं, तो रोएं, यदि आप बहुत याद करते हैं, तो आपको "माज़ माहेर" पर कविताएं या निबंध लिखना चाहिए, लेकिन आप इसे पढ़ना नहीं चाहते हैं सास बिल्कुल।
24.
25. "तो आप कब खुशखबरी देंगे?" जब कोई पूछता है, तो आपको मजाक बनाना सीखना होगा जैसे "पहले मीठी चाय देता है"।
26.
27. "तो दुनिया कैसी चल रही है?" जब कोई ऐसा पूछता है, तो आंखों में खुशी के आंसू छिपाने में सक्षम होना चाहिए और "कूल" का जवाब देना चाहिए।

ऐसी कौन सी बात है जो हर लड़की को पता होनी चाहिए?

मान लीजिए कि लड़की कहेगी कि कल वह किसी की पत्नी, बहू, बहू होगी.. (सभी लड़कियों की शादी नहीं होगी लेकिन आम तौर पर मान लिया जाता है)

अब उस लड़की को क्या पता?

बच्चों का भी मन होता है, कभी-कभी वे बहुत जोर-जोर से रोना चाहते हैं.. वे लगातार घर में बड़े सहारा बन रहे हैं और आपके सामने आने वाली समस्याओं और कठिनाइयों का बहादुरी से सामना कर रहे हैं। ऐसे में उन्हें भी कभी-कभी सहारे की जरूरत पड़ती है।

सभी बच्चे एक जैसे नहीं होते हैं, इसलिए बस या अन्य सामाजिक सेटिंग में बच्चे के बगल में केवल खाली सीट लिए बिना किनारे पर खड़ा होना उसके लिए अपमानजनक है। आपका पति सीधे आसमान से नहीं उतरा है, यह उसके माता-पिता, भाई, रिश्तेदार, शादी से पहले के दोस्त हैं जो उसे समय देना चाहते हैं।

यदि वह कभी असफल होता है, तो वह केवल आपसे उसकी छाया होने की अपेक्षा करता है और बिना सलाह दिए उसका समर्थन करता है कि "अगर मैंने ऐसा किया होता, तो ऐसा नहीं होता", आपकी मात्र उपस्थिति उसे दुनिया से लड़ने की ताकत देती है। वह आपको यह बताए बिना ही आपके पास ला रहा है कि उसने आपको वह भूत खरीदने के लिए क्या किया जो आप चाहते हैं।

बेटा, भाई, पति, दामाद, पिता... वह सबकी उम्मीदों पर खरा उतरकर इन सभी भूमिकाओं को पूरा करता है... और भी बहुत कुछ लिखा जा सकता है लेकिन मुझे आशा है कि आपको मेरी बात समझ में आ गई होगी। और हाँ, सभी लड़कियां ऐसी नहीं होती.. तो कृपया पढ़ते समय बहकावे में न आएं..

क्या लड़कियों को शादी के बाद काम करना चाहिए?

1)बचपन से ही माँ की प्यारी और पिताजी की गुड़िया।

2)शिक्षा, अतिरिक्त गतिविधियों में सबसे आगे।

3)कक्षा 1 से 10 तक टॉपर।

4)वह बड़ी होकर डॉक्टर, इंजीनियर, वकील, पायलट या और क्या बनने का सपना देखती है।

5)बारहवीं में उसने दिन-रात पढ़ाई की और बोर्ड में शामिल हुई।

6)चार-पांच साल तक डिग्री की पढ़ाई कर लड़कों से प्रतिस्पर्धा करना और डिस्टिंक्शन हासिल करना।

7)कैंपस प्लेसमेंट में नौकरी मिल रही है और 10 लाख का अच्छा पैकेज मिल रहा है।

8)अपने करियर के लिए समर्पित, वह शुरुआती से लेकर अनुभवी तक के क्षेत्र में उत्कृष्ट प्रदर्शन करती है।

9)अब मम्मी-पापा सिर्फ दायीं तरफ देखकर ही पीले हो जाएंगे।

10)और फिर सवाल उठता है कि क्या उसे शादी के बाद काम करना चाहिए? मेरा मतलब, वो आज तक जो कर रही थी वो सिर्फ शादी के लिए थी? उसके योग्य वर खोजने के लिए? उसके लिए उस आदमी से शादी करना जो उससे ज्यादा कमाता है?

शादी के बाद तार पर उसकी ट्रेनिंग शुरू होती है। जब आप एक नए घर में जाते हैं, तो उसके रीति-रिवाजों को जानें, अपने पति के माता-पिता को अपने माता-पिता कहें। नए घर में सभी को समायोजित करें। घर आने पर वह घर का ख्याल रखता था, खाना बनाता था और ढकता था। इधर-उधर भागने से वह चिढ़ जाएगी। हम सुनना चाहते हैं कि आज हमने ऐसा नहीं किया, हमने वह नहीं किया, हमारे पास ऐसा नहीं है। अगर आप जवाब देंगे तो ससुर लड़की के माता-पिता के संस्कार हटा देंगे क्योंकि लड़की पर क्या संस्कार किए गए थे।

11)एक साल तक ऐसा करने के बाद आसपास के लोग पालने में यह पता लगाने लगेंगे कि पालना कब लगाना है। फिर दोनों ने बच्चे को रहने दिया। फिर बच्चे की उपेक्षा से बचने के लिए उसे अपने करियर से ब्रेक लेना पड़ता है।

12)पति उससे कहता है कि मेरा पैकेज ज्यादा है इसलिए मैं काम करूंगा और तुम घर और बच्चे की देखभाल करो। जब वह छुट्टी लेती है, तो बच्चे के साथ कुछ दिन पूरी तरह से बीत जाते हैं। ऐसे ही एक दो साल बीत जाते हैं और उसे लगने लगता है कि उसके हाथ से कुछ छूट रहा है।

13)वह सोचती है कि उसके साथी अपने करियर में कितनी दूर चले गए हैं। अगर हम ऐसे ही घर बैठे रहेंगे तो हम बूढ़े हो जाएंगे। फियर ऑफ़ मिसिंग आउट (FOMO) उसे शांत नहीं बैठने देगा। घर के सभी लोग उसे हल्के में लेने लगते हैं। वह सोचती है कि अन्य महिलाओं की तरह हम भी चूल्हे और बच्चे के बीच फंस जाएंगे।

लेकिन वह हिम्मत नहीं हारती और बच्चे को नर्सरी में रखते हुए अपना काम फिर से शुरू कर देती है। उसके अंदर की माँ उसे बच्चे के साथ समय बिताने के लिए भावुक कर देती है जबकि उसका स्त्रीत्व, उसका होना, उसे घर पर बैठने की अनुमति नहीं देता है।

14)घर में बाकी सब उसे कहेंगे कि तुम घर की देखभाल करो, वह पैसा कमाने के लिए है। यदि वह यह सब सुन कर अपने निर्णय पर अडिग रहकर कार्य करती है तो इसे स्वार्थी कहा जाएगा। वह अपने करियर को प्राथमिकता देती है न कि अपने परिवार को।

मूल प्रश्न: क्या लड़कियों को शादी के बाद काम करना चाहिए? हाँ, किया जाना चाहिए। क्या सिर्फ पैसा कमाने के लिए नौकरी करनी चाहिए? तो नहीं। आपको अपने लिए काम करना चाहिए। उसे काम करना चाहिए क्योंकि वह चाहती है।

जो उसकी बुद्धि, योग्यता, कौशल का उपयोग करेगा। कोई भी मशीन अपनी पूरी क्षमता से तभी काम कर सकती है जब वह उपयोग में हो। इसी प्रकार इतने वर्षों से प्रतिदिन कुछ न कुछ नया सीखने की आदी यह मानव मन और बुद्धि यदि संघर्ष अचानक रुक जाए और अपने आप को खो दे क्योंकि समाज उसे केवल एक उत्कृष्ट गृहिणी या एक आदर्श माँ के रूप में देखना चाहता है, तो उसके पास क्या बचेगा? खुद? उसके सपने, उसका आत्मविश्वास, दुनिया से उसकी प्रतिस्पर्धा सब खत्म हो जाएगी। यह अच्छा है कि पति आज कमा रहा है, लेकिन कल किसी कारण से अगर उसके साथ कुछ बुरा होता है या अलग होने का समय है, तो उसकी नौकरी उसका समर्थन करेगी।

यह जिद कितनी सही है कि एक सरकारी नौकरीवाले ही बेटा चाहता है? ऐसी मानसिकता वाले माता-पिता को आप क्या सलाह देंगे?

हमारे समाज में लड़कियों के माता-पिता की बहुत पहले से ही यह मानसिकता रही है कि सरकारी नौकरी का मतलब जीवन का कल्याण है। न केवल लड़कियों के माता-पिता बल्कि लड़कों के माता-पिता की भी यह मानसिकता होती है कि अगर उनके बेटे को सरकारी नौकरी मिल गई तो उसके बेटे की शादी जल्दी हो जाएगी। आज सरकारी नौकरियों में वेतन बहुत अधिक है, लेकिन पहले भी लड़कियों को पति के रूप में कम वेतन वाली सरकारी नौकरी पसंद थी... इस मानसिकता का कोई इलाज नहीं है...!

कई माता-पिता चिंतित हैं क्योंकि उन्हें पहले से बच्चे नहीं मिल रहे हैं। अगर आपको इसमें कुछ और मिल जाए तो कल कई लोगों के लिए शादी असंभव हो जाएगी। क्योंकि आज घर बैठे लड़कियों की उम्मीदें

इतनी ज्यादा हैं कि अगर लड़की सरकारी नौकरी कर रही है तो कई लोगों को शादी का विषय छोड़ना होगा. वैसे भी प्रश्न न केवल रोचक है बल्कि विचारोत्तेजक भी है।

अब स्थितियां बदल रही हैं क्योंकि सरकारी पेंशन बंद हो गई है, इसलिए अब आईटी कंपनी सोच रही है बीस हजार से ऊपर वेतन, अपना घर, घर में कितना खाना खाना है, पति और बेटे की कितनी जिम्मेदारी है, कितनी है काम बेटी को करना होगा और उसे कितनी आजादी मिलेगी।

उसमें अगर कोई लड़की नौकरी कर रही है तो उसके घर पर वेतन नहीं देने और नौकरी नहीं छोड़ने की शर्तें हैं।इसलिए शादी की उम्र बीत रही है, समाज में लड़कियां कम हैं और जो हैं अधिक शिक्षा प्राप्त कर रहे हैं और उच्च वेतन के लिए काम कर रहे हैं।

लेकिन अगर यही मानसिकता बनी रही तो शादियां नहीं होंगी और बढ़ती उम्र के साथ शादी की कोई इच्छा नहीं होगी और मानव आबादी घट जाएगी और समाज गायब हो जाएगा।खर्च न करने से एक अशिक्षित पीढ़ी पैदा होगी। . आइए देखें कि नवर्देव निजी या सरकारी नौकरी में काम कर रहे हैं या नहीं, दो मुद्दों को ध्यान में रखते हुए यदि इस प्रश्न में स्थिति उत्पन्न होती है तो सभी स्तरों पर क्या परिणाम होंगे:

1)उसके ऊपर, शिक्षा में लड़कियों के बढ़ते प्रभुत्व के साथ, यह संभावना हो सकती है कि कल पुरुषों के लिए 33 प्रतिशत आरक्षण मांगने का समय होगा।

2)आपको अपनी सरकारी नौकरी की श्रेणी के आधार पर अपनी पसंद की स्वतंत्रता की जांच करनी होगी। क्योंकि अगर एक लड़की एक निश्चित वर्ग की स्थिति से संबंधित है, तो वह अपने से ऊंची कक्षा के लड़के की अपेक्षा करेगी। क्या पंचायत आ गई है?

3)चूंकि लड़की सरकारी नौकरी में है, इसलिए उसे आपके जैसा ही सम्मान मिलेगा। फिर कल हमें हर दिन 'ओह, आप अपने आप को कलेक्टर क्यों मानते हैं' मुहावरा सुनना होगा।

4)क्या आप तैयार हैं अगर कल लड़की के पिता को दहेज देना पड़े? क्योंकि कहा जाता है कि सरकारी नौकरी में पैसा और हर तरह की गारंटी

मिलती है।

5)गुप्त धन के लिए शाम को होने वाली गुप्त सभाओं को सहना पड़ता है।

6)कल जब हर कोई उन्हें बैसाहेब के रूप में नमन करेगा, तो कोई आपकी ओर भी न देखे तो कैसा रहेगा?

7)कहावत 'हर सफल पुरुष के पीछे एक महिला का हाथ होता है' अप्रचलित हो जाएगा और इस बात से इंकार नहीं किया जा सकता है कि इसे 'हर सफल महिला के पीछे एक पुरुष का हाथ' में बदल दिया जाएगा। अब मस्ती वाले हिस्से को एक तरफ छोड़ दें। दुर्भाग्य से, आजकल साथी की तलाश करते समय व्यक्ति महत्वपूर्ण नहीं रह गया है, लेकिन उसकी स्थिति और धन अधिक महत्वपूर्ण हो गया है। मैं इस बारे में पहले भी बोल चुका हूं। लेकिन मेरे पास ठोस विचार नहीं होंगे।

बेटियां ससुर से शादी करना चाहती हैं, इसलिए ससुर अच्छा होना चाहिए, लड़की के माता-पिता चाहते हैं कि बेटा सरकारी नौकरी करे, कुछ कंपनी या अन्य निजी नौकरी में लगे हों, या कोई अन्य पेशा अच्छा हो, और अगर बेटा अच्छा है, घर में सब कुछ ठीक है, तो बेटी देते हैं।, अधिकतम प्रयास किया जाता है कि लड़की को सरकारी नौकरी में बेटा मिले, क्योंकि सरकारी नौकरी है, तो भविष्य की कोई चिंता नहीं है, अकेले में। नौकरी है तो भरोसा नहीं, आगे क्या होगा, सरकारी नौकरी है तो कोई टेंशन नहीं है, लेकिन फिर भी मां-बाप सरकारी नौकरी में नहीं बल्कि प्राइवेट में हैं फिर भी स्थाई रहेंगे, बाकी बात यह है कि अगर घर अच्छा है, लड़की के माता-पिता लड़की देने के लिए तैयार हैं, और अगर लड़का भी कहता है कि मुझे सरकारी नौकरी चाहिए, तो शादी में बहुत देर हो जाएगी, और अगर लड़कों की ऐसी उम्मीदें हैं, तो लड़कों के पास नौकरी नहीं होगी। , तो बहुत सी लड़कियां होंगी।वे सरकारी नौकरी में हैं, लेकिन अगर हर लड़का यह कहने लगे कि, लड़के नौकरी नहीं करना चाहते हैं, अगर दोनों कहते हैं कि मुझे सरकारी नौकरी/सरकारी नौकरी चाहिए, तो ही होगा एक लड़ाई। जैसे-जैसे बच्चे बड़े होते जाते हैं, वैसे-वैसे उनकी उम्र के साथ और भी समस्याएँ पैदा हो सकती हैं।

यदि आप में अपने पुरुष अहंकार को दूर करने की क्षमता है, तो आपको अपने साथी पर गर्व होगा चाहे वह निजी या सरकारी नौकरी कर रहा हो, आपसे अधिक शिक्षित और सफल हो।

17

बलात्कार का विवरण और मानसिकता

हमारे समाज में एक बात जिस पर खुलकर बात नहीं की जाती है वह है रेप। हम इस लेख श्रृंखला के अगले कुछ लेखों में इस विषय पर बात करने जा रहे हैं। बहुत सीधे और खुले तौर पर। क्योंकि जितना छिपाव, फुसफुसाहट, झिझक होगी, उतना ही हमारा नुकसान होगा। ऐसा होने से रोकने के लिए यह एक प्रयास है। हमें एक मजबूत गलत धारणा है कि दुनिया में जो बुरी चीजें हो रही हैं, वे हमारे या हमारे परिवार के साथ कभी नहीं होंगी। इसे आशावादी रवैया नहीं कहा जा सकता। क्योंकि इसका मतलब है कि हम वास्तविकता से दूर भाग रहे हैं। यदि हम इस अवांछित वास्तविकता का सामना करना चाहते हैं, तो इसका सीधा सामना करना सुविधाजनक है। ऐसा कहा जाता है कि व्यक्ति को सबसे अच्छे की उम्मीद करनी चाहिए लेकिन सबसे बुरे के लिए तैयार रहना चाहिए और उसके लिए खुद को तैयार करना चाहिए। बेशक हमें उम्मीद करनी चाहिए कि हमारे साथ बलात्कार नहीं होगा, हमारे परिवार के सदस्य का बलात्कार नहीं होगा, लेकिन अगर ऐसा होता है, तो हमें यह भी सोचना चाहिए कि अगर हम इसे होने से रोकना चाहते हैं तो क्या करें या क्या करें। क्योंकि दिन बहुत खराब हैं। बलात्कार बल द्वारा किया गया कोई भी शारीरिक या मानसिक कार्य है। लेकिन इस शब्द को अब केवल यौन

शोषण का अर्थ मिल गया है। हम भी इसी संदर्भ से इस पर विचार करने जा रहे हैं। बलात्कार के बारे में कुछ बातें हमें सबसे पहले याद रखनी चाहिए। हमें इन विषयों पर अपने परिवार के सदस्यों और दोस्तों के साथ खुलकर बात करनी चाहिए। रेप शारीरिक ही नहीं मानसिक भी होता है। अजनबियों की तुलना में परिचितों में बलात्कार की संभावना अधिक होती है, बाहरी लोगों की तुलना में परिवार के सदस्य, बाजार के लोग बलात्कार करने की अधिक संभावना रखते हैं। बलात्कार में पीड़िता की उम्र अब कोई महत्वपूर्ण कारक नहीं है। उनकी उपस्थिति मुद्दा नहीं है। अक्सर यौन इच्छा के लिए बलात्कार किए जाते हैं। बलात्कार के दस गुना अधिक मामले कभी सामने नहीं आते। कपड़े रेप की वजह नहीं हैं। रेप महिलाओं, पुरुषों, लड़कियों और लड़कों के साथ होता है। यह युवा लोगों के साथ होता है और यह वृद्ध लोगों के साथ भी होता है। परिवार को बेनकाब न करने के लिए कई मामले दबा दिए जाते हैं। इस मामले में समाज अभी भी संवेदनहीन है।

अब, उपरोक्त सभी बातों पर विचार करते हुए, आइए पहले हम सोचें कि हम क्या कर सकते हैं। जैसा कि पहले उल्लेख किया गया है, इस विचार से छुटकारा पाएं कि आपके साथ ऐसा नहीं होगा और इस मानसिकता के साथ इसका सामना करने के लिए खुद को तैयार करें कि ऐसा हो सकता है। घर के बच्चों को इसके बारे में जागरूक करें, उन्हें जानकारी दें। उन्हें बैड टच और लुक्स के बारे में बताएं। हमेशा सावधान रहें, आपकी एक गलती आपको भारी पड़ सकती है। लोगों पर भरोसा करने से पहले उनकी परीक्षा लें और कभी भी उन पर पूरा भरोसा न करें। हमेशा सावधान रहें ताकि ऐसी घटनाएं न हों। आपके दोस्त कैसे हैं गर्लफ्रेंड कैसे हैं ऑफिस के सहकर्मी कैसे हैं आप के संपर्क में आने वाले अन्य लोग कैसे हैं? अकारण हिम्मत मत करो। नशे में धुत होकर कभी भी अपने आप पर नियंत्रण न खोएं। अगर कोई आपके साथ दुर्व्यवहार करता है और आपकी इच्छा के विरुद्ध शारीरिक रूप से आपके करीब आने की कोशिश करता है, तो उसे समय रहते रोक दें। दूसरे व्यक्ति को किसी भी तरह से प्रत्यक्ष या अप्रत्यक्ष रूप से प्रोत्साहन न दें। आपकी चुप्पी या आपकी निष्क्रियता को इन रिश्तों के

लिए आपकी सहमति के रूप में लिया जाता है। ऐसा कभी न होने दें। ऐसी बातें अपने परिवार और दोस्तों से न छुपाएं। यह आपकी गलती नहीं है इसलिए खुद को दोष न दें या शर्म महसूस न करें। खुलकर विरोध करें। रेप क्यों होता है इसके कई कारण होते हैं, पुरुष ऐसा क्यों करते हैं। अक्सर पुरुष इसके लिए जिम्मेदार भी नहीं होते। उनका भी कोई दोष नहीं है। लेकिन इससे हकीकत नहीं बदलती। और वास्तविकता यह है कि पुरुष महिलाओं का बलात्कार करते रहे हैं, हैं और करते रहेंगे। केवल कड़ी सजा देने से यह समस्या हल नहीं होगी। यह सवाल हमेशा रहेगा। हमें जवाब बदलना होगा। हमें रेप के प्रति अपना नजरिया बदलना होगा। हमें अपनी मानसिकता बदलनी होगी। यह मूर्खतापूर्ण धारणा कि स्त्री का चरित्र उसकी योनि में है, को बदलना होगा। यह उसकी अपनी गलती है कि उसके साथ बलात्कार किया गया, इसलिए उसे और उसके परिवार को बदनाम करने की धारणा को बदलना होगा। एक महिला के साथ रेप की भ्रांति का मतलब है कि वह भ्रष्ट हो गई है, उसका जीवन बर्बाद हो गया है, उसे बदलना होगा..

बलात्कार की महिला को कम आंकना, उस पर लज्जित होना, उसका अपमान करना, उस पर दोषारोपण करना बदलना होगा। हमें महिलाओं के चरित्र से जुड़ी अपनी हीन सामाजिक मानसिकता को बदलना होगा। इस धारणा को बदलना जरूरी है कि बलात्कार होने का मतलब आसमान से गिरना है, एक महिला हमेशा के लिए कलंकित हो जाएगी। जब ये परिवर्तन होते हैं, तो हम इस दमन का अधिक प्रभावी ढंग से विरोध कर सकते हैं। समाज कभी अपने आप नहीं बदलता। लोग बदलते हैं। व्यक्तिगत स्तर पर बलात्कार के मामले में भी व्यक्ति और समाज की मानसिकता को बदलना बहुत मुश्किल है, लेकिन यह निश्चित रूप से असंभव नहीं है। थोड़ी हिम्मत चाहिए, महिलाओं को ज्यादा हिम्मत दिखानी होगी, पुरुषों को उनके साथ खड़ा होना होगा। तभी हम इस समस्या का सामना कर सकते हैं। हमें इसे विभिन्न मोर्चों पर एक साथ करना होगा। यह प्रत्येक महिला, पुरुष और समाज की भूमिका है। आइए हम निम्नलिखित लेखों में इस और अन्य बातों पर चर्चा करें।

प्रकृति ने पुरुषों और महिलाओं के शरीर को इस तरह से डिजाइन किया है कि पुरुषों को महिलाओं की तुलना में अधिक लाभ मिलता है। यह एक भौतिक संरचना है जो पुरुषों को माप देती है, प्रकृति ने मानव प्रजनन को सुचारू और उचित अनुपात में बनाने के लिए बनाया है। लेकिन समय के साथ वह मुख्य उद्देश्य खो गया और पुरुष अपने सुख के लिए इस भौतिक प्रभुत्व का लाभ उठाकर महिलाओं पर हावी होने लगे। उनमें से सबसे भयानक रूप यौन अधिकार है। जो शुद्ध जबरदस्ती का अधिकार है। चाहे यौन सुख हो या दर्द, महिलाओं को अधिक भुगतना पड़ता है। पुरुष सेक्स करने से मुक्त हो जाते हैं लेकिन महिलाओं को उस तरह मुक्त होने की सुविधा नहीं होती है। गर्भावस्था का खतरा उन पर हमेशा के लिए उलटी तलवार की तरह लटक जाता है। इस बीच, एक पुरुष दूसरी महिला के साथ सोने के लिए स्वतंत्र है। संभोग के बाद उसकी कोई जिम्मेदारी नहीं होती है। उसे किसी प्रकार का शारीरिक कष्ट नहीं उठाना पड़ता है। शायद यही कारण है कि जब यौन सुख की बात आती है तो वह गैर-जिम्मेदार होता है या वह महिलाओं की समस्याओं पर ध्यान नहीं देता है। महिलाओं के उपभोग्य होने की धारणा बहुत पुरानी है। इतना होता भी तो एक बार काम करता। इसका मतलब यह नहीं है कि यह अच्छी बात है। लेकिन वर्तमान में जिस भयानक अत्याचार का वह सामना कर रही थी, उसे देखते हुए चीजें सहनीय होतीं। लेकिन ऐसा नहीं हुआ क्योंकि सभी धार्मिक, सांस्कृतिक, सामाजिक, राजनीतिक और पारिवारिक परंपराओं को चलाने की जिम्मेदारी महिलाओं के भाग्य को सौंपी गई थी। उसका कौमार्य उसके चरित्र और उस पर लगाए गए पारिवारिक अनुष्ठानों से भी जुड़ा था। पुरुषों ने उसकी लज्जा के कारण उनकी गरिमा पर सवाल उठाया क्योंकि इससे महिला पर उनके अधिकार की पुष्टि हुई। इन अतिरिक्त पाबंदियों के कारण महिलाओं का जीवन बेहद संकुचित हो गया था। मुख्य बात यह है कि उनकी यौन स्वतंत्रता को खतरा था। क्योंकि उनकी यौन इच्छाओं पर उनके अपने अधिकार को पुरुषों के बजाय समाज ने खारिज कर दिया था। उसे अपनी यौन इच्छाओं के बारे में बात नहीं करनी चाहिए, उसे शादी के बाद अपने कौमार्य की

रक्षा करनी चाहिए, उसे शादी के बाद पति के अलावा किसी और से अपनी यौन जरूरतों को पूरा नहीं करना चाहिए, उसे ऐसा कुछ भी नहीं करना चाहिए जो उसके शरीर को दूसरों के सामने उजागर करे और सबसे महत्वपूर्ण बात यह है कि वह और इन सब बातों के लिए वह अकेले ही जिम्मेदार होगी।ऐसा अलिखित नियम बनाया गया था। ये सब बातें हम अब जानते हैं। अब से मैं ऐसी बातें कहने जा रही हूं, जिन्हें महिलाओं को समझने और उसके अनुसार काम करने की जरूरत है। उन्हें इसका इस्तेमाल बलात्कार के बारे में मानसिकता बदलने के लिए करना चाहिए। हमारे वर्तमान समय में इसकी बहुत आवश्यकता है। महिलाओं को इस काम में पहल करने की जरूरत है, उन्हें पुरुषों से ज्यादा उम्मीद नहीं रखनी चाहिए, न कि राजनेताओं, समाज और धार्मिक अभिभावकों से। पहली बात तो यह कि रेप की सारी जिम्मेदारी पुरुषों पर होती है। एक महिला का नहीं। उसने क्या पहना था, कहाँ और क्यों अकेली गई थी, कैसे व्यवहार करती थी, इसका बलात्कार से कोई लेना-देना नहीं है। बुरे रवैये वाले पुरुष किसी भी महिला की उम्र, रूप, रंग, समय, स्थान, कपड़े, व्यवहार पर विचार किए बिना पहले अवसर पर उसका आनंद लेने की कोशिश करते हैं। यह पुरुषों की गलती है। एक महिला का नहीं। इसलिए, किसी भी महिला को खुद को दोष नहीं देना चाहिए, जिम्मेदार नहीं ठहराया जाना चाहिए, यौन शोषण के लिए नहीं बैठना चाहिए। बलात्कार को केवल एक शारीरिक दुर्घटना ही माना जाना चाहिए। इसलिए उनके चरित्र को कलंकित नहीं किया जाता है और उनकी स्त्रीत्व को नष्ट नहीं किया जाता है। उनकी क्षमता कम नहीं होती है और उनकी मानवता कम नहीं होती है। इसलिए उन्हें शर्म साझा करने, अपमानित होने और समाज से खुद को छुपाकर एकांत जीवन जीने की कोई आवश्यकता नहीं है। ये सब रेपिस्ट को करना है

रेप करने वाली महिला नहीं। हर महिला को यौन उत्पीड़न के खिलाफ एक स्टैंड लेने की जरूरत है। वह इसके बारे में जितना खुलकर और निर्भीक होकर लड़ेंगी, यह उनके लिए उतना ही अच्छा होगा। समाज क्या कहता है, परिवार क्या कहता है, दोस्त, परिवार और रिश्तेदार क्या कहते हैं, इसके बजाय उसे अपने बारे में सोचना चाहिए और अपने ऊपर

हो रहे अत्याचार के खिलाफ लड़ना चाहिए। उसे यह भी विश्वास होना चाहिए कि वह कई लोगों से मिलेगी जो इस काम में उसकी मदद करेंगे। अगर ऐसा नहीं भी होता है तो भी उसे हिम्मत नहीं हारनी चाहिए।

क्योंकि यह अंततः एक सामाजिक लड़ाई है जिसमें बहुतों को अपने जीवन के लिए लड़ना होगा। उसे अपनी गरिमा को बनाए रखने के लिए अपनी स्त्रीत्व को बनाए रखने के लिए ऐसा करना पड़ता है। उसका पहला कदम यह होगा कि वह बलात्कार को कलंकित न करे, यह सोचें कि उसकी वजह से जीवन समाप्त हो गया है, यह सोचें कि वह जीने के योग्य नहीं है, यह सोचें कि वह इसके कारण दूसरों से कमतर है। शरीर के लिए एक दुर्घटना को इससे ज्यादा महत्व नहीं दिया जाना चाहिए। लेकिन साथ ही खुद पर यौन हमले को लेकर कानूनी लड़ाई लड़ें। उसे हर उस व्यक्ति के खिलाफ आवाज उठानी चाहिए जो उसकी गरिमा को कम करने की कोशिश करता है। मैंने बार-बार कहा है कि महिलाओं को इन कार्यों में पहल करने की जरूरत है क्योंकि अगर वे खुद की मदद नहीं करेंगी, अगर वे मानसिक रूप से मजबूत नहीं होंगी, तो समझदार पुरुष उनकी मदद नहीं कर पाएंगे। सेक्स के बारे में हमारे समाज की धारणा बहुत ही स्थूल, पाखंडी और प्रतिगामी है। इसलिए उम्र के हो चुके पुरुषों और महिलाओं को अपनी यौन भावनाओं पर लगाम लगानी होगी और पिंजरे में रहना होगा। फिर वे उनसे बचने के लिए दूसरे रास्ते अपनाते हैं। इसमें सुख कम और दुख अधिक मिलता है। महिलाएं सबसे ज्यादा प्रभावित हुईं। यौन स्वतंत्रता के विचार को हम में जड़ लेने के लिए अभी भी एक लंबा समय है। लेकिन अब उस दिशा में आगे बढ़ने का समय आ गया है। अब आवश्यकता है विवाह की मूर्खतापूर्ण धारणाओं को यौन सुख की शर्त के रूप में बदलने की, यौन सुख से दूसरों का लाभ उठाने के लिए, कामुकता को चरित्र और शुद्धता के साथ जोड़ने की। एक-दूसरे की रजामंदी से सेक्सुअल आनंद लेने में कोई बुराई नहीं है। लेकिन साथ ही सावधान रहना भी जरूरी है और अगर गर्भावस्था होती है तो दोनों को इसकी जिम्मेदारी लेने की जरूरत है। अगर पुरुष अपनी यौन इच्छा पूरी करने के लिए वेश्याओं के पास जाते हैं तो महिलाओं को भी यह अधिकार है। सेक्स और प्यार को जोड़ना भी गलत है। सबसे

महत्वपूर्ण बात यह है कि पुरुषों और महिलाओं दोनों को अपनी यौन भूख के लिए शारीरिक संभोग की आवश्यकता नहीं होती है। ये दोनों ही हस्तमैथुन के जरिए अपनी भूख मिटा सकते हैं। इससे कोई शारीरिक या मानसिक नुकसान नहीं होता है। विशेष रूप से महिलाओं को इसे अपनाने की जरूरत है क्योंकि यह एक गलत धारणा है कि पुरुष और महिला दोनों में यह है कि वे यौन सुख के लिए पुरुषों पर निर्भर हैं। इस मान्यता के अनुसार, कई लड़कियां जोखिम में भी यौन सुख लेती हैं और फिर पछताती हैं। एक महिला का शरीर उसका अपना होता है। उस पर केवल उसका अधिकार है। वह तय करना चाहती है कि उसके साथ क्या करना है। वह इस बात का ध्यान रखना चाहती है कि दूसरे उसका शोषण न करें, कोई उसका अनुचित लाभ न उठाए। वह इस संबंध में जितनी स्वतंत्र रूप से कार्य करेगी, उसे उतना ही अधिक लाभ होगा। यदि वह समाज की गलत धारणाओं को अपने ऊपर थोपती है, तो वह कभी मुक्त नहीं होगी। अगर वह इस स्थिति को बदलना चाहती है तो उसे निर्णय लेने का साहस दिखाना होगा। लेकिन इतना तय है कि वह इसमें अकेली नहीं होंगी।

एक बंदर जनजाति में एक मुख्य पुरुष, जनजाति नेता होता है। गोत्र के अन्य सभी पुरुष उससे भयभीत हैं। जनजाति की सभी महिलाएँ केवल इसी मुख्य पुरुष की हैं। केवल यही संकीर्णतावादी उन पर शासन कर रहा है। जिसमें यौन अधिकार शामिल हैं। जो इस जनजाति के लिए महत्वपूर्ण है। गिरोह में कोई भी महिला मुख्य पुरुष का नेतृत्व करती है। इससे कोई फर्क नहीं पड़ता कि उनका खून का रिश्ता क्या है। बंदरों का भी यह रिश्ता नहीं होता। तो मानवीय दृष्टिकोण से यह गैंग लीडर अपनी पांच-छह पत्नियों और अपनी बेटियों के साथ भी सेक्स करता है। उसकी बहनें आमतौर पर इससे दूर हो जाती हैं। लेकिन वजह अलग है। इस गिरोह के नेता को गिरोह के अन्य पुरुषों द्वारा चुनौती दी जाती है जो उम्र में आ रहे हैं और यौन सुख के लिए उत्सुक हैं। मुख्य पात्र का उनसे अक्सर झगड़ा होता है। कई खतरनाक पुरुषों को गिरोह से निकाल दिया जाता है, कभी-कभी तो मार भी दिया जाता है। बाकी बचे नर इसके डर में जीते हैं। बाहर आने वाले पुरुष अवसरों की तलाश में हैं। जब समय

सही होता है, तो वे फिर से एक बड़े पुरुष को शामिल करते हैं, उसे हराते हैं, उसे मार डालते हैं और जनजाति पर अधिकार कर लेते हैं। जनजाति की सभी महिलाएं उस पर लागू होती हैं।

जैसा कि पहले उल्लेख किया गया है, कबीले प्रमुख की बहनें आमतौर पर उसके लिए उपलब्ध नहीं होती हैं क्योंकि उन्हें उसके कबीले के प्रमुख द्वारा पहले ही भगा दिया जा चुका है। लेकिन अगर ऐसा नहीं होता है तो वह उन्हें भी नहीं छोड़ते। यह सब पढ़ने में अटपटा लग सकता है लेकिन यह सच है। मनुष्य बंदरों के ऐसे समूहों से पैदा हुए हैं। उनका यौन व्यवहार अभी भी वही है। लेकिन हम इंसान हैं तो बंदरों से अलग जरूर हैं। अंतर लोगों के अच्छे व्यवहार में है। मनुष्य का शारीरिक ही नहीं मानसिक विकास भी होता है। हजारों वर्षों से हमें सामाजिक जीवन में अच्छा व्यवहार करने और ठीक से जीने का संस्कार दिया गया है, इसलिए हमारी मानसिकता बहुत बदल गई है। यही कारण है कि मनुष्य केवल एक जानवर नहीं है बल्कि एक सामाजिक, सांस्कृतिक, बुद्धिमान, तर्कसंगत प्राणी है। लेकिन फिर भी, इन सभी परतों के भीतर, उसका पाशविक रूप अभी भी जीवित है। उनकी आदिम भावनाएँ अभी भी बरकरार हैं। उनमें से सबसे मजबूत भावना कामुकता है। और पुरुषों में वह अभी भी समान जुनून के साथ रहती है। स्वभाव से पुरुष हमेशा पुरुष होता है और उसके लिए सभी महिलाएं केवल महिला होती हैं। यह वाक्य थोड़ा कड़वा लग सकता है लेकिन यह सच है। पुरुष की दृष्टि से सभी महिलाएं खर्चीली होती हैं। इसलिए स्त्री उसे कभी संतुष्ट नहीं करती। वह मानसिक और शारीरिक स्तर पर हमेशा अलग होता है

स्त्री का सानिध्य अपेक्षित है। जब वे आदिम अवस्था में थे तब वे इन भावनाओं को खुलकर व्यक्त करते थे। वह इसके लिए लड़ता था और जीत के बाद सभी महिलाओं ने उसके सामने आत्मसमर्पण कर दिया था। अब यह मामला नहीं है। क्योंकि इस दौरान बंदर जानवरों से संस्कारी सोच वाले इंसान बन गए हैं। इसमें पुरुषों के साथ-साथ महिलाएं भी शामिल हैं। लेकिन भीतर के कुछ जानवर अभी भी जीवित हैं। पुरुषों में यह काफी हद तक जीवित रहता है क्योंकि एक महिला को पाने की उसकी आदिम इच्छा, खुद का आनंद लेने की उसकी इच्छा अभी

पूरी तरह से समाप्त नहीं हुई है। मनुष्यों के साथ एक पकड़ यह है कि उनके पास अन्य जानवरों की तरह एक विशिष्ट संभोग का मौसम नहीं है। वे सिर्फ प्रजनन के लिए भी संभोग नहीं करते हैं। इन दोनों चीजों ने पुरुषों को परेशान किया है। और निश्चित रूप से महिलाएं भी। चूंकि वर्ष के सभी दिनों में यौन भावनाएं जागृत होती हैं और आनंद से जुड़ी होती हैं, सभी उम्र के पुरुष इस आनंद के लिए तरसते हैं। चूंकि हम अब गिरोहों में नहीं रहते हैं, इसलिए इन सुखों को पाने के लिए कुछ शर्तों को पूरा करना पड़ता है।

वांछित महिला की शादी या पूर्व सहमति दो मुख्य शर्तें हैं। जो इसे पूरा कर पाते हैं, उनकी सेक्स लाइफ शुरू हो जाती है। बेशक, वह केवल एक महिला से संतुष्ट नहीं है। एक के साथ रहते हुए भी वे हमेशा दूसरों के बारे में सोचते हैं और मौका मिलते ही खुद को संतुष्ट कर लेते हैं। लेकिन बड़ी संख्या में ऐसे पुरुष भी हैं जिन्हें ये अवसर नहीं मिलते, जो इन शर्तों को पूरा नहीं कर सकते। फिर वे इससे बाहर निकलने का एक अलग रास्ता खोजते हैं। वेश्यावृत्ति मुख्य तरीकों में से एक है। दूसरा हस्तमैथुन कर रहा है। तीसरा है पुरुषों के साथ खुद को संतुष्ट करना। ब्रह्मचर्य भी एक तरीका है। लेकिन इससे भी बहुत से पुरुष असंतुष्ट रहते हैं जो फिर इस सुख को बलपूर्वक प्राप्त करने का प्रयास करते हैं। हमारी वर्तमान सामाजिक संरचना इसके प्रतिकूल है, इसलिए इस जबरदस्ती सुख या समग्र यौन सुख को प्राप्त करने में पुरुषों पर कई प्रतिबंध लगाए गए हैं। लोगों ने परिवार व्यवस्था, विवाह की संस्था को स्वीकार करने के बाद, रक्त से संबंधित महिला के साथ यौन संबंध बनाना अनैतिक माना जाता था। नतीजतन, पुरुषों ने अपने परिवारों में महिलाओं पर अपना अधिकार खो दिया। उन्हें सेक्स के लिए बाहरी महिलाओं के पास जाना पड़ता था। यहां यह याद रखना होगा कि शादी को पहले देह संबंध कहा जाता था। नतीजतन, महिलाओं के लिए पुरुषों के बीच प्रतिस्पर्धा अधिक तीव्र हो गई। मुक्त सेक्स को मान्यता न मिलने के कारण, ये रिश्ते तेजी से चोरी-छिपे होते गए। पाप माना जाता था। नारी पुरुषों की, परिवार की मर्यादा का विषय बन गई और उसमें जुड़ गई। महिला स्वयं के प्रभाव में गायब हो गई और इसे वहन करना शुरू कर दिया। इसमें

यौन स्वतंत्रता भी शामिल थी। चूंकि उसकी इच्छाओं और आकांक्षाओं का कोई मूल्य नहीं बचा है, न केवल उसे वहन किया जाता है बल्कि पुरुष भी हैं। एक महिला की इच्छित यौन सुखों का आनंद लेने की क्षमता पर गंभीर प्रतिबंध थे। इससे पुरुषों के लिए अपनी पसंद की महिला को पाना मुश्किल हो गया। जैसे-जैसे नैतिक चरित्र के परीक्षण किए गए, यौन संबंध अधिक कमजोर होते गए।

मनुष्य द्वारा एक प्राकृतिक भावना को प्रबल किया गया है। इसका खामियाजा हम हजारों सालों से भुगत रहे हैं। पुरुष के स्त्री होने की प्रक्रिया में, जैसे-जैसे स्त्री भी अधिकाधिक स्वतंत्र होती गई, उसकी इच्छाओं को बल मिला। कम से कम सिद्धांत रूप में। दूसरी ओर, पुरुषों के यौन व्यवहार को पूरी तरह से माफ नहीं किया जाता है। इसका कारण यह था कि महिलाओं ने हर पुरुष के साथ सोने से इंकार करना शुरू कर दिया और पुरुष यौन रूप से मांग और आक्रामक हो गए क्योंकि वे जितनी चाहें उतनी महिलाओं के साथ यौन संबंध नहीं बना सके। इसके चलते रेप हुआ। यह ध्यान में रखना होगा कि पुरुष सेक्स के अन्य सभी विकल्पों से निपटने के बाद बलात्कार की ओर रुख करते हैं। मामला और जटिल हो गया है क्योंकि यह कामुकता प्रेम, स्वामित्व, आर्थिक, सामाजिक, सांस्कृतिक और राजनीतिक कारणों से संबंधित है। यौवन के सभी पुरुष, कुछ अपवादों को छोड़कर, हर समय पुरुष होते हैं, और उनकी यौन भावनाएँ जागृत रहती हैं। संयम और विवेक से ही पुरुष अपनी भावनाओं को नियंत्रित करते हैं। यह एक मुश्किल काम है लेकिन उन्होंने इसे हासिल कर लिया है। यह सच है कि वे कम से कम खुले तौर पर ऐसा काम करते हैं। उनके अंदर मन में क्या विचार होंगे, यह बताने की जरूरत नहीं है। यह उनकी स्वाभाविक प्रवृत्ति है। महिलाओं को इसे स्वीकार करना चाहिए और उन्हें सहानुभूतिपूर्वक देखना चाहिए। पुरुष यौन आक्रामकता काफी हद तक हमारे समाज द्वारा अपनाई गई गलत यौन प्रथाओं के कारण है। इसका मतलब यह नहीं है कि बलात्कार को माफ कर दिया जाना चाहिए। क्योंकि आखिर हम इंसान हैं। हम पुरुषों और महिलाओं को व्यक्ति मानते हैं, हम उनकी स्वतंत्रता और उनके अधिकारों को पहचानते हैं। उनमें से सबसे महत्वपूर्ण अधिकार यौन

स्वतंत्रता का अधिकार है। पुरुषों को महिलाओं की इस यौन स्वतंत्रता का अतिक्रमण करने का कोई अधिकार नहीं है। इसलिए, यौन उत्पीड़न का समर्थन नहीं किया जा सकता है। लेकिन इसका मतलब यह नहीं है कि हमें पुरुषों की कामुकता को नजरअंदाज कर देना चाहिए। पुरुष इस यौन उत्पीड़न के शिकार हैं, साथ ही बड़ी संख्या में महिलाएं भी हैं। सही उम्र में यौन सुख न मिलना दोनों के लिए भयानक शारीरिक और मानसिक परिणाम भुगतना पड़ता है। इन नतीजों से आम आदमी कुचला जा रहा है।

यदि इससे बचना है तो हमारे सामाजिक-मनोवैज्ञानिक दृष्टिकोण में क्रांतिकारी परिवर्तन की आवश्यकता है। मुक्त लेकिन जिम्मेदार सेक्स के जरिए यौन उत्पीड़न से काफी हद तक बचा जा सकता है। लेकिन कुछ घटनाओं को टाला नहीं जा सकता क्योंकि पुरुष न केवल यौन सुख के लिए बल्कि अक्सर महिला या उसके परिवार को सबक सिखाने के लिए बलात्कार करते हैं। एक महिला के कौमार्य को भी मजबूर किया जाता है क्योंकि वह अपने, अपने परिवार और अपने राष्ट्र के अपमान से जुड़ी होती है। उसके यौन शोषण के लिए आर्थिक और राजनीतिक कारण भी जिम्मेदार हैं। इसका मतलब है कि दुर्भाग्य से ये प्रकार पूरी तरह से कभी नहीं रुकेंगे। हम इसे कम करने की कोशिश कर सकते हैं, हम बलात्कार की महिलाओं का अपमान किए बिना उनके साथ समान स्तर पर व्यवहार करके उनके दर्द को कम कर सकते हैं, हम इस धारणा से छुटकारा पा सकते हैं कि बलात्कार एक कलंक है, अपमान है, जीवन का अंत है, इन सभी का एक परिणाम हो सकता है। अच्छा प्रभाव। बेशक पुरुषों को इस काम में पहल करनी होगी। महिलाओं को भी लेना पड़ता है। समाज को भी खुद को बदलना होगा। तभी हम इसके बारे में कुछ कर सकते हैं।

18

स्त्री शरीर की शोकांतिक

कुंवारी माँ

यह एक साधारण बात है कि हमारा शरीर हमारा है। लेकिन महिलाओं के मामले में यह साधारण बात सच नहीं है। यह एक त्रासदी बन जाता है। नारी का शरीर उसकी गुलामी और पुरुष वर्चस्व की एक चलती फिरती मिसाल है। महिलाओं की आत्म-अभिव्यक्ति में एक बड़ी बाधा यह है कि उन्हें अपने शरीर पर अपना अधिकार साबित करना पड़ता है। महिलाओं को एक सुंदर उपभोज्य शरीर या प्रजनन के साधन के रूप में देखने के बजाय व्यक्तियों के रूप में देखना पुरुष प्रभुत्व का संकेत है। पहले की मातृसत्तात्मक व्यवस्था महिलाओं की प्रजनन क्षमता से पैदा हुई थी। यह एक अद्‌भुत घटना थी कि उसके शरीर से एक नए जीवन का जन्म हुआ। इसके लिए उन्हें दैवीय पद प्राप्त हुआ। बाद में, इस क्षमता के कारण, वह संपत्ति में बदल गई और पुरुषों ने उस पर अपने अधिकारों का दावा करना शुरू कर दिया। उसके शरीर पर उसके अधिकार को नियत समय में वंचित कर दिया गया था और वह हमेशा के लिए पुरुषों द्‌वारा गुलाम बना लिया गया था। उसके मन को गुलाम बनाने की प्रक्रिया सभ्यता और संस्कृति के तथाकथित स्वर्ण युग में शुरू हुई जब उसे एक देवी का दर्जा दिया गया, जिसे धार्मिक

और सांस्कृतिक परंपराओं को निभाने और संरक्षित करने की जिम्मेदारी सौंपी गई थी। उसके लिए उन्हें परोपकार से सम्मानित किया गया था लेकिन उसके पीछे उनके दिमाग को मजबूत करने के लिए एक बहुत ही प्रभावी उपाय की योजना बनाई जा रही थी। स्त्री के मन और शरीर का यह वस्तुकरण आज भी जारी है। नारी शरीर की इस त्रासदी के विभिन्न प्रकार हम निम्नलिखित लेखों में देखेंगे। उनमें से सबसे पहले कुमारी माता हैं। विवाह की संस्था के माध्यम से, यह वस्तुकरण और वस्तुकरण शुरू होता है। उसे खुद से नहीं बल्कि परिवार से शादी करनी है और यहां तक कि उसके पिता या भाइयों की भी इच्छा है कि वह उनके द्वारा पाए गए बेटे से शादी करे। यह कहते हुए कि मैं अपने माता-पिता की इच्छा के अनुसार शादी करूंगा - माता-पिता दोनों जो कहते हैं कि यह लड़की या हमारी बेटी हमारे खिलाफ नहीं है, इसके पीछे की ज्वलंत सच्चाई को भूल जाएंगे। लड़की को अपनी आजादी याद नहीं रहती और माता-पिता को अपनी बेटी के अधिकारों की चिंता नहीं होती। विवाह में, उसके शरीर का व्यापार होता है और उसका वस्तुकरण एक और आयाम प्राप्त करता है। उसकी परीक्षा उसके बच्चे के जन्म में आती है। यह उसकी एकमात्र जिम्मेदारी मानी जाती है कि वह एक बच्चा पैदा करे, यहाँ तक कि एक बेटा भी। अगर ऐसा नहीं होता है, तो उसके दिमाग और शरीर को बिगड़ने में देर नहीं लगती। एक महिला जो नौ महीने तक अपने भ्रूण का पालन-पोषण करती है और जन्म देने के बाद भी बढ़ती रहती है।

वह महिला इतिहास में कभी भी अपने बच्चे का दावा नहीं कर सकती थी। यहीं से कुमारी माता नामक भयानक त्रासदी का जन्म हुआ है। एक महिला के शरीर को शायद ही कभी एक प्रजनन मशीन से अधिक महत्व दिया जाता था जब एक वारिस होना बहुत महत्वपूर्ण था। महाभारत में विदेशी पुरुषों के साथ संभोग करने और केवल एक वारिस के लिए पुत्र प्राप्त करने के कई उदाहरण हैं। उन्हें कभी-कभी भारत में प्राचीन मुक्त यौन स्वतंत्रता के उदाहरण के रूप में उपयोग किया जाता है। लेकिन इसकी त्रासदी को नजरअंदाज किया जाता है। क्योंकि नियोग प्रणाली में भी स्त्री को पुरुष चुनने की स्वतंत्रता नहीं थी। उसे उन पुरुषों के साथ सोना पड़ा जो उसे बताया गया था। उसे नियुक्ति का अधिकार भी

नहीं था। यह नियुक्ति उनकी उत्तराधिकारी पाने की इच्छा की परवाह किए बिना की गई थी। यद्यपि कुंती को अपने वर के कारण अपने पति को चुनने का अधिकार मिला, लेकिन उन्हें अधिकार का स्थान उनके नाम के कारण नहीं बल्कि पांडु के नाम के कारण मिला। आपको इसका मतलब समझना होगा। अन्यथा, कर्ण की तरह, उसके बाकी बच्चे भी अनाथ या शूद्र कहलाते। अगला महाभारत नहीं होता। बच्चों को समाज में सम्मान का स्थान मिले या न मिले यह उन महिलाओं पर निर्भर करता है जो उन्हें जन्म देती हैं, बल्कि पुरुषों पर निर्भर करती हैं। विवाहित महिलाएं हों या अविवाहित कुंवारी माताएं, उनका अपने बच्चों पर कभी कोई अधिकार नहीं था। यह अधिकार उनके बच्चों को उनके पति या उस व्यक्ति द्वारा दिया जाना था जिसने उन्हें हड़प लिया था। यदि उन्होंने कहा कि बच्चा उनका नहीं था, तो उन्हें व्यभिचारी माना जाता था यदि वह विवाहित थी और अविवाहित होने पर कुंवारी मां थी। पुरुषों को बिना मां के बच्चों को पालने के अपने अधिकार का दावा करने की अनुमति थी लेकिन कुंवारी माताओं को ऐसा करने की अनुमति नहीं थी।

यह केवल मेरा बच्चा है, भले ही उसकी जैविक मां ने उसे स्वीकार करने से इनकार कर दिया था, उसे यह कहने या कार्य करने की अनुमति नहीं थी कि मैं उसे अपने बच्चे के रूप में बड़ा कर सकता हूं। आज भी नहीं है। चूंकि बच्चों के पास माता का नाम नहीं है, उन्हें शायद ही कभी एक अकर्मशी माना जाता है, लेकिन यदि पिता का नाम नहीं है, तो उनका भाग्य हमेशा के लिए कलंकित हो जाता है। एक कुंवारी माँ को अपने बच्चों के लिए कानूनी अधिकार प्राप्त करने, उन्हें सामाजिक मान्यता दिलाने या उन पर अपना अधिकार जताने के लिए फिर से किसी प्रकार के पुरुष की आवश्यकता होती है। ऐसे पुरुष हैं जो उसके शरीर का आनंद लेते हैं और बच्चे के पैदा होते ही भाग जाते हैं, और ऐसे पुरुष भी हैं जो उसे और उसके बच्चे को सम्मान के साथ जीने और यहाँ तक कि अवसर पर जीने के अधिकार से वंचित करते हैं, केवल उसके लिए उसे दोष देते हैं मातृत्व। उसे अपनी राय व्यक्त करने के अवसर से वंचित किया जाता है। यहां तक कि जिन महिलाओं को बलात्कार के कारण

कुंवारी मां बनना तय है, उनके लिए कोई बच या सहानुभूति नहीं है जहां उनकी खुद की कोई गलती नहीं है। अब समय आ गया है कि हम कुंवारी माताओं की इन विभिन्न समस्याओं को अधिक जागरूकता और करुणा के साथ देखें। ऐसी लड़कियों को दोष देने वाले पुरुषों को यह जरूर सोचना चाहिए कि प्रकृति ने उन्हें गर्भधारण की जिम्मेदारी नहीं सौंपी है, इसलिए पुरुष लापरवाही से महिलाओं का सेवन करते हैं। अगर प्रेग्नेंसी की जिम्मेदारी दोनों पुरुषों पर होती तो पुरुष जरूर इसमें अलग भूमिका निभाते। महिलाओं की गर्भावस्था उनकी खत का कारण है। मानव जाति के अस्तित्व के लिए वे जो कुछ सहते हैं, उसका यह सरासर अवमानना और उपहास है। यह उनके निर्माता का अपमान है।

कम उम्र में यौन सुख की इच्छा के आगे झुकने के लिए किसी को दोष नहीं देना चाहिए। उन्हें अपनी जिम्मेदारी के बारे में जागरूक करने की जरूरत है। यदि वह गर्भवती हो जाती है, तो केवल महिला को दोष देने की पुरुष मानसिकता को बदलने की जरूरत है। उसे अपने मातृत्व का महिमामंडन करने और अपने बच्चे को सभी सामाजिक और अधिकार देने की जरूरत है। अधिकार देने के लिए। उसे तय करने दें कि वह किसके साथ सेक्स करना चाहती है। यह तय करने के लिए कि उसके शरीर में भ्रूण का क्या करना है। अपवाद जरूर होंगे लेकिन नियम यह होना चाहिए कि महिला को अपना शरीर किसी को सौंपने, बच्चा पैदा करने या न करने, भ्रूण पैदा करने या न करने का अधिकार होना चाहिए, क्योंकि उसे पुरुषों की तुलना में अधिक तनाव होता है। उसकी ओर से एक गलती को कुंवारी माँ के रूप में उसका मज़ाक उड़ाने से अधिक महत्व नहीं दिया जाना चाहिए। अब यह सोचने की जरूरत है कि उस गलती को कैसे सुधारा और सहन किया जा सकता है। अगर वह महिला उस बच्चे को चाहती है, तो उसे भी अपने नाम पर उस बच्चे को अपने रूप में पालने का अधिकार मिलना चाहिए। बिना किसी सामाजिक बहिष्कार के, बिना किसी अपमान के और बिना किसी कानूनी अधिकारों के दमन के। कुँवारी माँ का मामला पुरुष प्रधानता का घिनौना उदाहरण है। जब समाज में सामंजस्य नहीं होता, जब यौन सुखों को गंदा माना जाता है, जब एक व्यक्ति के रूप में जीने के अधिकार

से वंचित किया जाता है, तो न केवल महिलाओं को बल्कि पुरुषों को भी इसका खामियाजा भुगतना पड़ता है। अगर हम इससे बचना चाहते हैं, तो शुरुआत के तौर पर हमें ऐसी कुंवारी माताओं के साथ दया का व्यवहार करने की दिशा में कदम उठाना चाहिए। समाज तब बदलेगा जब वह बदलना चाहेगा, लेकिन एक व्यक्ति के रूप में हमें पहले खुद को बदलना होगा। हम यह निर्धारित कर सकते हैं कि मैं एक पुरुष के रूप में अपनी जिम्मेदारी स्वीकार करता हूं, महिलाओं की प्राकृतिक लाचारी का लाभ नहीं उठाता, उन्हें स्वीकार करता हूं, महिलाओं की प्राकृतिक लाचारी का लाभ नहीं उठाता, उनके मातृत्व का अपमान नहीं करता। यौन इच्छा को स्वाभाविक इच्छा के रूप में देखा जाना चाहिए। तभी हम कुंवारी माताओं की समस्या का कोई निश्चित समाधान ढूंढ सकते हैं।

जीता-जागता कारण देना

नारी शरीर की त्रासदी पर हमारी चर्चा की आज की कड़ी नारी शरीर के वस्तुकरण के बारे में है। स्त्री के शरीर को एक वस्तु मानकर उसके शरीर पर सामान खरीदने-बेचने के सारे नियम लागू करते हुए उसके शरीर की मार्केटिंग का काम प्राचीन काल से चला आ रहा है। आधुनिक समय में विज्ञापन और फिल्म के दो क्षेत्रों में महिलाओं के कमोडिटीकरण के लगातार आरोप लगते रहे हैं। नारी शरीर का प्रदर्शन हमेशा विवादास्पद रहा है। इन पंक्तियों के साथ सोचते हुए, हम हमेशा एक बात भूल जाते हैं कि एक महिला का शरीर उसी का होता है। सबसे पहले उसे यह तय करने का अधिकार है कि उसके साथ क्या करना है। हम एक तरफ उसके शरीर की मार्केटिंग करते हैं लेकिन साथ ही हम उसे अपनी राय व्यक्त करने का मौका नहीं देते हैं। आइए इसके बारे में विस्तार से सोचें। पहली बात यह है कि क्या महिलाओं को सच में लगता है कि उनके शरीर की मार्केटिंग हो रही है? क्या ऐसा नहीं हो सकता कि वे इसे अपनी मर्जी से कर सकें? जहां जबरदस्ती की जा रही है और महिला की मर्जी के खिलाफ काम किया जा रहा है, हम समझ सकते हैं कि उस पर अत्याचार हो रहा है. लेकिन अगर कोई महिला स्वेच्छा से अपने शरीर का इस्तेमाल पैसा और शोहरत कमाने के लिए करती है, तो क्या यह वाकई गलत है? या यह कुछ ऐसा है जो पुरुषों को पसंद नहीं है इसलिए वे इस पर बेवजह

चर्चा करते हैं? फिर से स्त्री क्या करे या न करे, सही है या गलत, इसका निर्णय पुरुष करे न कि स्त्री।क्या यह भी पुरुष प्रधानता का उदाहरण नहीं है? विज्ञापनों में महिलाएं ही नहीं पुरुष भी अपना शरीर दिखा रहे हैं। मांसल शरीर वाले पुरुष अपनी मांसपेशियों को दिखाने वाले कई उत्पादों का विज्ञापन करते हैं। जब ऋतिक रोशन अपनी टोन्ड बॉडी दिखाते हैं और आवश्यकता से बाहर डिटर्जेंट पाउडर के लिए एक विज्ञापन में नृत्य करते हैं, तो उनके शरीर का उपयोग विज्ञापन को लोकप्रिय बनाने और महिला ग्राहकों को आकर्षित करने के लिए भी किया जाता है।

पुरुष मॉडल मोटरबाइक कार और अब साबुन भी बेचने के लिए खुल रहे हैं। निश्चित रूप से हर बार किसी के शरीर को बेनकाब करने की आवश्यकता नहीं है। दूसरे, यह कहा जाता था कि महिलाओं का उपयोग तब भी किया जाता है जब उनका कोई लेना-देना नहीं होता है। मतलब कार, बाइक, डीओ, शेविंग क्रीम। पहली तीन चीजों पर अब पुरुषों का एकाधिकार नहीं रहा जैसा पहले हुआ करता था। कुछ लोग पूछ सकते हैं कि शेविंग क्रीम के विज्ञापन में एक महिला क्यों है। लेकिन अगर है तो टूटा कहां है? कौन सी पत्नी या प्रेमिका को अच्छा नहीं लगेगा यदि उसका पति या प्रेमी शेव करता है और सबसे अच्छा आफ्टर शेव लोशन लगाता है? जब हम सोचते हैं कि हर बार हर चीज में एक महिला पर अत्याचार किया जाता है, तो क्या हम उसके साथ बहुत बड़ा अन्याय नहीं कर रहे हैं, बिना यह सोचे कि वह क्या महसूस करती है? विज्ञापनों की तरह, शरीर को फिल्मों में प्रदर्शित किया जाता है और पुरुष और महिला दोनों प्रमुख होते हैं। जब सलमान खान या जॉन अब्राहम अपनी शर्ट उतारते हैं, तो और भी युवा लड़के होते हैं जो अनजाने में चिल्लाते हैं। हमने उनका टॉपलेस होना स्वीकार कर लिया है। इसका अर्थ है पुरुष समाज द्वारा स्वीकृत। लेकिन अगर राधिका आप्टे या ऋचा चड्ढा न्यूड सीन देती हैं तो उन पर तुरंत आरोप लग जाते हैं. ये वो लोग हैं जिन्हें सलमान की न्यूड बॉडी में कुछ भी महसूस नहीं होता। लेकिन अगर राधिका अचानक टॉपलेस हो जाती हैं तो उन्हें यकीन है कि वह कैरेक्टरलेस हैं। फिर तुरंत उनका धर्म, उनकी संस्कृति संकट में है, विलुप्त होने का खतरा है और राधिका जीवित रहने का कड़ा विरोध

करती हैं। हम भूल जाते हैं कि हम एक व्यक्ति के रूप में उसका सम्मान नहीं करते हैं, हम यह स्वीकार नहीं करते हैं कि वह एक व्यक्ति है और वह अपने जीवन के बारे में निर्णय लेने के लिए स्वतंत्र है। बहुत आसानी से। लेकिन साथ ही, यह वही विरोधी और अन्य लोग हैं जो फिल्में देखने में शामिल हैं जिन्हें अश्लील माना जाता है। वहां उन्हें उन महिलाओं के नग्न शरीर को देखने के लिए कुछ भी महसूस नहीं होता है क्योंकि उनका दृढ़ विश्वास है कि वे ऐसी ही हैं। वे इस तथ्य के बारे में भी नहीं सोचते कि हम उन्हें केवल यौन वस्तुओं के रूप में मानते हैं।

क्या आपको लगता है कि उन महिलाओं में कोई भावना नहीं है, कोई मानवता नहीं है? हम सभी की एक ही बात पर इस तरह के परस्पर विरोधी रुख अपनाने की दोषपूर्ण मानसिकता है। जो हमें बताता है कि महिलाएं व्यक्ति नहीं हैं, कि महिलाएं पुरुषों से कम हैं, महिलाओं को हमेशा पुरुषों के अधीन रहना चाहिए, उनकी बात सुनो, कि कामुकता खराब है, आदि। अगर हम इस गंदी मानसिकता से बाहर निकलना चाहते हैं, तो हम सभी को दो काम करने होंगे, महिलाएं और मुख्य रूप से पुरुष। पहला यह स्वीकार करना और सम्मान करना है कि हम व्यक्ति हैं और प्रत्येक का एक अलग और स्वतंत्र व्यक्तित्व है। दूसरा इस मानसिकता को बदलना है कि कामुकता एक बुरी चीज है, स्वयं को और दूसरों को व्यक्तियों के रूप में स्वीकार करना, उन्हें बिना किसी भेदभाव के पुरुष या महिला के रूप में देखना, यह स्वीकार करना कि उन्हें अपने जीवन के बारे में निर्णय लेने का अधिकार है। वे अच्छे और बुरे होंगे लेकिन वे इसके लिए जिम्मेदार होंगे ताकि दूसरे इसमें सीमा से अधिक हस्तक्षेप न करें। एक बार जब आप इसे स्वीकार कर लेते हैं, तो आप राधिका आप्टे या सलमान खान को पुरुष और महिला के रूप में नहीं, बल्कि ऐसे व्यक्तियों के रूप में देखते हैं, जिन्हें अपने जीवन के बारे में निर्णय लेने का अधिकार है। आप यह भी स्वीकार करते हैं कि वे जो कर रहे हैं वह उनकी अपनी मर्जी से है। फिर यह कहने का सवाल ही नहीं उठता कि उनमें उनके शरीर को ऑब्जेक्टिफाई किया जा रहा है। इसके अपवाद हैं। जहां जबरदस्ती है। और वहां उनका विरोध होना चाहिए और उसके लिए इन देशों में सक्षम व्यवस्थाएं और कानून हैं।

एक और बात यह है कि सेक्स के बारे में अपने विचारों को बदलना बहुत जरूरी है। हमारे ये विचार बहुत जंग खाए हुए, बहुत प्रतिगामी और पुराने हैं। सुंदर शरीर होने में क्या गलत है? ज्यादातर लोग इसका जवाब देंगे कि ऐसा करने की कोशिश करना बुरा नहीं है। खूबसूरत शरीर पाना एक स्वाभाविक बात है, लेकिन इसे बनाए रखने में काफी मेहनत लगती है। अगर आपके पास मस्कुलर बॉडी नहीं है तो इसे बनाने के लिए आपको घंटों एक्सरसाइज करनी होगी। यह कोई आसान बात नहीं है।

तो अगर कोई इस शरीर पर गर्व करता है और इसे प्रदर्शित करता है, तो इसमें दूसरों के होने का सवाल ही कहां आता है? साथ ही, पुरुषों की प्रशंसा करने और महिलाओं को कोसने की ऐसी नकारात्मक भावना क्यों है? एक महिला के नग्न शरीर में क्या बुराई है? यदि कोई पुरुष अपनी छाती दिखाता है, तो अन्य पुरुष उत्तेजित हो जाते हैं और उसकी तरह छाती बनाना चाहते हैं, जबकि महिलाओं को लगता है कि उन्हें गोल-मटोल शरीर वाला पुरुष चाहिए, इसमें गलत क्या है? यदि कोई महिला अपने भरपूर स्तनों को दिखाती है, तो हमें ऐसा लगता है कि हम भी उन स्तनों को चाहते हैं - पुरुषों में अप्राकृतिक क्या है यदि वे चाहते हैं कि ऐसी महिला उनके साथ आए, जैसे महिलाएं करती हैं? हम अपनी मूल प्राकृतिक भावनाओं को दबा देते हैं और कुछ मूर्खतापूर्ण विचारों के साथ जीते हैं। ये दमित भावनाएँ, जो पहले शुद्ध और सुंदर प्राकृतिक थीं, दबकर विकृत हो जाती हैं, और अपने दमन के लिए किसी को भी पीड़ित करने से नहीं हिचकिचाती हैं। अगर आप इससे बचना चाहते हैं तो आपको इन भावनाओं का सम्मान करना चाहिए। कामुकता खराब है यह भ्रांति मन से निकाल देनी चाहिए। शरीर मुक्त होगा तो मन भी मुक्त होगा। देह बंधी होगी तो मन भी सदा के लिए विकृति के कारागार में रहेगा। यदि हम शक्तिशाली व्यक्तियों का एक सफल समाज बनाना चाहते हैं तो इससे बचना चाहिए।

वेश्यावृत्ति

नारी शरीर की त्रासदी पर हमारी चर्चा का आज का एपिसोड वेश्यावृत्ति के बारे में है। वेश्यावृत्ति दुनिया के सबसे पुराने व्यवसायों में से एक है जिसमें कभी मंदी नहीं होती है। आइए इस पेशे के बारे में लोगों की

धारणा और समाज में वेश्याओं के स्थान के बारे में बात करते हैं। ऐसा कहा जाता है कि कोई भी स्वेच्छा से वेश्यावृत्ति में शामिल नहीं होता है। एक महिला को इस धंधे में फंसाया जाता है और फिर अनिच्छा से और फिर आदत से छूटकर उसमें रह जाती है। कोई इस धंधे को खुलेआम करता है तो कोई गुपचुप तरीके से। पैसा कमाने का मकसद भी कई लोगों को इसके लिए मजबूर करता है। वे अपने परिवार के लिए यह पैसा कमाना चाहते हैं और महिलाएं इस पेशे में अंतिम उपाय के रूप में प्रवेश करती हैं, जब वे तथाकथित अच्छी नौकरी पाने में असमर्थ होती हैं। धोखेबाज हो या बेकार, सच तो यह है कि ये महिलाएं व्यापार करती हैं। हर शहर और गांव के अपने खास स्थान होते हैं जिनके बारे में ज्यादातर पुरुष जानते हैं और अगर नहीं तो बाकी उत्साही लोग इसके बारे में जानते हैं। इन सभी को हम एक अपरिहार्य त्रासदी या पाप के रूप में देख सकते हैं। मैं इसे एक व्यवसाय के रूप में देखता हूं। मेरा यह बयान कई लोगों को चौंकाने वाला लग सकता है, लेकिन मैं इसके कारण बताऊंगा। यही हमारी चर्चा का विषय है।

यदि आप बेहतर के लिए बदलना चाहते हैं, तो पहली बात यह स्वीकार करना है कि दुनिया में बुरी चीजें हैं, और दूसरी यह है कि यह स्वीकार करना कि आप दुनिया को नहीं बदल सकते। आप ज्यादातर खुद को बदल सकते हैं और हो सके तो अपने आसपास के कुछ लोगों को। आप कुछ हद तक स्थिति को बदल सकते हैं। लेकिन पूरी तरह से कभी नहीं। वेश्यावृत्ति उन अपरिहार्य स्थितियों में से एक है। यह मनुष्य के आदि से था, अब भी है, और तब तक रहेगा जब तक मनुष्य हैं। यह धंधा तभी खत्म होगा जब इस दुनिया का नाश हो जाए या स्त्री और पुरुष दोनों की यौन इच्छा समाप्त हो जाए, अन्यथा नहीं। एक बार इसे स्वीकार कर लेने के बाद हम इसे व्यावहारिक दृष्टिकोण से देख सकते हैं। यहाँ सामाजिक और मानवीय दृष्टिकोण बाद में आता है। क्योंकि यह सब के बाद व्यवसाय है। हमें यह स्वीकार करना चाहिए कि पैसे का कारोबार होता है, बहुत से लोग इस पर निर्भर होते हैं। इस पर विरोध का स्वर होगा कि यह इतना बड़ा धंधा नहीं है कि इसे बंद किया जाए तो बड़ा नुकसान होगा। उन्हें कहीं और नौकरी दी जा सकती है। उनका पुनर्वास

किया जा सकता है। जरूर किया जा सकता है। लेकिन फिर सोचिए कि अब तक ऐसा क्यों नहीं हुआ। कारण हमारी सामाजिक धारणाओं में निहित है और मनुष्य की मूलभूत आवश्यकताओं में से एक प्रेम की आवश्यकता है।

मैथुन पुरुषों और महिलाओं की स्वाभाविक आवश्यकता है। लेकिन हमने अपने समाज में यौन भावनाओं को स्वतंत्र रूप से देखना कभी बंद नहीं किया है। एक बार जब इन देशों में मुफ्त सेक्स प्रणाली थी, तो महिलाओं को अपनी यौन जरूरतों को पूरा करने तक सीमित नहीं रखा गया था। पुरुष भी बोलकर अपनी इच्छाएं व्यक्त कर सकते थे। कामुकता भी कम वर्जित नहीं थी। इसके बारे में बहुत सारी सामग्री उपलब्ध है। समय बीतने के साथ, कामुकता को शर्म की बात माना जाने लगा और उस पर सामाजिक प्रतिबंध लगा दिए गए। नतीजतन, यौन भावनाओं को दबाया जाने लगा, फिर उनके शमन के समाधान मांगे गए। उनमें से एक जबरदस्ती का उपाय था और दूसरा दलील सौदा था। भुगतान करें और आनंद लें। वेश्यावृत्ति व्यवसाय का जन्म कैसे हुआ, इसमें कितनी सामाजिक हीनता शामिल है, इस पर चर्चा करने का कोई मतलब नहीं है। यह सब हो चुका है। यह निश्चित है कि यह पेशा नष्ट नहीं होगा क्योंकि हमारी सामाजिक परिस्थितियाँ मुक्त सेक्स में बाधक हैं। वह न तो पुरुषों की यौन जरूरतों पर विचार करती है और न ही महिलाओं की। महिलाओं की भूख की कल्पना नहीं की जा सकती। पुरुषों के लिए कम से कम कुछ रास्ते तो उपलब्ध हैं। अगर कल वेश्यावृत्ति का धंधा बंद कर दिया गया, तो जो अनैतिकता होगी वह भीषण होगी। इससे बचने के दो उपाय हैं। सबसे पहले हमारे समाज और लोगों की कामुकता को लेकर मानसिकता और धारणा को बदलना है। बेशक यह आसान नहीं है। ऐसा लगता नहीं है कि ऐसा होगा, कम से कम अभी के लिए। इसका मतलब यह नहीं है कि हमें कोशिश करना बंद कर देना चाहिए। लेकिन ऐसा करते समय हमें एक और तरीके पर ध्यान देना चाहिए जो अधिक व्यावहारिक हो। यह वेश्यावृत्ति को वैध बनाना है।

वेश्यावृत्ति के धंधे को वैध बनाकर वेश्याओं की मौजूदा स्थिति को सुधारने के लिए कई लोग और संगठन इस समय यहां काम कर रहे

हैं। कोलकाता का सोनागाछी, एशिया का सबसे बड़ा वेश्यालय, इस व्यवसाय को वैध बनाने के लिए वर्षों से प्रयास कर रहा है। उनकी बातें विचारणीय हैं। सबसे पहले और सबसे महत्वपूर्ण, यह सिर्फ व्यवसाय है। ग्राहक पैसे देते हैं और हम उन्हें कुछ समय के लिए अपना शरीर देते हैं। उसके बाद उनका हमसे रिश्ता खत्म हो जाता है। यदि ग्राहक को फिर से इसकी आवश्यकता होती है, तो वह फिर से आता है, पैसे का भुगतान करता है और अपने इच्छित सामान का चयन करता है जिसे शरीर कहा जाता है। हमें इसमें कुछ भी गलत नहीं दिखता। ग्राहकों को बुरा नहीं लगता। तो कानून से दिक्कत क्या है? हम भावनात्मक निवेशक नहीं बल्कि कारोबारी निवेशक हैं। हमारे शरीर का उपयोग। अगर हम पैसा कमाते हैं तो इसमें गलत क्या है?क्या एथलीट अपने शरीर का उपयोग नहीं कर रहे हैं? क्या अभिनेता, मॉडल अपने शरीर का उपयोग नहीं कर रहे हैं? यह केवल एक कदम आगे है जो दोनों की सहमति से होता है। कोई क्यों सोचता है कि हर कोई इस व्यवसाय में गलती से आ जाता है? वह महिला अपनी मर्जी से आ सकती है। अगर वह कुछ और नहीं कर सकती है और अगर वह अपना और अपने लोगों की देखभाल के लिए पैसा कमाना चाहती है, तो इस पेशे को चुनने में क्या गलत है अगर सरकार कल इस पेशे को बंद कर देती है, तो वे हमारा पुनर्वास कैसे करेंगे? क्या समाज हमें स्वीकार करेगा? और अगर हम वही बिजनेस करना चाहते हैं तो आपको परेशान क्यों करते हैं? अगर हम जागरूक हैं और संविधान द्वारा हमें जो चाहिए वो करने का अधिकार दिया गया है, तो कानून हमें क्यों रोकता है? इन सवालों के जवाब सभी को तलाशने होंगे। उनकी तलाश की जा रही है।

वेश्यावृत्ति को वैध बनाने का अर्थ है व्यवसाय को विनियमित करना। फिर वहां काम करने वाले कर्मचारियों को भी उनके कानूनी अधिकार मिल जाएंगे। वे अपने अत्याचारों के खिलाफ अदालतों में शिकायत कर सकेंगे, उन्हें अन्य सुविधाएं मिलेंगी। यह पढ़ने में किसी को भयानक लग सकता है, लेकिन जरा सोचिए कि उन्हें कानून का संरक्षण देने से उन्हें हमारे पाखंड से जितना नुकसान हुआ है, उससे कहीं अधिक नुकसान होगा। फिर नाबालिग लड़कियों को इस धंधे में नहीं लाया जा

सकता। वेश्याओं के स्वास्थ्य का ध्यान रखा जा सकता है। उन्हें अच्छी तरह से भुगतान किया जा सकता है। कितने समय तक काम करना है इसके नियम होंगे। वे अन्याय के खिलाफ पुलिस में शिकायत कर सकते हैं। ग्राहक कुछ नियमों से बंधे हो सकते हैं जिनका उन्हें पालन करना होता है। सिर्फ पैसे देने और यह महसूस करने से कि वे वेश्या हैं, इसका मतलब है कि वे इंसान नहीं हैं, वे अपने साथ होने वाले दुर्व्यवहार को रोक देंगे। एक महिला के रूप में उनके सम्मान की रक्षा की जाएगी। वह अपनी भावनाओं और अधिकारों के प्रति जागरूक होगी। एक वेश्या के साथ बलात्कार कैसे हो सकता है, इस बारे में घिनौने और अमानवीय सवाल पूछने वालों को रोका जाएगा। वेश्याओं के बच्चों को सीखने का मौका मिलेगा। उनके बच्चे समाज में रह सकते हैं। उनकी बेटियों के पास बेहतर जीवन का विकल्प होगा।

दूसरा हिस्सा उन्हें सामाजिक और मानवीय गरिमा देना है। यदि आप मानते हैं कि आप शुद्ध मानवता हैं, यदि आप सोचते हैं कि आप महिलाओं का सम्मान करते हैं, तो आप इन वेश्याओं को मनुष्य के रूप में सम्मान देंगे, उन्हें भी उतना ही सम्मान दें जितना आप अन्य महिलाओं को देते हैं। यह आपकी परीक्षा है। यह समझना चाहिए कि सिर्फ इसलिए कि वेश्याएं व्यापार करती हैं, वे हर समय उपलब्ध नहीं होती हैं। उनका एक छिपा हुआ प्रेमी है, वे भी शादी करना चाहते हैं, वे भी एक माँ बनना चाहते हैं, और ये भावनाएँ अन्य सामान्य महिलाओं की भावनाओं से अलग या कम महत्वपूर्ण नहीं हैं। हो सकता है कि उन्होंने एक ऐसा चरित्र बनाया हो जो हमें बर्दाश्त नहीं करता है, लेकिन हमें यह नहीं भूलना चाहिए कि उनके अंदर एक इंसान छिपा है। आइए पहले हम इन बातों को स्वीकार करें और फिर हो सके तो अपनी आने वाली पीढ़ी को इसमें पड़ने से रोकने की कोशिश करें।

19

माहवारी- महिलाओं का शिकार

कोरियाई फिल्मों में 'लव फिक्शन' नाम का एक सीन है। नायिका किसी कारण से नायक से चिढ़ जाती है और वह तथाकथित समझदार आदमी की तरह उसे समझाता है कि वह अपने काल के कारण चिढ़ रही है। वह गुस्से से जवाब देती है, "तुम लोगों को क्या लगता है कि हमारा दिमाग हमारे अंडाशय में है? क्या हमारी जलन के पीछे कोई और कारण नहीं है?" वह स्वयंभू समझदार नायक के सवाल का जवाब नहीं देता है। हमारे बीच लगभग सभी तथाकथित नारीवादी और समझदार पुरुष बिल्कुल ऐसा ही महसूस करते हैं। यह अच्छी बात है कि कुछ पुरुष अब महिलाओं को समझने के लिए आगे बढ़ रहे हैं, लेकिन साथ ही उनके और अन्य अज्ञानी अहंकारी मन में इन और अन्य मिथकों को दूर करना भी उतना ही आवश्यक है। न केवल उनके दिमाग में, बल्कि महिलाओं के दिमाग में भी। हम इस लेख में इसके बारे में चर्चा करेंगे। मासिक धर्म को पूरी दुनिया में एक वर्जित विषय माना जाता है। मासिक धर्म के कारण महिलाएं अशुद्ध हो जाती हैं, इसलिए महिलाएं पापी होती हैं, उन्हें उस अवधि में सभी से दूर रखना चाहिए, इस संबंध में सभी देशों में प्राचीन काल से सभी धर्मों में कई बातें प्रचलित हैं। मासिक धर्म को लेकर हिंदू संस्कृति में जो कथा प्रचलित है वह इंद्र द्वारा वृत्रासुर के वध से संबंधित

है। इससे बचने के लिए उसने उस पाप को कई लोगों के साथ साझा किया। उसे नहीं पता कि इसके लिए किसी को क्या फुसलाया, लेकिन इन शेयरों में एक महिला भी शामिल थी। जब एक महिला (लड़की) यौवन तक पहुँचती है, तो योनि से हर महीने होने वाले रक्तस्राव को मासिक धर्म चक्र (MC) कहा जाता है। मासिक धर्म आमतौर पर तब शुरू होता है जब लड़की 12-13 साल की उम्र तक पहुंच जाती है। कई बार यह इससे पहले भी शुरू हो सकता है। हर महीने एक महिला का शुक्राणु परिपक्व होता है और डिंब से बाहर आता है। इसके विकास के लिए गर्भाशय में एक आवरण बनता है। सही समय पर एक पुरुष का शुक्राणु और एक महिला का शुक्राणु और एक महिला के गर्भाशय का शुक्राणु एक साथ मिलकर एक भ्रूण बनाता है। लेकिन जब यह शुक्राणु निषेचित नहीं होता है, तो निषेचित शुक्राणु के साथ कवर को बाहर फेंक दिया जाता है। रक्तस्राव तब होता है जब इसे रक्त के रूप में योनि से बाहर निकाल दिया जाता है।

नतीजतन, उसे मासिक धर्म शुरू हो गया। चूंकि यह एक पाप था, स्त्री भी पापी हो गई और बाद के समय में, उस पर सैकड़ों प्रतिबंध लगाए गए और उसे व्यवस्थित रूप से दंडित किया गया। इंद्र द्वारा मारे गए, वृत्रासुर का जीवन समाप्त हो जाता है और महिलाएं हजारों वर्षों से अवमानना में जी रही हैं। खैर, यह इंद्र कोई महान संत नहीं थे। उसका शौक उन महिलाओं के साथ बलात्कार करना है जो दूसरों को पसंद आती हैं। उसने कई लोगों को शाप दिया। लेकिन हर बार उन्हें श्राप मिला क्योंकि उन्होंने गौतम ऋषि का रूप धारण करके गौतम ऋषि की पत्नी अहिल्या का भी बलात्कार किया था। अहिल्या की कोई गलती न होने पर भी इंद्र ने उसके साथ बलात्कार किया और उसने संदेह से विरोध किया। लेकिन अहिल्या को उसकी सजा भी मिल गई और उसे एकांत जीवन बिताना पड़ा। उसे फिर से एक आदमी ने बचा लिया। हालांकि, अहिला को पहले जैसी प्रतिष्ठा कभी नहीं मिली। यह इस बात का जीता जागता उदाहरण है कि कैसे पुरुष महिलाओं के साथ गलत व्यवहार करते हैं, मासिक धर्म के संबंध में इसी मिथक ने पुरुषों को महिलाओं को हमेशा अपने नियंत्रण में रखने के लिए प्रेरित किया है। उसके लिए उन्होंने नए

कारण खोजे और महिलाओं के मन पर प्रभाव डाला। बाद के समय में पुरुषों ने भी बिना किसी उपचार या असत्य के सत्यापन के उन परंपराओं को जारी रखा। इस पर गर्व है। इसके लिए महिलाओं की बलि दी गई।

वैज्ञानिक दृष्टिकोण से देखा जाए तो महिला के शरीर में होने वाले हार्मोनल बदलाव के कारण ही हर महीने अंडाशय से एक शुक्राणु बाहर निकलता है। जो आगे चलकर भ्रूण के निर्माण में मदद करता है, लेकिन जब यह शुक्राणु पुरुष के शुक्राणु के साथ निषेचित नहीं होता है, तो महिला के शुक्राणु को रक्त के रूप में बाहर निकाल दिया जाता है, यह वैज्ञानिक कारण है। समाज इसके पीछे के विज्ञान को जानता है, लेकिन उसके प्रति उनका रवैया नहीं है, यानी महिलाओं के प्रति समाज का नजरिया नहीं बदलेगा, सोचने की क्षमता नहीं बदलेगी। इस आधुनिक दुनिया में हम कितने भी स्वतंत्र क्यों न हो जाएं, कुछ ऐसे विषय हैं जिन पर हम अभी भी खुलकर बात नहीं करते हैं।

विषयों में से एक मासिक धर्म है। वास्तव में, हमें इस मुद्दे के बारे में खुला होना चाहिए। 21वीं सदी में इतना आधुनिक होने के बाद भी हम अभी भी मासिक धर्म के बारे में बात करना या बात करना गलत समझते हैं। शहरों में कुछ हद तक चीजें बदल गई हैं लेकिन ग्रामीण इलाकों में या कई जगहों पर मासिक धर्म के बारे में धारणाएं अंधविश्वास के बजाय वही रहती हैं जिन्हें मैं अंधविश्वास कहूंगा।

मासिक धर्म एक बहुत ही महत्वपूर्ण और प्राकृतिक प्रक्रिया है। मासिक धर्म एक महिला के शरीर में होने वाले परिवर्तनों और प्राकृतिक प्रक्रियाओं से संबंधित है। मासिक धर्म का किसी धर्म या परंपरा से कोई लेना-देना नहीं है, फिर भी हमारा समाज परंपरागत रूप से इस प्राकृतिक प्रक्रिया को परंपरा से जोड़ता है और मासिक धर्म और इसे अनुभव करने वाली महिला को अशुद्ध या अशुद्ध मानता है। क्या समय हो गया? फिर मंदिर मत जाओ, मंदिर मत जाओ, प्रसाद मत खाओ, किसी को सिलाई मत करो, रसोई में मत जाओ, चार या पांच दिन अलग रहो और सबसे महत्वपूर्ण बात मत करो अचार के जार को छुओ क्योंकि यह अच्छा नहीं लगेगा। पांचवें दिन, जब मासिक धर्म बंद हो जाए, तो स्नान करके अपने आप को शुद्ध करना चाहिए। यह सब बहुत अच्छा

लगता है। मैं वास्तव में यह नहीं समझता कि मासिक धर्म एक महिला के जीवन का एक महत्वपूर्ण हिस्सा है। यह एक प्राकृतिक प्रक्रिया है। ये क्रियाएँ उन्हें मातृत्व देती हैं।यदि यह प्रक्रिया स्त्री को मातृत्व देती है और एक नए जीवन का जन्म होना है, तो मासिक धर्म की प्रक्रिया अशुद्ध कैसे होती है?

विशुद्ध रूप से प्राकृतिक घटना के लिए, मासिक धर्म। मासिक धर्म को लेकर ये मिथक पूरी दुनिया में एक जैसे हैं। मासिक धर्म वाली महिला अशुद्ध हो जाती है, इसलिए उसे पूजा नहीं करनी चाहिए, मंदिरों में जाना चाहिए, नदियों और झीलों में स्नान करना चाहिए, खाना बनाना चाहिए, खाना छूना चाहिए, उसके आसपास भी नहीं रहना चाहिए क्योंकि खाना जहरीला हो जाता है, उसे एकांत में रहना चाहिए, आदि। इन धार्मिक मान्यताओं के साथ-साथ सामाजिक मान्यताएं भी हैं। मासिक धर्म के दौरान बाल नहीं धोने चाहिए, गर्म पानी से स्नान नहीं करना चाहिए, मासिक धर्म का खून अशुद्ध होता है, उसे कुछ भी खट्टा नहीं खाना चाहिए क्योंकि इससे मासिक धर्म बाधित होता है। यह विश्वास कि दुष्ट आत्माएं इस रक्त से आकर्षित होती हैं, और यह कि महिलाएं इस रक्त का उपयोग पुरुषों को वश में करने के लिए करती हैं, आज भी प्रचलित है। लेकिन ये कभी नहीं सोचा गया कि ये असली हैं या नहीं. हालाँकि यह अब किया जा रहा है, फिर भी हमारे मंदबुद्धि पुरुषों और महिलाओं दोनों के लिए, जो मासिक धर्म की शर्म से तंग आ चुके हैं, अपना मन बदलना अभी भी मुश्किल है। पुरुषों से ज्यादा महिलाओं में मासिक धर्म को लेकर ऐसी भ्रांतियां होती हैं और वे अपनी मान्यताओं में इतनी दृढ़ता से विश्वास करती हैं कि वे अपनी बेटियों के साथ भी यही परंपरा जारी रखती हैं। इनमें से सबसे मजबूत यह धारणा है कि मासिक धर्म एक महिला को अशुद्ध करता है।विज्ञान कहता है कि एक बार जब एक महिला यौवन तक पहुंच जाती है, तो हर महीने उसके अंडाशय में एक उपजाऊ महिला का अंडा विकसित होता है। संभावित भ्रूण की सुरक्षा के लिए इसके चारों ओर गर्भाशय की परत भी बनती है।

यदि अगले महीने के भीतर इसे निषेचित नहीं किया जाता है, तो वह अंडा नष्ट हो जाता है और इसके साथ ही गर्भाशय का अस्तर भी नष्ट

हो जाता है। इन सभी को मासिक धर्म चक्र के चार दिनों में रक्तप्रवाह में ले जाया जाता है। इसके स्थान पर फिर से गर्भाशय की एक नई परत बनने लगती है। अगर यह तथाकथित अशुद्धता शरीर से जड़ में निकल रही है, तो पहला सवाल यह है कि शरीर शुद्ध और अशुद्ध कैसे रहेगा। इसलिए यह सोचना गलत है कि इस दौरान महिला अपवित्र हो जाती है। यह रक्त शुद्ध है। सिर्फ इसलिए कि इसमें गर्भाशय की परत भी होती है, इसका रंग गहरा दिखता है। एक और कारण यह है कि इस दौरान अत्यधिक शर्म के कारण महिला लड़कियों को नहाने तक की अनुमति नहीं होती है।

लोग ऐसा व्यवहार करते हैं जैसे सैनिटरी पैड के बारे में बात करना या खरीदना एक बहुत बड़ा अपराध है। मेडिकल मैन पैड को अखबार में लपेटता है, उन्हें एक काले बैग में लपेटता है और उन्हें आपको सौंप देता है जैसे कि वह चोरी कर रहा हो। यही कारण है कि गांवों में आज भी कई महिलाएं पुराने कपड़ों का इस्तेमाल करती नजर आती हैं। उन कपड़ों की सफाई और फलस्वरूप महिला की स्वच्छता ही एक बहुत बड़ा मुद्दा है। इससे कई बीमारियां जन्म लेती हैं और कई महिलाएं अपनी अज्ञानता के कारण उन बीमारियों का शिकार हो जाती हैं।

हम सभी को यह समझने की जरूरत है कि मासिक धर्म एक प्राकृतिक प्रक्रिया है। महिलाओं को मासिक धर्म होने पर उन्हें गंदा या अपवित्र मानने के बजाय हमें मासिक धर्म की प्राकृतिक प्रक्रिया का सम्मान करना चाहिए, जो मातृत्व को जन्म देती है। किसी भी पारंपरिक परंपरा, जाति-धर्म से ज्यादा हमें यह याद रखना चाहिए कि एक महिला भी एक इंसान है। मासिक धर्म होने के कारण घर की महिला को अकेला रखना उसे घर के सभी लोगों से दूर बैठाना है। और उसके साथ ऐसा व्यवहार कर उसकी भावनाओं को ठेस पहुंचाना गलत है।

इसलिए वे अपने गुप्तांगों को साफ नहीं कर पा रहे हैं। इसलिए खून से पसीने और पेशाब जैसी बदबू आने लगती है और इसके कीटाणुओं से संक्रमित होने की संभावना बढ़ जाती है। यहां तक कि महिलाएं भी अपने जननांगों की सफाई को लेकर झिझकती हैं। लेकिन इसका खामियाजा उन्हें भुगतना पड़ता है। मासिक धर्म की अशुद्धता के पीछे यही असली

कारण है और पुरुषों ने इसका फायदा उठाकर इन महिलाओं को हमेशा के लिए अशुद्ध घोषित कर दिया है। पुरुषों और महिलाओं सहित, जो कहते हैं कि उन्हें मंदिरों में नहीं जाना चाहिए, पूजा नहीं करनी चाहिए, एकांत में रहना चाहिए, या मासिक धर्म के दौरान किसी को या कुछ भी छूना चाहिए, इस अशुद्धता का कारण बताते हैं। लेकिन दिन में हम बाथरूम जाते हैं, पेशाब करते हैं, शरीर से पसीना बह रहा है, नाक बह रही है, ये भी मासिक धर्म रक्तस्राव जैसी शारीरिक अशुद्धियाँ हैं और अगर ऐसा है तो हमें सोचना चाहिए कि मासिक धर्म के दौरान महिलाओं के साथ अलग व्यवहार क्यों किया जाता है। करने की जरूरत है। मुख्य रूप से, स्खलन करने वाले इन पुरुषों को यह कहने का क्या अधिकार है कि महिलाएं इतनी अपवित्र और अपवित्र हैं? कुछ लोगों को आश्चर्य हो सकता है कि मासिक धर्म का मुद्दा इतना महत्वपूर्ण क्यों है।

फिर भी, पीता को महत्वपूर्ण कहा जाता है। पहले से चली आ रही गलतफहमियों के कारण एक महिला भी ऐसी ही स्थिति में होती है।वही उदाहरण है... घर में कोई शुभ कार्य हो तो महिलाएं पहले उसे 'चार दिन' तक गिनती हैं। पीरियड्स में देरी के लिए गोलियां ली जाती हैं। यह अत्यधिक रक्तस्राव और अंगों में दर्द जैसे दुष्प्रभाव भी पैदा करता है। कुछ महिलाएं अभी भी कपड़े का उपयोग करती हैं। इससे एलर्जी और संक्रमण भी होता है।सेनेटरी नैपकिन, टैम्पोन और सैनिटरी कप का उपयोग नहीं किया जाता है क्योंकि उनके बारे में पर्याप्त जानकारी नहीं है।

लेकिन इस हालत में भी महिलाएं घर, कॉलेज, ऑफिस जैसी कई जिम्मेदारियां खुद को साबित करते हुए निभा रही हैं, वो भी अपने चेहरे से! यदि आप उत्तर खोजने जाते हैं, तो आपके ध्यान में एक भयानक स्थिति आती है। मासिक धर्म से जुड़ी मान्यताएं, इसके बारे में शर्म, लड़कों से अनजाने में अवहेलना, जिसके कारण लगभग 25 प्रतिशत लड़कियां स्कूल छोड़ देती हैं। कार्यस्थलों पर अलग और पर्याप्त शौचालयों की अनुपलब्धता, सैनिटरी नैपकिन की अनुपलब्धता से कामकाजी महिलाओं और छात्राओं को काफी असुविधा होती है। मासिक धर्म के दौरान स्वच्छता बनाए रखने के बारे में अपर्याप्त जानकारी और

पैसे की कमी के कारण, 70 प्रतिशत से अधिक लड़कियां और महिलाएं पुराने कपड़ों का उपयोग करती हैं। जिनका बार-बार उपयोग किया जाता है। कुछ लोग इस रक्त को अवशोषित करने के लिए राख, अखबार के कागज, लुढ़का हुआ पृष्ठ आदि का उपयोग करते हैं। इसके अलावा, इस अवधि के दौरान स्नान नहीं किया जाता है। नतीजतन, बैक्टीरिया के संक्रमण का खतरा भी बढ़ जाता है। खून से भी गंदी बदबू आती है, जिससे उनका विश्वास फिर से मजबूत होता है। चूंकि इससे शारीरिक स्वास्थ्य समस्याएं होती हैं, मानसिक तनाव बढ़ता रहता है। अब यह सोचने की जरूरत है कि इस स्थिति के कारण कितनी लड़कियां समय से पहले अपनी प्रगति से चूक जाती हैं। क्योंकि यह हमारी आधी आबादी है। अगली पीढ़ी को आगे लाना उनकी जिम्मेदारी है। यदि यह समय से पहले रचा जाता है, तो उनसे बीज पैदा होने की संभावना कम होती है। जिसमें पुरुष भी शामिल हैं। तो यह आशा की जाती है कि ये मंदबुद्धि पुरुष अपनी धारणा बदल देंगे, यदि केवल अपने स्वार्थ के लिए।

मासिक धर्म बच्चे को जन्म देने की दिशा में एक कदम है।

कहीं पढ़ा गया था "अगर आपको लगता है कि एक महिला की अवधि गंदी है, तो आप पिता नहीं हो सकते।"

अगर हम इस स्थिति को बदलना चाहते हैं, तो हम सभी को बड़े पैमाने पर प्रयास करने की जरूरत है। इसकी शुरुआत घर से होनी चाहिए। माताओं को अपनी बेटियों को मूर्खतापूर्ण मान्यताओं का उदाहरण देने के बजाय स्पष्ट रूप से बताना चाहिए कि क्या गलत है। पिता को भी इसकी जिम्मेदारी लेनी चाहिए। खास बात यह है कि घर के बच्चों को भी इसकी जानकारी दी जाए। इसमें शर्मिंदा होने की जरूरत नहीं है। इन लड़कियों को भविष्य में जो कुछ भी झेलना पड़ता है, उसकी तुलना में यह शर्म कुछ भी नहीं है। इसकी जानकारी स्कूलों से भी दी जानी चाहिए। सिर्फ लड़कियां ही नहीं लड़के भी। और वो भी साफ तौर पर। अत्यधिक अभद्र भाषा में बोलना, निरर्थक उदाहरण देना, यौन अंगों के सीधे नामकरण से परहेज करने से कम अच्छा और अधिक नुकसान होने की संभावना है। यह पागलपन अब खत्म होना चाहिए। अच्छे और पर्याप्त निजी शौचालयों तक पहुंच को महिलाओं

का मूल अधिकार माना जाना चाहिए। बच्चों को मासिक धर्म के बारे में बताकर पुरुषों को सम्मान के साथ व्यवहार करना भी सिखाया जाना चाहिए। लड़के-लड़कियों के बीच इस विषय पर जितनी खुलकर चर्चा होगी, झिझक उतनी ही दूर होगी। यह मंच के पीछे झूठी मान्यताओं, अर्थहीन धार्मिक परंपराओं और अवैज्ञानिक गलतफहमियों को रोकेगा। माहवारी महिलाओं को चिड़चिड़ी बना देती है, वे उचित निर्णय नहीं ले पाती हैं, उन्हें भूख जैसे कारण बताते हुए कुछ जगहों पर काम करने की मनाही होती है। हमारी परंपराएं और रीति-रिवाज ऐसे होने चाहिए जिससे समाज और लोगों को फायदा हो और किसी का जीवन खराब न हो। गलत रीति-रिवाजों और परंपराओं को तोड़ने और बदलने के लिए भगवान कृष्ण को भी महाभारत यानी (महायुद्ध) करना पड़ा था, बस हमें अपने विचारों को बदलना होगा। मासिक धर्म के संबंध में उन सदियों पुरानी परंपराओं की बेड़ियों को तोड़ने की वास्तव में कभी जरूरत ही नहीं पड़ी। लेकिन अभी मौका और समय नहीं गया है। चलो भी! आइए आज के वर्तमान को उतनी ही पवित्रता के साथ स्वीकार करें, जितना कल के भविष्य को जन्म देता है। आइए उसका सम्मान करें! आइए इस बकवास को खत्म करने के लिए सब कुछ करें।

20

एकल माता

अपने आस-पास हम ऐसे कई परिवार देखते हैं जहाँ बच्चों की देखभाल उनकी माताएँ करती हैं। पिता मर चुके हैं या तलाकशुदा हैं या भाग गए हैं। कई जगहों पर पति होने के बावजूद वह अपनी पत्नी और बच्चों के काम नहीं आता। वह एक व्यसनी, अपराधी, बेरोजगार या बीमार है और घर पर कभी ध्यान नहीं देता। ऐसी सभी जगहों पर घर की महिला ही घर की देखभाल करती है। इन्हें हम सिंगल मदर कह सकते हैं। लेकिन मैं यहां जिन सिंगल मदर्स की बात करने जा रहा हूं, वे अलग हैं। ये वो महिलाएं हैं जिनकी शादी नहीं हुई है लेकिन उन्होंने या तो एक बच्चा गोद लिया है या खुद को किसी से पा लिया है। उन्होंने इस बात का खुलासा नहीं किया है कि बच्चे का पिता कौन है। यह फैसला उन्होंने बहुत सोच-समझकर लिया है। हम बात करने जा रहे हैं इन सिंगल मदर्स के बारे में।

हमारे प्राचीन इतिहास में इसके उदाहरण हैं। सत्यकाम जबाली उनमें से एक प्रसिद्ध उदाहरण है। सत्यकाम को उनकी माता जबाली के नाम से जाना जाता है। उसे अपने पिता के बारे में पता नहीं था। वह इसे नहीं चाहते थे और उस समय के समाज ने इसे अस्वीकार नहीं किया था। पुराने जमाने में महिलाओं के लिए मासिक धर्म का रिवाज था, यानी जब वह बड़ी हो जाती थी तो वह इस दौरान अपनी पसंद के किसी भी पुरुष से संभोग के लिए कह सकती थी। इसके पीछे भूमिका थी कि उसका

मासिक धर्म व्यर्थ न जाए। जाहिर सी बात है कि इसके पीछे जनसंख्या बढ़ाने की मंशा भी होगी। बाद में यह प्रथा बंद कर दी गई। लेकिन मां के नाम से बच्चों की पहचान नहीं रुकी. महाभारत में, कुंती को संभोग के माध्यम से एक पुत्र की प्राप्ति हुई, जिसे कौन्तेय के नाम से जाना गया। लेकिन उन्हें सामाजिक पहचान पाने के लिए खुद को पांडवों के रूप में पहचानना पड़ा। तब से एकल माताओं की संख्या में तेजी से वृद्धि हुई है। वह प्रथा बंद कर दी गई। उसे अपने पिता के बेटे की देखभाल करने का कोई अधिकार नहीं है। उसे संभवतः दूसरों की मदद से अपने बच्चों की देखभाल करनी थी। फिर होशपूर्वक शादी किए बिना मातृत्व का सुख प्राप्त करना, या तो बच्चा गोद लेना या उससे अधिक, किसी और से गर्भवती होना और उस बच्चे को जन्म देना और उसकी देखभाल करना बहुत बहादुरी की बात है। क्योंकि ये चीजें हमारे समाज और लोगों की मानसिकता में फिट नहीं बैठ रही हैं। उन्हें धर्म-विरोधी और समाज-विरोधी संस्कृति माना जाता है। नीना गुप्ता ने विव रिचर्डसन के साथ मातृत्व पाया और अकेले अपनी बेटी की परवरिश की। सुषमा सेन ने भी गोद ली बेटी, शादी नहीं की पहली बात यह है कि बच्चे के लिए शादी की कोई जरूरत नहीं है। अगर एक सक्षम महिला यह निर्णय लेती है कि मुझे शादी नहीं करनी है, लेकिन मुझे एक बच्चा चाहिए और मैं उसकी देखभाल करने में सक्षम हूं, तो समाज में आपत्ति करने की क्या बात है? सिद्धांत रूप में कुछ भी गलत नहीं है। लेकिन यह बात समाज और सभी आम लोगों को हजम नहीं होगी. कानून भी ऐसी सिंगल मदर के पक्ष में नहीं है। ऐसा भी नहीं है कि वह इसके खिलाफ जाता है। लेकिन हमारे देश में जहां पिता के नाम के अलावा कोई दस्तावेज नहीं बनता है, वहां इन सिंगल मदर्स के बच्चों का नुकसान होना तय है. अब हम मां के नाम को महत्व दे रहे हैं, लेकिन बच्चों को उनके नाम से ही प्रमाण पत्र आसानी से मिलने में काफी समय लगेगा। आइए हम इस माध्यम से इसके लिए अपील करें।

कानून एक बार बदल भी जाए तो समाज की मानसिकता को बदलना बहुत मुश्किल होता है। इसके लिए हमें पहल करनी होगी। एक महिला पहले एक व्यक्ति है। यदि वह अपने पैरों पर खड़ी होने में

सक्षम है, मानसिक और शारीरिक रूप से अपनी और अपने बच्चों की देखभाल करने में सक्षम है, तो वह यह तय करने के लिए स्वतंत्र है कि उसे कैसे और किन परिस्थितियों में बच्चा चाहिए। यहां शारीरिक रूप से सक्षम होने का मतलब यह नहीं है कि विकलांग व्यक्ति नहीं हैं। नेत्रहीन, विकलांग लोग भी अपने बच्चों की अच्छी देखभाल कर सकते हैं। शारीरिक रूप से अक्षम वे लोग हैं जो अपना ख्याल रखने में पूरी तरह असमर्थ हैं। इसमें नशेड़ी भी शामिल हैं। यदि कोई महिला मातृत्व की इच्छा रखती है, तो यह उसका मौलिक अधिकार है जिसे वह किसी भी तरह से पूरा करने के लिए स्वतंत्र है। इसके लिए आपको शादी करने की शर्त गलत है। या यह मान लें कि उसकी शादी भी नहीं हुई है और वह माँ नहीं बन सकती है, इसका मतलब है कि वह एक बच्चे की देखभाल करने में असमर्थ है।

यह उसके मातृत्व अधिकारों के बारे में था। लेकिन एक बार जब वह ऐसी सिंगल मदर बन जाती है तो उसके प्रति समाज के नजरिए को बदलने की जरूरत होती है। खासकर पुरुष नजरिए से। सिर्फ इसलिए कि एक महिला अकेली है, उसके साथ कोई पुरुष नहीं है, इसका मतलब यह नहीं है कि वह उपलब्ध है। इसका मतलब यह नहीं है कि उसे अपने बच्चे को पालने के लिए एक पुरुष की जरूरत है। विशेष रूप से इस सहायता के नाम पर यह भी माना जाता है कि कई पुरुषों को अपने गुप्त उद्देश्यों को पूरा करने का अवसर मिल सकता है। इसके अलावा, यह तथ्य कि उसे आपकी मदद लेनी चाहिए और अन्य पुरुषों की नहीं, या यदि वह हमें अस्वीकार करती है, तो उसे अन्य पुरुषों को भी अस्वीकार करना चाहिए, इसका मतलब यह नहीं है कि उसे अन्य पुरुषों के साथ बातचीत करने का कोई अधिकार नहीं है। केवल उसे यह तय करने का अधिकार है कि वह किसी के करीब रहना चाहती है या नहीं। सिर्फ इसलिए कि वह अपने सही आदमी को शादी से खारिज कर देती है, इसका मतलब यह नहीं है कि उसे अपने पुरुष मित्रों को भी अस्वीकार कर देना चाहिए। या अगर वह किसी पुरुष को ठुकरा देती है, तो अगर उसके आसपास के अन्य पुरुष यह रवैया अपना रहे हैं कि हम अभी उसकी मदद नहीं करेंगे, तो यह भी गलत होगा। निःसंदेह इन सब बातों को पहले पचाना और फिर

उसके अनुसार आचरण करना आज के पुरुषों के लिए भी थोड़ा कठिन है। लेकिन वर्तमान माहौल को देखते हुए, हम निश्चित रूप से उम्मीद कर सकते हैं कि ऐसे विचारक दुर्लभ नहीं हैं।

और यह न केवल एकल माताओं पर बल्कि एकल पिता पर भी लागू होता है। वही समलैंगिक माता-पिता पर लागू होता है। क्योंकि बच्चा चाहना पूरी तरह से एक स्वाभाविक एहसास है और इसमें कुछ भी गलत नहीं है। कुछ अपवाद हो सकते हैं लेकिन यह उनका निर्णय है और इसका सम्मान किया जाना चाहिए। लेकिन यह सोचना कि अगर मुझे बच्चा चाहिए तो मुझे शादी करनी होगी या कि मुझे विपरीत लिंग के व्यक्ति के साथ बच्चा पैदा करने का अधिकार होगा, यह हमारी व्यक्तिगत स्वतंत्रता से झिझकने जैसा है। बहुत से लोग इसका विरोध करेंगे कि इससे विवाह और परिवार की संस्था नष्ट हो जाएगी। हालांकि यह एक जोखिम है, लेकिन समाज में ऐसी चीजें सामान्य अपवाद होंगी। उन्हें नियमों में नहीं बदला जाएगा। दूसरा, ऐसे एकल परिवार पूरी तरह से अलग-थलग नहीं हैं। जो लोग उनके रिश्ते में दोस्त हैं और प्यार में हमेशा उनके इर्द-गिर्द घूमते रहते हैं। आज अत्यधिक सोच-विचार की जरूरत नहीं है। यदि ऐसी स्थिति उत्पन्न होती है, तो हम उसका समाधान अवश्य ही खोज सकते हैं, लेकिन कुछ लोगों द्वारा अभी लिए गए निर्णय का अनादर करना, भविष्य में लगभग असंभव कुछ सोचकर, और उन्हें अनुमति देने से इनकार करना अनुचित होगा। हमेशा आपका समर्थन है।

21

स्त्री भ्रूण हत्या एक शाप

कन्या भ्रूण हत्या आपके लिए कोई नई बात नहीं है। हम सभी ने कभी न कभी कन्या भ्रूण हत्या की खबर पढ़ी, सुनी या देखी होगी। लेकिन हमें खबर इतनी ही याद रहती है कि हम थोड़ा दुख व्यक्त कर सकें और फिर से अपने जीवन में व्यस्त हो जाएं। कन्या भ्रूण हत्या केवल एक लड़की होने के नाते गर्भ में एक कन्या भ्रूण की हत्या है। आंकड़ों के अनुसार, यह देखा गया है कि 1961 में पुरुष से महिला लिंग अनुपात 102.4 पुरुषों से 100 महिलाओं, 1981 में 104.1 पुरुषों से 100 महिलाओं, 2001 में 107.8 पुरुषों से 100 महिलाओं और 2011 में 108.8 पुरुषों से 100 महिलाओं का था। यह दर्शाता है कि पुरुषों का अनुपात हर बार नियमित रूप से बढ़ रहा है। भारत में सस्ती अल्ट्रासाउंड तकनीक के आगमन के साथ 1990 के दशक की शुरुआत में कन्या भ्रूण हत्या शुरू हुई।

लेकिन दोस्तों क्या हम सभी ने कभी गंभीरता से सोचा है कि समाज में यह कन्या भ्रूण हत्या क्यों हो रही है? कौन हैं वो लोग जो यह बुराई कर रहे हैं? वे लोग कोई और नहीं बल्कि हमारे आस-पास के बहुत से लोग हैं जो इस सदियों पुरानी पितृसत्तात्मक संस्कृति को बढ़ावा दे रहे हैं। क्योंकि 1990 के दशक में माता-पिता के लिंग निर्धारण जैसे चिकित्सा क्षेत्रों में तकनीकी प्रगति ने भारत में कन्या भ्रूण हत्या को प्रोत्साहित

किया। हालाँकि, अतीत में, देश के कई हिस्सों में लड़कियों को जन्म के तुरंत बाद मार दिया जाता था। भारतीय समाज में बालिकाओं को सामाजिक और आर्थिक बोझ माना जाता है इसलिए उन्हें लगता है कि जन्म से पहले उन्हें मार देना ही बेहतर है।

भारत में अल्ट्रासाउंड तकनीक का विकास 1979 में हुआ था, हालांकि इसका प्रसार बहुत धीमा था। लेकिन साल 2000 में यह व्यापक रूप से फैलने लगा। ऐसा अनुमान है कि 1990 के बाद से, 1 मिलियन से अधिक कन्या भ्रूणों का गर्भपात हो चुका है क्योंकि वे लड़कियां थीं। हम देख सकते हैं कि कन्या भ्रूण हत्या इतिहास और सांस्कृतिक पृष्ठभूमि के कारण हो रही है। पहले लोग मानते थे कि बेटा पुत्र से श्रेष्ठ होता है क्योंकि यह भविष्य में परिवार के वंश को आगे बढ़ाने के साथ-साथ शारीरिक श्रम प्रदान करेगा। एक लड़के को परिवार की संपत्ति के रूप में देखा जाता है जबकि एक लड़की को एक दायित्व के रूप में माना जाता है।

प्राचीन काल से ही भारतीय समाज में लड़कियों को लड़कों से कम सम्मान और महत्व दिया जाता रहा है। उनके पास बच्चों की तरह शिक्षा, स्वास्थ्य, पोषण, खेल आदि तक पहुंच नहीं है, लोगों को लिंग चयनात्मक गर्भपात से लड़ने के लिए अधिक जागरूकता की आवश्यकता है। आमिर खान ने टीवी पर चलने वाले अपने मशहूर शो 'सत्यमेव जयते' में 'बेटियां अनमोल होती है' के पहले एपिसोड के जरिए आम जनता में जागरूकता पैदा करने का शानदार काम किया है.

हाँ, यह सच है! कन्या भ्रूण हत्या क्या है? कन्या भ्रूण हत्या का अर्थ है कि यदि गर्भवती महिला के गर्भ में पल रहे बच्चे को लड़की के रूप में निदान किया जाता है, तो महिला गर्भपात कराती है और अपने गर्भ में ही बच्चे को मार देती है।

चूंकि कुछ लोग इस तरह के टेस्ट करवाकर ऐसे गंभीर अपराधों को छुपा रहे हैं, इसलिए अब नियम बना दिया गया है कि कानून के तहत लिंग परीक्षण एक अपराध है। कानून बनाए गए हैं कि अगर कोई व्यक्ति ऐसा करते पाया गया तो उसे कड़ी से कड़ी सजा दी जाएगी। "भ्रूणहत्या" शब्द सुनते ही कंठ में काँटा खड़ा हो जाता है, गर्भ में अपने ही गर्भ का

गला घोंटना बहुत ही भयावह कृत्य होता है, नौ माह तक गर्भ में शिशु की देखभाल करने के बाद उसे मारने की भयानक विकृति महिला होने का दावा करते ही गर्भ।समाज में क्या हो रहा है, 2003 के संशोधित कानून का क्रियान्वयन कहीं नजर नहीं आता, 2001 और 2011 की जनगणना से पता चलता है कि इसमें कमी है। महिलाओं की संख्या, ऐसा लगता है कि चिकित्सा अधिकारियों ने अवज्ञा की है और अपना व्यवसाय स्थापित किया है। लिंग परीक्षण केंद्रों पर प्रतिबंध के बावजूद, इन दिनों मानव विरोधी चिकित्सा अधिकारी सोनोग्राफी, लिंग परीक्षण, एक-दूसरे के सामने विवरण प्रकट कर रहे हैं और महिला होने का दावा करते ही उन्हें मार रहे हैं। लेकिन अगर हम इस मामले पर गंभीरता से विचार करें तो हम सोचते हैं कि इन कानूनों के बाद वास्तव में ये सारी कन्या भ्रूण हत्या क्यों रुक गई है या फिर भी दुनिया को देखने से पहले ही कई लड़कियां पर्दे के पीछे मर रही हैं?

जागरूकता कार्यक्रमों के माध्यम से इसे व्यक्त करने के लिए इस मुद्‌दे पर सांस्कृतिक हस्तक्षेप की आवश्यकता है। लड़कियों के अधिकारों को लेकर हाल ही में बेटी बचाओ, बेटी पढ़ाओ या बालिका संरक्षण अभियान जैसे जागरूकता कार्यक्रम चलाए गए हैं।

भारतीय समाज में महिलाओं को अपने परिवार और समाज के लिए एक अभिशाप के रूप में देखा जाता है। इन कारणों से, तकनीकी प्रगति के समय से भारत में कई वर्षों से कन्या भ्रूण हत्या का प्रचलन रहा है। 2001 की जनगणना के आंकड़ों के अनुसार, पुरुष से महिला अनुपात 1000 से 927 है। कुछ साल पहले, जन्म से पहले बच्चे के लिंग का पता लगाने के लिए लगभग सभी जोड़ों ने लिंग निर्धारण परीक्षणों का इस्तेमाल किया। और अगर लिंग लड़की थी, तो गर्भपात निश्चित था।

भारतीय समाज में लोगों को लड़के से पहले सभी लड़कियों को मारने और लड़के तक लगातार बच्चे पैदा करने की आदत थी। जनसंख्या को नियंत्रित करने और कन्या भ्रूण हत्या को रोकने के लिए, भारत सरकार ने लिंग निर्धारण परीक्षण के बाद कन्या भ्रूण हत्या और गर्भपात की प्रथा के खिलाफ विभिन्न नियम और कानून बनाए। अबॉर्शन कर एक बच्ची की हत्या करना पूरे देश में अपराध है।

यदि डॉक्टरों द्वारा उन्हें यौन परीक्षण और गर्भपात करते पाया जाता है, खासकर यदि लड़कियों को मार दिया जाता है, तो वे अपराधी होंगे और उनके लाइसेंस रद्द कर दिए जाएंगे। कन्या भ्रूण हत्या से छुटकारा पाने के लिए समाज में बालिकाओं के महत्व के बारे में जागरूकता फैलाना मुख्य हथियार है।

कन्या भ्रूण हत्या कोई नई समस्या नहीं है और यह कई जगहों पर वर्षों से होती आ रही है। जैसा कि हमारी संस्कृति को पुरुष प्रधान संस्कृति माना जाता है, परिवार चाहते हैं कि एक जोड़े के पहले बच्चे की शादी होने पर वह लड़का हो। ईश्वर की इस रचना में मनुष्य का विशेष महत्व है। पुरुषों और महिलाओं के बीच एक सही संतुलन है। नर और मादा दोनों के मिलन से भावी संतानों का जन्म होता है और इस प्रकार सृष्टि की प्रक्रिया जारी रहती है।

लेकिन वर्तमान समय में कई कारणों से पुरुषों और महिलाओं के बीच लैंगिक भेदभाव का एक भयानक रूप सामने आ रहा है। जो पुरुष प्रधान समाज में कन्या भ्रूण हत्या का पर्याय है और असमानता को बढ़ा रहा है। हमारे देश में कन्या भ्रूण हत्या एक अमानवीय कृत्य बन गया है, जो चिंता का विषय है।

पीढ़ी दर पीढ़ी लोगों में यह धारणा रही है कि एक लड़का एक जाति का दीपक होता है। कुछ पुराने जमाने के लोगों को लगता है कि मोक्ष तभी प्राप्त होता है जब हमारा पुत्र हमें जीवन के अंतिम क्षण में मुखग्नि देता है। इसलिए बच्चे को पुत्र के रूप में जन्म लेना चाहिए, अर्थात लोग संघर्ष करते हैं ताकि उनका वंश और नाम बना रहे।

कन्या भ्रूण हत्या का एक और महत्वपूर्ण कारण यह है कि हमारे समाज ने लंबे समय से यह धारणा बनाई है कि एक लड़की किसी और की संपत्ति है। एक लड़की जो शादी कर ससुराल हो जाती है वह हमेशा हमारे साथ नहीं रहेगी, लेकिन हमारे बुढ़ापे की छड़ी हमारा बेटा है, इसलिए ऐसा माना जाता है कि हर परिवार में एक बेटा होना चाहिए।

कन्या भ्रूण हत्या क्यों हो रही है? यह प्रश्न मुझसे समय-समय पर पूछा गया है, जिसमें मैंने यह भी निष्कर्ष निकाला है कि दहेज और समाज में महिलाओं की सुरक्षा के कारण आज नारी जन्म के द्वार बंद

किए जा रहे हैं। मुझे नहीं पता कि दहेज प्रथा दुनिया में मौजूद है या नहीं, लेकिन भारत में, यह एक खुली प्रथा है, यह दहेज विरोधी कानून के तहत एक अपराध है, लेकिन चूंकि हमारा देश एक पुरुष प्रधान देश है, एक महिला की कानून में भी इज्जत नहीं दिखती। हमारे देश में महिलाओं को आरक्षण मिलेगा, हर क्षेत्र में उनकी पहुंच होगी, लेकिन महिलाओं को अभी भी स्वतंत्र के रूप में नहीं देखा जाता है। तथ्य यह है कि महिलाओं को कुछ मंदिरों में प्रवेश करने की अनुमति नहीं है आज भी समाज में हो रहा है।

आज हर सरकारी दफ्तर के सामने कन्या भ्रूण हत्या के बड़े-बड़े बैनर लगे हैं, लेकिन इसे लागू करने में बड़ी निराशा है, आज हर पुरुष के लिए महिलाओं की संख्या का न होना एक गंभीर मामला है.

प्रदेश में शून्य से छह वर्ष के आयु वर्ग के लड़के-लड़कियों का लिंगानुपात 848 से कम है। केंद्र सरकार ने 100 जिलों के नामों की घोषणा की थी जहां महिलाओं की संख्या बहुत कम है। महाराष्ट्र में, 0 से 6 वर्ष की आयु के प्रति हजार लड़कों और लड़कियों की संख्या 1991 में 946 थी, 2001 में यह गिरकर 913 और 2011 में 918 हो गई। आंकड़े सामने आए हैं कि पिछले साल राज्य में करीब 4 लाख 68 हजार लड़कियों की कोख में ही मौत हो गई थी. चार लाख बच्चों को गर्भ में ही मार डालने का जघन्य कृत्य करने वाला यह समाज, उसके पैदा होने से पहले, यह समाज कितना सोचेगा, वह माँ जो गर्भ में अपने बच्चे का गला घोंट देती है, लेकिन यह नहीं जानती कि वह एक महिला है, यह एक गंभीर मामला है, एक महिला समाज बना सकती है, लेकिन एक समाज एक महिला से पैदा होता है। यह कहने में कोई समस्या नहीं है कि दरवाजे बंद थे और यह देश की महिलाओं का खतना था।

जब महिलाएं गर्भवती होती हैं तो मां के लिए खुशी का पल अनमोल होता है। लेकिन परिवार क्या चाहता है, बेटा, बेटी? गर्भवती महिलाओं को परीक्षण के लिए अस्पताल ले जाया जाता है। वहां अल्ट्रासाउंड स्कैन से पता चलता है कि मां के गर्भ में लड़का है या लड़की। यदि कन्या का जन्म होता है तो जन्म से पूर्व ही माता के गर्भ में कन्या की हत्या कर दी जाती है। इसे मराठी में गर्भपात कहते हैं। भारत में शिशु हत्या की दर

बढ़ रही है। कन्या भ्रूण हत्या कानूनी अपराध है। यह बहुत शर्मनाक है कि जिन स्थानों पर देवी लक्ष्मी, दुर्गा और सरस्वती की पूजा की जाती है, वहां कन्या भ्रूण हत्या जैसे शर्मनाक घोटाले होते हैं। भारत में इनकी संख्या तेजी से बढ़ रही है। हम समाज में ऐसी सोच रखने वाले लोगों की कड़ी निंदा करते हैं। अगर एक बेटा पैदा हुआ था, तो वह परिवार का नाम लेगा। बहुत से लोग सोचते हैं कि अगर बेटा पैदा नहीं हुआ तो समाज में परिवार का क्या सम्मान होगा? समाज में उनकी नाक कट जाएगी, अब क्या करें, पढ़ाई से आगे बढ़ रहे इन लोगों की सोच कन्या भ्रूण हत्या जैसी शर्मनाक घटना का कारण बन रही है। शादी के बाद नई दुल्हन को चिंता होती है कि अगर उसने लड़की को जन्म दिया तो उसे गर्भ में ही मार दिया जाएगा। लड़कियां बहू पर यह परखने के लिए दबाव डालती हैं कि वह लड़का है या लड़की। लोगों में जागरूकता पैदा करने की तत्काल आवश्यकता है कि लड़के और लड़कियां समान हैं। ऐसा कोई काम नहीं है जो एक लड़की नहीं कर सकती। लड़कियों ने कई क्षेत्रों में लड़कों को पीछे छोड़ दिया है।

पढ़ाई हो या उड़ना या ओलंपिक में पदक जीतना, लड़कियों ने हर क्षेत्र में झंडा फहराया है। लड़कियां किसी भी हाल में लड़कों के साथ काम नहीं करती हैं। कृपया लड़कियों को पढ़ाएं और उन्हें आगे बढ़ने दें। नवविवाहित जोड़े को जागरूक करें कि यदि कोई उससे यौन निर्धारण के बारे में बात करता है तो वह स्थानीय पुलिस की मदद ले सकती है। ताकि ना चाहते हुए भी कोई मां अपनी बेटी को न खोए। कन्या भ्रूण हत्या आत्महत्या का एक रूप है जिसमें माताओं को गहरा आघात होता है।

इसी तरह, यदि लड़कियों की मृत्यु हो जाती है, तो लड़कों की तुलना में लड़कियों का अनुपात काम करेगा, जिससे बहुत गंभीर स्थिति पैदा हो सकती है। कन्या भ्रूण हत्या के लिए पुरुष प्रधान समाज भी जिम्मेदार है। कन्या भ्रूण हत्या का मुख्य कारण लड़कियों को एक अनावश्यक बोझ के रूप में समझना है जो पूरी तरह से गलत है।

समाज को मां, बहन, पत्नी को देखना चाहिए, लेकिन मैं बेटी को जन्म नहीं देना चाहता। क्यों क्योंकि यह समाज समाज में हो रही घटनाओं और प्रथाओं का सामना कर रहा है।

जहां अत्याधुनिक तकनीक से प्रगति की हवा बह रही है, वहीं चिकित्सा के क्षेत्र में अनुसंधान बालिकाओं के जन्म के लिए अभिशाप बन गया है। राज्य में लड़कियों के पैदा नहीं होने की संख्या में इजाफा हुआ है। इस असंतुलन के कारण सामाजिक सुरक्षा और पदानुक्रम की आशंका जताई जा रही है। गिरते पुरुष-महिला अनुपात ने कुछ राज्यों में विवाह की गंभीर समस्याएँ पैदा कर दी हैं। महाराष्ट्र भी इसी खतरे का सामना कर रहा है। कानून के खिलाफ जाकर कुछ सरकारी चिकित्सा अधिकारियों ने कन्या भ्रूण हत्या का हथियार उठा लिया है और राज्य में महिलाओं को नष्ट करने की योजना बनाई है।

कुछ अशिक्षित परिवारों में यह पुरातन रूढ़िवादी परंपरा प्रचलित है। यह संक्रमणकालीन सोच समाज को गहरे रसातल में धकेल देगी। एक पुरुष सामाजिक समाज में महिलाओं को मनोवैज्ञानिक, सामाजिक और परंपरा को धक्का देकर प्रताड़ित किया जाता है। जो शर्म की बात है। लड़कियों का यही वजूद है कि वो लड़कों को ही जन्म देती हैं। क्या उनके विचारों और इच्छाओं को समझना परिवार और समाज का कर्तव्य नहीं है? उपसंहारः हालांकि, अतीत की तुलना में समय बहुत बदल गया है और विचारधाराएं भी बदल गई हैं। चूंकि सेव द गर्ल एंड टीच द गर्ल कैंपेन काम कर रहा है। जो एक सकारात्मक सोच और भविष्य का प्रतिनिधित्व करता है। कई संगठन और एनजीओ लड़कियों को बचाने, पढ़ाई करने और उन्हें आत्मनिर्भर बनाने और उन्हें आत्मनिर्भर बनाने की पूरी कोशिश करने का सुझाव दे रहे हैं। जिन अस्पतालों में डॉक्टर जबरदस्ती अपराध करते हैं, उन पर मुकदमा चलाया जा रहा है और सख्त नियम लागू किए गए हैं। जो एक बार फिर एक सकारात्मक समाज के निर्माण की ओर इशारा करता है, लड़कियों की पहचान न केवल चूल्हा बनाना है बल्कि समाज को एक नई दिशा में ले जाना और आत्मनिर्भर बनना है। लड़कियों को प्राथमिकता देना लड़कों की तरह ही महत्वपूर्ण है। हम सभी को इस कन्या भ्रूण हत्या से समाज को बचाना है। सोच बदलने की जरूरत है, हमें नई सकारात्मक सोच वाले नए समाज का निर्माण कर अपने समाज को आगे ले जाना चाहिए। समाज में कहीं भी पाए जाने वाले ऐसे किसी भी अपराध की सूचना

तुरंत पुलिस को दी जानी चाहिए ताकि दोषियों को कड़ी से कड़ी सजा मिल सके। लड़के-लड़कियों में भेदभाव न करें, यह उन सभी परिवारों को समझना है, जो बच्चों को ज्यादा महत्व देते हैं और उन्हें ज्यादा काबिल समझते हैं. देखा जाए तो ऐसे कई एपिसोड्स हैं जहां लड़कियां लड़कों को मात देती हैं।

यह कहना कोई समस्या नहीं है कि समाज की समस्याओं के कारण गर्भपात से कुचले गए बालिका ने समाज की जेब काटकर अपना खुद का व्यवसाय स्थापित किया है। यदि कानून में सोनोग्राफी, लिंग परीक्षण के विवरण का खुलासा होता है, चिकित्सा प्राधिकरण को तीन साल की सजा दी जाती है।समाज से जुड़े इस कलंक को दूर करने के लिए सामाजिक जागरूकता की वास्तविक आवश्यकता है। विनाश के कगार पर खड़े समाज को, भटके हुए भ्रूणहत्या के बीज को आज बचाने की जरूरत है। एक महिला बच जाएगी तो एक परिवार बच जाएगा, एक देश बच जाएगा, एक देश बच जाएगा, पूरी दुनिया बच जाएगी, इसलिए मुझे लगता है कि कन्या भ्रूण हत्या रुकनी चाहिए। उसके लिए सबसे पहले इस समाज को जागना चाहिए, सरकार के कानूनों को लागू करना जरूरी है।

भ्रूण हत्या के कारण

भारतीय मध्यवर्गीय समाज में कन्या का जन्म अशुभ माना जाता है। क्योंकि लड़की को उससे शादी करनी है। बहुत महंगा है।

विशेष रूप से दहेज आदि के कारण विवाह में समस्या उत्पन्न होती है, कन्या को विदेशी संपत्ति माना जाता है और पुत्र को कुल परंपरा का उत्थान और वृद्धावस्था का सहारा माना जाता है।

इसलिए ऐसे लोग कन्या को जन्म नहीं देना चाहते हैं, इन सभी कारणों से कुछ क्षेत्रों और जातियों में, कन्या को जन्म के समय ही मार दिया जाता है। आज के मशीनीकृत युग में कन्या के जन्म से पहले ही भ्रूण हत्या रुक गई है।

भ्रूण हत्या एक सामाजिक अपराध है

वर्तमान में अल्ट्रासाउंड मशीन वास्तव में महिलाओं को भगाने का हथियार बन गई है। लोग इस डिवाइस की मदद से लिंग भेद ढूंढते हैं। और अगर गर्भ में कोई लड़की है तो वह भ्रूण को नीचे गिराकर नष्ट कर देती है। कन्या भ्रूण हत्या ने लिंग संतुलन को बिगाड़ दिया है। कई राज्यों में लड़कियों की संख्या लड़कों से 20 से 25 फीसदी कम है। इससे पात्र युवकों की शादी नहीं हो पाती है। एक सर्वेक्षण के अनुसार हमारे देश में प्रतिदिन लगभग 2500 कन्या भ्रूण हत्या कर दी जाती है। यह हरियाणा, पंजाब, दिल्ली में सबसे ज्यादा दिखाई देता है।

कन्या भ्रूण हत्या का अशिक्षा और गरीबी से कोई लेना-देना नहीं है। जितना कि रूढ़िवादी और स्वार्थी मध्यवर्गीय समाज की अमानवीय विचारधारा से है। ऐसा लगता है कि ऐसे लोगों में लिंग चयन की मानसिकता को लगातार विकृत किया जा रहा है। कन्या भ्रूण हत्या करने वालों की मानसिकता इतनी चरम है कि हमने कई खबरें सुनी हैं कि अगर ऐसे लोगों की एक या दो बेटियां लगातार होती हैं, तो अगली बेटियां पैदा होने पर वे उन्हें मारने से नहीं हिचकिचाते। एक लड़का होने के लिए, कई लोग चार या पांच लड़कियों के बाद लड़का होने की उम्मीद करते हैं।

कई लोग गर्भवती होने पर परिवार की महिला पर यह कहकर मनोवैज्ञानिक दबाव डालने की कोशिश करते हैं कि उसे लड़का होना चाहिए क्योंकि इससे उसके स्वास्थ्य पर असर पड़ सकता है। लड़का न भी हो तो स्त्री से वही कटु वचन बोलते हैं। कुछ घरों में एक बेटे के साथ बहू को अधिक सम्मान दिया जाता है और एक बेटी के साथ बहू को नीचा दिखाया जाता है। महिला पर बेटे को जन्म देने का दबाव है। लेकिन कुछ पुराने जमाने के बेवकूफ यह नहीं देखते हैं कि हमारे पास जो बच्चा होगा वह लड़का या लड़की नहीं है, और फिर ऐसे परिवार में उनके लिए जगह बनाने के लिए महिला और उसकी बेटियों के बीच जीवन भर संघर्ष शुरू होता है।

लेकिन क्या यह वाकई जीने लायक है जब बेटा पैदा होता है? यह विचार करने योग्य बिंदु है। आज हम देखते हैं कि इस 21वीं सदी में कई लड़कियां विभिन्न क्षेत्रों में लड़कों के बराबर काम कर रही हैं, वास्तव में

वे अपने माता-पिता को उनसे बेहतर कर प्रसिद्ध बना रही हैं। आज कई लड़कियां अपने बुढ़ापे में एक लड़के से ज्यादा अपने बुजुर्ग माता-पिता की देखभाल कर रही हैं। आज हमने बहुत से माता-पिता को पुत्र द्वारा वृद्धाश्रम भेजते देखा है जिनके लिए लोग मन्नतें मांगते हैं, अनेक देवता पूजते हैं। एक आदमी परिवार का मुखिया है। कर्ता-धर्ता होता है। इसलिए परिवार में पुरुष का विशेष महत्व है। जिसे बच्चे बचपन से देखते आ रहे हैं।

तो वही बातें उनके दिमाग में बस जाती हैं। बच्चों को बचपन से ही स्पेशल ट्रीटमेंट मिलता है। महँगे खिलौने, पौष्टिक भोजन, आउटडोर खेल, सम्मान, मर्यादा आदि। जबकि लड़कियों को बंधन में पाला जाता है। यह मत करो, वह मत करो। गृहकार्य पर ध्यान दें, लड़कियों को ऐसा व्यवहार करना चाहिए, माप हर जगह लागू होते हैं। आपको लगातार जागरूक किया जाता है कि आप एक लड़की हैं। शादी के बाद लड़की को अपने ससुराल जाना होता है, मतलब वो किसी अजनबी की दौलत है। बेशक, हम उसे कितना भी पढ़ाएं, यह हमारे किसी काम का नहीं है। ऐसा गलत ग्रह बनाया गया है। लड़की की शादी के समय दहेज देने के बारे में कोई लड़की कितना भी जान ले, माता-पिता की उतावलापन और दहेज के लिए उन्हें जो समझौता करना पड़ता है, वह लड़कियों की नजरों से नहीं बचता। एक बार लड़की के जन्म के बाद माता-पिता इस दर्द में तब तक लगे रहते हैं जब तक कि उसकी शादी नहीं हो जाती। दूसरे शब्दों में दहेज प्रथा परोक्ष रूप से कन्या भ्रूण हत्या की समस्या में योगदान करती है।

आज बच्चों को अच्छी शिक्षा मिल जाए तो उनमें से अधिकतर शिक्षा के लिए विदेश चले जाते हैं और वहीं बस जाते हैं, जबकि उनके माता-पिता यहां फिर अकेले रहते हैं। लेकिन फिर लड़का पैदा करने के लिए इतना प्रचार क्यों? कई घरों में तो बेटे ही मां-बाप का सहारा होते हैं, वे अंत तक उनका साथ देते हैं, उनकी देखभाल करते हैं, लेकिन इसका मतलब यह नहीं है कि बेटी पैदा नहीं होनी चाहिए। एक लड़की वो सारे काम कर सकती है जो एक लड़का कर सकता है। जरूरत सिर्फ उस संस्कृति की है जो हमने उसे दी है, जो विश्वास हमने उस पर रखा है और

अपने माता-पिता के प्रति जिम्मेदारी जो उसने खुद महसूस की है।

कन्या भ्रूण हत्या से कुछ हासिल नहीं होता, बल्कि एक मासूम की जान कुर्बान कर दी जाती है। आज कई ऐसे मासूमों की बलि वर्षों से दी जा रही है या हमने एक लड़की का क्षत-विक्षत देखा और सुना है जो पैदा हुआ था और कूड़ेदान के पास रखा गया था क्योंकि वह एक लड़का चाहती थी। आज दुनिया तेजी से आगे बढ़ रही है, विज्ञान और तकनीक दिन-ब-दिन आगे बढ़ रहे हैं। कंप्यूटर, मोबाइल, टैबलेट, लैपटॉप के इस युग में हम सभी दिन-प्रतिदिन प्रगति कर रहे हैं, ऐसे समय में जब नई पीढ़ी को लड़के-लड़कियों के बीच भेदभाव के पुराने विचारों को पीछे छोड़ना चाहिए और आजकल नई पीढ़ी के कई माता-पिता जागरूक हैं। इस का।

यह अवधारणा हमारी सामाजिक व्यवस्था में दृढ़ता से निहित है कि एक बेटा बुढ़ापे में हमारी देखभाल करेगा, एक बेटी की शादी होगी और उसके ससुराल वाले चले जाएंगे। इसलिए, अगर लड़की को माता-पिता के साथ रहना है, तो माता-पिता बहुत दोषी महसूस करते हैं और समाज में उनका सम्मान नहीं किया जाता है। यह एक विवाहेतर सोच की ओर ले जाता है कि लड़की पैदा न करना बेहतर है, माता-पिता को बचपन से ही दो बच्चों के बीच भेदभाव नहीं करना चाहिए, ताकि यह सोच बच्चे में न पैदा हो। चाहे लड़का हो या लड़की। दोनों के साथ समान व्यवहार किया जाना चाहिए। दोनों की तुलना कभी न करें। तभी आज महिलाओं को आजादी मिलती है और कन्या भ्रूण हत्या रोकने का काम लगातार किया जा सकता है. आज अधिकांश लोग लड़के-लड़कियों के बीच बिना भेदभाव के उस बच्चे पर पूरा ध्यान दे रहे हैं जो उसे अच्छी शिक्षा और संस्कृति देकर उसका भविष्य उज्जवल करने के लिए पैदा होगा और अपने बच्चों को आगे बढ़ने के लिए अच्छा समर्थन भी दे रहा है। कन्या भ्रूण हत्या और संतान-इच्छा भी क्षेत्रों में या कुछ बुरे दिमाग वाले कुलीनों के बीच वांछित है। इसलिए यदि हमारे आस-पास ऐसी घटनाएं होती हैं तो हमें उन्हें समय रहते रोकने के लिए सतर्क रहना चाहिए। जो लोग अपनी इच्छा के लिए एक निर्दोष जीवन बलिदान करते हैं, उन्हें एक अच्छा सबक सिखाने की जरूरत है। क्योंकि अगर आज ही

बेटी पैदा नहीं होने देंगे तो कल मां, बहन, पत्नी और दोस्त कैसे मिलेंगे? फिर उसे पैदा होने दो।

भ्रूण हत्या रोकने के उपाय

भारत सरकार ने कन्या भ्रूण हत्या को प्रभावी ढंग से रोकने के लिए अल्ट्रासाउंड मशीनों से लिंग का पता लगाने पर पूरी तरह से प्रतिबंध लगा दिया है। इसके लिए प्रीनेटल डायग्नोस्टिक टेक्नोलॉजी एक्ट पीएनडीटी 1994 में कड़ी सजा का प्रावधान है। इसके साथ ही महिला सशक्तिकरण, लड़कियों की मुफ्त शिक्षा, पैतृक विरासत, समानता का अधिकार आदि जैसे कई उपायों को अपनाया गया है। यदि भारतीय समाज में लड़का-लड़की का अंतर नहीं माना जाता है, तो परिवार में कन्या का जन्म शुभ माना जाता है, यदि घर में कन्या का पालन-पोषण लक्ष्मी और सरस्वती के रूप में किया जाता है, तो कन्या भ्रूण हत्या पर प्रतिबंध स्वतः ही समाप्त हो जाएगा। थोपा।

दोस्तों, लड़का हो या लड़की, हमें बस यही उम्मीद रखनी चाहिए कि बच्चा स्वस्थ और मजबूत पैदा हो और आइए हम अपने समाज से कई सालों तक कन्या भ्रूण हत्या के कलंक को दूर करें। "लड़की बचाओ, लड़की को पढ़ाओ!"

उपसंहार

वर्तमान में लिंग चयन और लिंगानुपात के बारे में बहुत विचार किया जाता है। संयुक्त राष्ट्र ने बालिकाओं के संरक्षण की घोषणा की है। लिंगानुपात को ध्यान में रखते हुए भारत सरकार ने कन्या भ्रूण हत्या पर भी सख्ती से रोक लगा दी है। वास्तव में कन्या भ्रूण हत्या की यह क्रूर प्रथा पूरी तरह समाप्त होनी चाहिए।

22

स्त्री अस्तित्व को बढ़ाने के लिए जरूरत

हमारा देश भारत एक विशाल जनसंख्या वाला देश है। इस देश में स्त्री और पुरुष दोनों को समान दर्जा प्राप्त है। लेकिन कुछ ग्रामीण क्षेत्रों में अभी भी महिलाओं पर अत्याचार किया जाता है। इसे रोकने के लिए महिलाओं को अपने हक की लड़ाई लड़नी चाहिए। महिला सशक्तिकरण का अर्थ है महिलाओं का पूर्ण विकास!

एक महिला घर और काम या नौकरी दोनों का ख्याल रखती है। इस दौरान उन्हें कई तरह की गालियां दी जाती हैं और उन्हें कई तरह की परेशानियों का सामना करना पड़ता है. आज की महिलाएं पहले जैसी नहीं रही।

आज की नारी ने हर क्षेत्र में बड़ी छलांग लगाई है और पूरी दुनिया में अपने कर्तव्य का प्रसार किया है। हालाँकि, भारत को और अधिक सक्षम और एक महाशक्ति बनाने के लिए, महिलाओं को वह सम्मान और शक्ति प्राप्त करने की आवश्यकता है जिसके वे हकदार हैं और उसके लिए महिला सशक्तिकरण बहुत महत्वपूर्ण है। प्रत्येक महिला को आर्थिक, सामाजिक और मनोवैज्ञानिक रूप से सुरक्षित और स्वतंत्र होना चाहिए।

जब कोई महिला किसी कारणवश घर से बाहर निकलती है तो उसे उचित सम्मान दिया जाना चाहिए। आज महिलाएं शिक्षा, काम और रोजगार के लिए बाहर जाती हैं। उनकी सुरक्षा और महिलाओं के खिलाफ किसी भी तरह के दुर्व्यवहार और उत्पीड़न को रोकने के लिए एक व्यवस्था की जानी चाहिए। पिछले दो दशकों में महिलाओं ने शिक्षा के क्षेत्र में एक लंबा सफर तय किया है। और सावित्रीबाई फुले और ज्योतिबा फुले महिलाओं की इस शिक्षा के लिए आगे आईं और आज उन्हीं की वजह से महिलाओं को पुरुषों के बराबर शिक्षा का अधिकार मिला है। नारी को शिक्षा तो मिली लेकिन जरूरत उसे उचित जिम्मेदारी देने और उसे काबिल बनाने की है!

जैसे-जैसे हम अपने आस-पास के समाज में आगे बढ़ते हैं, हमें सामाजिक व्यवस्था और व्यवस्था के अनुसार जीना होता है। हमें समाज के रीति-रिवाजों और परंपराओं का पालन करना होगा।

फिर, चलते समय, एक कीड़ा वृद्धि होती है जो दो व्यक्तियों, नर और मादा में विभाजित होती है। महिलाओं के अधिकारों और पुरुषों के अधिकारों के बीच हमेशा अंतर किया जाता है। इसमें महिलाओं के अधिकारों और स्वतंत्रता पर उचित ध्यान दिया जाना चाहिए।

आज के समय में स्त्री और पुरुष दोनों को ही किसी भी क्षेत्र में कार्य करते देखा जाता है, केवल पुरुषों का सम्मान किया जाता है और महिलाओं के कर्तव्यों की उपेक्षा की जाती है, इसके पीछे एकमात्र कारण भेदभाव और पारंपरिक व्यवस्था है! जैसा कि हम जानते हैं कि हमारे समाज में प्राचीन काल से ही पुरुषों का वर्चस्व रहा है।

हमने महिलाओं के मजबूत होने के बारे में कभी नहीं सुना और आज भी कई जगहों पर महिलाओं को अपने अधिकारों के लिए लड़ने का अधिकार नहीं है, वे मजबूत नहीं हैं। लेकिन आज समय बदल रहा है। यह आज के समय की जरूरत है। "महिला सशक्तिकरण" हर महिला आवाज उठा सकती है और अपने अधिकारों, स्वतंत्रता और अपने खिलाफ अन्याय के लिए लड़ सकती है। महिला सशक्तिकरण ही महिलाओं का संपूर्ण विकास है। अगर कोई महिला घर से बाहर काम करती है, तो उसे वहां काम करने में सुरक्षित महसूस करना चाहिए।

आज की महिला की मानसिक तैयारी शिक्षा से बढ़ती है लेकिन हर महिला के लिए एक सुरक्षित वातावरण की आवश्यकता होती है ताकि वह बाहर काम करते समय सुरक्षित महसूस कर सके और अगर एक महिला को यह सुरक्षा मिल जाए तो वह एक पुरुष के रूप में भी काम कर सकती है।

महिलाओं को बचपन से ही सशक्त बनाना महत्वपूर्ण है। प्रत्येक महिला को उसकी स्वतंत्रता के प्रति जागरूक किया जाना चाहिए और उसे शिक्षा के अधिकार को आगे बढ़ाने के लिए प्रोत्साहित किया जाना चाहिए।

एक महिला मानसिक रूप से मजबूत होती है तो वह किसी भी क्षेत्र में सफलता हासिल कर सकती है। वह तब भी आगे बढ़ सकती है, जब उसमें उसका परिवार उसके साथ हो। उसके मन के साथ-साथ उसके शरीर को भी मजबूत रखना आवश्यक है, उसके लिए आवश्यक है कि वह प्रतिदिन व्यायाम करे, उसे शारीरिक रूप से कठिन परिश्रम करवाए और एक साहसी मनोवृत्ति विकसित करे। तो महिला शारीरिक रूप से परिपूर्ण बनने में सक्षम होगी। शिक्षा से न केवल बुद्धि का विकास होगा बल्कि व्यायाम और खेलकूद से शारीरिक विकास भी होगा।

महिला सशक्तिकरण में महिलाओं को सबसे पहले आर्थिक रूप से स्वतंत्र बनाया जाना चाहिए। क्या उसके पास थोड़े से पैसे के लिए किसी से संपर्क करने का समय नहीं होना चाहिए? उसे अपने करीब के ज्ञान और कौशल के साथ काम करके आर्थिक रूप से मजबूत बनना चाहिए। आज समय बदल रहा है। इसी तरह महिलाओं की स्थिति भी बदल रही है।

आज की महिलाएं सिर्फ चूल्हा और बच्चों की देखभाल करने के लिए ही काफी नहीं हैं, हमें उद्योग, शिक्षा और प्रौद्योगिकी तीनों क्षेत्रों में महिलाएं देखने को मिल रही हैं।

बदलते परिवेश में महिलाओं की भूमिका भी बदल रही है। आज वह किसी के घर, बेटी, बहू, पत्नी और मां के सभी रिश्तों का ख्याल रखती है। और इस रिश्ते के अलावा वह कई क्षेत्रों में काम करती नजर आ रही हैं।

इससे पता चलता है कि महिलाओं का विकास तो हुआ है, लेकिन उस विकास को समग्र विकास नहीं कहा जा सकता, क्योंकि समाज का कुछ हिस्सा बहुत आगे बढ़ चुका है, लेकिन उसी समाज का कुछ हिस्सा अभी भी पीछे छूट गया है. इन अविकसित क्षेत्रों की महिलाएं आज भी उत्पीड़ित हैं। अत्याचार होता है। इसके बावजूद कई महिलाएं अंधविश्वास, अशिक्षा, मारपीट, दहेज प्रथा की शिकार हैं। उन पर कई तरह की पाबंदियां लगाई गई हैं. उन्हें अपनी आजादी के लिए लड़ने का भी अधिकार नहीं है। उन महिलाओं को प्रगति की दिशा नहीं मिली है। वे पति की पिटाई, पारिवारिक प्रताड़ना की शिकार हैं। कहा जाता है कि एक सिक्के के दो पहलू होते हैं, एक पहलू बहुत खूबसूरत होता है और दूसरी तरफ बदसूरत।

एक तरफ हमारे समाज में महिलाओं ने तरक्की की है। महिला शिक्षक, डॉक्टर, इंजीनियर, अभिनेत्रियां, मंत्री-महिलाएं देश के कई सर्वोच्च पदों पर आसीन हैं।

वहीं ग्रामीण इलाकों और कई शहरी इलाकों में अंधविश्वास, मारपीट और दहेज के अभाव में कई महिलाओं की हत्या की जा रही है. उन्हें न्याय भी नहीं मिलता। ऐसी महिलाओं को न्याय दिलाने के लिए हर शिक्षित उन्नत महिला को आगे आना चाहिए। महिला सशक्तिकरण हर राज्य और केंद्र सरकार का एक महत्वपूर्ण मुद्दा है। सरकार को इस पर ध्यान देना चाहिए। सरकार को महिलाओं को सभी सुविधाएं उपलब्ध करानी चाहिए।

समाज में सभी महिलाओं को समान दर्जा मिलना चाहिए। महिला सशक्तिकरण हमारे समाज के लिए बहुत महत्वपूर्ण है। इसके लिए सभी को आगे आना चाहिए। इसमें देश के सभी पुरुषों को सहयोग करना चाहिए।

पुरुषों को महिलाओं को जिम्मेदारी की प्राप्ति की दिशा में काम करने के लिए उपयुक्त सुरक्षित वातावरण प्रदान करना चाहिए ताकि महिलाएं भी वह सम्मान, स्थिति और शक्ति प्राप्त कर सकें जिसके वे हकदार हैं।

हमारे देश की महिलाओं ने कई क्षेत्रों में काफी तरक्की की है। आज यहां की महिलाएं किसी क्षेत्र में पीछे नहीं हैं। उन्हें देवी का स्थान दिया गया है। इसलिए सर्जन शीतलता की शक्ति रखने वाली इस महिला को समाज में गौण स्थिति को बदलने की जरूरत है।

शारीरिक और यौन प्रवृत्तियों को महिलाओं से संपर्क करने के इरादे को बदलना चाहिए। हर महिला को यौन स्वतंत्रता और निरंकुशता के बीच का अंतर पता होना चाहिए और पुरुषों को निरंकुशता से दूर रखने में सक्षम होना चाहिए। जब एक महिला अपनी आवाज उठाती है और अन्याय के खिलाफ लड़ती है, तो वह वास्तव में सशक्त होगी और हमारे समाज में महिलाओं को सशक्त बनाने की कोई आवश्यकता नहीं होगी!

23

महिलाओं को संगठित होना चाहिए

देश में महिलाओं के साथ अन्याय और उत्पीड़न की दर बढ़ रही है, यह समझना मुश्किल है कि देश में महिलाओं की माध्यमिक स्थिति के कारण समानता और स्वतंत्रता कभी खो गई है। देखने का अधिकार स्थापित करके हमें यह नहीं मिला है चूल्हा और बच्चे से परे की दुनिया, यह महिलाओं की शक्ति थी जिसने दुनिया को दृश्यमान बनाया। यह हो रही है, वे 19 वीं शताब्दी के चरम पर महिला शक्ति के चरम पर पहुंच गईं, लेकिन उन पर हो रहे अन्याय को तोड़ने के लिए, यह कहने में कोई हर्ज नहीं है कि नारी समाज आज कहीं न कहीं अपना इतिहास भूल रहा है, जहां महिलाएं गुलामी, अंधविश्वास और पिता-माता के कलंक का शिकार हो रही हैं। सरस्वती को देवी के रूप में पूजें, आज की महिलाएं अपने पति के प्रति समर्पित हैं विवाह के लिए वत्सवित्री की पूजा की जाती है, वत्सवित्री की पूजा की जाती है, संतान प्राप्ति के लिए बुआ बापू की पूजा की जाती है, मंदिरों में मन्नतें ली जाती हैं, अगर हम इन सब के बारे में सोचते हैं, तो ऐसा लगता है कि आज की महिलाएं आत्मविश्वास खो रही हैं, वे खुद के बजाय पत्थरों पर भरोसा कर रही हैं, और महसूस कर रही हैं उनकी अज्ञानता, प्रशासन का कोई सख्त फैसला होना चाहिए लेकिन कुछ नहीं हुआ, जैसा कि स्थिति बनी हुई है, इससे पहले दिल्ली में

निर्भया कांड ने पूरे देश को हिलाकर रख दिया, कई महिलाएं सड़कों पर उतरीं, मोमबत्तियां जलाईं, लेकिन अंत में कुछ भी नहीं था हासिल किया, अंत में महिलाएं विलासिता की वस्तु बन गई हैं, महिलाएं हर स्तर पर पहुंच गई हैं, पुरुषों के साथ कंधे से कंधा मिलाकर खड़ी हैं,

आज महिलाएं चूल्हा और बच्चे से परे व्यावहारिक जीवन में प्रवेश कर चुकी हैं, लेकिन वहां भी उनकी सुरक्षा का मुद्दा आ रहा है सबसे ऊपर महिलाओं की सुरक्षा के लिहाज से सिर्फ बॉबबॉम्ब ही नजर आता है। महिलाओं के खिलाफ हिंसा भारत देश में एक भयानक घटना है, फिल्मों में अभिनेत्रियों का खराब प्रदर्शन, धारावाहिकों में दिखाई गई महिलाओं के खिलाफ हिंसा सामाजिक जीवन को प्रभावित कर रही है, महिलाओं के प्रति पुरुषों का नजरिया बुरी नजर के प्रदर्शन से बदल रहा है, और बलात्कार, महिला उत्पीड़न, यौन शोषण, आदि। महिलाओं के खिलाफ इस प्रकार की हिंसा के खिलाफ महिलाओं को संगठित होने और अपनी लड़ाई खुद उठाने का समय है, हर महिला अपने अधिकारों से अवगत है और अपनी ताकत के साथ एक संगठित लड़ाई लड़ने की जरूरत है। कलम दुनिया के हर क्षेत्र में समानता का एजेंडा होना समय की मांग है, तभी महिलाओं के खिलाफ हो रहे अन्याय के खिलाफ ठोस कदम उठाए जा सकेंगे।

हमारा भारत एक पुरुष प्रधान देश है, यहां केवल पुरुषों को ही ऊंचा स्थान दिया जाता है, भले ही कानून पुरुषों और महिलाओं के बीच समानता का अधिकार देता है, महिलाओं को दूसरा स्थान दिया जाता है, हमारे भारत में हर बीस मिनट में एक बलात्कार होता है, यह किसका हिस्सा है अनुसंधान, भले ही महिला सुरक्षा के लिए कोई कानून हो। हालांकि, इसे लागू क्यों नहीं किया जाता है, यह विचार का विषय है, वास्तव में क्या हो रहा है, ऐसा क्यों है कि एक महिला सड़कों पर नहीं आ सकती, सीढ़ियों पर नहीं चढ़ सकती अदालत, थाने नहीं पहुंच सकती ?, क्योंकि महिलाएं कहां हैं? हालांकि, प्रताड़ित किया जाना, धमकाया जाना, प्रशासनिक तंत्र कितना भी सख्त क्यों न हो, उनके साथ हुए अन्याय का जवाब देना पूरे महिला वर्ग के लिए एक प्रश्नचिह्न है। उनकी गरिमा से समझौता करके। कुछ दिन पहले हुआ था कोपर्डी कांड,

महज 16 साल की लाचार लड़की की हवस में पागल कुछ कातिलों ने उसके साथ दुष्कर्म किया और उसकी लाश तोड़ दी, मार डाला, नन्ही बच्ची को कितना कुछ सहना पड़ा मराठा क्रांति मोर्चा बहुजन क्रान्ति मोर्चा एक दूसरे पर हावी हो गया, कई जुलूस निकले, लाखों की संख्या में समुदाय के लोगों को एक साथ आते देख मुझे लगा कि महिलाओं के साथ अन्याय जरूर हुआ है।

24

महिला कम्फर्ट झोन

सोलहवीं शताब्दी की एक पुरानी अंग्रेजी कहावत है: "कुछ भी नहीं हुआ, कुछ हासिल नहीं हुआ।" इसका अर्थ यह है कि यदि हम नए अनुभवों में संलग्न नहीं होते हैं, तो हमें नए दृष्टिकोण प्राप्त नहीं होते हैं। जो आज भी सच है।

प्राचीन नाविकों ने तूफानों का सामना करने से लेकर आधुनिक डिजिटल उद्यमियों तक नई भूमि की खोज की, जिन्होंने दूरस्थ ऑनलाइन व्यवसाय बनाए हैं, जीवन अजनबियों को पुरस्कृत करना जारी रखता है। क्यों क्योंकि वे वही हैं जो असहज होने को तैयार हैं। वे वे हैं जिन्होंने असुविधा और मानवीय अनुभव की वास्तविक प्रकृति को अपनाया है; एक सतत बदलती, कभी विकसित होने वाली, बढ़ती हुई प्रक्रिया।

हम विकसित होने के लिए धरती पर हैं; इसलिए इसे "मानव विकास" कहा जाता है। हम इसलिए नहीं बढ़ते क्योंकि हम असहज होने से इनकार करते हैं। हम इसलिए नहीं बढ़ते क्योंकि हम नई चीजों का अनुभव करने से इनकार करते हैं। हम स्थिर हैं, अपने कम्फर्ट जोन में गहरी जड़ें जमा चुके हैं। हम बढ़ते नहीं हैं क्योंकि हर बंधन हमारे आराम से चिपक जाता है जो हमें वापस पकड़ रहा है। और इस प्रकार, आपने स्वयं को बदलने से अक्षम कर दिया है।

यहां हमें याद रखने की आवश्यकता है: लगभग सभी नए कौशल, आदतें, ज्ञान और अनुभव जो हमें अपने लक्ष्यों को प्राप्त करने के लिए चाहिए। हम जहां हैं वहां से पहुंचने के लिए जहां हम होना चाहते हैं, हमें वह करना चाहिए जो हमने पहले कभी नहीं किया है। हमें असहज होने के लिए तैयार रहना चाहिए क्योंकि बेचैनी ही बढ़ने का एकमात्र तरीका है। और कोई रास्ता नहीं है।

सच्चाई यह है कि वास्तव में ऊपर जाने के लिए, अपने पूर्व स्व से ऊपर उठने और अपने जीवन को पूरी तरह से बदलने के लिए, आपको न केवल असुविधा के साथ, बल्कि इसके साथ आने वाली यात्रा से भी प्यार करना होगा। बेचैनी समय का एक क्षण नहीं है, यह समय का एक तरीका है। यह जीने का एक तरीका है - तनाव बिंदुओं के माध्यम से लगातार काम करना ताकि उनसे दूर भागने के बजाय हम पर अपनी पकड़ छोड़ी जा सके। संक्षेप में: विकास आप पर नई मांग करता है।

आपका कम्फर्ट जोन आकर्षक है। यह वह आरामदायक बिस्तर है जो आपको बुलाता है, आपको गर्मजोशी से लपेटता है, और फिर आपको इसके मूल में खींचता है। ये बहुत प्यारा है। लेकिन यह थोड़ी देर के लिए रुक जाता है और फिर से खड़ा होना मुश्किल हो जाता है - आकर्षण को छोड़ना बहुत मुश्किल होता है।

कम्फर्ट पुल में तीन तनाव बिंदु होते हैं जो हमें अपने कम्फर्ट जोन में बांधे रखते हैं: हमारी मानसिकता, अधिक सोचने का डर और कार्रवाई की कमी।

ए मानसिकता

आपको एक ऐसा लक्ष्य चाहिए जो आपको प्रेरित करे। क्योंकि एक महत्वपूर्ण लक्ष्य के लिए, यह आपको फैलाना चाहिए। और अगर आप इसे विकसित करना चाहते हैं, तो आपको सबसे पहले यह विश्वास करना होगा कि आप उस लक्ष्य को प्राप्त कर सकते हैं।

बी डर

क्या आप इस बात से डरते हैं कि आने वाला परिवर्तन क्या लाएगा, लेकिन क्या आपने माना है कि परिवर्तन निरंतर है? आप इसे बनाएं या न बनाएं, परिवर्तन होगा। आपके आराम क्षेत्र की सुरक्षा केवल एक

भ्रम है क्योंकि अज्ञात हमेशा वही होता है-अज्ञात। आपने सोचा होगा कि आपकी गद्दीदार नौकरी "सुरक्षित" थी और फिर अज्ञात एक महामारी (कोरोना की तरह) के रूप में आया और आपने इसे (नौकरी) खो दिया।

अनिश्चितता जाने का रास्ता है। आप असफलता के डर को भी दूर रखते हैं, लेकिन भूल जाते हैं कि असफलता एक "सबक सीखा" है। तो सवाल यह है कि क्या आप वाकई नए सबक सीखने से डरते हैं?

सी कार्रवाई

आंशिक रूप से आपकी स्थिर मानसिकता के कारण और आंशिक रूप से आपके डरावने अतिविचार के कारण, अब आप शक्तिहीन हैं। आराम का खिंचाव विकास के खिंचाव की तुलना में बहुत अधिक है, और इसलिए आपने अपने लक्ष्य की ओर एक छोटा कदम भी नहीं उठाया है - आपने खुद को यह सत्यापित करने का मौका नहीं दिया है कि पुराने को छोड़ना और बढ़ना संभव है। नए में। तो यह सब एक साथ लाने के लिए, यहाँ आप उस सुविधा क्षेत्र में क्यों फंस गए हैं:

ए। आपकी गलत मानसिकता है; आपके लक्ष्य आपको प्रेरित नहीं करते हैं और आपको विश्वास नहीं है कि आप उन तक पहुंच सकते हैं, भले ही वे ऐसा करें।

बी। आप डर पर काबू पा रहे हैं। सी। हमने अभी तक इससे बाहर निकलने की कोशिश नहीं की है।

कम्फर्ट जोन से कैसे बाहर निकलें - कम्फर्ट जोन की विडंबना यह है: आप अपने कम्फर्ट जोन से बाहर निकलने के लिए तब तक तैयार नहीं हैं जब तक कि आप कम्फर्ट जोन में ही बेहद असहज न हो जाएं।

के बारे में सोचो

जब तक आप अपनी कॉर्पोरेट नौकरी के आराम से पूरी तरह से ऊब नहीं जाते, क्या आप उस स्टार्टअप के लिए आवेदन करने पर विचार करेंगे? जब तक आप शहर की दिनचर्या की हलचल से थक नहीं जाते, क्या आप आराम की जगह पर जाने पर विचार करेंगे? जब तक आप ब्लॉगिंग के सीखने की अवस्था में महारत हासिल नहीं कर लेते, इसके परिचय की खोज नहीं कर लेते, और ऐसा महसूस करते हैं कि आप उस सीमा तक पहुंच गए हैं, क्या आप उस पुस्तक को लिखने पर विचार

करेंगे?

जब आपका कम्फर्ट जोन भंग होता है, तो चिंगारी प्रज्वलित होती है। और वह तब होता है जब आप कदम बढ़ाना चाहते हैं और आग जलाना चाहते हैं (परिवर्तन करें)। फिर आपको अपना एक नया संस्करण (बदला हुआ व्यक्तित्व) देखने की जरूरत है।

अब पहले उल्लेख किया गया है, वे तीन चीजें: मानसिकता, भय और क्रिया। यहां बताया गया है कि आप उन तनाव बिंदुओं के माध्यम से उनकी पकड़ से मुक्त होने के लिए कैसे काम करते हैं ताकि आप सीधे असीमित विकास के दायरे में जा सकें।

हम कोश (आराम क्षेत्र) से कैसे बाहर आ सकते हैं? कम्फर्ट जोन से बाहर निकलने के लिए आपको वास्तव में क्या करने की आवश्यकता है?

उ. अपनी मानसिकता बदलें - विश्वास करें कि आप यह कर सकते हैं।

B. ज्यादा सोचना बंद करें - उस डर के साथ काम करें, उसके खिलाफ नहीं।

सी. कार्रवाई करें - एक छोटे से कदम से "अज्ञात" अंतर को पाटें।

अपने आराम क्षेत्र से बाहर निकलने और अपने विकास क्षेत्र में आने के लिए 10 कदम

1. अपने आराम क्षेत्र में होने के साथ बहुत असहज हो जाएं और महसूस करें कि आपने आज जो कुछ भी किया है, वह आपको यह देखने के लिए एक नया संस्करण मांगेगा कि आप कहां जाना चाहते हैं।

2. अपनी प्रेरणाओं पर चिंतन करें और समझाएं कि आप इस क्षेत्र को छोड़ने के इच्छुक क्यों हैं। उन्हें लिख लें ताकि आप उन्हें याद रख सकें। इसके अलावा, यह भी सोचें कि यदि आप उस स्थिति को बदलने के लिए आज कोई कदम नहीं उठाते हैं तो कुछ वर्षों में क्या होगा। क्या तुम दुख में पीछे मुड़कर देखोगे? संभवत।

3. आप अपने जीवन को किस दिशा में ले जाना चाहते हैं? हर दिन अपने आप को उस लक्ष्य की याद दिलाएं और याद रखें कि आप इसे क्यों हासिल करना चाहते हैं।

4. एक लक्ष्य केवल हासिल करने के बारे में नहीं है, यह उस व्यक्ति के बारे में है जो आप बनते हैं (एक बिल्कुल नया व्यक्ति)। प्रत्येक नया लक्ष्य आपके प्रकट होने के लिए एक नए संस्करण की मांग करता है—एक नई पहचान। तो, अपने आप से पूछें: "मुझे कौन बनना चाहिए?" उस व्यक्ति के गुणों के साथ अपना वर्णन करें। आज खुद को देखें और कल जैसा बनना चाहते हैं वैसा ही व्यवहार करें।

5. इस विचार को अपनाएं कि आप इसे समझ सकते हैं, आप इसे कर सकते हैं, और एक बार जब आप अपने लक्ष्य की ओर एक छोटा कदम उठाते हैं, तो सभी "अज्ञात" आपके सामने प्रकट होने लगेंगे। आराम से विकास को महत्व देने के लिए खुद को प्रशिक्षित करें, मान्यता से अधिक सीखें, और कभी भी कोशिश न करने पर असफलता और प्रयास करें।

6. छह में से कौन सा डर है? इसके साथ काम करें, इसके खिलाफ नहीं। महसूस करें कि बहुत अधिक आत्म-संदेह और असुरक्षा होगी, और यह पूरी तरह से स्वाभाविक है - बस यही तरीका है। बेचैनी ही आगे का रास्ता है - और कोई रास्ता नहीं है। जैसे-जैसे आप रास्ते पर चलते रहेंगे, आपको अनुभव मिलेगा और अनुभव आपको सिखाएगा कि उन भावनाओं को बेहतर तरीके से कैसे प्रबंधित किया जाए।

7. कार्रवाई स्पष्टता पैदा करती है। एक बार जब आप जान जाते हैं कि आप क्या चाहते हैं, तो अब आपके पास जाने के लिए एक दिशा है। अब, अपने आप से पूछें: "मैं अगला कदम क्या उठा सकता हूँ?" आगे बढ़ते रहो और हार मत मानो या पीछे मत हटो चाहे कुछ भी हो।

8. उनका समर्थन करें जो आपके उत्थान की उम्मीद करते हैं, न कि उन्हें जो आपके पतन की उम्मीद करते हैं। आपका पर्यावरण यहां एक बड़ी भूमिका निभाएगा। आलोचकों को छोड़ दो और समर्थकों को रखो। किसी की निराशावादी उपस्थिति से आपकी आत्मा को उदास करने से बुरा कुछ नहीं है।

9. खुद पर और अपनी गलतियों पर हंसें। इस बारे में सोचें कि आपकी साहसिक कहानियों को लोग कैसे सुनना चाहते हैं। और जब आप गिरेंगे (और आप करेंगे), अपने घुटनों को धूल चटाएं और वापस उठें। अगर हम हारना नहीं सीखते तो जीतने का क्या मतलब है?

10. अपनी ऊर्जा को खिलाओ। अपनी प्रगति का जश्न मनाएं। मज़े करो और "इसका पता लगाने" की यात्रा का आनंद लो क्योंकि यही जीवन है।

क्या वह जो सुखी और संतुष्ट जीवन जी रहा है, टाटा को खरीदना चाहता है और रेगिस्तान में रहना चाहता है? बिलकूल नही। सबसे पहले आइए जानते हैं कि आखिर हम कम्फर्ट जोन में क्या हैं।

मान लीजिए कि आपको एक नौकरी मिल जाती है जो घर से कुछ ही दूरी पर है। वेतन भी अच्छा है। आप अपनी जरूरतों को पूरा करने में सक्षम हैं। और खास बात यह है कि आपको अच्छे सहयोगी मिले हैं और कंपनी की नीतियां भी अच्छी हैं। आप 2 साल से इस कंपनी में अच्छा काम कर रहे हैं। सब कुछ आपके मन के अनुसार हो रहा है। आप अपने कम्फर्ट जोन में बहुत रिलैक्स हैं। लेकिन आप जानते हैं कि मार्केट में एक और कंपनी है जहां आपको ज्यादा सैलरी मिलेगी, नई चीजें सीखें, नई कंपनी मौजूदा कंपनी से बड़ी है और आपको ज्यादा सुविधाएं मिलेंगी। लेकिन एकमात्र समस्या यह है कि कंपनी दूसरे शहर में है।

अब आपके सामने यह सवाल उठता है कि क्या आपको इस कम्फर्ट जोन में रहना चाहिए या नए अवसरों की तलाश करनी चाहिए? आपका मन कहेगा कि मुझे और पैसे चाहिए लेकिन आपका दिल कहेगा कि नहीं, मेरे यहाँ अच्छी सुविधाएँ हैं, मेरे पास परिचित लोग हैं। मैं यहां नहीं छोड़ूंगा।

तो अगर आप प्रगति करना चाहते हैं, तो आपको आराम क्षेत्र से बाहर आना होगा, है ना?

इसलिए क्या करना है?

अपने आप से कह रहा हूँ कि मैं यह कर सकता हूँ।

मैं साहसिक निर्णय ले सकता हूं और मेरे निर्णय अच्छे हैं। (मैं निडर हूँ)

आप अपने आप को कम्फर्ट जोन में उसी स्तर पर रखेंगे और आपको अपने सपनों से समझौता करना होगा।

अपने अतीत में आपके द्वारा किए गए एक सफल कदम को याद करें। अपने आप को प्रोत्साहित करें कि आप अपने आप को यह बताकर ऐसा करेंगे कि आपने अतीत में कठिन परिस्थितियों से कैसे पार पाया।

सही कारण खोजें। अगर आप अपने कम्फर्ट जोन से बाहर निकलकर कुछ नया करना चाहते हैं, तो उस नए कारण के लिए खुद को तैयार करें। कल्पना कीजिए कि जब आप उस स्थान पर पहुंचेंगे तो आप कैसे दिखेंगे और अपना परिचय देंगे। वह सपना (विजुअल इमेज) आपको अपने कम्फर्ट जोन से बाहर निकलने के लिए प्रेरित करेगा।

शारीरिक व्यायाम और योगाभ्यास आपके दिमाग को मजबूत करता है और आपकी निर्णय लेने की क्षमता में सुधार करता है।

सोचिए कब तक पुराना काम/कौशल मेरा साथ देगा, अगर मैं कुछ नया सीखूं तो इससे मुझे और कितना फायदा होगा।

हर दिन कुछ नया सीखने की आदत बना लें, इसलिए हर रोज आपको एहसास होगा कि मैं कल की तुलना में आज कितना अधिक परिपक्व, कुशल और अच्छी आदतें हूं और आप खुद से प्यार करने लगेंगे।

छोटे कदम उठाएं। यदि आप पहली बार जंगल में हैं, तो आप छोटे लेकिन प्रभावी कदम उठाने के बजाय अपने आप को पैर में लात मार रहे होंगे जो आपको सफलता के शीर्ष पर चढ़ने में मदद करेंगे।

Be A Risk Taker जीवन में रिस्क लेना सीखें। Scam 1992 देखा होगा। याद कीजिए इसमें हर्षद मेहता का पॉपुलर डायलॉग।

"रीस्क हे तो इश्क हें"

आपके लिए क्या महत्वपूर्ण है

कम्फर्ट जोन में, जहां हम में से अधिकांश अपना समय बिताते हैं, जीवन सुरक्षित महसूस करता है। लेकिन हम जो कुछ भी बनने का सपना देखते हैं वह विकास क्षेत्र में होता है। उस दूसरे क्षेत्र में, आप असुरक्षित, भयभीत और असुरक्षित महसूस कर सकते हैं, लेकिन उस संघर्ष में जादू होता है। यहीं से विकास और सीखना होता है। यहीं आप विकसित होते हैं और हम विकसित होते हैं।

डिप्रेशन से बाहर कैसे निकले?

डिप्रेशन एक मानसिक रोग है शरीर अपने खाने-पीने, दैनिक दिनचर्या की गतिविधियों के कारण कई बीमारियों से ग्रस्त रहता है, इन सभी बातों का उल्लेख करना पड़ता है।

मानसिक तनाव और तनाव पैदा करने के लिए हमारा रवैया जिम्मेदार होता है। हर समय खुश रहने का विचार दूसरे पक्ष को देखने से तय होता है, जो हमारी कमजोरी को प्रकट करता है, जो अवसाद का कारण बनता है। (यह मनुष्य के लिए है) उसे जीने में मदद करता है। वह ऐसा है लेकिन मैं उसकी तरह जी रहा हूं। उसके जैसा जीने का विचार गलत है। किसी को प्रेरणा लेनी चाहिए लेकिन अपनी इच्छा के अनुसार कार्य करना चाहिए। अभिमान मत बनो। यह मानवता के विनाश का कारण है .अवसाद इसका एक हिस्सा है..

मैं कौन हूं। मैं किस लिए पैदा हुआ हूं। यह विचार महत्वपूर्ण है। बिना किसी कारण के आंशिक ज्ञान के आधार पर किसी के जैसा बनने की कोशिश न करें। कभी-कभी तुकाराम महाराज की कहावत "नहोदिले अनंत तैसेची रहवे" सच है। इसका मतलब यह नहीं है प्रगति के लिए लेकिन असफलता के बाद अवसाद के लिए जिम्मेदार। कौन

व्यवहार में इसका उपयोग कैसे करना है इसका ज्ञान बहुत महत्वपूर्ण है। इससे कोई लेना-देना नहीं है कि किसी ने कितनी शिक्षा प्राप्त की है। ज्ञान को खरीदा नहीं जा सकता है। उसके लिए, आंख और कान खोलकर दुनिया के प्रति चौकस रहना चाहिए, और बुद्धिमान होना चाहिए दूसरो के पीछे समझदार बनो अगर ऐसा होता है तो अच्छा जीवन जीने के लिए उपयोगी है।

बहुत कुछ हमेशा बुरा होता है। बहुत कुछ मिट्टी कहलाता है। सब कुछ उचित अनुपात में होना चाहिए। अपनी वित्तीय स्थिति हमेशा अपनी आंखों के सामने रखें। उसके अनुसार जियो। जीवन बहुत सुंदर है। इसे दुखद बनाने के लिए विचारधारा बहुत महत्वपूर्ण है। महत्वाकांक्षाएं लेकिन उन्हें पूरा करने में सक्षम हों। जीवन को रबर की तरह नहीं बढ़ाया जाना चाहिए। यह मजेदार नहीं होगा। एक आसान और संतुष्ट जीवन जीने के लिए, आवश्यकताएं और अपेक्षाएं इन सीमाओं के भीतर होनी चाहिए। यह बहुत महत्वपूर्ण है कि हमारे नीचे का व्यक्ति कैसे रहता है

अवश्य करें। निराशा कभी नहीं आएगी।

शादविकार मानव का दुश्मन है। कोई भी इससे अलग नहीं है और उनके साथ रहना शुरू कर देता है। एक बार जब आप दुश्मन को जान लेते हैं, तो आपको इसकी आदत हो जाती है, फिर आपको घसीटा नहीं जाता है। एक बार जब आप इस माया को जान लेते हैं, तो आपका मन और इंद्रियां शुरू हो जाती हैं सीधे अभिनय। जीवन कभी भी अपेक्षित नहीं होने वाला है। और कोई आग्रह नहीं होना चाहिए। पानी का प्रवाह अपना रास्ता खोजता है और ऐसा ही जीवन होना चाहिए। हर किसी को टाटा या बिड़ला बनने का सपना नहीं देखना चाहिए, लेकिन उसके लिए प्रयास का समर्थन होना चाहिए और किस्मत। हर किसी को नहीं मिलती। एक बड़ी समस्या है।

आज के दौर में प्रतिस्पर्धा और प्रतिस्पर्धा दिन-ब-दिन खतरनाक होती जा रही है।उम्मीदों के बोझ से जीना असंभव, असहनीय होता जा रहा है। यही अवसाद का कारण है। सभी को शिक्षा मिलनी चाहिए। हमारी संस्कृति, सामाजिक संरचना को समझना चाहिए। जीवन को उसी के अनुसार शुरू करें और सभ्य बनें। एक बार अपनी सीमा जान लेने के बाद, अवसाद भी नहीं आएगा।

25

महिला अधिकार अधिकार और सुरक्षा

बलात्कार या यौन शोषण एक भयानक अपराध है। चूंकि यह सब्जेक्टिव है, इसलिए इसका दायरा भी असीम और विशाल है। भले ही इस कदाचार को समाप्त करने के लिए प्रासंगिक कानून बनाए गए हों, लेकिन न्याय पाने की प्रक्रिया बहुत धीमी और जटिल है, इसलिए आमतौर पर कोई भी इसका पालन नहीं करता है। मात्रात्मक रूप से, ऐसी बलात्कार वाली महिलाएं मानसिक रूप से बेहद परेशान हैं। क्योंकि ऐसी गिरी हुई महिलाओं के प्रति समाज का रवैया गंदा या अनुचित है। एक तरफ अंतरिक्ष में छलांग लगाने वाली एवरेस्ट की सबसे ऊंची चोटी पर पहुंचने वाली महिलाएं अपना वाजिब स्वाभिमान दिखा रही हैं, वहीं दूसरी तरफ अन्याय, अत्याचार और बलात्कार जैसी समस्याओं का सामना करते हुए अवसाद का परिचय दे रही हैं. इससे महिलाओं को सुरक्षा की जरूरत है। यह ध्यान में आता है कि महिला सुरक्षा अधिनियम को सख्ती से लागू करना समय की मांग है।

हमारा देश भारत पुरुष प्रधान संस्कृति है; लेकिन यहां केवल पुरुषों का ही दबदबा है। महिलाओं को कई क्षेत्रों में पहुंच मिली है, वे हर क्षेत्र में भाग लेने की पहल कर रही हैं; लेकिन उनके साथ हुए अन्याय का कोई उचित समाधान नहीं है। महिला सुरक्षा का मुद्दा बार-बार सामने

आ रहा है। महिलाओं पर हो रहे अत्याचार और उन्हें न्याय नहीं मिलना वाकई शर्मनाक है। वाक्यांश "दहेज लेना और देना कानून के तहत अपराध है" सरकारी कार्यालयों के सामने लगाए गए बैनरों तक सीमित है। हालांकि, ऐसा लगता है कि यह वाक्य लागू नहीं किया गया है। हुड्डा की वजह से आज भ्रूण हत्या जैसी हरकतें हो रही हैं। लड़की के पिता से दहेज की मांग करते हुए इसमें कोई कमी होने पर मारपीट कर जान से मारने की धमकी दी जाती है। ससुर द्वारा प्रताड़ित करने के कारण कई महिलाओं की जान चली गई है।

हमारे देश को आजादी मिली। देश में लोकतंत्र आया। सबको समान अधिकार मिले। कई महिलाओं को अपने अधिकारों का एहसास हुआ और वे महान ऊंचाइयों तक पहुंचीं; लेकिन उनकी सुरक्षा के लिहाज से सिर्फ बोबमबॉम ही नजर आता है। कुछ दिन पहले दिल्ली में एक नाबालिग लड़की से सामूहिक दुष्कर्म की घटना को याद कर शरीर में कांटा चुभ जाता है. यह इतनी गंभीर घटना थी। उस घटना के बाद जब देश की महिलाएं सड़कों पर उतरीं तो सोचा गया कि अब दशा में महिलाओं को सुरक्षा मिलेगी. कानून को सख्ती से लागू किया जाएगा; लेकिन यह बहुत ही निराशाजनक रहा है। महिलाओं पर हो रहे अत्याचारों का सिलसिला थमने का नाम नहीं ले रहा है। महिलाओं के खिलाफ हिंसा कई कारणों से होती है जैसे यौन शोषण करने वाले से लड़ाई, हिंसा, ससुराल वालों द्वारा शारीरिक और मानसिक प्रताड़ना, शादी की धमकी, अपहरण। अत्याचारों में वृद्धि के लिए सरकार, पुलिस विभाग जिम्मेदार है। सरकार द्वारा महिला सुरक्षा अधिनियम का क्रियान्वयन ठीक नहीं चल रहा है। यातना का शिकार पुलिस के पास नहीं जाता और रिपोर्ट करता है कि उसे प्रताड़ित किया गया है। कारण दर्ज होने पर भी इस बात की कोई गारंटी नहीं है कि पुलिस द्वारा जांच ठीक से की जाएगी।

पिछले आठ से दस दिनों में 12वीं कक्षा में प्रवेश के लिए आई एक नाबालिग लड़की के साथ प्रधानाध्यापक और कुछ अन्य शिक्षकों द्वारा अपने विषय में 12वीं पास करने का झांसा देकर यौन शोषण की खबर के बाद, क्या भयानक विकृति है, आज कई लोगों को इस तरह

की समस्याओं का सामना करना पड़ रहा है महिलाओं और नाबालिग लड़कियों ने अपनी जीवन लीला समाप्त कर ली। आंखों के सामने ऐसा मामला याद कर शरीर कांप उठता है। समाज में चल रही महिला सुरक्षा का मुद्दा आज सामने आया है, यह लोगों की मानवता के लिए सौन्दर्य का विषय है. हमारी बुरी नजर के प्रभाव से महिलाएं समाज में असुरक्षित हैं।

सिनेमा में अभिनेत्रियों के शरीर का नाटकीय प्रदर्शन, दूरदर्शन पर धारावाहिक महिलाओं पर अत्याचार दिखाते हैं। इससे देश का समाज प्रभावित होता है। देश में फैली बुरी नजर के कारण हर लड़की के माता-पिता अपनी लड़कियों को स्कूल और कॉलेज भेजने की हिम्मत नहीं करते हैं। एक सीखी हुई लड़की का अर्थ है एक पत्तेदार परिवार सीखता है। इसलिए लड़कियों को शिक्षा के लिए प्रोत्साहित करना चाहिए। कानून को लागू करना जरूरी है ताकि उनकी शिक्षा में कोई बाधा न आए। महिलाओं के खिलाफ हो रहे अन्याय के खिलाफ हर व्यक्ति को एकजुट होना जरूरी है। महिलाओं के खिलाफ हिंसा को रोकना हर इंसान का कर्तव्य है।

मेरे एक वरिष्ठ ने मुझे एक वाक्य पहले कहा था - एक महिला के रूप में उसे पूरी सुरक्षा दी जानी चाहिए और उसका स्वच्छता समूह पुरुषों से अलग होना चाहिए। बेशक मातृत्व अवकाश उसका कानूनी अधिकार है। इसके अलावा स्त्री और पुरुष में कोई भेद नहीं करना चाहिए।

1. शिक्षा के सभी क्षेत्रों में लड़के और लड़कियों को समान अवसर मिलना चाहिए।
2.
3. लड़के और लड़कियों को रोजगार के सभी क्षेत्रों में समान अवसर मिलना चाहिए।
4.
5. यदि प्रदर्शन समान है तो पुरुषों और महिलाओं को समान भुगतान किया जाना चाहिए।
6.

7. पुरुषों और महिलाओं को रोजगार में पदोन्नति के समान अवसर मिलने चाहिए।
8.
9. राजनीति में पुरुषों और महिलाओं को समान अवसर मिलना चाहिए।

आपको और क्या चाहिए? बेशक, यह उम्मीद की जाती है कि यह सब योग्यताओं को देखते हुए किया जाना चाहिए।

नारीवाद(फेमिनिझम) आज कहाँ गलत हो रहा है?

"नारीवाद" या "नारीवाद" को "एक सिद्धांत के रूप में परिभाषित किया गया है जो सभी लिंगों के लोगों के लिए राजनीतिक, आर्थिक और सामाजिक समानता को बढ़ावा देता है"। भारत में एक भ्रम है कि सभी लिंगों के साथ समान व्यवहार करना नारीवाद नहीं है, बल्कि महिलाओं के साथ "विशेष रूप से" व्यवहार करना नारीवाद है। धर्मनिरपेक्षता और आरक्षण के मामले में भी ऐसा ही हुआ है। भारत ने कभी भी सामान्य अधिकारों को नहीं जाना है और विशेषाधिकार में अपने राजनीतिक लाभ को देखता है। धर्मनिरपेक्षता और आरक्षण के मामले में जो हुआ वह इन दिनों "नारीवाद" के मामले में भी हो रहा है। यह सही है कि हमें महिलाओं के अधिकारों के लिए काम करना चाहिए, लेकिन क्या हम इस उम्मीद के साथ काम कर रहे हैं कि महिलाओं के साथ समान व्यवहार किया जाए या विशेष? इसमें कोई शक नहीं कि जब हम एक को विशेष व्यवहार देते हैं तो दूसरे के साथ अन्याय करते हैं। और यह समानता का नहीं, बल्कि अन्याय का प्रतीक है, कि अतीत के पुरुषों को महिलाओं के उत्पीड़न का फल भुगतना चाहिए। इसे रोहतक बहनों के निम्नलिखित उदाहरण से देखा जा सकता है। नारीवाद के नाम पर पुरुषों के इस पूर्व-अपराधीकरण से मीडिया खुद ही दूर हो जाता है। यहां तक कि नाना पाटेकर को भी केवल आरोपों के आधार पर मीडिया द्वारा अपराधी घोषित किया गया था।[2] तुम क्या कर रहे हो "निर्भया" के मामले में जो हुआ वह हम

सभी के लिए शर्म की बात है। लेकिन क्या हम रोहतक के उन मासूम बच्चों से बदला लेने जा रहे हैं या नाना पाटेकर से? (निर्दोष क्योंकि वे अदालत में बरी हो चुके हैं)। नारीवाद शहर में एक विशेषाधिकार बन गया है और महिलाओं को गांव में बुनियादी अधिकार भी नहीं हैं। रोहतक जैसे मामले थे जिसने समाज को यह सोचने पर मजबूर कर दिया कि असली अपराधी भी निर्दोष हैं। इसके लिए हमें विशेषाधिकार के कारण महिलाओं के संपत्ति के अधिकार के लिए काम करना चाहिए, यह तय है कि आगे और भी विवाद होंगे।

एक और बात यह है कि समानता कहाँ है? शिक्षा, नौकरी, गृह संपत्ति आदि में। मंदिर में प्रवेश न मिलने के लिए किस महिला के लिए लड़ना बेहतर होगा? स्कूलों में प्रवेश पाने के लिए, मंदिरों में प्रवेश पाने के बजाय महिलाओं के लिए नौकरी पाने के लिए कुछ किया जाता (कोई आंदोलन नहीं! क्योंकि आजकल लोग सोचते हैं कि बिना आंदोलन के कुछ भी हासिल नहीं किया जा सकता) तो कम से कम कुछ महिलाओं का भला होता। मंदिर में प्रवेश मिलने से किसी को लाभ होता नहीं दिख रहा है, सिवाय इसके कि इसका श्रेय लेने वाली संस्थाएं, मंदिर के ट्रस्टी, पुजारी, मंदिर के बाहर विक्रेता जैसे कुछ तत्वों को छोड़कर। महिलाओं की पहुँच के बाद महिलाओं के प्रति समाज का रवैया अचानक क्यों बदल गया? क्या हमें इस रवैये को बदलने और सिर्फ संघर्ष करने के लिए काम करने की ज़रूरत है? वे यह बताकर अपने अहं को संतुष्ट करने का आनंद लेते हैं कि हमने वह कैसे छीन लिया जो आपने हमें नहीं दिया।

मूल रूप से लोकतंत्र, समानता, महिला समानता आदि की अवधारणाएं यूरोप से हैं और उन्हें स्वीकार करना एक लंबा रास्ता तय करता है, लेकिन हमारा समाज अभी तक उन अधिकारों का अर्थ नहीं समझ पाया है। अतीत में भारत में महिलाओं की समानता, लोकतंत्र आदि कैसे थे, इस बारे में बहस करने के लिए कृपया उदाहरण न दें। यदि आप अपनी आँखें खोलकर आज चारों ओर देखें, तो आप देखेंगे कि भारत बिना समझे इन अवधारणाओं का उपयोग कैसे कर रहा है। साथ ही, ये अवधारणाएं यूरोप से आई हैं क्योंकि वे वहां उन अवधारणाओं का प्रभावी ढंग से उपयोग कर रहे हैं।हमें उन अवधारणाओं को भारतीय समाज में

अधिक प्रभावी बनाने का प्रयास करना चाहिए। जब आज हम लोगों को दिखाने के आपके अधिकार छीन लेते हैं, तो कल लोग आप पर किसी और दबाव में आकर यह दिखाने के लिए कि आप कितने कमजोर हैं, आपके अधिकार छीन लेते हैं। यह किसी का भला नहीं करता। मैं तुम्हें मार डालूंगा और फिर बदला लेने के लिए हम तुम्हें मार डालेंगे।

समानता लाना और समानता का ज्ञान जन-जन तक पहुँचाना आज के नारीवाद में नहीं हो रहा है।

क्या आज नारी आज़ाद है?

नहीं! आज की नारी आजाद नहीं है। यदि उत्तर एक वाक्य में दिया गया है तो भी पूरा उत्तर पढ़ें।

हम मानते हैं कि एक महिला के लिए रात में अकेले बाहर जाना अच्छा नहीं है, लेकिन आज उसके साथ सामूहिक बलात्कार किया जाता है और दिन के उजाले में कुछ हत्यारों द्‌वारा उसकी बेरहमी से हत्या कर दी जाती है। मानव रूप में कुछ ढीले जानवरों के कारण वह कुछ जगहों पर स्वतंत्र नहीं है!

सभी पुरुष बुरे नहीं होते, लेकिन बचपन से ही कई बुरे अनुभव होते हैं। इसलिए जहां भी जाएं डर की स्थिति में ही रहना पड़ता है। तो कहीं अज्ञात भय से पीड़ित होने के कारण वह मुक्त नहीं है !

व्यक्ति बहुत बुद्‌धिमान होता है लेकिन घर के लोग उसका साथ नहीं देते। वह अपने मन और लगन से पढ़ाई नहीं कर सकती। वह घर के बड़ों की बातों से, घर की शर्तों से बंधी होती है, इसलिए कहीं कहीं वह स्वतंत्र नहीं होती!

शादी के बाद राजा-रानी की दुनिया चाहिए होती है। उसके माता-पिता भी उसके साथ नहीं रहना चाहते। कौन जाने कैसी अजीब मानसिकता है !! इतनी चिढ़... कहीं-कहीं वह आज़ाद नहीं है क्योंकि वह ऐसे सड़े-गले विचारों में लिपटी हुई है! लेकिन मैं चाहता हूं कि वह आजाद हो। वृद्‌धाश्रम में कमी आएगी।

कुछ जगहों पर, वह चतुर, कुशल है। लेकिन पति चाहता है कि वह 'हाउस वाइफ' ही बने। वह उसे नौकरी नहीं करने देता, उसका जीवन उसके विचारों से चलता है। कुछ जगहों पर वह आज़ाद नहीं है क्योंकि वह पूरी तरह से बंधा हुआ है!

हाल ही में एक उदाहरण देखने को मिला। कहीं-कहीं तो वह खुद बहुत पढ़ी-लिखी है, पति उसे लड़के का काम करने की आज़ादी देता है, लेकिन शादी के बाद उसने खुद को बहुत ही संकीर्ण विचारों से यह सोचकर बाँध लिया है कि "पति उसे खाना खिलाना चाहता है, तो मैं क्यों काम करो", इसलिए वह कुछ जगहों पर स्वतंत्र नहीं है!

वह इन सब से मुक्त होना चाहती है...

आज भारत में महिलाएं कितनी सुरक्षित हैं?

घर के अंदर या बाहर? क्योंकि सुरक्षा केवल तभी नहीं होती जब आप घर से बाहर निकलते हैं। कम से कम मैं तो यही कहूंगा कि हमारे देश में महिलाएं बाहर से उतनी सुरक्षित नहीं हैं, जितनी अपने घरों के अंदर हैं।

घर के बाहर गाली-गलौज तुरंत दिखाई देती है। इसमें मारपीट, रेप, तेजाब फेंकने से लगी चोटें नजर आ रही हैं। इसलिए हम सोचते हैं कि यह यातना का एकमात्र रूप है जिसके बारे में हम अधिक जानते हैं।

लेकिन आप अपने ही घर में होने वाले कलह, उत्पीड़न, उनकी राय के लिए जगह की कमी और उनके अधिकारों, इच्छाओं और आकांक्षाओं के विनाश की रक्षा कैसे कर सकते हैं?

यह जन्म के बाद है। मातृभूमि: ए नेशन विदाउट वूमेन 2003 में बनी मनीषा झा द्वारा निर्देशित फिल्म है। अगर आपको लगता है कि जन्म एक ऐसी डरावनी स्थिति है, तो आप उपरोक्त फिल्म को देखकर महसूस करेंगे कि एक महिला अपनी मां के गर्भ में भी सुरक्षित नहीं है।

अब मुझे बताओ कि कौन सी सुरक्षा वास्तव में उपयोगी होगी? और आपको क्या लगता है कि वे अब कितने सुरक्षित होंगे?

क्या महिलाओं की सुरक्षा का मुद्दा भी मुश्किल होता जा रहा है? लड़कियों को सुरक्षित रहने के लिए क्या सावधानियां बरतनी चाहिए?

क्या बंदूक लाइसेंस बनवाना लड़कियों के लिए सही समाधान हो सकता है?

बच्चियों के खिलाफ हिंसा की घटनाएं दिनों दिन बढ़ती ही जा रही हैं. कराटे जैसे खेलों के कौशल को हासिल करने से उनका आत्मविश्वास बढ़ेगा और वे समय रहते बुरी परिस्थितियों का सामना करने में सक्षम होंगे। इसलिए जूडो और कराटे में प्रशिक्षण आज की जरूरत है। जब बलात्कार जैसे अपराध होते हैं तब लोग आत्मरक्षा के बारे में खुद को शिक्षित करना शुरू करते हैं और कुछ दिनों के बाद वे "जिस तरह से थे" वापस आ जाते हैं। इसके बिना शारीरिक शिक्षा के तहत हर स्कूल और कॉलेज में आत्मरक्षा का पाठ पढ़ाया जाना चाहिए।

बिना हथियार के भी एक छोटा सा मुड़ा हुआ चाकू, मिर्च पाउडर और काली मिर्च स्प्रे बाजार में उपलब्ध है।

महिलाओं की सुरक्षा के लिए आप क्या उपाय सुझाएंगे?

राजनीतिक इच्छाशक्ति हो तो कुछ भी संभव है, लेकिन राजनीतिक इच्छाशक्ति होनी चाहिए, जो जनमत के बिना नहीं बन सकती।

महिलाओं को आत्मरक्षा आदि के बारे में शिक्षित करना ज्यादातर किताबी समाधान हैं। आज जब भारत में सभी लड़कियां / युवतियां स्कूल या कॉलेज भी नहीं जाती हैं, तो उन्हें यह शिक्षा कौन देने वाला है? क्या यहां महिलाएं जूडो और कराटे सीखने जा रही हैं, जिनके पास खाने के लिए पर्याप्त खाना नहीं है?

महिलाओं के घरेलू मामलों से संबंधित मामलों के लिए विशेष अदालतें स्थापित की जानी चाहिए और समयबद्ध तरीके से संचालित की जानी चाहिए। अदालतों पर इस तरह के प्रतिबंधों के बिना न्यायपालिका काम नहीं करेगी। महिलाओं के खिलाफ गंभीर अपराधों के लिए दुर्लभतम से दुर्लभ आदि के मानदंडों को लागू किए बिना छेड़छाड़, यौन उत्पीड़न, बलात्कार, हत्या, बलात्कार और हत्या जैसे सभी अपराधों के लिए मृत्युदंड एकमात्र सजा होनी चाहिए। अगर मामला सुप्रीम कोर्ट में जाता है तो दोषी को फैसले के 24 घंटे के अंदर

फांसी दी जानी चाहिए। यहां तक कि राष्ट्रपति से दया के लिए आवेदन करने की शक्ति भी छीन ली जानी चाहिए। क्योंकि राष्ट्रपति कोई त्वरित निर्णय नहीं ले सकता और कानून बाध्यकारी नहीं है।

न केवल प्रत्यक्ष रूप से अपराध करने वाले व्यक्ति बल्कि प्रत्यक्ष या अप्रत्यक्ष रूप से उसकी सहायता करने वाले व्यक्ति को भी कड़ी से कड़ी सजा मिलनी चाहिए। ऐसे अपराधों के मामले में न्यूनतम आयु की आवश्यकता को बढ़ाया जाना चाहिए क्योंकि यह उस व्यक्ति का मजाक है जो उस अपराध का शिकार है कि वह अपनी कम उम्र के आधार पर राहत / सजा की छूट / सुधारक को भेजा जाए, जिसके पास है किसी महिला का यौन उत्पीड़न या बलात्कार करने की भावना।

बेशक, अगर कोई कानून बनता है, तो ऐसे लोग होंगे जो इसे हथियार के रूप में दुरुपयोग करते हैं। इसलिए यदि कोई महिला इस तरह के कानूनी प्रावधानों का दुरुपयोग करती है तो उसे बहुत कड़ी सजा दी जानी चाहिए।

इस संबंध में भारत के एक वरिष्ठ राजनेता पूर्व मुख्यमंत्री मुलायम सिंह यादव का बयान गौर करने लायक है, 'बच्चे हैं, गलत हो जाती है। अब बच्ची गलत करते हैं तो उनको मारवा दोगे का?' ऐसी सड़ी-गली सोच रखने वाले लोगों को भी सामाजिक परिवेश को बिगाड़ने के अपराध के तहत कड़ी से कड़ी सजा मिलनी चाहिए।

यह किया जाना चाहिए और किया जाना चाहिए लेकिन कुछ नहीं होगा क्योंकि हमारे पास एक लोकतंत्र है और मैं ईमानदारी से मानता हूं कि अधिकांश भारतीय लोकतंत्र में रहने के लायक नहीं हैं।

भारत के संविधान में महिलाओं के लिए विशेष प्रावधान क्या हैं?

विधायिका, कार्यपालिका और न्यायपालिका पूरक प्रणालियाँ हैं जो साथ-साथ चलती हैं।

1. भारत में संविधान ने कुछ कर्तव्यों के साथ-साथ आम आदमी को कई अधिकार दिए हैं।
2. संविधान के अनुच्छेद 21 के अनुसार भारत में प्रत्येक व्यक्ति को सम्मानजनक जीवन जीने का अधिकार है। संविधान के अनुसार, कोई भी महिला जो असहाय, उत्पीड़ित और गरिमाहीन है, उसे तलाक लेने का अधिकार है।
3. संविधान के अनुच्छेद 51 ए के अनुसार, प्रत्येक भारतीय व्यक्ति द्वारा कुछ बुनियादी कर्तव्यों का पालन किया जाना है, इसका अर्थ यह भी है कि समाज में प्रेम, समानता, भाईचारे का प्रसार और प्रत्येक महिला का सम्मान भी अपेक्षित है।
4. संविधान के अनुच्छेद 14 के अनुसार, कानून के समक्ष सभी समान हैं और सभी भारतीयों को कानून का समान संरक्षण है।
5. संविधान के अनुच्छेद 15(1) और 16(2) के अनुसार जाति, लिंग, आयु, नस्ल, धर्म, जन्म स्थान के आधार पर भेदभाव वर्जित है। उम्मीद है कि लिंग के आधार पर महिलाओं और पुरुषों के बीच कोई भेदभाव नहीं होगा। उपरोक्त खंड के अनुसार किसी भी परिस्थिति में रोजगार या वेतन में पुरुषों और महिलाओं के बीच कोई भेदभाव नहीं होना चाहिए।
6. संविधान के अनुच्छेद 15 (3 और 4), अनुच्छेद 16 (3 और 4) के अनुसार, संविधान राज्यों को महिलाओं, बच्चों, अनुसूचित जातियों और जनजातियों के लिए विशेष कानून बनाने का अधिकार देता है।

महिलाओं से संबंधित 10 कानून निम्नलिखित हैं।

1. बाल विवाह निवारण अधिनियम, 2006
2. विशेष विवाह अधिनियम, 1954
3. दहेज निषेध अधिनियम, 1961
4. भारतीय तलाक अधिनियम, 1969
5. मातृत्व लाभ अधिनियम, 1861
6. मेडिकल टर्मिनेशन ऑफ प्रेग्नेंसी एक्ट, 1971

7. कार्यस्थल पर महिलाओं का यौन उत्पीड़न (रोकथाम, रोकथाम और निवारण) अधिनियम, 2013
8. महिलाओं का असंतुष्ट प्रतिनिधित्व (रोकथाम) अधिनियम, 1986
9. राष्ट्रीय महिला आयोग, 1990
10. समान पारिश्रमिक अधिनियम, 1976

26

सर्वगुणसम्पन्न महिला

एक महिला एक पुरुष से कई गुना अधिक मजबूत, बहादुर और कटु प्रतिरोधी होती है। वह स्मार्ट और बुद्धिमान भी है। एक महिला आसानी से कठिन परिस्थितियों का सामना करती है जहां पुरुष नहीं जानता कि क्या करना है।

साथ ही जिस पीड़ा, दर्द, शारीरिक और मानसिक कष्टों को एक पुरुष सहन नहीं कर सकता, कोई भी महिला आसानी से पीड़ा, दर्द, शारीरिक और मानसिक पीड़ाओं को सहन कर सकती है। एक बात बताओ। यह कहानी डॉ. सर्वपल्ली राधाकृष्णन ने लिखी है। पढ़ो और सोचो।

एक अमीर आदमी की शादी एक बुद्धिमान लड़की से हुई थी। उसकी पत्नी इतनी चतुर और बुद्धिमान है कि उसका अमीर पति हर बार बहस या बहस करने पर उससे हार जाता है। वह ऐसा व्यवहार करती है कि उसके पति को बिना कुछ कहे चुप रहना पड़ता है। उसके अमीर पति को यह अपमानजनक लगता है। एक दिन मैं उसे मेरे सामने आत्मसमर्पण कर दूंगा। ऐसा सोचकर वह उसे कड़ी परीक्षा देता है।

उसका पति टीला से कहता है, "तुम्हें नहीं लगता कि तुम बहुत होशियार और बुद्धिमान हो? अब मैं तुम्हारी परीक्षा लेने जा रहा हूँ। मैं एक दूर के गाँव में जाकर दो साल वहाँ रहने जा रहा हूँ। मैं वापस नहीं

आऊँगा। दो साल। इन दो वर्षों में आपको अकेले महल बनाना है। व्यापार में लाभ दिखाने के लिए और तीसरी शर्त बच्चे को जन्म देकर दिखाना है।" इसलिए उसका पति चला गया। यहाँ उसकी चतुर और बुद्धिमान पत्नी ने अपने अधीन सभी कर्मचारियों और नौकरों से मीठी-मीठी बातें की, उनकी प्रशंसा की और उन्हें हर दिन कड़ी मेहनत करने के लिए प्रोत्साहित किया। साथ ही बेहतरीन काम करने वालों की सैलरी भी बढ़ाई जाती है। इससे सभी कर्मचारी और नौकर-चाकर ईमानदारी से मेहनत करने लगे। वह खुश था और रोज काम करने लगा।

इससे कारोबार बढ़ा। स्वाभाविक रूप से लाभ भी बढ़ा। इससे उसने एक महल बनवाया। बाद में उन्होंने दस गायें खरीदीं। गाय के दूध से दही और घी बनाया जाता है। बाद में, उसके नौकरों ने उसके पति के ठिकाने का पता लगाया।

फिर वह अपने सिर पर घूंघट खींचकर, जहां उसका पति गया था, वहां गई, ताकि उसका चेहरा दिखाई न दे। वहां जाकर उसने मीठा बोलकर पति को प्यार के जाल में फंसा लिया। तीन-चार बार अपने पति के यहां जाकर उसे दही-घी बेचकर प्रेम के जाल में फंसकर जब उसका पति उससे शारीरिक संबंध बनाने की जल्दी में था तो उसने उस पर एक शर्त रखी कि,

मैं भी तुमसे प्यार करता हूं। मैं भी तुमसे प्यार करता हूं। लेकिन मैं बहुत शर्मीला हूं और हमारी जाति में एक महिला किसी को अपना चेहरा नहीं दिखाती है। इसलिए जब हम दोनों सेक्स करें तो अंधेरा होना चाहिए और किसी भी हाल में आपको मेरा चेहरा नहीं देखना चाहिए। मैं तुम्हारे साथ तभी सेक्स करूँगा जब ये शर्तें मान जाएँगी। साथ ही हर बार तुम मुझे उपहार के रूप में एक सोने की अंगूठी दे दो।

दुर्भाग्य से, उसका पति उसकी शर्तों पर सहमत हो गया। क्योंकि उसके सुडौल शरीर को देखकर उसे भोग की इच्छा होने लगी।

इस प्रकार, अपने पति के साथ तीन-चार बार संभोग करने के बाद, वह गर्भवती हो गई। और एक बच्चे की माँ बनी। दो साल बाद उसका पति घर लौटा। नवनिर्मित महल और दौलत को देखकर वह बहुत खुश हुआ। लेकिन जब उसने छोटे बच्चे को अपनी पत्नी के साथ देखा तो उसे

बहुत गुस्सा आया। और उसने अपनी पत्नी से पूछा, यह किसका पुत्र है? इसका जनक कौन है?

उसकी पत्नी ने उससे कहा कि यह उनका अपना बेटा है। और तुम इस बच्चे के पिता हो।

उसके पति ने उस पर पापी और व्यभिचारी होने का आरोप लगाते हुए कहा कि यह झूठा है। जब उसने कहा कि वह कुछ भी सुनने को तैयार नहीं है, तो उसकी पत्नी ने शांति से उसके सामने रखी हुई अंगूठियां रखीं और उससे पूछा,

आपने एक दूध विक्रेता के साथ यौन संबंध बनाए और उसे ये सोने की अंगूठियां उपहार के रूप में दीं। वह गलती मैं थी। अगर मेरी जगह दूध बेचने वाली कोई और महिला होती तो क्या होता?

यद्‌यपि तुम्हारे पास मेरे जैसी पत्नी है, तुमने मेरे शरीर को दूसरी स्त्री के रूप में लिया है। तौभी तुम यह नहीं सोचते कि तुम पापी हो, व्यभिचारी हो। तो मान लो कि तुम्हारे दो वर्ष के लिये बाहर जाने के बाद मैं किसी दूसरे पुरूष के साथ मैथुन करता, परन्तु मैं पापी और व्यभिचारी बन जाता।

पुरुषों और महिलाओं के बीच इतना अंतर क्यों? समाज ने महिलाओं के लिए अलग नियम और पुरुषों के लिए अलग नियम क्यों बनाया है?

एक ही काम करने के बाद एक आदमी को पापी और व्यभिचारी क्यों नहीं माना जाता है जिसके बाद एक महिला को पापी और व्यभिचारी माना जाता है? यह सुनकर उसका पति बेसुध हो गया। उन प्रश्नों के लिए जो उनकी पत्नी ने बड़ी बुद्‌धिमानी और बुद्‌धि के साथ उनसे पूछे, न केवल उनके पास, बल्कि दुनिया के किसी अन्य व्यक्ति के पास उनके उत्तर नहीं थे।

सर्वगुणसम्पन्न आदि काल्पनिक शब्द हैं !!

1. मैं यह नहीं कहूंगा कि लड़की को पढ़ाना चाहिए। लेकिन अगर ये बातें हर बच्चे को सिखाई जाएं तो यह उनके अपने शरीर, जीवन के लिए, आत्मनिर्भर बनने के लिए उपयोगी होगी और उनके व्यवहार से दूसरों को परेशानी नहीं होगी।
2.

3. जब आप जागते हैं तो सबसे पहले आप अपना बिस्तर बनाते हैं और अपने सोने के क्षेत्र को साफ करते हैं। यह आदत जितनी छोटी हो, उतना अच्छा है।
4.
5. अधिक पानी पीने की आदत डालें जिसके कई फायदे हैं। सिखाएं कि खाने के लिए शरीर के लिए क्या अच्छा है। इसका मतलब है कि जब वे बड़े होंगे तो उनका शरीर बर्गर नहीं बनेगा (लेकिन इन दिनों वे अपने दैनिक भोजन में रोटी देकर घर के बाहर खाने की आदत बना लेते हैं)।
6.
7. खाने के बाद अपनी थाली खुद साफ करने की जिम्मेदारी लें।
8.
9. नहाने के बाद अपने कपड़े भिगोने की आदत सभी को होनी चाहिए। इसे बहुत गर्म पानी में या बाकी कपड़ों के अनुसार पढ़ाना जरूरी है।(सप्ताह में कम से कम एक दिन)
10.
11. आपको बचपन से ही बाथरूम को साफ करना सीखना चाहिए, ताकि आपको मैनीक्योर और पेडीक्योर न करना पड़े क्योंकि बाद में आपको अपने नाखूनों के किनारों पर कालापन दिखाई देता है। और नहाने के बाद सभी को पानी को अच्छी तरह से धक्का देकर बाथरूम को साफ करना चाहिए। (किसी को भी गंदगी वाली जगह पर जाना या किसी और की गंदगी रोज साफ करना पसंद नहीं है)
12.
13. बच्चों को छोटी उम्र से ही किचन में छोटी-छोटी चीजों में मदद करनी चाहिए। लेकर्स को भिंडी बोलने से पहले भिंडी बोलना सीख लेना चाहिए। अचानक 18 साल की होने के बाद, उससे खाना पकाने में दिलचस्पी लेने की उम्मीद न करें।
14.
15. कम से कम रैक पर बर्तन रखना, सब्जियां चुनना, लहसुन छीलना जैसे छोटे-मोटे काम करें
16.

17. इस बात पर जोर दिया जाना चाहिए कि हर साधारण काम ध्यान से और सफाई से किया जाना चाहिए (यदि यह पहली बार में गलत हो, तो ठीक है, लेकिन काम की ढिलाई को हमेशा स्वीकार न करें)। यदि ऐसा है तो मृग की गति कछुए की गति के समान नहीं होनी चाहिए (ऐसा मानव पांडा न बनाएं जो एक ही स्थान पर बैठकर लुढ़कता है, उन्हें कुछ प्रयास करें, उनके काम में लगन से काम लें। उन्हें फंसाना नहीं चाहिए। किसी में भी)
18.
19. एक बहन को अपने भाई के बराबर नहीं होना चाहिए और कहा जाना चाहिए कि उसे इसके विपरीत नहीं करना चाहिए। एक लड़की की बेटी की रक्षा की जानी चाहिए। यह चेतावनी दी जानी चाहिए कि किसी के महिला होने या पुरुष होने का फायदा नहीं उठाना चाहिए और उसके अनुसार व्यवहार करना चाहिए। (अधिकार का प्रयोग करने का अधिकार, किसी को भी चिल्लाने, हाथ उठाने का अधिकार नहीं है)
20.
21. लड़के नहीं चाहते कि उन पर इतनी तारीफ की जाए कि वे घमंडी हो जाएं और खुद को भारी ही कहें। आजकल बच्चा उल्टा भी कहे तो मां-बाप उसकी कदर करते हैं, अरे !! देखिए हमारे सोनू ने कितनी जल्दी उल्टा बोलना सीख लिया।
22.
23. मोबाइल का पैटर्न खोल भी दें तो एक घंटे तक उसकी तारीफ करते हैं, जैसे किसी सोनू ने कोई रॉकेट दागा हो! आप मेरे महाराष्ट्र को कहाँ ले गए हैं?
24.
25. उन्हें अपने व्यवहार की जिम्मेदारी लेना सिखाएं। यह उसकी / उसकी वजह से हुआ है। इन दिनों माफी मांगना या जरूरत पड़ने पर धन्यवाद देना दुर्लभ है।
26.

27. गलतियों पर ध्यान न दें (माताएं खुद ऐसा करती हैं), उन्हें ठीक करने का तरीका बताएं।
28.
29. यह न मानें कि आदर्श माता-पिता वह है जो हर आग्रह प्रदान करता है। हमेशा इस बात का एहसास करें कि कुछ भी आसान नहीं होता है। वे चीजों, पैसे और लोगों के मूल्य को जानेंगे।
30.
31. उन्हें बताएं कि आप उनके लिए कड़ी मेहनत कर रहे हैं, उन्हें यह बताना भी जरूरी है कि आप उनसे कितना प्यार करते हैं। दिखाओ तो कोई बात नहीं। जब आप अपनी आंखों से देखेंगे कि आप अपने कार्यस्थल में कितना प्रयास करते हैं, तो समझ अपने आप जड़ पकड़ लेगी।
32.
33. याद रखें कि आपके बच्चे वैसा ही व्यवहार करेंगे जैसा आप लोगों के साथ करते हैं इसलिए अनजाने में स्वार्थ, झूठ, लत जैसी बुरी चीजों को पैतृक धन के रूप में पेश न करें।
34.
35. लोगों को इंसान बनाए बिना उनके बीच रहना सीखें। (ये लापता कुत्ते छात्रावास में वापस चले जाते हैं और अकेले हो जाते हैं क्योंकि उन्हें इंसानों की आदत नहीं होती है)। जितना आप लेते हैं उसका आधा देने के लिए अपने हाथों का उपयोग करना सीखें।
36.
37. इससे कोई फर्क नहीं पड़ता कि आपको जश्न मनाना नहीं सिखाया जाता है। लेकिन दुख से कैसे निपटा जाए, अपना ख्याल कैसे रखा जाए, यह सीखना चाहिए।
38.
39. यह सबक न देना बेहतर है कि अगर आपको हर चीज / व्यक्ति पसंद है, तो आपको वह मिलेगा / प्राप्त करना होगा। जीवन बहुत आसान है, यह मत सोचो कि आपको हमेशा खुशी और सफलता मिलती है। समझें कि इन सभी चीजों को पाने के लिए मेहनत लगती

है। अपने दिमाग में सोचने के बजाय अपने दिमाग को मुक्त करना सीखें। भविष्य में डिप्रेशन से बचाएं।(आज दुनिया की सबसे बड़ी बीमारी)

40\.

41\. पहले खुद से प्यार करना सीखो। अपने आप को समझें कि आपको क्या पसंद है, आप किसमें बुरे हैं, आप किसमें अच्छे हैं। ऐसा तब होगा जब वे नई चीजों की कोशिश करेंगे, गलतियां करेंगे, नए लोगों से मिलेंगे। इसके बाद ही वे दूसरों से प्यार कर पाएंगे, उन्हें अकेला रहने दो, गिरने दो, उन्हें खुद को उठाने का तरीका सीखने दो। सभी जगहों पर योगदान करने के लिए जाना जरूरी नहीं है। कभी-कभी कुछ न करना बहुत कुछ करने जैसा होता है।

42\.

43\. दिए गए पैसे का रिकॉर्ड रखने की आदत डालें। यह सीखना कि समय की आवश्यकता बन गई है, उस पर कितना पैसा लगाना है। कुछ लोग पैसा तो कमा सकते हैं लेकिन उसका सही इस्तेमाल नहीं कर पाते। अतः धन प्रबंधन सिखाना भविष्य के लिए उपयोगी होगा (यह लड़कियों को भी सिखाया जाना चाहिए अर्थात वे घर पर कपड़े और जूतों की दुकान नहीं लगाएंगी)।

44\.

45\. हर उस काम को सीखो जो भविष्य के लिए उपयोगी हो, काम के साथ-साथ अपनी रुचि भी रखें, ऐसी बातें किसी के कारण सिखाएं जो कहीं रुके नहीं।

46\.

47\. उन्हें अपने शरीर के बारे में जानकारी दें, उन्हें इसकी देखभाल करना सिखाएं, उस ज्ञान को देने में संकोच न करें, अन्यथा वे गलत व्याख्याओं के साथ गलतियाँ करेंगे और फिर उन गलतियों को बताने में संकोच करेंगे।

48\.

49\. उन्हें ज्यादा से ज्यादा गलतियां करने दें.उनसे जितना हो सके नाराज़ न हों, नहीं तो डर के मारे गलती करने पर ये आपको नहीं

बताएंगे. बच्चों को कितना गुस्सा दिलाएं और फिर उनसे कैसे बात करें, उन्हें समझें, यह माता-पिता का कौशल है। क्रोध और प्रेम के बीच संतुलन खोजना महत्वपूर्ण है।

50.

51. दूसरों से अपनी तुलना मत करो, अपने ही व्यक्ति में अच्छे गुण ढूंढो, उसके जैसा बनो, तुम उसके जैसे क्यों नहीं हो। उन्हें अपने फैसले खुद करने दें।हर चीज के लिए आप पर निर्भर न रहें।

52.

53. संक्षेप में, सब कुछ संतुलित करो, सब कुछ सिखाओ, जहां आवश्यक हो प्रतिबंध लगाओ, उन्हें आत्मनिर्भर बनाओ, उन्हें सोनू, चाकुली, ताई, भैया के रूप में लाड़ मत करो क्योंकि अन्य लोगों को परिणाम भुगतना पड़ता है।

54. अंतिम लेकिन कम से कम नहीं - अपने शरीर को लेकर अपने आप को असुरक्षित न होने दें। उन्हें लंबा, काला, गोरा, अपने बारे में खुश होने में विश्वास होना चाहिए। यह विश्वास दिलाएं कि खुद को साबित करने के लिए एक सुंदर शरीर से ज्यादा एक स्वस्थ शरीर की जरूरत होती है। और आखिर में खुद का स्ट्रक्चर बनाना पड़ता है, मां-बाप कितना और क्या पढ़ाएंगे।

27

महिला सशक्तिकरण की आवश्यकता और वास्तविकता

विश्व के लगभग सभी समाजों में महिलाओं की स्थिति पुरुषों के समान नहीं है। वर्तमान सामाजिक संरचना में पुरुषों के पास अधिक अधिकार, संसाधन और निर्णय लेने की शक्ति है। महिलाओं को पारंपरिक भूमिकाएँ सौंपी गई हैं। गांवों में महिलाओं का काम मुख्य रूप से बीज छिड़कना, पेड़ लगाना, खाद डालना, फसल काटना और घर लाना है, फिर भी महिलाओं को किसी भी श्रेणी में नहीं रखा जाता है। समान कार्य के लिए महिलाओं को पुरुषों की तुलना में कम और कम वेतन दिया जाता है। लगभग सभी क्षेत्रों में महिलाओं के साथ भेदभाव किया जाता है। ऐसा क्यों? अमेरिका जैसे उन्नत देश में भी अभी तक कोई महिला राष्ट्रपति नहीं बनी है। भारत में महिलाओं की स्थिति: महिला अधिकारिता महिलाओं के संबंध में भारतीय समाज में महिलाओं ने सम्मान का स्थान प्राप्त किया है, इस विषय के आधार पर विभिन्न युगों में महिलाओं की स्थिति का वर्णन करना आवश्यक है, जिसे शक्ति का अवतार माना जाता है। यहां लक्ष्मी सरस्वती दुर्गा की पूजा की जाती

है, वैदिक और ऋग्वैदिक काल में महिलाओं की स्थिति बहुत उन्नत थी। समय के साथ, उनके अधिकारों को पुरुषों द्वारा हड़प लिया गया और उनकी स्थिति में गिरावट आई। 19वीं शताब्दी में उनकी स्थिति में सुधार के लिए व्यापक प्रयास किए गए।

इन प्रयासों ने विभिन्न युगों में महिलाओं की स्थिति में अंतर दिखाया। महिला सशक्तिकरण की परिभाषा: सशक्तिकरण एक व्यापक शब्द है, जिसमें स्वाभाविक रूप से सशक्तिकरण और अधिकार शामिल हैं, यह एक मानसिक स्थिति है, जो कुछ आंतरिक कौशल और शैक्षिक, सामाजिक, आर्थिक, राजनीतिक आदि पर निर्भर करती है। उसके लिए, समाज को उनके उचित कार्यान्वयन के लिए आवश्यक कानून, सुरक्षात्मक प्रावधान और एक सक्षम प्रशासनिक प्रणाली की आवश्यकता है। इस प्रकार महिला सशक्तिकरण का तात्पर्य ऐसी सामाजिक प्रक्रिया से है, महिलाओं के लिए भोजन, पानी, गृह शिक्षा, स्वास्थ्य जैसे कई अवसरों के लिए नए विकल्प खुले हैं। सुविधाओं, पशुपालन, प्राकृतिक संसाधनों, बैंकिंग सुविधाओं, कानूनी अधिकारों और मूर्तियों के विकास के लिए पर्याप्त रचनात्मक अवसर प्राप्त करें। महिला सशक्तिकरण की आवश्यकता: किसी भी समाज के विकास में दोनों पक्षों की भूमिका आवश्यक होती है, अर्थात स्त्री पुरुष दोनों की भागीदारी आवश्यक है, तभी किसी भी समाज में समृद्धि, सद्भाव और समृद्धि के बीज बोए जा सकते हैं। , अन्यथा दोनों विषम परिस्थितियों में समान हैं। दूसरे काम न कर पाने की वजह से आज महिलाएं किसी भी मायने में पुरुषों से कम नहीं हैं। वे किसी भी क्षेत्र में पीछे नहीं हैं, केवल चिंता यह है कि सभी क्षेत्रों में उनकी भागीदारी प्रतिशत बहुत कम है, जबकि जनसंख्या में उनकी भागीदारी लगभग 50 प्रतिशत है।

आज अगर हम विभिन्न क्षेत्रों में महिलाओं के योगदान पर नजर डालें तो पता चलता है कि महिलाएं पुरुषों की तुलना में अधिक उपयोगी हैं। आखिर इसके बाद भी लड़के-लड़कियों में इतनी असमानता क्यों है? हमें सोचना चाहिए कि एक मां बेटी के जन्म पर शोक क्यों मनाती है और बेटे के जन्म पर खुशी क्यों मनाती है, उसे मीठा क्यों लगता है। महिलाओं में इतना अंतर क्यों? कहने की जरूरत नहीं है कि इसके लिए

हमारा समाज जिम्मेदार है। इसलिए आज महिला सशक्तिकरण का मुद्दा समाज को सोचने पर मजबूर कर रहा है। जिसका कारण वास्तव में समाज को महिला सशक्तिकरण के मुद्दे पर सोचने पर मजबूर कर रहा है। दरअसल महिलाएं अपना हुनर धरती से आसमान तक लहरा रही हैं. साहित्य जगत से लेकर उद्योग, उद्योग, चिकित्सा, प्रौद्योगिकी, अंतरिक्ष, फिल्म जगत, राजनीति, खेल आदि तक उनका योगदान सराहनीय है। महिला सशक्तिकरण और वर्तमान भारत: भारतीय सामाजिक संरचना समाज में पुरुषों और महिलाओं की विभिन्न भूमिकाओं को निर्धारित करती है। विश्व के लगभग सभी समाजों में महिलाओं की स्थिति पुरुषों के समान नहीं है। वर्तमान सामाजिक संरचना पुरुषों को अधिक अधिकार, संसाधन और निर्णय लेने की शक्ति प्रदान करती है। महिलाओं को पारंपरिक भूमिकाएँ सौंपी जाती हैं - माँ, पत्नी बनाम गृहिणी, रसोइया और बच्चे की देखभाल। समान शैक्षणिक योग्यता और समान हैसियत के साथ भी महिलाएं शादी के समय दहेज जैसी बाधाओं के बावजूद सभी क्षेत्रों में अपना झंडा बुलंद कर रही हैं, समाज में महिलाओं की स्थिति स्पष्ट है, तभी पुरुष महिलाओं को आगे आने का मौका दे रहे हैं-

तभी किसी ने बहुत कुछ कहा..
आप घर जैसा महसूस करते हैं
नहीं तो यह डरावना है
माथे पर बहुत अच्छा लगता है..

यदि आप इस गोले को परचम बना सकते हैं। समाज के इतने बड़े वर्ग की अनदेखी कर भारत प्रगति नहीं कर सकता। हमें कंधे से कंधा मिलाकर चलना है। हमें अपनी सोच बदलनी होगी, तभी हम सभी महिलाओं को मां, पत्नी, बहन और बेटी का दर्जा देने के लिए उनका विश्वास जीत सकते हैं। अन्यथा विषय की चर्चा निरर्थक होगी। मां को सोचना चाहिए कि लड़का और लड़की में कोई अंतर नहीं होता, सब बराबर होते हैं, हमें अपनी सोच बदलनी चाहिए। हर 10 साल में लिए गए जनगणना के आंकड़ों के आधार पर सरकारी आंकड़े बताते हैं कि 2001 की जनगणना में लिंगानुपात 933 प्रति 1,000 पुरुषों पर था,

जो 2011 की जनगणना में बढ़कर 943 हो गया। 0-6, यानी 2001 की जनगणना से बाल लिंगानुपात 914 था, जो 2011 की जनगणना में बढ़कर 927 हो गया। आंकड़ों में इस बदलाव का मतलब है कि महिला साक्षरता दर 53.67 थी। 2011 में यह बढ़कर 64.6 प्रतिशत हो गया। लेकिन फिर भी महिलाओं को दहेज, गर्भपात और यौन उत्पीड़न का खामियाजा भुगतना पड़ता है। आखिर इंसान खुद को सर्वोच्च क्यों दिखाता है? आजकल युवाओं में यह चलन बढ़ता जा रहा है कि नौकरी पाकर आत्महत्या कर लेंगे लेकिन लड़कियों के माता-पिता उन्हें ऐसा सोचने नहीं देते, लड़कियों को अपनी जिंदगी तय करने का अधिकार नहीं दिया जाता है। इस तरह के भेदभावपूर्ण व्यवहार की नींव बनाने में पिता के साथ-साथ मां भी शामिल है। समाज कब तक इस विडंबना को सहन करेगा? एक दिन यह काली सोच प्रकाश का सामना जरूर करेगी और उस दिन समाज प्रगति के पथ पर चलेगा। महिला सशक्तिकरण में सरकार की भूमिका इतने शोषण और उत्पीड़न के बावजूद महिलाओं ने हर क्षेत्र में अपनी भागीदारी सुनिश्चित की है। भारत के संविधान का अनुच्छेद 14 राजनीतिक, आर्थिक और सामाजिक क्षेत्रों में पुरुषों और महिलाओं को समान अधिकार और अवसर प्रदान करता है। अनुच्छेद 15 महिलाओं को समानता का अधिकार प्रदान करता है। अनुच्छेद 16 सभी नागरिकों को समान रोजगार के अवसर प्रदान करता है। अनुच्छेद 39 भी रोजगार के समान कार्य के लिए सुरक्षा और समान वेतन की घोषणा करता है।

वर्ष 2001 को महिला सशक्तिकरण का वर्ष घोषित किया गया है और महिला सशक्तिकरण के लिए एक नीति तैयार की गई है। फिर भी देखा जाए तो केंद्र राज्य सरकारों की ओर से महिला विकास कार्यक्रम लागू कर रहा है, जिसमें उनके कल्याण के लिए प्रावधान किया गया है. इसके लिए महिलाओं के कल्याण के लिए सरकार के प्रयासों में बेटी बचाओ बेटी पढाओ योजना शामिल है। कामधेनु योजना, किशोरी बालिका योजना, स्वस्थ स्त्री योजना, स्वच्छता मार्ट योजना, अपनी बेटी, अपना धन योजना, पंचधारा योजना आदि राज्य और केंद्र सरकार द्वारा लागू की जा रही हैं। वर्ष 2001 को महिला अधिकारिता वर्ष

के रूप में मनाने के भारत सरकार के निर्णय के कारण इस वर्ष देश में महिलाओं को सामाजिक, आर्थिक और राजनीतिक रूप से अधिक सशक्त बनाने का प्रयास किया जा रहा है। सामाजिक, आर्थिक और संवैधानिक सशक्तिकरण के साथ-साथ राजनीतिक सशक्तीकरण के लिए महिला आरक्षण विधेयक को पारित करने का प्रयास किया गया है ताकि राजनीतिक क्षेत्र में महिलाओं की भागीदारी सुनिश्चित हो सके। निष्कर्ष: 1998 और 1999 में केंद्र सरकार ने संसद और विधानमंडल में महिलाओं के लिए एक तिहाई सीटें आरक्षित करने के लिए प्रस्तावित विधेयक को पारित करने के लिए सभी राजनीतिक दलों के बीच आम सहमति बनाने की कोशिश की और इसे पारित करने के लिए सभी प्रयास किए गए। एक तरह से या किसी अन्य प्रणाली के माध्यम से भूमिका। देश के राजनीतिक, आर्थिक और सामाजिक विकास में महिलाओं की समान भागीदारी के अवसर प्रदान करने के लिए विशेष प्रयास किए जाने चाहिए। इस प्रकार, निम्नलिखित कदम उठाए जाने की आवश्यकता है: देश में महिलाओं के लिए एक ऐसा माहौल तैयार करना ताकि वे आर्थिक और सामाजिक नीतियों को बनाने में शामिल महसूस करें। महिलाओं को अपने मानवाधिकारों का प्रयोग करने में सक्षम बनाना। शिक्षा, स्वास्थ्य, रोजगार और सामाजिक सुरक्षा में देश में महिलाओं की भागीदारी सुनिश्चित करना; 3. महिलाओं के खिलाफ किसी भी तरह के भेदभाव को खत्म करने के लिए उपयुक्त कानूनी प्रणाली, सामुदायिक प्रक्रियाओं का विकास करना; समाज में पुरुषों की समान भागीदारी को बढ़ावा देना, किसी भी प्रकार के अपराध के रूप में असमानता को समाप्त करना। महिलाओं और महिलाओं और लड़कियों आदि के खिलाफ। अंत में, केवल इतना ही कहना है -

किशोरावस्था (10-19 वर्ष) वृद्धि और विकास का एक महत्वपूर्ण चरण है। यह बचपन से किशोरावस्था में संक्रमण की अवधि है और इस चरण के दौरान शारीरिक और मानसिक परिवर्तन बहुत तेजी से होते हैं। इस स्तर पर, किशोर यौन, मानसिक और व्यावहारिक रूप से परिपक्व होने लगते हैं। किशोरियों को विभिन्न प्रकार की समस्याएं होती हैं और उनके लिए विभिन्न जोखिम स्थितियां होती हैं। उदाहरण

के लिए, वे विवाहित और अविवाहित हो सकते हैं, स्कूल जा सकते हैं या नहीं, ग्रामीण और शहरी क्षेत्रों में रहते हैं, और उनके लिंग ज्ञान में अंतर हो सकता है। प्रत्येक समूह की समस्याएं एक दूसरे से भिन्न हो सकती हैं और उन्हें समाज के एक विशेष घटक के रूप में महत्व दिया जाना चाहिए। किशोरावस्था के दौरान हार्मोनल परिवर्तन यौवन की शुरुआत, तेजी से शारीरिक विकास और माध्यमिक यौन विशेषताओं की उपस्थिति की ओर ले जाते हैं। इसके साथ-साथ मानसिक और भावनात्मक परिवर्तन भी आते हैं जैसे कि आत्म-पहचान, नापसंद संयम, यौन इच्छा और विपरीत लिंग के प्रति आकर्षण। इस अवस्था में वे परिवार के अलावा बाहरी लोगों के संपर्क में आते हैं। किशोरियां अपने से बड़े लोगों जैसे माता-पिता, शिक्षकों और स्वास्थ्य कार्यकर्ताओं के साथ अपनी समस्याओं, मुद्दों और जरूरतों पर चर्चा करने से हिचकती हैं। इसमें उनका रिश्ता, उम्र, लिंग और सामाजिक और सांस्कृतिक स्थितियां बाधा बन जाती हैं। अपने जीवन के इस महत्वपूर्ण चरण में, उनके पास विकृति होने की अधिक संभावना होती है जो उनके स्वास्थ्य को प्रभावित करती हैं और कुपोषण, नशीली दवाओं के दुरुपयोग, प्रारंभिक गर्भावस्था, यौन शोषण, प्रजनन और जननांग संक्रमण और एचआईवी जैसी समस्याओं और बीमारियों को जन्म देती हैं। का सामना करना पड़ा किशोर लड़कियों के साथ संचार और परामर्श की अधिक आवश्यकता है क्योंकि अधिकांश किशोर लड़कियां स्वाभाविक रूप से शर्मीली होती हैं और गोपनीयता और अविश्वास के कारण अपने शरीर और गलत धारणाओं को किसी अन्य व्यक्ति के सामने प्रकट नहीं करती हैं। .

किशोर लड़कियों के मन में बहुत सी चिंताएँ और जिज्ञासाएँ होती हैं। उनके शोषण का डर अधिक है और वे उम्र, लिंग, शहरी और ग्रामीण, शिक्षित और अशिक्षित, गर्भवती या नहीं के आधार पर भेदभाव का सामना करते हैं। किशोर स्वाभाविक रूप से किसी की मदद लेने के लिए इच्छुक नहीं होते हैं। उन्हें स्वास्थ्य देखभाल की तलाश करने में शर्म आती है। वे अत्यधिक प्रतिक्रियाशील होते हैं और उनके व्यवहार में परिवर्तन अस्थायी होता है। . उनमें शारीरिक और मानसिक परिवर्तनों

को जानने की तीव्र जिज्ञासा होती है। उन्हें यह नहीं पता होता है कि उनकी समस्याओं, मुद्दों और जरूरतों के बारे में सही और पूरी जानकारी कहां से प्राप्त करें।

किशोर समस्याओं के समाधान और सुझाव

किशोर लड़कियों के माता-पिता को अपने बच्चों को स्वस्थ और संतुलित आहार खाने के लिए प्रोत्साहित करना चाहिए। माता-पिता को हमेशा किशोर लड़कियों को शारीरिक रूप से सक्रिय रहने के लिए प्रोत्साहित करना चाहिए। उदाहरण के लिए, सुनिश्चित करें कि किशोर अपने माता-पिता के साथ 1-2 किमी चलते हैं। माता-पिता को बच्चों के लिए एक दिनचर्या स्थापित करनी चाहिए कि वे एक निश्चित समय पर बिस्तर पर जाएँ और देर रात तक न उठें। . . . . . जितना हो सके पारिवारिक कलह को कम करने की कोशिश करें और याद रखें कि युवाओं को शराब और ड्रग्स का सेवन नहीं करना चाहिए। तनाव और दर्द को दूर करने के लिए इनका इस्तेमाल करने से समस्या और बढ़ जाती है। इस बात को स्वीकार करें कि जीवन में अच्छे दिनों के साथ-साथ बुरे दिन भी आते हैं। अगर बच्चे किसी चीज से डरते हैं, तो उसे तुरंत संबोधित करें - इससे इनकार न करें या इसे अनदेखा न करें। किशोरों को यह महसूस करने की आवश्यकता है कि आपको उनकी क्षमताओं पर पूरा भरोसा है और आप हमेशा उनकी मदद करने के लिए मौजूद हैं जब उन्हें इसकी आवश्यकता होती है। . किशोरों को समझाएं कि इस उम्र में तनाव सामान्य है। उन्हें किशोर समस्याओं के साथ अपने अनुभवों के बारे में बताएं और उन्हें समझाएं कि अन्य किशोर भी तनावग्रस्त हैं। • उनसे छोटे लक्ष्य निर्धारित करने के लिए कहें ताकि वे उन्हें प्राप्त कर सकें क्योंकि लक्ष्य प्राप्त नहीं होने पर वे निराश होंगे। उनकी मदद करें और उन्हें प्रोत्साहित करें। उदाहरण के लिए, यदि कोई किशोर समूह के सामने प्रदर्शन करने के बारे में चिंतित है, तो सुझाव दें कि वे पहले परिवार के सदस्यों के सामने प्रदर्शन करें। इससे उनका आत्मविश्वास बढ़ेगा। बच्चों को उनके डर को दूर करने में मदद करें।

उनके द्वारा किए गए सभी छोटे और बड़े प्रयासों की सराहना करें। यदि आपका किशोर चिंता के कारण किसी स्थिति से बचना चाहता है, तो इसे समस्या न बनाएं। उन्हें आश्वस्त करें कि आप जानते हैं कि वे भविष्य में इस प्रकार की स्थिति को संभालने में सक्षम होंगे। किशोरों में लिंग अंतर देश की लगभग आधी आबादी महिला है, हालांकि, सामाजिक-सांस्कृतिक संदर्भों में लड़कों और लड़कियों के बीच भेदभाव के कारण, किशोर लड़कियों की तुलना में किशोर लड़कियों के विकास के कम अवसर हैं। यह असमानता शिक्षा, साक्षरता, स्वास्थ्य, पोषण, कौशल स्तर, व्यावसायिक स्थिति जैसे महत्वपूर्ण सामाजिक विकास संकेतकों में परिलक्षित होती है।

राजीव गांधी किशोरी अधिकारिता योजना (सबला योजना)

यह भारत सरकार द्वारा 2010 में 11 से 18 वर्ष की आयु वर्ग की किशोरियों के सशक्तिकरण के लिए शुरू की गई एक योजना है। राजीव गांधी किशोरी शक्तिकरण योजना, जिसे सबला के नाम से भी जाना जाता है, भारत सरकार द्वारा 2000-01 में किशोर लड़कियों के सशक्तिकरण के लिए शुरू की गई थी। यह योजना 2009 तक चल रही थी। इसे देश के 200 पिछड़े जिलों में लागू किया गया था। महिला और बाल विकास मंत्रालय (भारत) के सौजन्य से, एक ही योजना को 1 अप्रैल, 2011 से SABLA नाम से पूरे देश में लागू किया गया था। इसके तहत 11 से 18 वर्ष की आयु वर्ग की किशोरियों के बीच पोषण, प्रशिक्षण और जागरूकता को बढ़ावा दिया जाता है। किशोरियों को आयरन और प्रोटीन की गोलियां और अन्य जरूरी पोषक तत्व दिए जाते हैं। यह योजना 11 से 14 वर्ष की आयु की लड़कियों के लिए मध्याह्न भोजन योजना और 15 से 18 वर्ष की आयु की किशोरियों के लिए आंगनवाड़ी केंद्रों के माध्यम से कार्यान्वित की जाती है। इस योजना के तहत प्रत्येक

बालिका के लिए प्रतिदिन 5 रुपये के पोषण व्यय का प्रावधान किया गया है।

सबला योजना का उद्देश्य

किशोरियों को आत्म-विकास और सशक्तिकरण के लिए सशक्त बनाना। उनके पोषण और स्वास्थ्य की स्थिति में सुधार करें।

स्वास्थ्य, स्वच्छता, पोषण, किशोर प्रजनन और यौन स्वास्थ्य और परिवार और बच्चे की देखभाल के बारे में जागरूकता बढ़ाने के लिए। व्यावसायिक कौशल के लिए घरेलू कौशल, जीवन कौशल को अपग्रेड करें और राष्ट्रीय कौशल विकास कार्यक्रम (एनएसडीपी) के साथ एकीकृत करें। स्कूली लड़कियों को औपचारिक/अनौपचारिक शिक्षा से मुख्यधारा में लाना..

संचार क्रांति और महिलाओं की बदलती सामाजिक स्थिति पर निबंध देश को आजादी मिले 70 साल हो चुके हैं, लेकिन महिलाएं अभी भी अपने अधिकारों से वंचित हैं, जबकि देश में आधे से ज्यादा महिलाएं गांवों में रहती हैं। शहरी और ग्रामीण महिलाओं को अभी भी पर्दे में रहना है, अशिक्षा के कारण उनका विकास रुका हुआ है, हाल ही में बलात्कार, यौन उत्पीड़न जैसे महिलाओं के खिलाफ हिंसा के मामलों की बाढ़ आ गई है। यह सच नहीं है कि समाज में इस तरह की घटनाएं अचानक से तेजी से बढ़ीं, लेकिन सच्चाई यह है कि संचार क्रांति ने महिलाओं के शोषण के इस दबे हुए स्तर को सामने ला दिया। निर्भया कांड का पर्दाफाश करने में मीडिया ने अहम भूमिका निभाई। सभी उम्र के लोग, जिनका इस घटना से कोई व्यक्तिगत संबंध नहीं था, वे भी अधिकारों और न्याय के लिए सड़कों पर उतर आए। · मीडिया ने न केवल महिलाओं को उनके अधिकारों के प्रति जागरूक किया बल्कि उन्हें आत्मनिर्भर बनाने में भी महत्वपूर्ण भूमिका निभाई, उनकी सामाजिक-राजनीतिक स्थिति में सुधार किया रेडियो और टेलीविजन इलेक्ट्रॉनिक मीडिया के सबसे शक्तिशाली अंग हैं। इसमें कोई शक नहीं कि इस आसान माध्यम से कृषि को नई गति मिली। रेडियो, टीवी, डीटीएच इंटरनेट, मोबाइल फोन आदि ने कृषि क्षेत्र में काम करने वाली महिला उद्यमियों और महिलाओं के जीवन स्तर में सुधार किया है और उन्हें

आर्थिक रूप से सशक्त बनाया है। महिलाओं के लिए कौन सी योजनाएं चलाई जा रही हैं, कौन-कौन से ब्याज मुक्त ऋण उपलब्ध हैं आदि की जानकारी संचार के माध्यम से उन तक पहुंच रही है।

महिलाएं पारंपरिक व्यवस्था से प्रभावित होती हैं, परंपराएं उनकी सोच को प्रभावित करती हैं। कामकाजी महिलाएं, निम्न सामाजिक और आर्थिक वर्ग की महिलाएं अभी भी पुरुषों पर निर्भर हैं, इसलिए उनकी स्थिति और भूमिका नहीं बदलती है। लेकिन रेडियो आधारित कार्यक्रम जैसे टीवी, कल्याणी आदि प्रसारित होते हैं, जिसमें विषय विशेषज्ञों द्वारा समस्याओं का समाधान किया जाता है, कृषि से संबंधित समस्याओं को दर्शन के माध्यम से हल किया जाता है, जिससे आय में वृद्धि होती है और वित्तीय स्थिति में सुधार होता है। शहर के पास के गांवों में महिलाओं को घर से बाहर काम करने की अधिक अनुमति है। दूरदराज के गांवों में यह कम है। गांवों में कामकाजी महिलाओं का सामाजिक स्तर ऊंचा माना जाता है, ऐसी महिलाएं जो केवल घरेलू कामों तक ही सीमित हैं, उनका सामाजिक स्तर अच्छा नहीं है, संचार क्रांति के कारण उनके रहने की स्थिति में गुणात्मक परिवर्तन आया है। महिलाएं शुरू में टेलीविजन और फिल्मों के जरिए महिलाओं को आदर्श बहू, आदर्श बेटी, आदर्श मां के रूप में दिखाया गया। लेकिन आज तस्वीर बदल गई है। महिलाओं के विभिन्न मजबूत और सख्त रूप भी समाज के सामने पेश किए जा रहे हैं। ताकि महिलाएं उनका अनुसरण कर सकें और उनका अधिकार प्राप्त कर सकें। आज केंद्र सरकार और राज्य सरकार ग्रामीण महिलाओं और लड़कियों की सुरक्षा और विकास के लिए कई योजनाएं लागू कर रही हैं, जिनका प्रचार-प्रसार समाचार पत्रों, टीवी और अन्य मीडिया के माध्यम से किया जाता है। आदि तेजी से फैल रहे हैं और ग्रामीण महिलाओं को इसका लाभ आसानी से मिल रहा है। कई लोक सेवा केंद्र और हेल्पलाइन नंबर हैं जो आपको मुफ्त जानकारी प्रदान करते हैं। महिलाओं की समस्याओं के समाधान के लिए उत्तर प्रदेश की वर्तमान सरकार ने शिकायत संख्या 1090 शुरू की है, जिस पर 24 घंटे सुविधा उपलब्ध है।

महिलाएं अपने खिलाफ गुमनाम रूप से दुर्व्यवहार की शिकायत दर्ज करा सकती हैं। आज के आर्थिक युग में महिलाएं आत्मनिर्भर हुई हैं, उनका आत्मविश्वास और मनोबल भी बढ़ा है। अपने अधिकारों का एहसास किया। कार्यक्रम नम्मा ध्वनि (हमारी आवाज) कर्नाटक के कोलार जिले से प्रसारित होता है, इसके श्रोता ज्यादातर गरीब और अनपढ़ महिलाएं हैं, इसके अलावा उत्तराखंड में मंदाकिनी की आवाज, बैंगलोर में केलू सखी (सुनो सखी) महिलाओं के लिए कार्यक्रम हैं। इसी तरह, 26 जनवरी 1967 को दूरदर्शन पर कृषि दर्शन सी' का शुभारंभ किया गया और विज्ञापन, पोषण, टीके, परीक्षण, रोग, बच्चे के पालन-पोषण, बच्चे के अंतर और जनसंख्या नियंत्रण जैसे विभिन्न मुद्दों पर जागरूकता फैलाई गई। 5 कोई भी राष्ट्र तभी विकसित हो सकता है जब उसकी आधी आबादी आर्थिक, सामाजिक, राजनीतिक, धार्मिक आदि सभी क्षेत्रों में मजबूत और शक्तिशाली महिलाओं की हो, जिनका स्वास्थ्य अच्छा हो और वे पूरी तरह से स्वतंत्र हों और अपने निर्णय लेने में सक्षम हों। वर्तमान युग को पुरुष प्रधान समाज कहा जाता है, लेकिन जब हम इतिहास के पन्ने पलटते हैं, तो हम पाते हैं कि भारत में पहली प्राचीन सिंधु सभ्यता प्रकृति में मातृसत्तात्मक थी, जिसके बाद वैदिक काल में महिलाओं को भी उच्च स्थान प्राप्त हुआ। समाज।

आपा, घोपा, गार्गी, लोपामुंद्रा जैसी स्त्रियाँ पढ़ती थीं और उन्हें यज्ञों में बैठने का अधिकार था। रामायण-महाभारत में स्व-संगठन के प्रमाण मिलते हैं। जिसमें महिलाओं को अपने लिए जंगल चुनने का अधिकार दिया गया। महिलाएं शिक्षित थीं और लड़ाई और शासन करती थीं।

भारत में मुसलमानों के आक्रमण के कारण महिलाओं की सामाजिक स्थिति कमजोर होने लगी। यह नहीं कहा जा सकता है कि मुट्ठी भर महिलाओं के सशक्तिकरण ने महिलाओं की स्थिति में सुधार किया है, क्योंकि लगभग आधी आबादी महिलाओं की है और उन्हें अपमान, खरीद-फरोख्त, वेश्यावृत्ति, बाल शोषण का सामना करना पड़ता है। अधिकार का नाम। विवाह, दहेज प्रथा आदि बुरी चीजों का सामना करना पड़ता है। जिससे उन्हें मुक्त किया जाए ताकि उनके व्यक्तित्व का पूर्ण विकास हो सके। 5 आज संचार में क्रांति के कारण ग्रामीण क्षेत्रों के

साथ-साथ शहरों में भी घरों तक सूचना पहुंच रही है। इसलिए, महिलाएं यह समझने लगी हैं कि अशिक्षा, अंधविश्वास, रूढ़िवाद, पारंपरिक मान्यताएं और पुरुष प्रधान समाज गरीबी, शोषण, पक्षपात, दहेज, बलात्कार, यौन शोषण आदि की ओर ले जाता है। जो संचार और मीडिया के माध्यम से लोगों तक तेजी से पहुंच रहा है। इसलिए महिलाओं की उस आधुनिक और चमकदार छवि के साथ-साथ खेत के खलिहान में रहने वाली महिलाओं और नवजात शिशु को गोद में लेकर ईंट बनाने वाली महिलाओं को भी वास्तविक रूप में समाज के सामने पेश किया जाना चाहिए और ग्रामीण महिलाओं को सशक्त बनाया जाना चाहिए. वास्तविक अर्थों में संवाद करें।संसाधनों का पूर्ण उपयोग करके, आत्मनिर्भर और आत्मनिर्भर होकर, देश की प्रगति में सहायक होने पर गर्व महसूस कर सकते हैं और हमारे देश की महिलाओं के सामने ऐसी मिसाल कायम कर सकते हैं। साथी महिलाएं भी उनकी नकल करके खुद को और देश को मजबूत बना सकती हैं।

भारत सरकार ने नई सहस्राब्दी की शुरुआत को चिह्नित करने के लिए 2001 को महिला अधिकारिता वर्ष के रूप में घोषित किया जब महिलाओं को पुरुषों के समान अधिकार प्राप्त होंगे। मानव संसाधन विकास मंत्री ने घोषणा की (महात्मा गांधी के विचारों का समर्थन करते हुए): "जब तक भारत की महिलाएं सामान्य सार्वजनिक जीवन में भाग नहीं लेती हैं, इस देश को नहीं बचाया जा सकता है। "महिला सशक्तिकरण" की सबसे आम परिभाषा एक महिला की क्षमता है अपने कार्यों पर पूर्ण नियंत्रण का प्रयोग करें। समाज में महिलाओं की स्थिति और भूमिका में कुछ मूलभूत परिवर्तन हुए हैं। नीति दृष्टिकोण जिसने 1980 के दशक के अंत में कल्याण की अवधारणा पर जोर दिया और अस्सी के दशक में विकास की अवधारणा को नब्बे के दशक में सशक्तिकरण में स्थानांतरित कर दिया गया। परिवार और सामान्य जीवन के कई क्षेत्रों में महिलाओं द्वारा सामना किए जाने वाले भेदभाव के बारे में महिलाओं के कुछ वर्गों में बढ़ती जागरूकता के परिणामस्वरूप। सशक्तिकरण की यह प्रक्रिया अधिक गतिशील हो गई। वे उन मुद्दों पर खुद को संगठित करने में सक्षम हैं जो उनकी

समग्र स्थिति को प्रभावित कर सकते हैं इन सभी उपायों के बावजूद, यह स्पष्ट है कि पिछले दशकों में महिलाओं की स्थिति खराब हुई है।ढोल, बोर, शूद्र, पशु, स्त्री सभी विरोध के पात्र हैं। हेत, रामायण में वर्णित दोनों तुलसी जाति, समुदाय, धार्मिक विश्वास और वर्ग के आधार पर प्रचलित भेदभाव और गहरे लिंगवाद को उजागर करती हैं। क्षेत्रों में विद्यमान है। भारतीय संविधान ने जीवन के विभिन्न क्षेत्रों में महिलाओं को समान अधिकार प्रदान किए हैं। फिर भी बड़ी संख्या में महिलाएं इस अधिकार से वंचित हैं या अपनी पारंपरिक रूप से असंतोषजनक सामाजिक-आर्थिक स्थितियों से खुद को निकालने की स्थिति में नहीं हैं। वे गरीब, अशिक्षित और वंचितों के रूप में पले-बढ़े। वे अक्सर हिंसा करते हैं और महिलाओं के खिलाफ क्रूरता अभी भी बड़े पैमाने पर है।

भारत के कई हिस्सों में आज भी पितृसत्ता सामाजिक व्यवस्था में गहरी पैठ बना चुकी है, जो ज्यादातर महिलाओं को अपनी पसंद का जीवन जीने की इच्छा से वंचित कर देती है। किसी भी पितृसत्तात्मक व्यवस्था में समुदाय का सर्वांगीण महत्व यह सुनिश्चित करता है कि समुदाय के मुद्दों में महिलाओं की शायद ही कभी स्वतंत्र राय हो। कन्या भ्रूण हत्या आज भी आम बात है। सांख्यिकीय आंकड़ों से पता चलता है कि उत्तर प्रदेश, मध्य प्रदेश, पंजाब आदि जैसे राज्य अभी भी पुरुष जन्म को उच्च प्राथमिकता देते हैं। इन राज्यों में पुरुष-महिला अनुपात बहुत अधिक है। घरेलू हिंसा भी व्यापक है और दहेज से संबंधित है। भारतीय महिलाएं आज भी सामाजिक न्याय की गुहार लगा रही हैं। 7 स्वयंसिद्ध, स्त्री शक्ति, बालिका समृद्धि योजना और अन्य दो हजार परियोजनाओं जैसे महिला सशक्तिकरण के लिए सरकार द्वारा लागू किए गए विभिन्न कार्यक्रमों की समीक्षा से पता चलता है कि बहुत कम काम किया गया है और बहुत कम सफलता मिली है। इसके अलावा सरकार की वैश्वीकरण नीतियां महिलाओं को गरीबी रेखा से नीचे धकेल रही हैं। भारत में महिला सशक्तिकरण नीतियों की विचारधारा और परंपरा में मौजूदा विसंगति ने लगातार सामाजिक, आर्थिक और सामाजिक पिछड़ेपन में योगदान दिया है।

महिलाएं हमारे देश की आबादी का 52 प्रतिशत हिस्सा हैं, इसलिए जब तक उनकी जरूरतों और हितों को पूरा नहीं किया जाता तब तक कोई प्रगति नहीं हो सकती है। सशक्तिकरण का तब तक कोई अर्थ नहीं है जब तक उन्हें समाज में समान दर्जा दिया जाता है। सावधान और जागरूक नहीं। उन्हें (महिलाओं को) समाज की मुख्यधारा में लाने के लिए नीतियां इस तरह बनानी चाहिए कि वे उपयोगी हों। महिलाओं को शिक्षित करना जरूरी है। महिला साक्षरता दर, जो कि 39.42 प्रतिशत है, पुरुष साक्षरता दर से काफी कम है, जो कि 63.8% है। महिला साक्षरता में सुधार समय की मांग है क्योंकि शिक्षा विकास की कुंजी है। सशक्तीकरण अधिक सुसंगत होगा यदि महिलाएं शिक्षित हों, अधिक सूचित हों और तर्कसंगत निर्णय लें। पुरुषों को भी महिलाओं के प्रति जागरूक होने की जरूरत है। जीवन के विभिन्न क्षेत्रों में महिलाओं की भूमिका के संबंध में सामाजिक मनोदशा और धारणा को बदलने की आवश्यकता है। पारंपरिक लिंग विशिष्ट कार्यों के कार्यान्वयन के क्षेत्र में समायोजन किया जाना चाहिए। समानता की चुनौतियों का सामना करने के लिए एक महिला को शारीरिक रूप से स्वस्थ होना चाहिए। लेकिन ज्यादातर महिलाओं में खासकर ग्रामीण इलाकों में इसका घोर अभाव है। उनके पास बुनियादी स्वास्थ्य संसाधनों तक असमान पहुंच है और उचित परामर्श का अभाव है। इससे अवांछित और समय से पहले गर्भधारण, एचआईवी संक्रमण और अन्य यौन संचारित रोगों का खतरा बढ़ जाता है। सबसे बड़ी चुनौती उनके अच्छे स्वास्थ्य के अधिकार में आने वाली बाधाओं की पहचान करना है। यदि महिलाओं को परिवार, समाज और समाज के लिए उपयोगी होना है तो उन्हें स्वास्थ्य सुविधाएं प्रदान की जानी चाहिए।

कई महिलाएं कृषि क्षेत्र में घरेलू खेतों या मजदूरी के रूप में काम करती हैं। आज भी कृषि में आजीविका जो हाल के वर्षों में क्षणिक और असुरक्षित हो गई है, महिला किसानों को नकारात्मक रूप से प्रभावित कर रही है। गरीबी उन्मूलन के लिए सरकारी नीतियां अपेक्षित परिणाम देने में विफल रहीं क्योंकि महिलाओं को उनके श्रम के लिए उचित पारिश्रमिक नहीं मिल रहा था। महिलाओं को घर के कामों में जबरन

या बिना बिके काम करना पड़ता है। मजदूरी में लैंगिक असमानता शहरी क्षेत्रों में अधिक स्पष्ट है क्योंकि यह विभिन्न और कम वेतन वाली नौकरियों में महिलाओं के रोजगार में योगदान करती है। उन्हें पुरुषों के समान वेतन और काम दिया जाना चाहिए ताकि यह समाज में उनकी स्थिति को ऊंचा करे। राजनीतिक भागीदारी में महिलाओं की संख्या बढ़ाने के लिए हाल के दिनों में स्पष्ट कदम उठाए गए हैं। हालांकि, महिला आरक्षण नीति विधेयक एक बहुत ही दुखद कहानी है क्योंकि इसे बार-बार संसद में पेश किया जाता है। हालाँकि, पंचायती राज व्यवस्था में महिलाओं को राजनीतिक सशक्तिकरण के प्रतीक के रूप में दर्शाया गया है। ग्राम परिषद स्तर पर कई निर्वाचित महिला प्रतिनिधि हैं। हालाँकि, उनकी शक्ति सीमित है क्योंकि सारी शक्ति पुरुषों के पास है। अक्सर उनके फैसलों से सरकारी तंत्र गड़बड़ा जाता है। इन महिला नेताओं को अपने गांवों में महिलाओं से संबंधित परिवर्तन लाने के लिए प्रशिक्षित और सशक्त बनाना बहुत महत्वपूर्ण है। यह सब दिखाता है कि लैंगिक समानता और महिला सशक्तिकरण की प्रक्रिया को अभी लंबा रास्ता तय करना है और हाल के वर्षों में यह और कठिन हो सकता है। उनके निर्णयों को सरकारी प्रणाली द्वारा खारिज कर दिया जाता है। इन महिला नेताओं को अपने गांवों में महिलाओं से संबंधित परिवर्तन लाने के लिए प्रशिक्षित और सशक्त बनाना बहुत महत्वपूर्ण है। यह सब दिखाता है कि लैंगिक समानता और महिला सशक्तिकरण की प्रक्रिया को अभी लंबा रास्ता तय करना है और हाल के वर्षों में यह और कठिन हो सकता है। इस अंतर्विरोध का मुख्य कारण यह है कि लक्षित योजनाएं तभी फलित होती हैं जब विकास का बुनियादी फोकस क्षेत्र औसत महिला तक नहीं पहुंचता है, जिससे उसका जीवन अधिक असुरक्षित और असुरक्षित हो जाता है।

कोई भी सकारात्मक बदलाव लाने के लिए हर गांव और शहर में बुनियादी ढांचा उपलब्ध कराया जाना चाहिए। सबसे पहले, सुरक्षित पेयजल, जलापूर्ति और बेहतर स्वच्छता प्रदान करने से महिलाओं के जीवन की गुणवत्ता में सीधे सुधार होता है। लेकिन ऐसी सुविधाएं उपलब्ध कराने और सुनिश्चित करने के मामले में भी उनका काम

कम पड़ रहा है. किफायती खाद्य ईंधन की उपलब्धता ईंधन की लकड़ी की तलाश में दूर तक यात्रा करने की आवश्यकता को कम करती है। परिवहन के उन्नत साधन, जो गांवों को एक स्थान से दूसरे स्थान तक ले जाने में शामिल जबरन श्रम की अवधि को उन्नत कर सकते हैं। यह वस्तुओं और सेवाओं की एक विस्तृत श्रृंखला तक पहुंच की सुविधा भी प्रदान कर सकता है। साथ ही बेहतर स्वास्थ्य देखभाल सुविधाएं मुहैया कराई जा सकती हैं। खाद्य सब्सिडी व्यय और सार्वजनिक वितरण सेवाओं के लिए बेहतर प्रावधान का उचित पोषण के मामले में महिलाओं और लड़कियों के जीवन पर सीधा प्रभाव पड़ता है। सरकारों द्वारा संसाधन जुटाने की प्रथाओं का भी महिलाओं पर महत्वपूर्ण प्रभाव पड़ता है, जिन्हें अक्सर मान्यता नहीं दी जाती है। जब करों को कम किया जाता है और उपभोक्ता वस्तुओं को उलट दिया जाता है, तो महिलाएं बहुत प्रभावित होती हैं। यह न केवल ऐसी वस्तुओं के कम उपयोग के कारण है, बल्कि ऐसी वस्तुओं के प्रावधान को घर की महिलाओं की जिम्मेदारी माना जाता है। साथ ही, बचत योजनाएं छोटे उद्यमों को ऋण के प्रवाह को कम करती हैं, जिससे महिलाओं के लिए रोजगार के अवसर कम होते हैं। महिलाओं के अनुकूल आर्थिक नीतियों को लागू करने की आवश्यकता है ताकि महिलाएं अपनी आर्थिक और सामाजिक स्थिति को ऊपर उठा सकें और आत्मनिर्भर बन सकें। इसमें कोई शक नहीं कि आजादी के बाद से ही नियोजन का फोकस हमेशा से ही महिलाओं के विकास पर रहा है। सशक्तिकरण इस दिशा में एक बड़ा कदम है, लेकिन इसे एक संबंधपरक नजरिए से देखा जाना चाहिए। महिलाओं की उन्नति की राह में आने वाली बाधाओं को दूर करने के लिए सरकार और महिलाओं को स्वयं स्पष्ट दृष्टि देने की जरूरत है। भारतीय महिलाओं को उनका उचित हिस्सा देकर उनके सर्वांगीण विकास के लिए हर स्तर पर प्रयास किए जाने चाहिए।

नई और आधुनिक शिक्षा और देश की आजादी ने महिलाओं को घर की दीवारों से बाहर निकलने का मौका दिया है। इस कार्य में आधुनिक सोच और वैज्ञानिक सोच का भी विशेष हाथ माना जाता है। आधुनिक महिलाओं की दुनिया सिर्फ चूल्हे तक ही सीमित नहीं है, बल्कि इसके

बाहर एक जगह बन गई है। वह जीवन के हर क्षेत्र में पुरुषों के साथ कंधे से कंधा मिलाकर काम कर रही हैं। वह हर मायने में, विचार और क्रिया में आधुनिक है। पुराना घूंघट या घूंघट, पुराना पहनावा, पुराने रीति-रिवाज, परंपराएं आज उपहास या उपहास का विषय बन गए हैं। कुछ परिवारों में अगर महिलाओं को कुछ हद तक परंपराओं का पालन करते देखा जाए तो इसे उनकी मजबूरी कहा जा सकता है। आजादी से पहले महिलाओं को सिर्फ दो क्षेत्रों में नौकरी या व्यापार करते देखा जाता था। वे क्षेत्र नर्स और शिक्षक थे। लेकिन आज यह जीवन के हर क्षेत्र में काम कर रहा है। वह पुरुषों से ज्यादा अपनी प्रतिभा और काम करने की क्षमता दिखा रही हैं। वह पहले ही पुलिस के शीर्ष पदों पर पहुंच चुकी थी, अब उसके लिए सुरक्षा बलों के दरवाजे खुल गए हैं। यह सब देखने के बाद स्वाभाविक रूप से सवाल उठता है कि महिलाएं नौकरी क्यों करती हैं? देश में नौकरियों की कमी है। युवा नौकरी की तलाश में बेकार के जूते पहन लेते हैं, लेकिन आधुनिक लोग मौज-मस्ती और परिवार को भूलकर नौकरी के पीछे भागते हैं - आखिर क्यों? इस सवाल का जवाब कई तरह से दिया जा सकता है। इसे महिला स्वतंत्रता पूर्वाग्रह कहा जाता है। जब तक स्त्री धन के मामले में आत्मनिर्भर नहीं हो जाती। आजादी का तब तक कोई मतलब नहीं है जब तक वह अपने पैरों पर खड़ी न हो जाए। इसलिए वह आर्थिक रूप से स्वतंत्र और दृश्यमान बनने के लिए काम करती है। दूसरे, इस प्रश्न को दिन-प्रतिदिन बढ़ती महंगाई की दृष्टि से भी माना जाता है। ऐसा कहा जाता है और यह सच है कि आज का जीवन बहुत महंगा हो गया है। एक गुणवत्तापूर्ण और मानक जीवन जीने के लिए बहुत अधिक धन की आवश्यकता होती है, जब तक कि घर के सभी वयस्क सदस्य नहीं कमाते, परिवार की जरूरतों को पूरा करना संभव नहीं है। निम्न और मध्यम वर्गीय परिवारों की महिलाएं आर्थिक तंगी के कारण परिवार की जरूरतों को पूरा करने के लिए काम करती हैं।

कभी-कभी उच्च मध्यम वर्गीय परिवारों की महिलाएं भी काम करती नजर आती हैं। बड़े सरकारी अधिकारियों की बेटियों और पत्नियों को उनके सामाजिक संबंधों और पारिवारिक पहुंच के कारण आसानी से नौकरी मिल जाती है, इसलिए वे काम करना शुरू कर देते हैं। ध्यान

रखने वाली बात यह है कि इस प्रकार का काम करने वाली महिलाएं अक्सर अपनी व्यक्तिगत जरूरतों को पूरा करने के लिए अपनी सारी तनख्वाह अपने मेकअप पर खर्च कर देती हैं। हां, ऐसी महिलाएं परिवार में आने वाली सामाजिक प्रतिष्ठा के अवसरों पर भी खुलकर खर्च करती हैं। नौकरीपेशा महिलाओं का एक वर्ग भी है, जिन्हें अपने या किसी के लिए पैसे की जरूरत नहीं है। उसका पति हर तरह से उसके लिए बहुत सारा पैसा लाता है, लेकिन फिर भी वह अपना समय नहीं बिता पाती है। तो बस टाइम पास करने के लिए कई महिलाएं बारह सौ नहीं चार से पांच हजार के वेतन पर नौकरी करती हैं। हमारे विचार में, कामकाजी आधुनिक महिलाओं के इन दो वर्गों के शामिल होने से, कई महिलाएं जो वास्तव में जरूरतमंद हैं, न केवल जरूरतमंद हैं, बल्कि सक्षम और प्रतिभाशाली भी हैं। यह अच्छा है कि ऐसी महिलाएं अपना समय अन्य सामाजिक सेवाओं में बिताएं। इसे अनावश्यक महिमा पर खर्च न करें। अपनी जरूरतमंद और जरूरतमंद बहनों के लिए जगह छोड़ें। इससे बहुत से लोग लाभ उठा सकते हैं। अपनी जरूरतमंद और योग्य बहनों के लिए जगह छोड़ दो।

इससे बहुत से लोग लाभ उठा सकते हैं। अपनी जरूरतमंद और योग्य बहनों के लिए जगह छोड़ दो। इससे बहुत से लोग लाभ उठा सकते हैं। महिलाओं के काम करने का एक और महत्वपूर्ण कारण है। इस प्रकार यह निम्न मध्यम वर्ग की महिला की आर्थिक जरूरतों से भी संबंधित है, लेकिन उसका उद्देश्य अपनी और अपने परिवार की जरूरतों को पूरा करना नहीं है, बल्कि शादी के बाजार में स्थिति, महत्व और अवसर हासिल करना है।

यही कारण है कि आधुनिक महिलाएं नौकरी करती हैं, हमारे विचार में, निम्न मध्यम और मध्यम वर्ग के युवाओं के बौद्धिकता या बौद्धिक-मनोवैज्ञानिक गौरव का प्रतीक है। अक्षम और लालची प्रकार के युवा पैसा कमाने की तलाश में हैं। कहा जाता है कि कामकाजी लड़की को जल्द ही पति मिल जाता है। कुछ हद तक, यह माना जा सकता है कि यह जल्दी मिल जाएगा, लेकिन इसे अच्छी तरह से प्राप्त करना भी संभव है, पूरे विश्वास के साथ नहीं। क्योंकि नौकरी पाने की

चाहत में शादी करने वाले नौकरीपेशा व्यवसायियों को कई बार अपार दुख और यातना का जीवन जीते देखा गया है। उस अवस्था में अक्सर ऐसी महिलाएं आधुनिक होते हुए भी आधुनिक नहीं हो पाती थीं। कभी परिवार की लाज के नाम पर, कभी अपने झूठे अहंकार और प्रतिष्ठा के नाम पर माता-पिता को जीवन भर भुगतना पड़ता है, कभी किसी और तरह से जला दिया जाता है या मार दिया जाता है, लेकिन समय के बाद रिश्ता टूट जाता है। वह वास्तव में अपनी मुक्ति का रास्ता खोजकर खुद को आधुनिक साबित करने की कोशिश नहीं कर रही है। तो यह कहा जा सकता है कि न केवल पोशाक से, बल्कि मन, हृदय, सक्रिय व्यवहार से भी एक महिला का आधुनिकीकरण किया जा सकता है और वह पूरी तरह से स्वतंत्र और स्वतंत्र हो सकती है। आधुनिकता का सही अर्थ भावना, विचार और कर्म की सचेत स्वतंत्रता है, और कुछ नहीं! परिवार की इज्जत के नाम पर तो कभी अपने मिथ्या अभिमान और प्रतिष्ठा के नाम पर जीवन भर कष्ट भोगते रहते हैं, कभी जलाकर या अन्य तरीकों से मार दिए जाते हैं, लेकिन समय के साथ वे अपने संबंधों को तोड़ देते हैं और अपना रास्ता मुक्त कर लेते हैं। खोज कर खुद को सही मायने में आधुनिक साबित करने की कोशिश न करें। तो यह कहा जा सकता है कि न केवल पोशाक से, बल्कि मन, हृदय, सक्रिय व्यवहार से भी एक महिला का आधुनिकीकरण किया जा सकता है और वह पूरी तरह से स्वतंत्र और स्वतंत्र हो सकती है।

आधुनिकता का सही अर्थ भावना, विचार और कर्म की सचेत स्वतंत्रता है, और कुछ नहीं! परिवार की इज्जत के नाम पर तो कभी अपने मिथ्या अभिमान और प्रतिष्ठा के नाम पर जीवन भर कष्ट भोगते रहते हैं, कभी जलाकर या अन्य तरीकों से मार दिए जाते हैं, लेकिन समय के साथ वे अपने संबंधों को तोड़ देते हैं और अपना रास्ता मुक्त कर लेते हैं। खोज कर खुद को सही मायने में आधुनिक साबित करने की कोशिश न करें। तो यह कहा जा सकता है कि न केवल पोशाक से, बल्कि मन, हृदय, सक्रिय व्यवहार से भी एक महिला का आधुनिकीकरण किया जा सकता है और वह पूरी तरह से स्वतंत्र और स्वतंत्र हो सकती है। आधुनिकता का सही अर्थ भावना, विचार और कर्म की सचेत स्वतंत्रता

है, और कुछ नहीं! एक महिला अपने सक्रिय व्यवहार से आधुनिक होने के बावजूद पूरी तरह से स्वतंत्र, स्वतंत्र बन सकती है। आधुनिकता का सही अर्थ भावना, विचार और कर्म की सचेत स्वतंत्रता है, और कुछ नहीं! एक महिला अपने सक्रिय व्यवहार से आधुनिक होने के बावजूद पूरी तरह से स्वतंत्र, स्वतंत्र बन सकती है। आधुनिकता का सही अर्थ भावना, विचार और कर्म की सचेत स्वतंत्रता है, और कुछ नहीं! जैसे ही एक कामकाजी महिला की कार्य क्षमता के बारे में सवाल होता है, बुद्धि का सवाल नहीं पूछा जा सकता है। हां, आज तक उनमें वह साहस नहीं हो पाया है जो स्वतंत्र और पूर्ण रूप से आधुनिक होने के लिए आवश्यक है। इस अभाव के कारण ही उसे अक्सर उसके पुरुष साथियों द्वारा प्रताड़ित किया जाता है। अक्सर वह अपने आप को असहाय महसूस करती है। आधुनिकता भी प्रकट होती है, जिसने ऐसी सभी कमजोरियों को दूर कर दिया है। इस कारण से वह कई अधीनस्थ कर्मचारियों पर प्रभावी नियंत्रण कर रही है। लेकिन ऐसी महिलाओं की संख्या बहुत कम है। कई महिलाओं ने कार या कार चलाने, क्लबों में नाचने, सिगरेट पीने जैसी गतिविधियों को आधुनिकता के रूप में अपनाया है! कई लोगों ने कार्यालय में कम कपड़े पहने और रसाबों के लिए आकर्षण का केंद्र बनने की आधुनिकता को भी अपनाया है। इनमें से केवल कार चलाना ही आधुनिकता की निशानी मानी जा सकती है, हालाँकि महिलाएँ और नौकरी एक-दूसरे के पर्यायवाची नहीं हैं और न ही आधुनिकता के पर्याय हैं।

याद रखने वाली खास बात यह है कि हर पुराने को एक नए से बदल दिया जाता है जो आधुनिक है। तो आधुनिकता या आधुनिक होने का मतलब है समय की प्रवृत्ति को पहचानना, मजबूत और दृढ़ निश्चयी होना, और एक महिला को नौकरी चाहिए या नहीं, और जो भी हो, महिला और नौकरी एक दूसरे के पर्यायवाची नहीं हैं, और न ही हैं। वे आधुनिकता के पर्याय हैं। याद रखने वाली खास बात यह है कि हर पुराने को एक नए से बदल दिया जाता है जो आधुनिक है। तो, आधुनिकता या आधुनिक होने का अर्थ है समय की प्रवृत्ति को पहचानना, मजबूत और दृढ़ होना और उचित मानव कर्तव्य का पालन करना चाहे महिला नौकरी करना

चाहती हो या घर में व्यस्त हो। जिससे नारी का व्यक्तित्व निखरता है, गरिमा बनी रहती है, यही उसकी आधुनिकता है।

भारतीय संस्कृति में कुछ त्योहारों में देवी-देवताओं का विशेष महत्व है। नवरात्रि जैसे त्योहारों में, देवी-देवताओं और उनके 'नवविद्या' रूपों को नौ दिनों तक भक्ति के साथ मनाया जाता है। यह कहना गलत नहीं होगा कि गौरी, चंडिका, सरस्वती, लक्ष्मी, ललितकला आदि रूपों की पूजा महिलाओं की विभिन्न भूमिकाओं की याद दिलाती है। भारत की सांस्कृतिक परंपराओं में देवी पूजा की एक बड़ी धारा है। साथ ही, भारत में कई क्षेत्रों में मातृसत्तात्मक व्यवस्था प्रचलित थी। साथ ही महिषासुरमर्दिनी को एक महिला के रूप में देवी के रूप में पूजा जाता है। महाराष्ट्र में साढ़े तीन शक्तिपीठ (माहूर के देवी तीन पीठ, कोल्हापुर, तुलजापुर और वाणी के देवी-अर्दे पीठ) महिलाओं के महत्व का प्रमाण हैं। जहां देवता पराजित होते हैं, वे शत्रु पर विजय पाने के लिए देवी का आह्वान करते हैं, ऐसी कहानियां लोककथाओं में भी मिलती हैं। इन प्राचीन कथाओं की समझ समाज में नारी शक्ति के प्रति जागरूकता को व्यक्त करती है; लेकिन बाद के दौर में स्त्री-पुरूष के बीच समानता के स्थान पर नारी का स्थान गौण समझा जाने लगा। पितृसत्तात्मक और पितृसत्तात्मक व्यवस्था के प्रभाव में, पुरुषों के महत्व को महिलाओं की तुलना में अधिक समझा जाने लगा; यह कहा जा सकता है कि इसका कारण पुरुषों और महिलाओं की संख्या से संबंधित नहीं है, लेकिन कुछ हद तक यह उनके बीच कार्य विभाजन से संबंधित होना चाहिए। प्रारंभ में अर्थात आदिम पुरुष के समय में महिलाएं भी युद्ध में भाग लेती थीं। वह कड़ी मेहनत और मेहनत कर रही थी। लेकिन प्रकृति द्वारा उसे सौंपी गई रचनात्मक शक्ति की सृजन प्रक्रिया के दौरान वह इस तरह के श्रमसाध्य कार्य नहीं कर सकती थी।

ऐसे समय में उन्हें शारीरिक और भावनात्मक दोनों तरह से दूसरों की मदद की जरूरत महसूस हुई। उसे जन्म देने के लिए एक सुरक्षित स्थान की भी आवश्यकता थी, और मनुष्य के मामले में, उसे पुरुषों की तुलना में एक छोटे बच्चे के पालन-पोषण, पालन-पोषण और निर्माण का कार्य करने की आवश्यकता थी। वे उसके अनुकूल थे और उसे इन कार्यों को

करने में बहुत संतुष्टि और आनंद भी मिला। बच्चों को आकार देने और शिक्षित करने की इस तरह की प्रथा महाभारत की कुछ कहानियों से भी स्पष्ट रूप से जानी जाती है। जब शांतनु की पत्नी गंगा शांतनु से अलग हो जाती है, तो वह अपने बेटे को अपने साथ ले जाती है। उन्होंने अपनी परवरिश, शिक्षा पूरी करने के बाद उन्हें शांतनु को सौंप दिया। बेटे को शिक्षित करने की जिम्मेदारी समाज ने मान ली है; लेकिन पालन-पोषण की जिम्मेदारी यद्यपि स्त्री की होती है, पुत्र का नाम, गाँव, कुल, गोत्र, पिता का पुरुष होने के कारण स्त्री का महत्व कम होने लगा होगा। चूंकि वह गर्भावस्था, प्रसव और बच्चों पर अनुष्ठान की अवधि के दौरान सुरक्षा, आश्रय और भोजन के लिए पुरुषों पर निर्भर थी, इसलिए उसकी माध्यमिक स्थिति केवल इस अवधि तक ही सीमित नहीं थी और स्थायी हो गई थी। भोजन, वस्त्र, आश्रय के लिए पुरुषों को शिकार जैसे साहसी व्यवसाय करना पड़ता है; पत्थरों और लकड़ी के टुकड़ों को इकट्ठा करके एक आश्रय बनाना पड़ता था। इन कार्यों के बदले में उनका दबदबा बढ़ता गया और महिला सहकर्मी गौण हो गईं। यद्यपि सृजन की शक्ति और मानव जाति पर संस्कार का कार्य बचपन से ही गुणों में श्रेष्ठ है, लेकिन इसमें सहकारिता की भूमिका है और उसकी रक्षा करने की शारीरिक क्षमता दिखाने वाली पुरुष जाति का प्रमुख स्थान है। इसकी विडंबना देखने योग्य है। इसे 'बाली से कान पीली' कहावत के प्रत्यय के रूप में कहें या कहें कि संघर्ष से बचने की शक्ति प्रभावी रही है, लेकिन महिलाओं के लिए यह अधीनता अभी भी कायम है।

खानाबदोश बैंड से समूह जीवन का उदय हुआ। समूह जीवन ने एक क्षेत्र में बसने की प्रवृत्ति विकसित की। वर्तमान के अलावा भविष्य में भी स्थिरता देखने की प्रवृत्ति। 'यहाँ आज, कल वहाँ, यह रवैया बदल गया है। समूह जीवन के नियम तैयार होने लगे। खानाबदोश जनजातियों की तुलना में इस जीवन में बच्चे, उनकी परवरिश, गृहस्थ, भूमि के अधिकार में परिवर्तन होने लगा। इसी अवधि के दौरान कृषि का आविष्कार किया गया था और आश्चर्यजनक रूप से, इसका आविष्कार शिकारी-संग्रहकर्ता काल के दौरान एक गुफा में रहने वाली महिला द्वारा किया गया था। शिकारी से कृषि की ओर संक्रमण में यह पहला कदम

था। भोजन प्राप्त करने का एक अलग तरीका मनुष्य के हाथ में आ गया। इससे धरती मां और नारी में समानता और उस पर आधारित धर्म की अवधारणा का उदय हुआ।

बच्चों और फसलों को भगवान की रचना माना जाता था और संस्कृति में महिलाओं के कर्तव्यों से जुड़े थे। पृथ्वी के निकट सृजनात्मक शक्ति और स्त्री के निकट सृजनात्मक शक्ति को दिव्य माना जाता था। इसके लिए उपासना की आवश्यकता थी। उनकी दिव्य शक्ति को धर्म ने विभिन्न देवी-देवताओं के रूपों के माध्यम से स्वीकार किया था। यहीं से समाज का ध्यान उनके अमानवीय रूप की ओर आकर्षित हुआ, जो कि तारा और संहारक दोनों हैं। नारी को ईश्वर का वास्तविक रूप मानने का विचार इसी भूमिका से आया है। कभी स्त्री को देवी माना जाता था, तो कभी उसे राक्षस माना जाता था। प्राचीन काल में पुरुष जाति ने स्त्री जाति की कल्पना इन दो रूपों में की थी। बेशक, पूंजीवाद के बाद के दौर में कभी प्रतिस्पर्धी और कभी रक्षक की भूमिका बदल गई। इस दौरान उनका क्षेत्र घर से जुड़ गया। पितृसत्तात्मक व्यवस्था के उदय के साथ, महिलाओं के व्यवहार और भाषण पर कई प्रतिबंध थे। कई 'मिथक' रचे गए। उदाहरण के लिए- सावित्री सत्यवान की कहानी में, सावित्री ने वास्तव में अपनी बुद्धि के बल पर यमराज के साथ तर्क किया और तर्क को जीतकर और उसे प्रसन्न करके अपने पति का जीवन वापस जीत लिया; लेकिन ऐसे व्रतकथाओं में स्त्री के बौद्धिक विकास के बजाय स्त्री की भक्ति को महत्व दिया जाता था। सावित्री की कहानी में, उसकी रक्षा करने के बजाय, वह अपने पति की रक्षा करती है, लेकिन एक महिला के स्थान पर इस बौद्धिक शक्ति, उसकी निर्णय लेने की शक्ति को नजरअंदाज कर दिया जाता है और उसे माध्यमिक दर्जा दिया जाता है। आज भी कई क्षेत्रों में महिलाओं ने पुरुषों की तुलना में अपने बौद्धिक, आध्यात्मिक और मानसिक कौशल को अधिक प्रभावी ढंग से दिखाया है; फिर भी समाज की प्रवृत्ति है, पुरुष और अक्सर वह खुद उसे एक सहयोगी की जगह देने के लिए। इतने वर्षों के पितृसत्तात्मक प्रभाव के दबाव में वह अपनी ताकत भूल गई है और अपने जीवन की तृप्ति को समाज द्वारा दिए गए घर के कर्तव्य 'चूल्हा और बच्चे' में ही समझने

लगी है।

आज महिलाएं शिक्षक, डॉक्टर, पायलट, सैनिक जैसे कई क्षेत्रों में उपलब्धियां हासिल करती नजर आ रही हैं। इतना ही नहीं, मध्यकाल में राजकुमार को राजा के रूप में शिक्षा दी जाती थी, लेकिन शाही परिवार की बेटियों और बहुओं को समान शिक्षा न मिलने के बावजूद, उन्होंने राज्य की धुरी को कुशलता से प्रबंधित किया। इस संदर्भ में कई उदाहरण दिए जा सकते हैं जैसे अहिल्याबाई होल्कर, ताराबाई (शिवाजी महाराज की बहू), झांसी की रानी लक्ष्मीबाई। आमतौर पर पति के पीछे धुंआ फूटने के रूप में स्त्री का कर्तव्य देखा जाता है। अर्थात्, भले ही राजा के पुत्र को पितृसत्तात्मक व्यवस्था के अनुसार राजा बनाया जाता है, लेकिन इस शाही परिवार की महिलाओं को यह कौशल और राजनीतिक योग्यता तब तक नहीं मिली है जब तक कि वे अपने दैनिक राजनीतिक मामलों पर ध्यान नहीं देती हैं। यद्यपि महिलाओं ने राजनीति, साहित्य कला, दर्शन, अध्यात्म के माध्यम से समाज सुधार जैसे कई क्षेत्रों में अपनी उपलब्धियों और विशिष्टता की झलक दिखाई है, लेकिन ऐसी महिलाओं की संख्या इतनी कम है कि हाथ की उंगलियों पर गिना नहीं जा सकता। ऐसी महिलाएं असाधारण हैं इसलिए यह नियम नहीं बनता। इन क्षेत्रों का उल्लेख एक सामान्य महिला के कार्य क्षेत्र के रूप में नहीं किया जाता है, लेकिन घर की चार दीवारों, 'चूल्हा और बच्चे' से सीमित क्षेत्र को एक महिला का क्षेत्र माना जाता है और इसका विरोध करने वाली महिला बन जाती है एक विद्रोही और बदनाम। ऐसा लगता है कि महिला ने भी इस क्षेत्र को स्वीकार कर लिया है, चाहे वह अनैच्छिक रूप से हो या स्वेच्छा से; और उसे इसकी आदत हो गई। सदियों की आदत नहीं तो इतने सालों बाद एक महिला का व्यक्तित्व बदल गया है और वह "बाहरी क्षेत्रों में साहसपूर्वक कार्य नहीं कर पाएगी। हम पुरुषों के समर्थन के बिना घर पर प्रभावी ढंग से नहीं रह पाएंगे। बस जैसे बेल वृक्ष के सहारे के बिना नहीं उग सकती, वैसे ही हम मनुष्यों के मजबूत समर्थन के बिना जीवित नहीं रह पाएंगे।" यह सदियों से उनके दिमाग में उकेरा गया था। स्वभाव से स्त्री इतनी कमजोर नहीं होती। लेकिन उसके दिमाग पर हमेशा के लिए अंकित होने के साथ, वह परिष्कार के नाम पर और अधिक निर्भर हो

गई। यदि स्त्री को बलवान बनना है तो सबसे पहले उसके मन से यह संस्कार मिटा देना चाहिए।

इसका मतलब यह नहीं है कि वह पुरुषों को छोड़कर उनकी जगह ले ले। समाज में हो या घर में, व्यक्ति के बलवान होने से ही घर की उन्नति होती है। इससे कोई फर्क नहीं पड़ता कि ऐसा प्रमुख व्यक्ति एक आदमी है; लेकिन उन्हें अपने प्रतिद्वंद्वियों के बजाय महिलाओं को अपना सहयोगी मानना चाहिए।

एक दूसरे के सहयोग से जीने में ही संस्कृति की ताकत है। पुरुष एक का अंक है और स्त्री शून्य का अंक है और प्रगति तभी है जब यह शून्य एक से पहले आए, पुराने समीकरण को बदल कर कि दोनों एक के अंक हैं; कोई भी कहीं भी हो, उनका एक साथ आना विकास की गति को बढ़ाता है। इस सोच को समाज में जड़ना जरूरी है। एक माँ के रूप में केवल एक महिला ही इस समझ को लड़कियों और लड़कों के मन में बचपन से ही पैदा कर सकती है। बेटी विदेशी की दौलत होती है', 'दहेज जैसा कोई पुण्य नहीं होता', 'दहेज को कैसे मनाएं', दहेज की भूमिका सबसे पहले मां ही निभाती है। उसमें बदलाव होना चाहिए। इसके बजाय, उसे शारीरिक, मानसिक और बौद्धिक स्तरों पर सुसंस्कृत किया जाना चाहिए। जीवन में उसकी स्थिति गौण नहीं बल्कि सहयोगी है; एक तरह से नाटक में निर्देशक की भूमिका उन्हीं की होती है; उसे बचपन से यह सिखाया जाना चाहिए। वह सभी गृहस्थों के सूत्र को धारण करने के लिए पर्याप्त शक्तिशाली होनी चाहिए। एक तरह से वह किंगमेकर जरूर होंगी। अनंत कानेकर का एक नाटक पतंगाछी डोरी है। इसमें स्त्री की तुलना पतंगे से की जाती है। पतंग कैसे उड़नी चाहिए, यह वही तय करता है जिसके हाथ में रस्सी होती है, तो समाज और पितृसत्तात्मक प्रवृत्तियों ने किस प्रकार नारी की सभी उपलब्धियों को अपने वश में रखा है, यह इस नाटक में दिखाया गया है। लेकिन यह प्रतीक एक महिला के संबंध में एक अलग अर्थ सुझा सकता है।

उसे अपने हाथों में उन बच्चों और पतियों के लिए ऋण का सूत्र रखना चाहिए जो घर से बाहर अच्छा कर रहे हैं। यही उसके सशक्तिकरण का रहस्य है। आसमान में उड़ान भरना जितना जरूरी है, उड़ान को

संभालना भी उतना ही जरूरी है। उसे ऐसा करने में सक्षम होना चाहिए। यह केवल पुरुषों के साथ प्रतिस्पर्धा करने के बारे में नहीं है। महिलाओं के लिए इस प्रतियोगिता की तुलना में प्रतियोगी बनाना अधिक महत्वपूर्ण है। खासकर घर में हो या समाज में आज आतंक, गुंडागर्दी, घूसखोरी और अन्याय की दृष्टि से जो कुछ हो रहा है, उसमें नारी की शक्ति नारी के हाथ में है। वह जिस भी क्षेत्र में काम कर रही है, वहां संस्कार के ऐसे आदर्शों को स्थापित करने में सक्षम होना चाहिए, जैसे अपने बच्चों, पति, भाइयों और पिता के साथ ऐसा संबंध। उसके लिए उसे शिक्षा, शिष्टाचार, धर्म, नैतिकता के विचारों को समझना चाहिए और केवल अपने लिए उनका अभ्यास करके नहीं रुकना चाहिए, बल्कि अपने आसपास के पुरुषों, महिलाओं, बच्चों आदि पर अपना व्यवहार बनाने की ताकत होनी चाहिए। पाना आसान नहीं है। स्वयं को सक्षम बनाकर समाज निर्माण के इस कार्य में उसे आत्म-जागरूकता और आत्म-विश्वास की आवश्यकता है। आज वह एक पुरुष से प्रतियोगिता में भागते-भागते थक रही है। नौकरी, शिक्षा, उद्यमिता, पुलिस बल, सेना, कंप्यूटर आदि जैसे विभिन्न क्षेत्रों में अपनी पहचान बनाना सशक्तिकरण का पहला कदम है; लेकिन उससे भी बढ़कर उसे एक महत्वपूर्ण आत्मनिर्भरता का विश्वास होना चाहिए। क्या करे? आपका वास्तविक कार्यक्षेत्र क्या है? इसे कैसे पकड़ें? आज, वह अपने परिवार, विशेषकर अपने बच्चों की उपेक्षा कर रही है, क्योंकि वह घर से बाहर काम या अन्य व्यवसायों में संलग्न है। पति व्यसन और अन्य दुष्ट प्रलोभनों के पीछे भाग रहा है और बच्चे व्यसनी और यौन विकृत होते जा रहे हैं। उन पर संस्कार करने की प्रथा अनादि काल से महिलाओं द्वारा की जाती रही है।

तब ये बच्चे और आने वाली पीढ़ी समाज के साथ-साथ परिवार में भी होगी, अलग-अलग जातियों और कबीलों में होगी; उन्हें उचित संस्कृति देकर उन्हें बनाना एक बहुत बड़ा काम है, यह केवल एक महिला ही कर सकती है जो रचनात्मकता की मूर्ति है। इसके लिए उसे मजबूत होने की जरूरत है। कानून के क्षेत्र में आज उनके हाथ में बहुत कुछ है। उसे पुरुषों के समान अधिकार प्राप्त हैं। शिक्षा में समान अवसर है। साथ ही

उपलब्धि के क्षेत्र में समान अवसर प्रदान करने का प्रयास किया जा रहा है। राजनीतिक हॉल में भी उनके लिए सीटें आरक्षित हैं। कई उदाहरणों ने यह स्पष्ट कर दिया है कि जहां उसे कभी-कभी ऐसी बाहरी दुनिया में घूमते हुए पुरुषों की मदद लेनी पड़ती है, वह कुछ समय बाद उस काम में खुद को अलग करने के लिए पर्याप्त मजबूत हो सकती है। फिर भी, कई जगह उनकी उपलब्धियों के बारे में खुलकर बात करते हैं।

इसमें नैतिकता के रंग भी मिले हुए हैं। इसके पीछे एक दूसरे के प्रति प्रतिस्पर्धा की भावना है। यह दूर जाना चाहिए। यह भावना पैदा करना कि पुरुष और महिला प्रतिस्पर्धी नहीं हैं बल्कि समाज में सहकर्मी हैं, महिलाओं की उपलब्धियों को वास्तविक गुंजाइश दे सकते हैं। इसके लिए पहली आवश्यकता यह है कि वह आर्थिक रूप से सक्षम और स्वतंत्र हो; लेकिन वह मिल रही है और समस्या हल नहीं हो रही है। भले ही उसे एक समय के लिए न मिले, लेकिन उसे घर और समाज के आर्थिक मामलों पर पुरुषों की तरह और पुरुषों के बराबर अधिकार मिलना चाहिए। इसके लिए आपको अच्छी तरह से शिक्षित होना चाहिए। उसे लड़कों के समान अध्ययन करने में सक्षम होना चाहिए; और सिर्फ स्कूल और कॉलेज की शिक्षा से ज्यादा, उसे सुसंस्कृत होना चाहिए। ये नैतिक पाठ जीवन की पाठशाला से सीखे जाते हैं। घर में जीवन के साथ-साथ वह दुनिया की प्रकृति, लोगों के मामलों और घर के बाहर की दुनिया के अच्छे और बुरे स्वभाव को समझ सकती है। उसे किसी और की व्हीलचेयर लिए बिना स्वतंत्र रूप से कार्य करने का निर्णय लेने का साहस दिखाना चाहिए और दुनिया के सामने ऐसा करते हुए अपनी छवि को साफ रखना चाहिए; यह नैतिकता और मानवता से अलग नहीं होना चाहिए। पुरुषों और महिलाओं के बीच समानता के सिद्धांत को समाज के सामने रखते हुए, यह ध्यान में रखते हुए कार्य करने में सक्षम होना चाहिए कि समानता कहां है, सहयोग कहां है और प्राथमिकता कहां है। हमें पुरुषों के बुरे व्यवहार और अत्याचार का भी एकजुट होकर विरोध करने में सक्षम होना चाहिए। सेक्स के स्तर पर महिलाओं और पुरुषों के प्रति समाज का नजरिया अलग होता है। समाज के इस रवैये को बदलकर यदि कोई व्यक्ति अपराधी या अपराधी है, तो समाज को उसे

शासन करने और समझने की भावना पैदा करनी चाहिए। एक महिला के साथ बलात्कार और उस पर 'बदचली' की मुहर महिलाओं के खिलाफ एक बड़ा अन्याय है। इसके खिलाफ लड़कर महिलाओं को पुरुषों के शासन के लिए जनमत को जगाना चाहिए। एक सुशिक्षित, स्वस्थ, सुसंस्कृत और मजबूत समाज के निर्माण के लिए समाज की पचास प्रतिशत महिलाओं को सशक्त बनाना आवश्यक है।

विवाह संस्थाएं, पारिवारिक संस्थाएं और अन्य सामाजिक संस्थाएं एक महिला से मां, पत्नी, बहन, बेटी, सास, बहू, नंदन के साथ-साथ एक नागरिक और एक जिम्मेदार व्यक्ति के रूप में जुड़ी हुई हैं। उनका सशक्तिकरण समाज के सशक्तिकरण से जुड़ा है। अतीत में एक महिला ने अपने पति को स्वीकार नहीं किया जो युद्ध से भाग रहा था, जिस तरह आज इस पत्नी का व्रत महत्वपूर्ण है, अगर वह एक व्यक्ति के रूप में विवाह, परिवार और समाज में अपना सही कर्तव्य निभाना जानती है, तो यह साबित होगा कि वह मजबूत है। उसे अपनी व्यक्तिगत स्वतंत्रता के इस अर्थ को समझना चाहिए। केवल अपने मन की इच्छा के अनुसार कार्य करना व्यक्तिगत स्वतंत्रता नहीं है और सशक्तिकरण नहीं है, अपने नैतिक, धार्मिक, पारिवारिक, वैवाहिक या अन्य जिम्मेदारियों को पहचानना सशक्तिकरण है। बेशक, इसके लिए उसे राजनीति में भी अधिकार और अधिकार चाहिए; क्योंकि सर्वे गुना कंचनम असरांते। इस न्याय से सभी प्रकार की योग्यताएं शाही शक्ति का पालन करती हैं। लेकिन राजशाही में तीस प्रतिशत सब कुछ नहीं है, यह सशक्तिकरण का साधन है, एकमात्र साधन नहीं है।

संक्षेप में, रचनात्मकता की शक्ति वाली महिलाओं को समाज में लगातार दूसरे स्थान पर रहना होगा, स्थिति बदलनी चाहिए। बच्चे के पालन-पोषण की शक्ति और संस्कार क्षमता का होना उसके लिए विशेष रूप से महत्वपूर्ण नहीं है, उसके मन में सामाजिक मानदंडों द्वारा केवल शारीरिक कमजोरी पैदा की गई है। उसे आश्वस्त होना चाहिए कि वह अपनी और समाज की रक्षा करने में पर्याप्त सक्षम है। यह शक्ति अतीत में साढ़े तीन शक्तिपीठों या नवरात्रि उत्सवों के माध्यम से व्यक्त की गई है। बौद्धिक कौशल, राजनीतिक कौशल, सैन्य कौशल

आदि के साथ-साथ उनमें सहनशीलता, क्षमा आदि जैसी महिलाओं की जन्मजात विशेषताएं हैं। उनकी ताकत से, वह आर्थिक रूप से सक्षम होनी चाहिए और घर में सभी निर्णायक चीजों में अधिकार प्राप्त करना चाहिए। प्रतियोगिता में खुद प्रवेश करना है या प्रतियोगिता में प्रवेश करने वालों को बनाना है, उसे अपने हाथों में रखकर सामाजिक कल्याण के सूत्र को नियंत्रित करना चाहिए। यौन स्तर पर, उसे स्वयं स्वतंत्रता और निरंकुशता के बीच के अंतर को पहचानना चाहिए और पुरुषों को निरंकुशता से दूर रखने के लिए पर्याप्त मजबूत होना चाहिए।

आज के भारत में लैंगिक भेदभाव और महिला सशक्तिकरण की आवश्यकता यद्यपि पूरी मानव जाति में पुरुषों और महिलाओं के बीच अंतर है, भारतीय समाज में पाया जाने वाला लैंगिक भेदभाव का भयावह रूप न केवल अनोखा है, बल्कि निराशाजनक, दुर्भाग्यपूर्ण और अन्यायपूर्ण भी है। यदि हम भारत में लैंगिक असमानता की प्रकृति को ऐतिहासिक दृष्टि से समझने की कोशिश करें तो यह बहुत स्पष्ट है कि पुरुष वर्चस्व की राजनीति विवाह और परिवार और विरासत की बुनियादी संस्थाओं से शुरू होती है। फिर धर्म, परंपरा, नैतिकता और कानूनों की आड़ में यह राजनीति पूरी व्यवस्था तक फैली हुई है। इस व्यवस्था के शिकार को पहले घर के भीतर ही प्रताड़ित किया जाता है और फिर आर्थिक, राजनीतिक और कानूनी अधिकारों से वंचित करके कमजोर किया जाता है। इस प्रकार पुरुष प्रधानता की छाया में एक पितृसत्तात्मक पारिवारिक-सामाजिक संरचना का निर्माण होता है, जहाँ एक महिला का जीवन, श्रम, शरीर और उसका गर्भ पुरुष का अधिकार बन जाता है और महिला उसकी निजी संपत्ति बनी रहती है। मूल रूप से एक महिला परिवार को अपनी गतिविधि का क्षेत्र मानती है और इसे अपनी सभी रचनात्मक शक्तियों से सजाती है। हम हर छोटे और बड़े सदस्य की जरूरतों को पूरा करना अपना कर्तव्य समझते हैं। नारी का सारा संसार परिवार तक ही सीमित है। लेकिन जब परिवार का यह सुरक्षा कवच उसके जीवन का केंद्र बन जाता है, जो उसके लिए सबसे कमजोर और दर्दनाक होता है, तो महिला के पास 'मन और दुख' होता है। टैक्स ने जीवित रहने के लिए कोई अन्य विकल्प नहीं छोड़ा। वास्तव

में मानव समाज का इतिहास सत्ता, प्रभुत्व और सत्ता से महिलाओं के बहिष्कार का इतिहास है, और इसलिए हर देश, समय, वर्ग, जाति, धर्म में महिलाओं को समानता न रखने के लिए संरचनात्मक रूप से मजबूर किया गया है। श्रीमती राधा ओझा ने पुरुषों के इस तथ्य के बारे में बहुत मार्मिक ढंग से लिखा है, 'सामाजिक संरचना में कई अंतरों में से, पुरुषों और महिलाओं के बीच का अंतर मौलिक है क्योंकि यह प्राकृतिक है, लेकिन प्राकृतिक अंतर लिंग असमानता नहीं दर्शाता है। यह दृष्टिकोण लोकतांत्रिक दर्शन और महिलाओं के खिलाफ भेदभाव से निहित लैंगिक असमानता नहीं है।

यह दृष्टिकोण लोकतांत्रिक दर्शन और नारीवादी प्रवचन में उभरता रहता है। है नारीवादी प्रवचन ने सामाजिक प्रकृति के कुछ मूलभूत प्रश्न उठाए आर्थिक और राजनीतिक क्षेत्रों में पुरुष और महिलाएं असमान क्यों हैं? उनका संबंध एक प्रमुख अधीनस्थ संबंध क्यों है? और इतिहास के प्रत्येक कालखंड में लगभग सभी सभ्यताओं में हुए परिवर्तनों के साथ यह स्थिति कमोबेश स्थिर कैसे रही है? यहां असमानता प्रकृति में नहीं बल्कि समाज, संस्कृति, राजनीति, अर्थव्यवस्था (पितृसत्तात्मक व्यवस्था में निहित) सत्ता संरचनाओं में है। एक संतुलित, सार्थक सामाजिक-आर्थिक-राजनीतिक संरचना और विकास में आधी आबादी की सक्रिय भागीदारी को नजरअंदाज नहीं किया जा सकता है, लेकिन सुनिश्चित किया जाना चाहिए। इस मुद्दे पर आम सहमति है। दरअसल, महिलाओं के अस्तित्व और सशक्तिकरण का सवाल मूल रूप से महिलाओं के लोकतांत्रिक अधिकारों और उनके मानवाधिकारों का सवाल है. यह सच है कि भारत के संविधान में पुरुषों और महिलाओं के बीच समानता का सिद्धांत निहित है।

यह न केवल महिलाओं को समान अवसर प्रदान करता है बल्कि सरकार को महिलाओं के पक्ष में सकारात्मक भेदभाव के लिए कदम उठाने में सक्षम बनाता है। यह निश्चित रूप से महिलाओं के कानूनी सशक्तिकरण की दिशा में एक क्रांतिकारी कदम है। राज्य की भूमिका चाहे महिला कल्याण की हो या गरीबी उन्मूलन की या समान अवसर/ आरक्षण के माध्यम से उन्हें सशक्त बनाने की हो - महिला

सशक्तिकरण महत्वपूर्ण हो गया है। 1967 में महिलाओं के खिलाफ भेदभाव के उन्मूलन पर संयुक्त राष्ट्र की घोषणा की सिफारिशों के बाद और सदस्य राज्यों से अपने देशों में महिलाओं की स्थिति पर रिपोर्ट, 1971 में, 'भारत में महिलाओं की स्थिति' (सीएसडब्ल्यूआई) के नेतृत्व में स्थापित किया गया था। समाज कल्याण राज्य मंत्री, फुलरेनगुहा। इस समिति ने 1974 में अपनी रिपोर्ट सरकार को सौंपी। स्वतंत्र भारत में महिलाओं की स्थिति पर यह पहली व्यापक रिपोर्ट थी, जिसमें निम्नलिखित 22 बिंदुओं पर प्रकाश डाला गया: 1- लैंगिक समानता न केवल सामाजिक न्याय के लिए बल्कि राष्ट्र के सामाजिक, आर्थिक और राजनीतिक विकास के लिए भी एक आवश्यक शर्त है। 2- महिलाओं को आर्थिक रूप से सशक्त बनाने के लिए उनके रोजगार के अवसरों को बढ़ाने को सर्वोच्च प्राथमिकता दी जानी चाहिए। फर्टिलिटी महिलाओं के प्रति समाज की जिम्मेदारी को बढ़ाती है।

बच्चों के पालन-पोषण में माता के साथ-साथ पिता और समाज को भी जिम्मेदारी निभानी चाहिए। 4- गृहिणियों के कार्यों को घर में सामाजिक और आर्थिक रूप से उत्पादक मानते हुए, राष्ट्रीय बचत और विकास में उनके योगदान को स्वीकार किया जाना चाहिए। 5- कानूनी समानता को विकासात्मक समानता में बदलना। समिति की रिपोर्ट से स्पष्ट है कि महिलाओं की स्थिति में तब तक कोई वास्तविक सुधार नहीं होगा जब तक कि सामाजिक दृष्टिकोण और संस्थाओं में परिवर्तन नहीं होगा। 1975 के बाद की सिफारिशों और अंतर्राष्ट्रीय महिला वर्ष के तहत अंतर्राष्ट्रीय और भारतीय महिला आंदोलन के पुनर्सक्रियन के बाद, छठी पंचवर्षीय योजना (1980-) के बाद पहली बार महिलाओं की स्थिति में सुधार के लिए कई नीतिगत निर्णय लिए गए। 85))।

विकास पर एक अलग अध्याय रखा गया था। राष्ट्रीय शिक्षा नीति 1986 के बाद राष्ट्रीय कार्य योजना, 1992 ने बालिका शिक्षा का मुद्दा उठाया। राज्य की नीतियों में लिंग संवेदनशीलता पर विचार किया जाने लगा है, स्थानीय स्तर पर राष्ट्रीय महिला कोष और स्वयं सहायता समूहों के माध्यम से आर्थिक सशक्तिकरण की दिशा में वैकल्पिक रणनीतियों का उपयोग किया जा रहा है। 73वें संविधान संशोधन द्वारा

पंचायत राज और स्थानीय निकायों में महिलाओं को दिए गए आरक्षण के परिणामस्वरूप लगभग दस लाख महिलाओं की राजनीतिक भागीदारी सशक्तिकरण की दिशा में एक मील का पत्थर है। विधानसभा और 83 लोकसभा में महिला आरक्षण का मुद्दा अभी भी दोहरे राजनीतिक मानकों का शिकार है। भारत सरकार की महिला अधिकारिता नीति, 2000 और घरेलू हिंसा विधेयक, 2005 महिला सशक्तिकरण के लिए विधायी प्रयासों की एक श्रृंखला में एक उल्लेखनीय कदम हैं। इसके तहत राज्य में संस्थाओं विशेषकर पंचायत राज संस्थाओं, गैर सरकारी संगठनों और बढ़ती लैंगिक संवेदनशीलता की आवश्यकता पर भी प्रकाश डाला गया है। निश्चय ही यह एक स्वागत योग्य प्रयास है। संवैधानिक और वैधानिक समानता ने हमें महिलाओं के लिए एक मजबूत आधार प्रदान किया है, लेकिन महिलाओं की एक बड़ी आबादी अभी भी वैधानिक अधिकारों की वास्तविकता से दूर है। अध्ययन रिपोर्ट के अनुसार, यूनिसेफ के अनुमान के अनुसार, भारत में हर साल 30 लाख शिशु हत्याएं होती हैं, जो मूल रूप से कन्या भ्रूण हत्या है। भारत के परिवार कल्याण मंत्रालय के एक हालिया अनुमान के अनुसार, भारत में हर साल 4 लाख गर्भपात किए जाते हैं, जिनमें लाखों गैर-सरकारी गर्भपात शामिल हैं। अंतर्राष्ट्रीय श्रम संगठन की रिपोर्ट 'द एंड ऑफ चाइल्ड' ने श्रम दिवस पर विश्व स्तर पर बाल श्रम की संख्या में 11 प्रतिशत की गिरावट दर्ज की है, लेकिन भारत में स्थिति जस की तस बनी हुई है। बाल श्रम का सबसे जघन्य रूप जबरन वेश्यावृत्ति है।

एक अध्ययन के अनुसार, 15 प्रतिशत वेश्याओं ने अपनी किशोरावस्था में इस पेशे में प्रवेश किया। आईपीसी के तहत भारत में सालाना होने वाले कुल अपराधों में से लगभग 6 प्रतिशत में महिलाओं के खिलाफ छेड़छाड़ के 31,000 मामले (प्रति से और अन्य), छेड़छाड़ के 28,000 मामले, अपहरण के 14,000 मामले, बलात्कार के 11,000 मामले, दहेज उत्पीड़न के 2,800 मामले और एक मामले शामिल हैं। या सती के दो मामले, कुल आर्थिक गतिविधि का 50 प्रतिशत।महिलाएं आर्थिक रूप से सक्रिय हैं, लेकिन अधिकांश लड़कियों को इसका लाभ नहीं मिला है। स्वास्थ्य देखभाल को अंतिम व्यक्ति तक भी नहीं बढ़ाया

जा सकता है। 50% गर्भवती महिलाएं एनीमिया से पीड़ित हैं और प्रति 100,000 जीवित मृत्यु पर 30% मातृ मृत्यु से पीड़ित हैं। औद्योगिक और उत्तर-औद्योगिक विकास तंत्र और प्रौद्योगिकियों ने नए अवसर पैदा किए हैं, लेकिन महिलाओं की आर्थिक गरीबी के आंकड़े बढ़े हैं। विडंबना यह है कि विकास की गति में वृद्धि के बावजूद महिलाओं की स्थिति में अपेक्षा के अनुरूप सुधार नहीं हुआ है और कुछ क्षेत्रों में स्थिति और खराब हो गई है. वैश्वीकरण के तहत, निजीकरण और उदारीकरण नीतियों ने सार्वजनिक उपक्रमों पर खर्च कम कर दिया है जो सीधे गरीबों की आय और खपत के स्तर को प्रभावित करता है। विश्व की लगभग 50 प्रतिशत जनसंख्या महिलाओं की है। संयुक्त राष्ट्र द्वारा हाल के अध्ययनों से पता चला है कि गरीबी का लिंग आयाम लगातार बढ़ रहा है। यह गरीबी का नारीकरण है। वैश्वीकरण के आर्थिक कारक निश्चित रूप से इसमें भूमिका निभाते हैं।

वैश्वीकरण, विशेष रूप से, विशेष रूप से सूचना प्रौद्योगिकी क्षेत्र में कुशल महिलाओं को लाभान्वित किया है। लेकिन अधिकांश महिलाएं, जिनके पास न तो कौशल है और न ही संसाधन, हाशिए पर हैं। महिला सशक्तिकरण का आधार पुरुषों और महिलाओं के बीच समानता है। विभिन्न महिला संगठन, महिला आंदोलन, नारीवाद विचारक और कई संगठन और कानून राष्ट्रीय और अंतर्राष्ट्रीय स्तर पर महिलाओं की स्वतंत्रता, समानता, गरिमा, न्याय और सम्मान की स्थापना के लिए प्रयास कर रहे हैं, लेकिन अथक प्रयासों और उपायों के बावजूद, लिंग असमानता बनी हुई है। इस संबंध में डॉ. राम मनोहर लोहिया ने कहा कि विकास के लिए मानवता की आधी पूंजी के रूप में महिलाओं का सहयोग आवश्यक है और यह तभी संभव है जब हम महिलाओं के प्रति समतावादी दृष्टिकोण अपनाएं और उन्हें उसी व्यवस्था में पुरुषों के रूप में मानें। और समाज। स्थान प्रदान करें। डॉ। लोहिया ने महिलाओं, मुसलमानों और पिछड़े वर्गों के लिए 60 प्रतिशत आरक्षण की मांग की। यह बड़े दुर्भाग्य और खेद की बात है कि यदि आरक्षण सैद्धान्तिक रूप से अन्यायपूर्ण और आपत्तिजनक है तो महिलाओं के लिए ही नहीं, सभी वर्गों के लिए क्यों होना चाहिए? यदि आरक्षण अन्य वंचित समूहों के

विकास के लिए सही नीति है तो महिलाओं के लिए क्यों नहीं? क्या महिलाएं वंचित नहीं हैं? उल्लेखनीय है कि 33: महिला आरक्षण के मुद्दे पर सर्वसम्मति से बचने के लिए राज्य सभा में महिला आरक्षण विधेयक पारित किया गया है। यह सच है कि सिर्फ आरक्षण देने से महिलाओं की स्थिति नहीं बदलेगी। ऐसे में पुरुषों और महिलाओं को मिलकर काम करना होगा ताकि समानता और समृद्धि पर आधारित एक नए भारत का प्रचार किया जा सके। नहीं तो सशक्तिकरण का सपना सपना ही रह जाएगा। यह तभी होगा जब हम सभी आधी आबादी की दशा सुधारने का संकल्प लें और इसे लागू करने का संकल्प लें।

बालिकाओं की घटती संख्या पर निबंध एक जटिल मुद्दा 20 हमारे प्राचीन ग्रंथ कहते हैं - 'यात्रा नार्यस्ते पूजंते रमन्ते तत्र देवता' अर्थात जहां नारी की पूजा की जाती है, वहां भगवान का वास होता है। उपनिषदों में कहा गया है। एकं सत विग्रह बहुदा वदन्ति'- इस संसार में एक ही सत्य है जो अनेक प्रकार से बताया गया है। नर और नारी सर्वोच्च शक्ति की दो महत्वपूर्ण रचनाएँ हैं जो शक्ति, शक्ति और प्रकृति की दृष्टि से समान / समान हैं। हमारे प्राचीन ग्रंथों और समाज में महिलाओं का इतना ऊंचा स्थान था, लेकिन सदियों से महिलाओं को समाज में उनके अधिकारों से वंचित कर दिया गया और शारीरिक और मानसिक दोनों तरह से कई अत्याचारों का शिकार होना पड़ा। आधुनिक भारत में असमानता के दुष्चक्र ने महिलाओं की सामाजिक स्थिति को कमजोर कर दिया है और एकतरफा विकास पर जोर दिया है। 21वीं सदी में कुछ महिलाओं ने हिम्मत दिखाकर बदलाव किया है। लेकिन फिर भी बड़ी संख्या में महिलाओं को सम्मान के साथ जीने के अधिकार से वंचित रखा जाता है। इसके अतिरिक्त, यदि बच्चा लड़की है, तो उसे जीने के योग्य नहीं माना जाता है। समावेशी विकास के लिए जरूरी है कि महिलाओं को हर स्थिति में जीने के समान अवसर मिले और वह भी उनकी पसंद के अनुसार। 2011 की जनगणना चौंकाने वाली है। इसके अनुसार नवजात से लेकर 6 साल तक के हर 1000 लड़कों पर 918 लड़कियां हैं, जो सबसे कम लड़का-लड़की का अनुपात (सीएसआर) है। लड़कियों की संख्या देश के हर हिस्से में घट रही है - गांवों में, आदिवासी

इलाकों में और यहां तक कि शहरों में भी। यह एक खतरनाक 27 स्थिति है जो देश की जनसंख्या संरचना को प्रभावित करेगी। महिलाओं के साथ भेदभाव और सामाजिक समावेश की खतरनाक प्रवृत्ति को रोकने और उनके समग्र विकास के लिए तत्काल कार्रवाई की आवश्यकता है। बेटी बचाओ, बेटी पढाओ (बीबीबीपी) अभियान लड़कों और लड़कियों के गिरते अनुपात को कम करने और महिलाओं की शिक्षा सुनिश्चित करने के लिए शुरू किया गया था।

प्रधानमंत्री ने इस साल 22 जनवरी को हरियाणा के पानीपत से इसकी शुरुआत की थी। यह अभियान महिला एवं बाल विकास मंत्रालय, स्वास्थ्य और परिवार कल्याण मंत्रालय और मानव संसाधन विकास मंत्रालय का संयुक्त प्रयास है। इसका उद्देश्य बालिकाओं के जन्म और जीवन के अधिकार की रक्षा करना और उन्हें शिक्षा और जीवन कौशल के साथ सशक्त बनाना है। इस अभियान को शुरू करने के लिए चुना गया स्थान भी बहुत महत्वपूर्ण था क्योंकि हरियाणा में लड़कों की तुलना में लड़कियां कम हैं। हरियाणा में प्रति 1000 पुरुषों पर केवल 877 महिलाएं हैं और 0-6 वर्ष आयु वर्ग के आंकड़ों पर नजर डालें तो लड़कियों की संख्या बहुत कम है। कार्यक्रम का उद्घाटन करते हुए प्रधानमंत्री ने लोगों से भावनात्मक अपील करते हुए कहा कि इस स्थिति को तत्काल बदलने की जरूरत है. उन्होंने कहा कि इस 'भयानक संकट' को समाप्त करना सभी की जिम्मेदारी है क्योंकि इसका आने वाली पीढ़ियों पर व्यापक प्रभाव पड़ेगा। उन्होंने लड़कियों के जन्म को उत्सव के रूप में मनाने की अपील की। उन्होंने लड़कियों की शिक्षा के लिए 'सुकन्या समृद्धि खाता' शुरू किया। केंद्रीय बजट 2015-16 में 9.1 प्रतिशत वार्षिक ब्याज दर और कर छूट देने का प्रस्ताव है। बेटी बचाओ, बेटी पढाओ के तहत, शुरू में सभी राज्यों और केंद्र शासित प्रदेशों से 100 जिलों का चयन किया गया है जहां लड़कियों का लड़कों से अनुपात बहुत कम है। इस अभियान के तहत समाज के हर वर्ग को शामिल करने, सामुदायिक भागीदारी और जागरूकता बढ़ाने पर जोर दिया जा रहा है. यह कार्यक्रम कई उद्देश्यों वाला एक अभियान है। पहला, चुनिंदा प्रमुख जिलों में जन्म के समय लड़का-लड़की अनुपात (एसआरबी) में एक वर्ष में 10

अंकों का सुधार करना। दूसरा, पांच साल से कम उम्र के बच्चों की मृत्यु दर 2011 के 8 अंकों से घटकर 2017 तक 4 अंकों की हो जाएगी। साथ ही माध्यमिक शिक्षा में लड़कियों के नामांकन को 2013-14 में 76 प्रतिशत से बढ़ाकर 2017 तक 79 प्रतिशत करना और 2017 तक 100 चयनित जिलों में प्रत्येक स्कूल में लड़कियों के लिए शौचालय का निर्माण करना। बीबीबीपी अभियान के तहत कन्या भ्रूण हत्या को रोकने के लिए गर्भधारण पूर्व और प्रसव पूर्व निदान तकनीक (पीसी और पीएनडीटी) अधिनियम के सख्त क्रियान्वयन पर विशेष ध्यान दिया जाएगा।

लड़कियों के पोषण पर ध्यान देकर पांच साल से कम उम्र की लड़कियों के कम वजन और स्टंटिंग को कम करना। अभियान का उद्देश्य यौन अपराधों से बच्चों का संरक्षण अधिनियम, 2012 (POCSO) को लागू करके लड़कियों के लिए एक सुरक्षित वातावरण प्रदान करना है। एक जन जागरूकता अभियान केवल सामुदायिक भागीदारी के साथ ही सफल हो सकता है जिसमें स्थानीय नेता शामिल होते हैं, विशेष रूप से बदलते दृष्टिकोण और व्यवहार के लक्ष्य के साथ बीबीबीपी अभियान सभी स्थानीय नेताओं और जमीनी कार्यकर्ताओं को एक साथ लाने की पुरजोर वकालत करते हैं। इस अभियान का मुख्य जोर लड़कियों के जन्म के लिए एक अच्छा वातावरण प्रदान करना है। प्रधानमंत्री ने पानीपत में अपने भाषण में वाराणसी के जयपुरा गांव का उदाहरण दिया। एक लड़की के जन्म पर एक त्योहार मनाया जाता है और इस अवसर पर पांच पेड़ लगाए जाते हैं। उन्होंने हर गांव में बालिका के जन्म पर ऐसा पर्व मनाने को कहा। इस दिशा में उठाया गया कदम मां और बच्चे के लिए बेहतर माहौल बनाना, प्रसव में गर्भवती महिलाओं के महत्व और लड़कियों के महत्व के बारे में जागरूकता पैदा करना है। यह गर्भावस्था के दौरान आंगनबाडी केन्द्रों/स्वास्थ्य केन्द्रों के पंजीकरण को प्रोत्साहित करता है।

इस कार्यक्रम के तहत स्कूलों में लड़कियों का प्रवेश सुनिश्चित करने के लिए स्कूल प्रबंधन समितियों को सक्रिय करने की भी बात कही गई है. स्कूल छोड़ने वाली लड़कियों को स्कूल लौटने के लिए

प्रोत्साहित करने के लिए बालिका मंच की स्थापना पर भी जोर दिया गया है। यह स्कूल प्रबंधन समितियों को 8वीं से 9वीं और 10वीं से 11वीं तक लड़कियों को एक साल तक बनाए रखने के लिए प्रोत्साहित करता है और स्कूल स्तर पर इसके अलावा, अभियान में नारी चौपाल की स्थापना, बेटी जन्मोत्सव मनाना और बेटी पढ़ाओ को हर महीने त्योहार के रूप में मनाना शामिल है। साथ ही राष्ट्रीय बालिका दिवस और अंतर्राष्ट्रीय महिला दिवस भी प्रस्तावित है। यह अभियान लड़कियों के जन्म पर रक्षाबंधन, लोहड़ी उत्सव जैसे त्योहारों के माध्यम से सामाजिक-सांस्कृतिक पूर्वाग्रहों को दूर करने का एक प्रयास है। लड़कियों की घटती संख्या चिंता का विषय है, जिसका असर समाज और आने वाली पीढ़ी पर पड़ेगा। लड़कियों को शिक्षित करने का मतलब आबादी के एक बड़े हिस्से को सशक्त बनाना है। बीबीबीपी समावेशी और सतत विकास का मार्ग प्रशस्त करने वाला एक राष्ट्रवादी अभियान है।

महिला सशक्तिकरण का अर्थ है शिक्षा और महिलाओं की स्वतंत्रता सहित सामाजिक सेवाओं में समान अवसर प्रदान करना, समान कार्य के लिए समान वेतन, कार्यस्थल पर उत्पीड़न के खिलाफ अधिकार, कानून के तहत सुरक्षा का अधिकार आदि। वास्तव में महिला सशक्तिकरण समाज में महिलाओं की भूमिका को सशक्त बनाने का एक साधन है। "महिला सशक्तिकरण परिवार की बाधाओं से खुद को मुक्त करने और अपने और अपने देश के लिए सोचने की महिलाओं की क्षमता का विकास है।" वर्तमान परिप्रेक्ष्य में महिला सशक्तिकरण आज भारत में सबसे ज्वलंत मुद्दों में से एक महिला सशक्तिकरण है। हालांकि भारतीय संविधान में कहा गया है कि पुरुष और महिला समान हैं, कुछ प्राथमिकताएं भी तय की गई थीं, लेकिन इसकी वास्तविकता केवल कागजों पर ही सीमित है। आज भी महिलाएं न तो आर्थिक रूप से स्वतंत्र हैं और न ही स्वतंत्र हैं। आप अपने भविष्य के लिए कोई भी निर्णय लेने के लिए स्वतंत्र नहीं हैं। उनके हर फैसले में परिवार और समाज का काफी दबाव साफ नजर आ रहा है. महिलाएं हिंसा की शिकार थीं और आज भी हैं। दैनिक समाचार पत्र बलात्कार, अपहरण, दहेज, यौन उत्पीड़न की खबरों से भरे पड़े हैं जो महिलाओं के प्रति हमारी विकृत मानसिकता को

दर्शाता है।

जब तक महिलाओं को शिक्षा, रोजगार, स्वास्थ्य, सामाजिक, राजनीतिक और लैंगिक समानता में समान अवसर नहीं मिलते, तब तक हम एक प्रगतिशील समाज और देश की कल्पना नहीं कर सकते। इक्कीसवीं सदी में भारत में महिलाओं ने हर क्षेत्र में अपना अस्तित्व कायम किया है। सरकारी हो, अर्धसरकारी हो, निजी क्षेत्र हो या खेल जगत, लेकिन सवाल यह है कि ऐसी कितनी महिलाएं हैं? "क्या वास्तव में महिलाएं सशक्त हैं? यदि हैं, तो समाचार पत्रों में घरेलू हिंसा, महिलाओं के उत्पीड़न की कहानियों से भरा क्यों है? भारत में महिला सशक्तिकरण कार्यक्रम इस देश की आधी आबादी महिला है, इसलिए देश को पूरी तरह से सशक्त बनाने के लिए महिला सशक्तिकरण आवश्यक है। महिलाओं को उनके मूल अधिकार हैं। जागरूकता की जानी चाहिए। राष्ट्र निर्माण में महिलाओं के वास्तविक महत्व और अधिकारों के बारे में समाज में जागरूकता पैदा करने के लिए, 'बेटी बचाओ बेटी पढाओ योजना', 'महिला शक्ति केंद्र योजना' जैसे कार्यक्रम आयोजित किए जाते हैं। , 'सुकन्या समृद्धि योजना', 'समर्थ योजना' आदि लागू हैं। इन योजनाओं का उद्देश्य उन्हें आत्मनिर्भर बनाना है। इसके अलावा मदर्स डे, अंतर्राष्ट्रीय महिला दिवस जैसे कई कार्यक्रम लागू किए जा रहे हैं। साक्षर महिलाओं का योगदान है देश की प्रगति को नकारा नहीं जा सकता। इसके कई कारण हैं- स्त्री और पुरुष समाज के दो पहिये हैं . यदि एक पहिया भी ठीक से न चले तो समाज ठप हो जाता है। जो महिलाएं कल तक घर के काम तक ही सीमित थीं अब ऑफिस का काम संभाल रही हैं। चिकित्सा, आईटी, सरकारी विभागों से लेकर देश की संसद तक महिलाओं ने झंडा फहराया है। महिलाओं को शिक्षित करने से न केवल लड़कियों की शिक्षा को बढ़ावा मिला है बल्कि शिशु मृत्यु दर में भी कमी आई है। हालांकि भ्रूण हत्या जैसे जघन्य अपराधों में कमी आई है, लेकिन अभी भी प्रगति की गुंजाइश है।

शिक्षा की बात करें तो 2011 की जनगणना के अनुसार कुल 73% साक्षर में से पुरुष साक्षरता 80.9% और महिला साक्षरता 64.6% है। 2001 के आंकड़ों के साथ तुलना करने से पता चलता है कि महिला

साक्षरता में सुधार हुआ है, लेकिन सुधार केवल प्राथमिक स्तर पर है। पिछले कुछ वर्षों में 10वीं और 12वीं के परीक्षा परिणाम में लड़कियां लड़कों से बेहतर प्रदर्शन कर रही हैं। लेकिन उच्च शिक्षा में अभी भी पुरुषों का ही वर्चस्व है। 2011 की जनगणना के अनुसार श्रमिकों की कुल संख्या 36.25 करोड़ है। इसमें कुल पुरुष कामगारों की संख्या 36.25 करोड़ और महिला कामगारों की संख्या 8.93 करोड़ है। हालांकि रोजगार का यह आंकड़ा 2001 की तुलना में बढ़ा है, लेकिन कुल कमाई में उनका हिस्सा अभी भी कम है। आज भी पुलिस, सेना, पायलट, चार्टर्ड अकाउंटेंट, कमांडो जैसे कई क्षेत्र हैं जो पहले केवल पुरुषों के लिए थे लेकिन अब महिलाएं भी उनमें अच्छा कर रही हैं, फिर भी उनकी क्षमता का पूरी तरह से उपयोग नहीं किया जा रहा है। निष्कर्ष महिला सशक्तिकरण के लिए विभिन्न सरकारों, गैर सरकारी संगठनों और निजी संगठनों द्वारा कई प्रयास किए गए हैं और जारी रहेंगे। लेकिन ये प्रयास तभी सफल होंगे जब एक महिला को दूसरी महिला के बारे में पता होगा। समाज को भी अपनी विकृत मानसिकता को छोड़कर पुरुष प्रधान समाज से समकालिक समाज की ओर बढ़ना है। जिसे किसी भी नीति, योजना, कागजी घोषणाओं और कार्यक्रमों से नहीं बदला जाएगा, बल्कि आत्म-प्रतिबिंब के साथ-साथ पारिवारिक और सामाजिक गतिविधियों की आवश्यकता है।

उन्नीसवीं सदी को मुख्य रूप से पुनर्जागरण के रूप में जाना जाता है, लेकिन इक्कीसवीं सदी को महिलाओं की बदली हुई स्थिति के कारण महिलाओं की सदी के रूप में जाना जाता है। सऊदी अरब में जहां महिलाओं के कार चलाने पर पाबंदी थी, वहीं महिलाएं प्लेन उड़ा रही हैं। मई 2005 में कुवैती महिलाओं को वोट देने का अधिकार दिया गया। हाल ही में हमारे पास घरेलू हिंसा के खिलाफ एक कानून है। अन्य बातों के अलावा, यौन उत्पीड़न और दुर्व्यवहार को हिंसा की श्रेणी में शामिल किया गया है। उन्नीसवीं सदी की कई समस्याओं की प्रतिध्वनि अभी भी है। अब तक बड़ी संख्या में विधवाओं का विवाह नहीं हो पाता है या विभिन्न अवसरों पर बाल विवाह होते हैं, जैसे दहेज न देने पर महिला को प्रताड़ित करना या विदेशी दूल्हे के लालच में बिना पूछताछ के लड़की

से शादी करना। कभी-कभी एक महिला के सती होने की घटना के बारे में सुना जाता है। दहेज की शिकार महिलाओं को न्याय नहीं मिल पाता है। अक्सर बलात्कार पीड़िता को परेशान करने वाले भी सजा में शामिल नहीं हो पाते हैं। महिला सशक्तिकरण अब अकादमिक चर्चा का विषय नहीं रह गया है। संस्कृतिवादी पूर्वजों ने समय के रथ को कितना भी पीछे खींचने की कितनी भी कोशिश की हो, आज की नारी पारंपरिक सोच को तोड़कर समग्र विकास की ओर बढ़ रही है। यहां तक कि उनके उत्पीड़कों में भी अब उन्हें एक उपजाऊ भ्रूण के रूप में व्यवहार करने की सामंती मानसिकता का खुलकर समर्थन करने का साहस नहीं है।

नई सदी में महिलाओं के मुद्दे पर एक खुली जागरूकता पैदा हुई है और इस जागरूकता को महिला सशक्तिकरण के रूप में व्यक्त किया जा रहा है। यह निश्चित रूप से हमारे सामाजिक जीवन को प्रभावित करेगा। महिला सशक्तिकरण का मुद्दा नए आंदोलन से जुड़े सरकारी, अद्र्धसरकारी और अर्धसरकारी संगठनों द्वारा जोरदार तरीके से उठाया जा रहा है। ऐसे में सवाल उठता है कि महिला सशक्तिकरण क्या है। और इसका वाहक कौन हो सकता है? महिला सशक्तिकरण की अवधारणा को समझने के लिए महिला मुक्ति आंदोलन की ऐतिहासिक परंपरा को समझना आवश्यक है। इसके तीन चरण स्पष्ट रूप से देखे जा सकते हैं जिन्हें कल्याण, पुनर्वास और अधिकारिता मॉडल कहा जा सकता है। पहला चरण 18वीं शताब्दी के मध्य का माना जा सकता है। सैद्धांतिक रूप से, इस अवधि ने औसत पुरुषों के बीच असमानता के बारे में मौलिक प्रश्न उठाए और स्थापित किया कि सामाजिक न्याय के प्रवचन में लिंग को वर्ग और जाति के साथ एक अलग स्थान दिया जाना चाहिए। इस बीच सारा जोर इस बात पर दिया गया है कि समाज में महिलाओं को पुरुषों के बराबर का अधिकार मिलना चाहिए। यह सब उदार नागरिक अधिकारों की वैचारिक दृष्टि के भीतर था। समान वेतन, चिकित्सा सुविधा, समान काम के लिए समान वेतन, महिलाओं को पुरुषों के समान कानूनी अधिकार दिलाने के लिए समाज और राज्य की ओर से प्रयास किए गए। यह स्वीकार किया गया कि महिलाओं की समस्याएं और उनके समाधान पूरे विश्व में समान हैं क्योंकि पितृसत्तात्मक समाज

महिलाओं के शोषण का आधार है, जिसे केवल पुरुषों और महिलाओं के बीच कानूनी असमानता को समाप्त करके समाप्त किया जा सकता है। इसे महिला कल्याण मॉडल कहा गया। 'महिला विकास मॉडल' के प्रारंभिक स्रोत के रूप में हम ईस्टर बोसरुप की पुस्तक आर्थिक विकास में महिलाओं की भूमिका पर विचार कर सकते हैं। उन्होंने दिखाया कि कार्य निष्पादन संसाधनों की उपलब्धता और लाभों के बंटवारे में लैंगिक असमानता है।

आगे के शोध से, यह स्पष्ट हो गया कि हालांकि महिलाएं दुनिया की आबादी का पचास प्रतिशत हैं, वे काम के दो-तिहाई घंटे काम करती हैं लेकिन आय का केवल दसवां हिस्सा कमाती हैं और केवल एक प्रतिशत संपत्ति का मालिक हैं। इस तरह की लैंगिक असमानता को खत्म करने के लिए महिलाओं के विकास के लिए विशेष योजनाएं शुरू की गईं। लेकिन इन प्रयासों से पता चला कि ऐसी योजनाओं के माध्यम से महिलाओं को समान दर्जा नहीं मिल सकता है। इसके विपरीत, पहले से मौजूद सामाजिक असमानता को मजबूत किया गया। कुछ विद्वानों का मत है कि पूंजीवादी-पितृसत्तात्मक मॉडल के तहत ऐसा विकास स्वाभाविक है। जैसा भी हो, लिंग-संवेदनशील विकास नीतियां और लिंग-संवेदनशील सूचकांक इस तथ्य को दर्शाते हैं। अब, केवल विकास के लाभों तक ही सीमित नहीं है, विकास कार्यक्रमों में महिलाओं को शामिल करने पर जोर दिया जा रहा है। महिलाओं को आर्थिक विकास की एजेंसियों के रूप में मान्यता दी गई थी। इस प्रकार हम देखते हैं कि महिला विकास मॉडल भी दो चरणों में पूरा होता है, 'महिला और विकास' और 'लिंग और विकास'। जहां पहली विकास नीतियों में महिलाओं के कल्याण पर उचित ध्यान दिया गया, वहीं दूसरी नीति में लैंगिक भेदभाव योजना का आधार था। महिला विकास मॉडल की आलोचना यह कहते हुए की गई है कि विकासवादी मॉडल महिलाओं के रणनीतिक हितों को उनके व्यावहारिक हितों के नाम पर अनदेखा करता है। इस मॉडल की कड़ी आलोचना यह है कि यह शक्ति के आयाम की उपेक्षा करता है। यह मुख्य रूप से आर्थिक विकास को प्राथमिकता देकर संभव बनाया गया है। कुछ अध्ययनों से यह भी पता चला है कि आर्थिक रूप से महिलाओं की बढ़ती

स्थिति उन्हें आवश्यक खुशी और समान सामाजिक स्थिति नहीं देती है। कई मामलों में उनकी स्थिति खराब हो जाती है क्योंकि उन्हें अपनी पारंपरिक भूमिकाओं के साथ-साथ नई वित्तीय जिम्मेदारियां भी लेनी पड़ती हैं।

इसलिए, उनके लिए निर्णय में भाग लेना आवश्यक है। इसके लिए घरेलू और सामुदायिक शक्ति संरचनाओं में इसकी सक्रिय भागीदारी की आवश्यकता है। इस तथ्य को स्वीकार करते हुए महिला सशक्तिकरण की अवधारणा का जन्म हुआ। महिला सशक्तिकरण या सशक्तिकरण, अपने शाब्दिक अर्थ में, अन्य आयामों पर शक्ति आयाम के महत्व को दर्शाता है। इसके तहत महिला सशक्तिकरण की कुंजी खुद पर उसका नियंत्रण और सत्ता के ढांचे को माना जाने लगा। जैसे-जैसे शक्ति संरचनाएं धीरे-धीरे नियंत्रण प्राप्त करती हैं, अन्य स्तरों पर लैंगिक समानता - भागीदारी, संसाधन अधिग्रहण, भौतिक कल्याण आदि। एक महिला स्वाभाविक रूप से इसे प्राप्त करेगी। महिला सशक्तिकरण का तात्पर्य घरेलू और सामुदायिक शक्ति संरचनाओं के भीतर महिलाओं को सशक्त बनाना है। प्रख्यात समाजशास्त्री आंद्रा बाटे का भी मानना है कि महिला सशक्तिकरण के पीछे मुख्य अवधारणा शक्ति संबंधों को फिर से परिभाषित करके सामाजिक परिवर्तन है। एंथनी गिंडिग्स ने इसे परिवर्तनकारी क्षमता कहा, और कुछ समाजशास्त्री इसे शक्ति के बजाय शक्ति से परिभाषित करना चाहते थे। जैव विविधता (अर्थ कन्वेंशन) 1992 सशक्तिकरण को निर्णय लेने या निर्णयों को रोकने की क्षमता के रूप में परिभाषित करता है। किसी भी तरह से, महिला सशक्तिकरण का यह मॉडल शक्ति-उन्मुख है और जो धीरे-धीरे हर स्तर पर लैंगिक असमानता को कम करता है। यह महिला विकास मॉडल की तुलना में अधिक व्यापक है क्योंकि यह अकेले सामाजिक कल्याण या आर्थिक समानता पर जोर नहीं देता बल्कि सामाजिक, आर्थिक, राजनीतिक, मनोवैज्ञानिक जैसे सभी पहलुओं को एकीकृत करता है। महिला सशक्तिकरण की यह अवधारणा एक महत्वपूर्ण अंतःकरण को प्राप्त करने के लिए सशक्तिकरण को प्राथमिकता देती है जो शोषण, उत्पीड़न और अन्याय के छिपे हुए संरचनात्मक पहलुओं

को ठीक से पहचानता है। इस प्रक्रिया के तीन लिंक हैं, पहला भौतिक सुविधाओं, भोजन, मृत्यु दर, जनसंख्या आकार, शिक्षा, मजदूरी, रोजगार, परिवार और सामुदायिक निर्णयों में भागीदारी, और किसी के श्रम, आय और आत्म-नियंत्रण में लिंग अंतर के कारण असमानता है। जिंदगी। उन्हें व्यापक रूप से जागरूक किया जाना चाहिए। दूसरी कड़ी यह महसूस कर रही है कि असमानता ईश्वर प्रदत्त नहीं है, इसलिए इसे बदला जा सकता है। तीसरा भाग। उपरोक्त समझ के आधार पर लैंगिक समानता के लक्ष्यों को प्राप्त करने के लिए महिलाओं को संगठित करना। महिला सशक्तिकरण के लक्ष्य को प्राप्त करने के लिए दो तरीके सुझाए गए हैं। पहला राज्य द्वारा कानूनी और प्रशासनिक उपायों के माध्यम से महिलाओं का सशक्तिकरण है। दूसरा यह कि महिलाएं संगठित हों और सत्ता हासिल करें। पहले का मार्ग ऊपर से नीचे की ओर जाता है जबकि दूसरे का मार्ग नीचे से ऊपर की ओर जाता है। यद्यपि दोनों सैद्धांतिक दृष्टि से भिन्न हैं, लेकिन व्यावहारिक स्तर पर दोनों के बीच द्वन्द्वात्मक एकता को स्वीकार करना होगा।

उपरोक्त चर्चा से यह स्पष्ट है कि महिला सशक्तिकरण मॉडल कई महत्वपूर्ण मामलों में महिला विकास मॉडल से काफी अलग है। यद्यपि महिला विकास मॉडल एक सामाजिक-आर्थिक परियोजना है, महिला सशक्तिकरण मुख्य रूप से एक राजनीतिक परियोजना है। पहले में महिलाओं की आर्थिक स्थिति को ऊपर उठाने और दूसरे में उन्हें राजनीतिक रूप से सशक्त बनाने की चर्चा है। GDI और GeM दोनों को मापने के लिए अलग-अलग पैरामीटर (सूचकांक) विकसित किए गए हैं। हालाँकि, एक विश्लेषणात्मक दृष्टिकोण से, दोनों अलग हैं। लेकिन असल में दोनों एक दूसरे से जुड़े हुए हैं। उदारवादी दृष्टिकोण से महिला सशक्तिकरण की कमियाँ/सीमाएँ दर्शाती हैं कि पुरुषों के सभी स्तरों पर इसकी आलोचना की गई है, लेकिन कई बार यह पुरुषों को शत्रु के रूप में भी चित्रित करती है। नतीजतन, महिला सशक्तिकरण आंदोलन एक लिंग-लड़ाई में बदल जाता है जिसमें कार्य संबंध और पारिवारिक शक्ति बढ़ने के बजाय सफल होती है। संरचनात्मक दृष्टिकोण से, महिला सशक्तिकरण का उपरोक्त मॉडल मौलिक रूप से असंरचित,

वर्ग-विशिष्ट और मनो-कैंद्रित प्रतीत होता है। यह नारी की आत्मा को जगाने पर बहुत जोर देता है। लेकिन क्या पुरुषों की अंतरात्मा को जगाए बिना और उनका रवैया बदले बिना केवल यौन संबंध बनाना संभव है? शायद नहीं यह न केवल आवश्यक है, बल्कि इसके लिए आर्थिक, राजनीतिक और संरचनात्मक परिवर्तनों की भी आवश्यकता है। मार्क्सवादियों ने महिला सशक्तिकरण की अवधारणा पर आरोप लगाया है कि यह पुरुषों और महिलाओं पर आर्थिक निर्भरता के सामाजिक पहलू की उपेक्षा करती है, जो संपत्ति संबंधों की संरचना में अंतर्निहित है। जब तक लिंग-आधारित संपत्ति संबंध नष्ट नहीं हो जाते, केवल चेतना बदलने से कुछ नहीं होगा। संरचनात्मक दृष्टिकोण से एक महत्वपूर्ण आलोचना यह भी की जाती है कि महिला सशक्तिकरण मॉडल सभी महिलाओं को एक ही श्रेणी में रखता है, लेकिन यह सच नहीं है। महिलाओं के बीच कई अंतर हैं जिन्हें ध्यान में रखा जाना चाहिए। मुख्य रूप से महिला आंदोलन में शहरी, शिक्षित, मजदूर वर्ग, उच्च/मध्यम वर्ग की महिलाएं शामिल हैं।

सांस्कृतिक दृष्टिकोण से, महिला सशक्तिकरण मॉडल की पश्चिमी-कैंद्रित होने और भारत सहित पूर्वी देशों की संस्कृतियों के साथ असंगत होने की आलोचना की गई है, क्योंकि यह सेक्स को अपराधीकरण करने में धर्म की भूमिका की उपेक्षा करता है। धर्म भारत में कई बुराइयों को पहचानता है और इसका पालन बड़े पैमाने पर महिलाएं करती हैं। यह स्पष्ट है कि महिला सशक्तिकरण मॉडल में कई कमियां हैं। यह एक आयामी दृष्टिकोण है। इसलिए, वर्तमान अवधारणा पर पुनर्विचार करने की आवश्यकता है। चूंकि इसकी संरचना एक संघर्ष है, तो क्यों न केवल महिला सशक्तिकरण की चर्चा की जाए, क्यों न लिंग सशक्तिकरण को लक्ष्य बनाया जाए। लैंगिक समानता से बेहतर होगा लैंगिक न्याय। यह पुरुष न केवल इस महिला को सशक्त करेगा। स्त्री-पुरुष संबंधों में असंतुलन को देखते हुए, वह इसे इस तरह से बदलने पर जोर देती है कि इसे समानता के रूप में सेपानी व्यवस्था द्वारा प्रतिस्थापित किया जाना चाहिए। महिला सशक्तिकरण के लिए सुझाव महिला सशक्तिकरण की बहुआयामी अवधारणा, जो अपने सभी रूपों

में महिलाओं के सशक्तिकरण पर जोर देती है, को एक राजनीतिक शक्ति-केंद्रित अवधारणा का रूप लेने की आवश्यकता है। इस दिशा में लक्ष्य को प्राप्त करने के लिए महिलाओं में जागरूकता पैदा करना, संगठन बनाना और आंदोलन करना अपना महत्व रखता है। लेकिन रवैया बदलने के लिए अन्य उपाय भी किए जाने चाहिए। सामान्य रूप से शिक्षा और विशेष रूप से महिला शिक्षा एक ऐसा ही तरीका है। खासकर जब पाठ्यक्रम लैंगिक न्याय के प्रति संवेदनशील हो। एक अन्य दृष्टिकोण लैंगिक न्याय संवेदनशील समाजीकरण रणनीति हो सकती है। इस दिशा में बच्चों का लालन-पालन करना चाहिए।

1. संरचनात्मक परिवर्तन
2. आर्थिक राजनीतिक परिवर्तन
3. रवैये में बदलाव
4. सामाजिक मूल्यों में परिवर्तन

राष्ट्रीय बालिका दिवस

भारत का इतिहास उन सफल महिलाओं के उदाहरणों से भरा है जिन्होंने जीवन के विभिन्न क्षेत्रों में ऊंचाइयों को हासिल किया है। लेकिन विडंबना यह है कि कई सांस्कृतिक कारणों से लड़कियों को अभी भी कई समस्याओं का सामना करना पड़ता है। इसी को ध्यान में रखते हुए भारत सरकार ने समय-समय पर कई योजनाओं को लागू किया है। लेकिन अभी और भी बहुत कुछ किया जाना बाकी है। 2008 में यूपीए सरकार द्वारा इसी तरह की पहल की गई थी जिसके तहत 24 जनवरी को हर साल राष्ट्रीय बालिका दिवस के रूप में मनाया जाता है। आज ही के दिन 1966 में इंदिरा गांधी ने भारत की पहली महिला प्रधानमंत्री के रूप में पदभार ग्रहण किया था। 2011 की जनगणना के अनुसार भारत की जनसंख्या में लगभग 15 करोड़ 80 लाख बच्चे 0 से 6 आयु वर्ग के हैं, तो केवल राष्ट्रीय बालिका दिवस ही क्यों मनाया जाता है? कारण

स्पष्ट है: बालिका भारतीय समाज का सबसे कमजोर वर्ग है। 2011 की जनगणना से पता चलता है कि साक्षरता जैसे सामाजिक संकेतकों में सुधार हुआ है और कुल लिंगानुपात 933 से बढ़कर 940 हो गया है। लेकिन आयु-वार जनगणना से पता चलता है कि 0-6 आयु वर्ग के प्रति 1000 बच्चों पर लड़कियों का अनुपात 2001 में 927 से घटकर 2011 में 914 हो गया है। नवीनतम जनगणना में 22 राज्यों और 5 केंद्र शासित प्रदेशों में बाल लिंगानुपात में गिरावट का पता चला है। 5 साल से कम उम्र के बच्चों में कुपोषण पर राष्ट्रीय परिवार स्वास्थ्य सर्वेक्षण के आंकड़ों के मुताबिक, 43% लड़कियां कुपोषित हैं।

राष्ट्रीय बालिका दिवस का उद्देश्य

सरकार अन्य हितधारकों के साथ यह सुनिश्चित करने का प्रयास करती है कि बालिका पुरुष प्रधान समाज में जीवित रहे और सम्मान और सम्मान के साथ रहे। जागरूकता बढ़ाना और लड़कियों को नए अवसर देना। लड़कियों के सामने आने वाली सभी असमानताओं को समाप्त करना। भारतीय समाज में हर लड़की को उचित सम्मान मिलना चाहिए। मानवाधिकार और मूल्य लड़कियों पर सामाजिक कलंक के खिलाफ काम करना और बाल लिंगानुपात को कम करना। बालिकाओं की भूमिका और महत्व के बारे में जागरूकता बढ़ाना। लैंगिक समानता को बढ़ावा देना। राष्ट्रीय बालिका दिवस मनाने से क्या हासिल होगा? इसका उद्देश्य वर्तमान मानसिकता को समाप्त करना है और यह सुनिश्चित करना है कि बालिका को जन्म से पहले ही बोझ न समझा जाए और वह हिंसा या शिशुहत्या का शिकार न हो। कानूनी उपाय इन चुनौतियों का समाधान करने के लिए, सरकार 3'ए पर ध्यान केंद्रित कर रही है जिसमें सुरक्षा, जागरूकता और सकारात्मक कार्रवाई शामिल है। अब तक किए गए कुछ महत्वपूर्ण विधायी उपायों में शामिल हैं:

गर्भावस्था के दौरान लिंग पुनर्निर्धारण को रोकने और बालिकाओं को पुरस्कृत करने के लिए नीतियां और कार्यक्रम। बाल विवाह पर रोक। सभी गर्भवती महिलाओं के लिए प्रसव पूर्व देखभाल में सुधार। 'बालिका

संरक्षण योजना' का शुभारंभ। 11-14 वर्ष तक के लड़कों और लड़कियों के लिए मुफ्त और अनिवार्य प्राथमिक विद्यालय शिक्षा। स्थानीय निकायों में महिलाओं के लिए एक तिहाई सीटें आरक्षित हैं। स्कूली बच्चों को वर्दी, मध्याह्न भोजन और शैक्षिक सामग्री प्रदान की जाती है। और अनुसूचित जाति और अनुसूचित जनजाति की लड़कियों के लिए। उच्च शिक्षा योजनाएँ। बालवाड़ी और नर्सरी स्कूल। 9 पिछड़े क्षेत्रों में लड़कियों के लिए खुली शिक्षा प्रणाली की स्थापना की। ग्रामीण क्षेत्रों में लड़कियों के लिए बेहतर अवसर प्रदान करने के लिए विभिन्न राज्यों में स्वयं सहायता समूह। 12 N 3 4 5 6. 7 8 00 10 अन्य सकारात्मक कार्य महिलाएं और बच्चे विकास मंत्रालय ने एक बालिका के परिवार को टीकाकरण, जन्म पंजीकरण, स्कूल में प्रवेश और आठवीं कक्षा तक देखभाल जैसी बुनियादी जरूरतों को पूरा करने के लिए धनलक्ष्मी नामक एक योजना लागू की है। प्रायोजित योजना 2010-11 में शुरू की गई थी। राजीव गांधी अधिकारिता योजना - सबला योजना इसे 11-18 वर्ष की आयु वर्ग में किशोर लड़कियों के समग्र विकास के उद्देश्य से शुरू किया गया था। इसे सभी राज्यों/केंद्र शासित प्रदेशों के 205 जिलों में लागू किया जा रहा है।

केंद्र प्रायोजित समन्वित बाल विकास सेवा योजना के तहत 2006-06 में 'किशोरी शक्ति योजना' लागू की गई थी, जिसका उद्देश्य किशोरियों को पोषण, स्वास्थ्य और परिवार की देखभाल, जीवन कौशल और स्कूल का अधिकार प्रदान करना है। इसे देश के 6 118 ब्लॉकों में लागू किया गया है। 7 वित्तीय सशक्तिकरण प्रदान करना 2014 में राष्ट्रीय बालिका दिवस के अवसर पर, भारतीय डाक ने प्रत्येक बालिका के नाम पर एक नया बचत खाता खोलने के लिए एक विशेष अभियान शुरू किया है। यह अभियान 24 जनवरी से शुरू होकर 28 जनवरी तक चलेगा। इसका उद्देश्य लड़कियों को छोटे बचत खाते खोलने के लिए प्रोत्साहित करके उनका भविष्य सुरक्षित करना है। यह सुविधा उत्तरी कर्नाटक क्षेत्र के सभी गांवों में 4,480 डाकघरों में उपलब्ध होगी, इस योजना के तहत प्रत्येक खाते पर चार प्रतिशत प्रति वर्ष की दर से ब्याज मिलेगा और जमाकर्ता कई लेनदेन कर सकते हैं। अधिकारी सभी स्कूलों

का दौरा करेंगे और प्रत्येक लड़की को उसके नाम से बचत खाता खोलने में मदद करेंगे। यौन उत्पीड़न की रोकथाम, समन्वित बाल संरक्षण योजना 2009-10 में लागू की गई थी और 'चाइल्डलाइन सेवा' भारत में लड़कियों की सुरक्षा की देखभाल कर रही है। 2005 में, महिला और बाल विकास मंत्रालय ने भारत में बाल शोषण की सीमा का पता लगाने के लिए एक अध्ययन किया। नतीजतन, मई 2012 में, संसद ने एक विशेष कानून, 'यौन अपराधों से बच्चों का संरक्षण अधिनियम 2012' पारित किया।

बच्चों के लिए बजट यूपीए सरकार ने केंद्रीय बजट 2008-09 में बच्चों के लिए बजट प्रणाली पेश की, जिसमें बच्चों के कल्याण के लिए योजनाओं का प्रावधान किया गया। प्रारंभ में, इसमें महिला और बाल विकास, मानव संसाधन विकास, स्वास्थ्य और परिवार कल्याण, श्रम और रोजगार, सामाजिक न्याय और अधिकारिता, आदिवासी मामले, अल्पसंख्यक मामले, युवा मामले और खेल मंत्रालयों से अनुदान की मांग शामिल थी। वर्तमान में बच्चों के बजट में प्रारंभिक बजट में परमाणु ऊर्जा, औद्योगिक नीति, डाक, 18 केंद्रीय मंत्रालयों/दूरसंचार एवं सूचना एवं प्रसारण विभाग आदि की 'सब्सिडी मांगें' शामिल हैं और इसमें काफी वृद्धि की गई है। इससे लड़कियों को बेहतर मौका मिलेगा। . अपनाया गया राष्ट्रीय बाल नीति प्रस्ताव बच्चों के सामने आने वाली चुनौतियों से निपटने के लिए अधिकार-आधारित दृष्टिकोण के प्रति अपनी प्रतिबद्धता के अनुरूप, सरकार ने बच्चों के लिए राष्ट्रीय नीति प्रस्ताव, 2013 को अपनाया। यह बच्चों सहित सभी हितधारकों के परामर्श से पांच साल में एक बार नीति की व्यापक समीक्षा का प्रावधान करता है। महिला एवं बाल विकास मंत्रालय समीक्षा प्रक्रिया को आगे बढ़ाएगा। निष्कर्ष भारत में बालिकाओं की सुरक्षा का काम हर राष्ट्रीय बालिका दिवस समारोह तक सीमित नहीं होना चाहिए, बल्कि सरकार और अन्य हितधारकों - समुदायों, नागरिक समाज, औद्योगिक प्रतिष्ठानों, पड़ोसियों और माता-पिता को इसे सुनिश्चित करना चाहिए। बेहतर समाज, बेहतर भविष्य और बेहतर भारत के निर्माण के लिए लड़कियों के लिए सुरक्षित जीवन को एक मजबूत और

महत्वपूर्ण भूमिका निभानी चाहिए।

28

निष्कर्ष

यह समझने का समय है कि पुरुषों के बिना लैंगिक न्याय का लक्ष्य हासिल नहीं किया जा सकता है। जब तक पुरुष सामूहिक रूप से लिंग संबंधों की वर्तमान पदानुक्रमित संरचना को चुनौती नहीं देते, तब तक केवल लिंग संबंध स्थापित नहीं किए जा सकते। पुरुष और महिला व्यक्तिगत स्तर पर निष्पक्ष संबंध स्थापित कर सकते हैं, लेकिन संस्थागत स्तर पर निष्पक्ष संबंध प्राप्त करना आवश्यक है। तभी महिला सशक्तिकरण का सपना साकार होगा।

हमारे पास इतनी पारंपरिक मूर्खता है कि कई बार लोग या तो एक महिला और एक महिला का दिल जीतने के बारे में वशीकरण के बारे में सोचते हैं, या एक महिला को बार-बार तंग करके या लगातार अपनी इच्छाओं या रुचियों को व्यक्त करके उसकी स्वीकृति जीतने की कोशिश करते हैं।

इसलिए ऐसे सवाल खास होते हैं। लेकिन इसे सही नजरिए से देखा जाना चाहिए। मैं प्रार्थना करता हूं कि पाठक मेरे उत्तर को खुलेपन और विवेक से देखें।

पहली बात जो आपको समझनी चाहिए वह यह है कि कोई भी महिला के मन को नहीं बदल सकता है। स्त्री का मन किसी के वश में नहीं होता। लेकिन एक खास तरीका है। इस तरह एक महिला के मन में सेक्स के बारे में इच्छा, वासना और भ्रम है और वास्तव में एक पुरुष क्या

चाहता है।

मैं फिर से स्पष्ट रूप से बता दूं कि कई टेक्नोक्रेट इस भ्रम के आधार पर अपना काम करने की कोशिश कर रहे हैं। लेकिन मैं काम करने का तरीका नहीं बता रहा हूं, मैं प्यार और सहजीवन का तरीका बता रहा हूं।

कोई भी महिला इस बात से गहराई से वाकिफ होती है कि उसकी चेतना उसके शरीर से और मुख्य रूप से उसकी योनि से जुड़ी होती है। लेकिन हर महिला की इच्छा होती है कि वह अपनी योनि का फूल उस पुरुष को उपहार में दे जो उसे इतना खास लगता है। सवाल यह है कि क्या आप वाकई खास हैं?

एक महिला विशेष रूप से ऐसे पुरुष की ओर आकर्षित होती है जो उसे प्रभावित करने की कोशिश नहीं करता है। यदि आप किसी महिला को प्रभावित करने की कोशिश करते हैं, तो वह आसानी से मान सकती है कि आप उसे प्रभावित करने के लिए सब कुछ कर रहे हैं। मानो तुम्हारा सारा अस्तित्व, तुम्हारी सारी प्रेरणा, तुम्हारी सारी उपलब्धियाँ सिर्फ दिखावा करके उसे खुश करने के लिए हैं? यदि आप किसी स्त्री की स्त्रीत्व की उपेक्षा किए बिना और उसे प्रभावित करने के लिए कुछ भी किए बिना अपने विचारों, व्यवहार, सिद्धांतों में किसी भी विशेषता को सामने ला सकते हैं, तो वह आपको नोटिस करने में असफल नहीं होगी।

जैसा कि कामसूत्र के लेखक कात्यायन कहते हैं, "यदि कोई पुरुष अपनी पत्नी को प्रभावित करने के लिए, जीवन के गहन सिद्धांतों और सत्यों के बारे में बहस करके अपने बौद्धिक मित्रों को उसके सामने खो देता है, तो वह असाधारण आवेग जो उसे देता है प्यार और संभोग में महिला अद्वितीय है।

क्या मैं सच और दिल से बता सकता हूँ? अगर दुनिया की आधी महिलाएं भी अपने जीवन में पुरुषों को आकर्षण और सम्मान की नजर से देखें, तो खुद को मजबूर किए बिना, दुनिया की 90% समस्याएं खत्म हो जाएंगी।

सुखी स्त्री घर, परिवार और मोहल्ले को सुखी और समृद्ध बनाती है। लेकिन एक महिला को खुश करने के लिए उसे हमेशा एक खास फीलिंग की जरूरत होती है। इसमें महिला लगातार पुरुष को चुनौती देती

है कि आप इससे अलग और क्या कर सकते हैं? और कैसे अस्तित्व और जीवन का सामना किया जा सकता है?

ऐसा नहीं है कि स्त्री केवल पुरुष में गुण देखती या देखती है। अगर एक महिला को पुरुष में एक निर्दोष स्वैगर मिल जाए, तो उसे आसानी से उसे कई साल का आनंद देने के लिए प्रेरित किया जा सकता है। यदि कोई महिला मानव जीवन में सरल और सुंदर चीजों की संभावना देखती है, तो वह आपको महसूस कराएगी कि वह आपकी ओर आकर्षित है।

ये समाधान नहीं हैं। न ही कोई उपाय हैं। ये स्त्री के मन के वे धागे हैं जो शुद्ध पुरुष जिज्ञासा से छू जाने पर उस पुरुष को बेहतर जीवन जीने के लिए विशेष ध्यान देने लगते हैं। अगर ऐसा होता है तो आगे क्या होता है यह दोनों पर निर्भर करता है।

एक याद रखें। स्त्री केवल भोग-विलास या संभोग का साधन मात्र नहीं है। स्त्री इन सबसे परे है, और आपको वहां भी ले जा सकती है। केवल एक महिला को ही खुश और संतुष्ट रहने में सक्षम होना चाहिए।

29

स्त्री (कविता)

“कुओं से बाल्टियाँ खींचते-खींचते वे रस्सियों में तब्दील हो गईं
और कपड़ों का पानी निचोड़ते-निचोड़ते पानी के हो गए स्त्रियों के हाथ
मैं गर्म दुपहरों में उन्हें अपनी आँखों पर रख लेता था—
नीम की ठंडी पत्तियों की तरह
पानी में रहते हुए जब गलने लगे उनके हाथ
तो उन्हें चूल्हे जलाने का काम सौंप दिया गया
इसलिए नहीं कि उनकी आत्मा को गर्माहट मिलती रहे
इसलिए कि आग से स्त्रियों की घनिष्टता बनी रहे
और जब उन्हें फूँका जाए
तो वे आसानी से जल जाएँ
मैं जब भी आग देखता हूँ
तब मुझे स्त्रियों के हाथ याद आ जाते हैं—
लपट की तरह झिलमिलाते हुए
उनकी आँखों के नीचे इकट्ठा हो चुकी कालिख से पता चला
कितने सालों से चूल्हे जला रही हैं स्त्रियाँ

स्त्री दुनिया की भट्टी के लिए कोयला है
वह घर भर के लिए बदल गई दाल-चावल और रोटी के गर्म फुलकों में
वह मन के लिए बन गई हरा धनिया
देह के लिए बन गई नमक
और रातों के लिए उसने एकत्र कर लिया—
बहुत सारा सुख और आराम
लंबी यात्राओं में वह अचार की तरह साथ रही
जितनी रोटियाँ उसने बेलीं
उससे समझ आया कि यह दुनिया—
कितनी भूखी थी स्त्रियों की
जितने छौंक कढ़ाइयों में मारे स्त्रियों ने
उससे पता चला कितना नमक चाहिए था पुरुषों को
सूख चुके कुओं से पता चला
कितनी ठंडक है स्त्री की गर्म हथेलियों में
उसने दुनिया की भूख मिटाई और प्यास भी
उसने दुनिया को गर्म रखा और ठंडा भी किया
इसके ठीक उल्टा जो आग और पानी स्त्रियों को मिला अब तक
उसे फूल की तरह स्त्री ने उगाया अपने पेट में
और बेहद वात्सल्य से लौटा दिया दुनिया को!
”

(रचनाकार- नवीन रांगियाल, प्रकाशन- हिन्दवी)

अंतिम संदेश- Dear लड़कियों...

Dear प्यारी लड़कियों,

मेरी तरफ से सभी लड़कियों को नमस्कार! मुझे एक मराठी व्यक्ति होने पर गर्व है और मुझे यह पुस्तक विशेष रूप से लड़कियों को देते हुए बहुत खुशी हो रही है कि मेरे सपने सच हो गए हैं। तुझे देखकर मुझे याद आता है कि तू एक लड़की है और अब बड़ी हो रही है, लेकिन मेरे लिए तू सभी लड़कियों के लिए एक दोस्त की तरह है, मैं तुझे दोस्त समझूं..

मैं आप लड़कियों के लिए बहुत सारी भावनाओं को व्यक्त करना चाहता हूं, अब आप जीवन के एक ऐसे पड़ाव पर हैं जो मानव जीवन में सबसे महत्वपूर्ण है, खुशी के क्षण लेकिन चुनौतियां भी हैं। तो कुछ चीजें हैं जो आपको इस चुनौती को लेने के लिए पहले से जानने की जरूरत है, इसलिए यदि आप इस पत्र को पढ़ रहे हैं, अगर आपको लगता है कि यह आपके बारे में है, तो हाँ, मैंने यह पत्र आपके लिए लिखा है।

दरअसल, आपके बचपन से लेकर 11 से 12 साल की उम्र तक आप कई बदलावों से गुजरे हैं और गुजरेंगे, चाहे शारीरिक बदलाव हों या मानसिक बदलाव, आपको धीरे-धीरे पता चल जाएगा कि उम्र के आने का क्या मतलब है। मासिक धर्म एक महिला के जीवन का सबसे महत्वपूर्ण चरण माना जाता है। मासिक धर्म के बाद, एक महिला एक वास्तविक महिला बन जाती है। लेकिन आज भी लोगों के मन में मासिक धर्म को लेकर कई भ्रांतियां हैं। यह आंशिक ज्ञान और महिलाओं के प्रति दृष्टिकोण के कारण है। माहवारी को आज भी स्त्री जाति का अभिशाप कहा जाता है, लेकिन अगर आप इसे बिल्कुल नहीं चाहते हैं, तो यह एक आशीर्वाद है और आप जैसी मजबूत महिला ही इसे सहन कर सकती है। लेकिन यह सब सहने से न डरें। तुम कर सकते हो..

लड़कियों, लेकिन यह सब स्वाभाविक है, यह महिला या किसी और की गलती नहीं है। इसलिए, अपनी अवधि के बाद घबराए बिना, आपको उचित देखभाल करनी चाहिए और अच्छे सैनिटरी नैपकिन का उपयोग करना चाहिए। आपको पांच दिनों के रक्तस्राव और दिमाग पर इसके

प्रभाव को समझना चाहिए। इन दिनों आपका मन बहुत बेचैन रहेगा, आपको अचानक गुस्सा आएगा, आप चिड़चिड़े हो जाएंगे, आपको बहुत नींद आएगी, आपको बहुत भूख लगेगी, आप अंदर से संवेदनशील होंगे, आप अकेलापन महसूस करेंगे, कभी आप नाराज होंगे अपने आप को और सभी को। लेकिन ऐसे समय में आपको शांत रहना चाहिए और अपना ख्याल रखना चाहिए। आपको अपनी मां को बिना शरमाए या डरे यह सब बताना चाहिए। इसी तरह, आपको मासिक धर्म के दौरान होने वाले दर्द को समझना चाहिए, अगर आपके पेट और पेट में दर्द सहने योग्य है, तो घबराने की कोई बात नहीं है, लेकिन अगर यह बहुत अधिक है, तो आप अपनी माँ या मुझे खुलकर बता सकते हैं। किसी और डर से चुप न रहें। यदि पांच दिन की अवधि अधिक दिनों तक जारी रहती है या माहवारी के दौरान खून के साथ खून के थक्के बनते हैं, तो आपको लापरवाही नहीं करनी चाहिए, सही समय पर उचित उपचार लेने से सब कुछ ठीक हो जाएगा।

महीने में पांच दिन ब्लीडिंग और आपके शरीर का तेजी से विकास होने से आपको इस उम्र में एक स्वस्थ और संतुलित आहार की आवश्यकता होती है, और दुर्भाग्य से, इस उम्र में, बाहर खाने, जंक फूड के प्रति आकर्षण बढ़ जाता है। इस उम्र में बनने वाली खाने की आदतें जीवन भर बनी रहेंगी इसलिए घर का बना संपूर्ण आहार खाएं.. शांत रहें और सुरक्षित रहें।

इस उम्र में आपके चेहरे पर भी पिंपल्स आ सकते हैं, आपका चेहरा खराब होता है या नहीं? यह डर कुछ लड़कियों में हीन भावना पैदा कर देता है और यह डर स्वाभाविक है लेकिन आपको बिना घबराए धैर्य से सब कुछ संभालना चाहिए। इस उम्र में स्वाभाविक है कि आपका मन परिवार और दोस्तों से ज्यादा दूर भटकने लगेगा। लेकिन इस उम्र में आपको अपनी मां को अपना सबसे करीबी दोस्त मानना चाहिए, बिना झिझक अपनी सारी समस्याएं उन्हें बतानी चाहिए, यहां तक कि आपको हर रोज खुलकर चैट भी करनी चाहिए..

यही वह उम्र होती है जब आपकी खूबसूरती निखरने लगती है, आप अच्छे दिखने लगते हैं और फिर शारीरिक आकर्षण आता है। इसलिए

दोस्ती करते समय अपनी खुद की मर्यादा मत भूलना और दूसरे को भी इसे भूलने न दें और यहां आपकी मुलाकात कुछ ऐसे लोगों से होगी जो आपका फायदा उठाने की कोशिश करेंगे और हां कई बार ऐसे लोग आपके करीब होते हैं। इसलिए आपको उनसे डरे बिना अपनी रक्षा करनी चाहिए। यदि आपको उनका स्पर्श पसंद नहीं है, तो आप उन्हें सीधे न होने के लिए कह सकते हैं, यह आपका अधिकार है। आपको उनसे डरने की जरूरत नहीं है, उनकी धमकियों के लिए जल्दबाजी न करें। अगर कोई आपकी मर्जी के खिलाफ आपको छूने की कोशिश भी करता है, तो आप तुरंत विरोध करते हैं, आप हम सभी को बता सकते हैं, माता-पिता, दोस्त और परिवार, हम सब आपके साथ हैं। लड़कियों, इस दुनिया में बहुत कम बुरे लोग होते हैं और आपको उनसे सावधान रहना चाहिए, लेकिन साथ ही साथ बहुत सारे अच्छे लोग भी हैं, और आप उन्हें यह जरूर बता सकते हैं कि..

एक लड़की सिर्फ एक लड़की नहीं है। वह किसी की बहन, किसी की बेटी, किसी की मां, किसी की सहेली, मौसी, मौसी, दादी है। लड़की होना आसान नहीं है, शादी से पहले भी उसे बहुत कुछ सहना पड़ता है और शादी के बाद भी अगर कुछ गलत हो जाता है तो उसे तुरंत बोलना पड़ता है। लड़कियों की भी कुछ उम्मीदें होती हैं। उनका भी जीवन था। इसके बारे में कोई नहीं सोचता। वे उसे केवल एक नौकर की तरह मानते हैं। वह भी बहुत कुछ सीखना चाहती है लेकिन कुछ लोग लड़कियों को नहीं पढ़ाते; जब लड़कियां थोड़ी बड़ी हो जाती हैं, तो उनकी तुरंत शादी कर दी जाती है। इसलिए ऐसा नहीं करना चाहिए। माता-पिता से अनुरोध है कि वे लड़कियों की भावनाओं को समझें।

एक लड़की से हर कोई प्यार करता है.. लेकिन लड़की की आजादी किसी को पसंद नहीं..! यह भी एक कड़वा सच है।मुझे बहुत गुस्सा आता है जब कोई कहता है कि तुम लड़की हो, ऐसा मत करो, ऐसा मत करो, हर चीज का अंत होता है; इसलिए मैं कुछ नहीं कहता, मैं बहुत शांत हूं। खासकर उन लड़कियों के लिए जो कभी भी अपने माता-पिता द्वारा दी गई आजादी का दुरुपयोग नहीं करती हैं। लड़की होना आसान नहीं है, आधा जीवन दूसरों के कल्याण के बारे में सोचने में ही बीत जाता है।

एक लड़की जो बहुत ही सादगी से रहती है और इसके बारे में सोचती भी नहीं है, उसके लिए सब कुछ बेहतर होगा। लड़कियों को कभी कम मत समझो, अगर मौका मिले तो वो भी ऐसा करने में देर नहीं लगेगी.लड़की होना आसान नहीं है. आधा सपना दिमाग में खत्म होना है।

लड़कियों, बस इंसान बनो। अनुभव से मनुष्य मनुष्य बन जाता है, जैसे सुख क्षण भर के लिए होता है, दुख क्षण भर के लिए होता है, परन्तु सुख के समय में इसे खोना नहीं चाहिए। दुख की घड़ी में डरो मत। जो आपके साथ है उसे बचाने की कोशिश करें। हम कई विचार, लेख, कविताएं आदि सुनते हैं। इससे जो संतोष प्राप्त होगा। हमें एक नई दिशा की ओर बढ़ना चाहिए जो सही काम करने की ओर ले जाए। मुझे बस इतना कहना है, लड़कियों, थको मत। कोशिश करते रहो जमीन से उठना है तो कम से कम थोड़ा संघर्ष करना होगा और जमीन को फाड़ कर ऊपर आना होगा, दुनिया के सामने एक नया अंकुर नहीं आना चाहिए। जीवन एक है। केवल एक ही जीवन है। हम यह सुनते हैं, है ना? और यह एक जीवन है कि सब कुछ नष्ट हो जाएगा लेकिन आपकी असली पहचान, और आपका काम हमेशा के लिए जीवित रहेगा ..

लड़कियां अगर स्ट्रेस में हैं तो घबराएं नहीं..खुद को दें। अभी से तैयारी शुरू कर दें। आप कई लोगों से मिलेंगे जो आपको बहुत कुछ सिखाएंगे। इसे लेना या न लेना आपके हाथ में है। यदि आप गिरते हैं, तो उठें और पुनः प्रयास करें, लेकिन थकें नहीं। खुद को जानें। खुद को मौका दें। अपनी खुद की पहचान बनाएं। आप इतना कुछ कर सकते हैं.. मुझे पता है कि किसी को ऐसा करते हुए देखना बहुत गर्व की बात है और आप हर चीज से वाकिफ हैं और मानते हैं कि बुरा समय बीतने वाला है। बस लड़ते रहो, थके हो तो आराम करो और नए जोश के साथ फिर से शुरुआत करो... लड़कियों को कभी मत छोड़ो..

अंत में बस इतना ही कह दूं,

ढेर सारे खेल खेलें, खुशी से जिएं अपना जीवन, मुस्कान के साथ इस दुनिया में अपने नए जन्म का स्वागत करें। लेकिन अपना ख्याल रखें, मनुष्य में उन सावधानियों को अपनाएं, और उन सभी के खिलाफ

सभी खतरों से लड़ना सीखें जो आपकी स्वतंत्रता पर हमला करेंगे। और स्वतंत्र रूप से, स्वतंत्र रूप से, स्वेच्छा से, जैसा आप चाहते हैं, जैसा आप चाहते हैं, जीना सीखें .. हम हमेशा आपके साथ खड़े हैं। हमेशा आप पर गर्व है.. मजबूत बनो और खुश रहो..

आपका प्रिय मित्र,
रजत महेशकर

www.ingramcontent.com/pod-product-compliance
Lightning Source LLC
LaVergne TN
LVHW050841051026
849532LV00006BA/2058